权威·前沿·原创

皮书系列为
"十二五""十三五""十四五"时期国家重点出版物出版专项规划项目

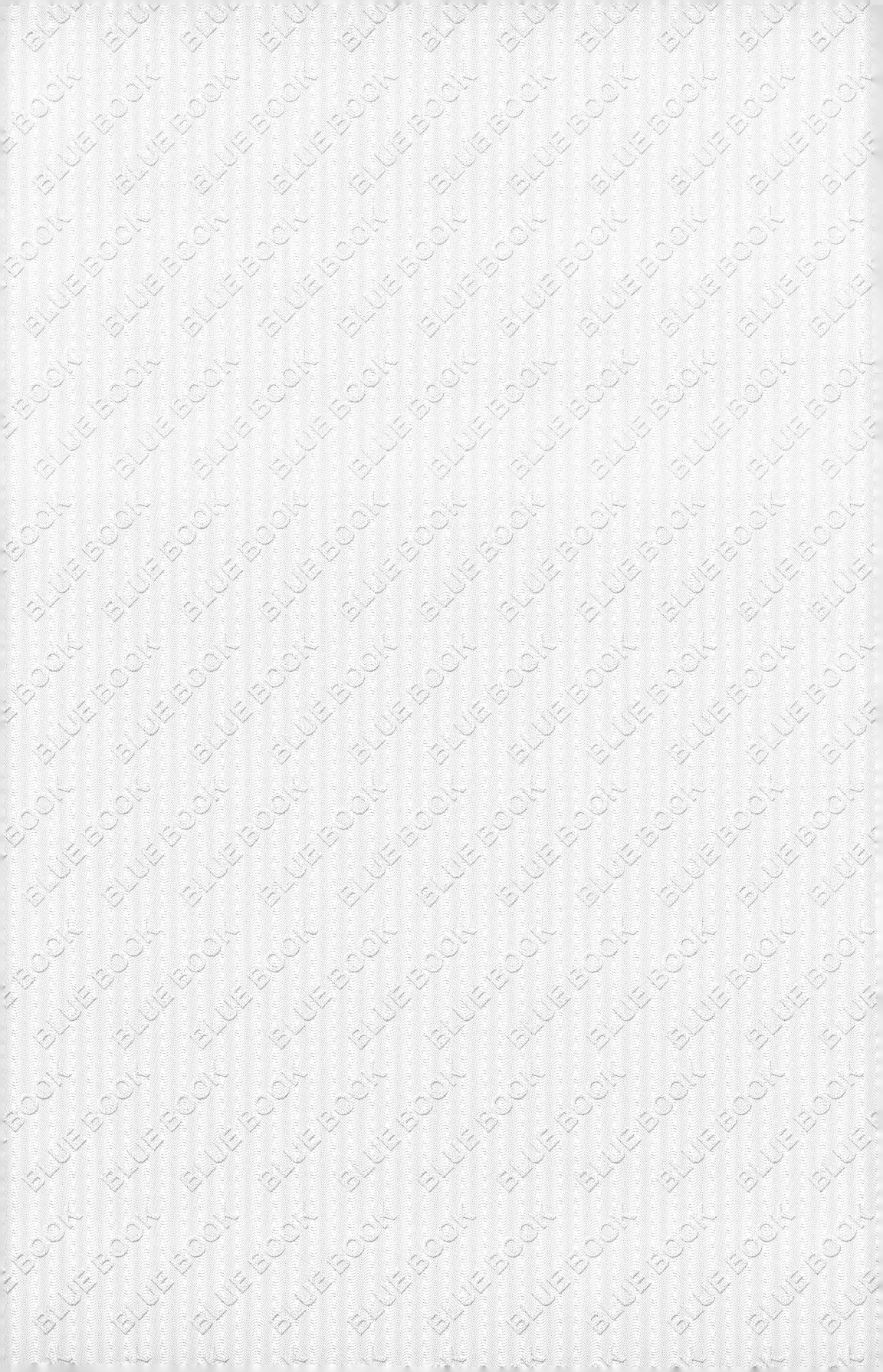

B

BLUE BOOK

智 库 成 果 出 版 与 传 播 平 台

辽宁文化蓝皮书

BLUE BOOK OF LIAONING CULTURE

辽宁文化发展报告

（2023~2024）

ANNUAL REPORT ON THE DEVELOPMENT OF CULTURE

IN LIAONING (2023-2024)

主　编／苏　萍　牟　岱
副主编／谢兴伟　王　妮　叶立群　郝　鑫

社会科学文献出版社
SOCIAL SCIENCES ACADEMIC PRESS (CHINA)

图书在版编目（CIP）数据

辽宁文化发展报告.2023~2024／苏萍，牟岱主编；
谢兴伟等副主编.--北京：社会科学文献出版社，
2025.3.--（辽宁文化蓝皮书）.--ISBN 978-7-5228-
4896-9

Ⅰ.G127.31

中国国家版本馆 CIP 数据核字第 2025WZ9332 号

辽宁文化蓝皮书

辽宁文化发展报告（2023~2024）

主　　编／苏　萍　牟　岱
副 主 编／谢兴伟　王　妮　叶立群　郝　鑫

出 版 人／冀祥德
责任编辑／张　超
文稿编辑／王　娇　张　爽　李惠惠
责任印制／岳　阳

出　　版／社会科学文献出版社·皮书分社（010）59367127
　　　　　　地址：北京市北三环中路甲 29 号院华龙大厦　邮编：100029
　　　　　　网址：www.ssap.com.cn
发　　行／社会科学文献出版社（010）59367028
印　　装／天津千鹤文化传播有限公司

规　　格／开本：787mm×1092mm　1/16
　　　　　　印张：24　字数：398 千字
版　　次／2025 年 3 月第 1 版　2025 年 3 月第 1 次印刷
书　　号／ISBN 978-7-5228-4896-9
定　　价／168.00 元

读者服务电话：4008918866

主编简介

苏 萍 鲁迅美术学院党委书记。曾在《中国教育报》《中国美术报》《辽宁日报》《民心》《河北青年管理干部学院学报》等发表多篇文章，主持完成辽宁省社科基金重大项目"传承红色基因 建设中国特色社会主义大学研究"、中共辽宁省委教育工委重点项目"新时代传承红色基因 以高质量党建引领高校高质量发展"等。

牟 岱 辽宁社会科学院二级研究员，博导，国家哲学社会科学领军人才，全国"四个一批"人才，全国首批文化名家，辽宁省委、省政府决策咨询委员会委员，辽宁省政府文史研究馆馆员。主要从事智库研究。

摘　要

文化兴则国运兴，文化强则民族强。辽宁振兴，文化先行。2023~2024年，在习近平文化思想指引下，在省委、省政府正确领导下，经过全省上下的共同努力，辽宁文化走过了不平凡的历程，实现了超常规的发展：文化发展环境得到持续优化，文化事业取得新成就，文化产业焕发新气象，文体旅深度融合发展的新成果得以显现。在得到发展、取得成就的同时，辽宁文化也存在一定的短板、不足，面临着新问题、新挑战。当前，辽宁全面振兴新突破三年行动进入关键时期，为了更好地总结辽宁文化发展的新成就，紧紧抓住文化发展的新机遇，积极应对未来发展面临的新挑战，我们组织省内有关专家学者进行了深入研究，完成了重要智库型成果《辽宁文化发展报告（2023~2024）》。

报告主要包括总报告、文化事业篇、文化产业篇、融合发展篇四部分内容。总报告全面总结、分析了2023~2024年辽宁文化发展情况。包括辽宁文化发展总体形势分析，辽宁文化事业发展、文化产业发展、融合发展存在的主要问题，辽宁文化发展的趋势分析与对策建议等。文化事业篇主要对辽宁文化事业发展情况进行了总结、分析。涉及公共文化服务及社区文化服务，非物质文化遗产、历史文化遗产、工业遗产的开发与保护，文物博物馆和美术馆的创新发展，文艺繁荣发展，文化传播能力建设，网络文化建设等诸多领域。在总结成就特别是成功经验的基础上，指出了文化事业发展中存在的问题和不足，并提出了具有建设性的意见、建议。文化产业篇对辽宁文化产业发展情况进行了系统总结和分析，做出了前瞻性思考，提出了相关建议。融合发展篇分别围绕辽宁打造高品质文体旅融合发展示范地相关问题、文化与金融融合发展、文化与科技融合发展，进行了深入探讨和经验总结，提出了具体对策。

报告认为，在今后的发展中，辽宁应在科学总结现有成就和深入分析文化发展趋势的基础上，积极应对，科学决策，多方发力。在文化事业上，要完善公共文化服务投入机制，在深化改革中解决投入不足的问题，加速推进城乡公共文化服务一体化，有效解决发展不均衡的问题，大力推动历史文化资源传承发展、多维保护与现代转化工作，助力辽宁振兴，以新机制、新思维、新模式、新手段促进文艺繁荣，以提升内容质量和传播效果为目标，加强网络文化建设和文化传播能力建设。在文化产业上，发挥政府与市场双重作用，做大做强文化产业，以满足需求端为导向，推动文化产业升级、产品升级与业态创新，加快打造文化品牌、培育文旅 IP 的步伐。在融合发展上，推动文体旅融合提质升级，打造高品质文体旅融合发展示范地，完善融资、资产交易体系和投资平台建设，促进文化与金融融合发展，通过完善制度、机制与转变思路，促进文化与科技深度融合。

关键词： 文化事业　文化产业　融合发展　辽宁

目 录 ▷

I 总报告

II 文化事业篇

Ⅲ 文化产业篇

Ⅳ 融合发展篇

皮书数据库阅读**使用指南**

总报告

B.1

辽宁文化发展形势分析

叶立群*

摘 要： 2023~2024 年，辽宁文化发展环境得到持续优化，文化事业取得新成就，文化产业焕发新气象，文体旅深度融合发展的新成果得以显现。公共文化服务布局得到进一步优化，服务更趋优质化与多元化，文化遗产的保护、传承与开发取得新进展，文艺精品力作不断涌现，文化产业发展总体向好，文旅项目投资信心得到恢复性增长，文旅市场呈现火爆的态势，融合发展之路不断拓宽走深，打造高品质文体旅融合发展示范地开局势头良好。在得到发展、取得成就的同时，辽宁文化也存在一定的短板、不足，面临着新问题、新挑战。我们需要在深入分析辽宁文化发展趋势的基础上，积极应对，科学决策，多方发力。在文化事业上，要完善公共文化服务投入机制，在深化改革中解决投入不足的问题，加速推进城乡公共文化服务一体化，有效解决发展不均衡的问题，大力推动历史文化资源传承发展、多维保护与现代转化工作，助力辽宁振兴，以新机制、新思维、新模式、新手段促进文艺繁荣，以提升内容质量和传播效果为目标，加强网络文化建设和文化传播能力建设。在文化产业上，发挥

---

* 叶立群，辽宁社会科学院文学文化学研究所研究员、美术研究中心主任，研究方向为地域文化、东北现当代文学艺术。

政府与市场双重作用，做大做强文化产业，以满足需求端为导向，推动文化产业升级、产品升级与业态创新，加快打造文化品牌、培育文旅 IP 的步伐。在融合发展上，推动文体旅融合提质升级，打造高品质文体旅融合发展示范地，完善融资、资产交易体系和投资平台建设，促进文化与金融融合发展，通过完善制度、机制与转变思路，促进文化与科技深度融合。

关键词： 文化事业　文化产业　融合发展

　　文化是一个国家、一个民族的灵魂，是一个国家和民族与其他国家和民族相区别的独特精神标识。文化兴则国运兴，文化强则民族强。党的二十大报告指出："全面建设社会主义现代化国家，必须坚持中国特色社会主义文化发展道路，增强文化自信，围绕举旗帜、聚民心、育新人、兴文化、展形象建设社会主义文化强国，发展面向现代化、面向世界、面向未来的，民族的科学的大众的社会主义文化，激发全民族文化创新创造活力，增强实现中华民族伟大复兴的精神力量。"① 2023 年是全面贯彻党的二十大精神的开局之年，是实施"十四五"规划承前启后的关键一年。2024 年是新中国成立 75 周年，是全面贯彻落实党的二十大精神的关键之年，是实施"十四五"规划的攻坚之年。2023~2024 年，辽宁全面深入贯彻落实党和国家关于文化建设的各项决策部署，明确自身优势，敢于正视不足，勇于攻坚克难，善于创新突破。在思想上，不断更新观念，培养创新思维；在具体工作中，不断适应新环境，引进新技术，采用新手段，开拓新市场。文化强省建设加速，文化发展环境得到持续优化，文化事业取得新成就，文化产业焕发新气象，文体旅深度融合发展的新成果得以显现。在得到发展、取得成就的同时，辽宁文化也存在一定的短板、不足，面临着新问题、新挑战。我们需要在深入分析辽宁文化发展趋势的基础上，积极应对，科学决策，多方发力，推动辽宁文化全面健康发展，为辽宁全面振兴提供强大精神动力。

---

① 《习近平：高举中国特色社会主义伟大旗帜　为全面建设社会主义现代化国家而团结奋斗——在中国共产党第二十次全国代表大会上的报告》，中国政府网，2022 年 10 月 25 日，https：//www.gov.cn/xinwen/2022-10/25/content_5721685.htm。

一　辽宁文化发展总体形势分析

（一）科学规划，精准发力，文化发展开启新阶段

1. 对加快文化强省建设做出重点部署，并出台相关方案和措施

2023~2024年，辽宁省委、省政府在多个重要会议上，对加快文化强省建设做出了重点部署，并制定、出台和实施了一系列方案和措施，确保辽宁文化强省建设行稳致远。

2023年1月12日，省政府工作报告对该年度文化建设及相关工作做出了明确部署："深化文化体制改革，健全现代公共文化服务体系，创新实施文化惠民工程，培育用好新型公共文化空间，打造'书香辽宁'。持续推进长城国家文化公园辽宁段建设，推动牛河梁红山文化遗址申报世界文化遗产。实施文艺作品和出版物质量提升工程，推进广播电视创新创优和智慧广电建设。办好省第十二届艺术节。坚持以文塑旅、以旅彰文，推进文旅深度融合发展，大力发展全域旅游，擦亮旅游品牌，打造东北亚休闲旅游目的地。深入开展文明城市创建工作，着力提高市民文明素质和社会文明程度。办好省第十四届运动会和省残运会，积极申办第十五届全国冬运会。持续改善群众身边健身设施，广泛开展全民健身活动。实施'三大球'振兴计划，大力发展冰雪运动，打造冰雪运动中心，壮大冰雪产业，创建'一市一品'体育名城。"①

2023年2月21日至22日，中共辽宁省委十三届五次全会审议通过了《辽宁全面振兴新突破三年行动方案（2023—2025年）》。该方案明确了50项重点任务，重点任务中包括建设文化体育强省。

2023年6月10日，在辽宁省文旅产业振兴发展大会上，《辽宁省文旅产业高质量发展行动方案（2023—2025年）》正式发布。按照辽宁全面振兴新突破三年行动的部署，该方案明确了辽宁省文旅产业三年发展目标、主要任务以及保障措施等。

---

① 李乐成：《政府工作报告——2023年1月12日在辽宁省第十四届人民代表大会第一次会议上》，《辽宁日报》2023年1月18日。

2023年11月7日，中共辽宁省委十三届六次全会审议通过了《中共辽宁省委关于深入贯彻落实习近平总书记在新时代推动东北全面振兴座谈会上重要讲话精神　奋力谱写中国式现代化辽宁新篇章的意见》，并明确提出了打造新时代"六地"的目标，即努力将辽宁打造成为国家重大战略支撑地、重大技术创新策源地、具有国际竞争力的先进制造业新高地、现代化大农业发展先行地、高品质文体旅融合发展示范地、东北亚开放合作枢纽地。其中高品质文体旅融合发展示范地的提出，为辽宁文化发展提出了新命题、明确了新目标。

2023年，辽宁省发布实施了《辽宁省文化和旅游系统优化营商环境提升服务质量若干措施》《辽宁省支持文旅产业高质量发展若干政策措施》。前者围绕6个方面出台了16项具体措施，6个方面分别为：优化政务服务，打造便捷高效的办事环境；提升公共服务，打造文明有礼的接待环境；规范经营行为，打造诚信践诺的消费环境；创作精品力作，打造舒畅愉悦的展演展示环境；加强综合执法，打造舒心放心的安全环境；优化旅游品牌宣传，打造文明时尚的人文环境。后者围绕培育壮大市场主体、推进重点项目建设、加大品牌创建力度、支持扩大消费能级、提升公共服务水平、加强要素保障等，出台了24项政策措施。

2024年1月23日，省政府工作报告部署了文化建设的攻坚突破任务："推动文体旅融合发展。持续推进牛河梁红山文化遗址申遗工作，加快建设长城国家文化公园（辽宁段），加强红色文化资源、文物古迹资源保护利用。实施文艺精品创作工程和广电视听提质创优工程，推进文化惠民和智慧广电建设。加强图书馆、博物馆、美术馆、文化馆等公共文化设施建设和运营管理。深入实施'三大球'振兴计划，持续开展全民健身活动。抓好第十五届全国冬运会筹备。建设一批文体旅融合发展综合体，实施旅游景区和旅游线路质量提升行动，打造高品质文体旅融合发展示范地，吸引更多游客畅游辽宁、乐享辽宁！"[1]

2024年5月25日，辽宁省高品质文体旅融合发展大会召开。会议"动员全省上下打造高品质文体旅融合发展示范地，加快建设文化强省、体育强省、

---

[1] 李乐成：《政府工作报告——2024年1月23日在辽宁省第十四届人民代表大会第二次会议上》，《辽宁日报》2024年1月28日。

旅游强省，为推进中国式现代化辽宁实践、实现全面振兴提供有力支撑"。①

2. 周密筹划，合理布局，制定并推动落实了一系列发展规划

为了在"十四五"期间加快推进文化和旅游高质量发展，推动文化强省建设，辽宁编制了一系列发展规划。这些规划，明确了辽宁文化的发展目标，理清了发展思路，引领着辽宁文化发展。

为了贯彻落实文化和旅游部《"十四五"文化和旅游发展规划》，以及《辽宁省国民经济和社会发展第十四个五年规划和二〇三五年远景目标纲要》《辽宁省"十四五"文化改革发展规划》，辽宁省制定并发布、实施了《辽宁省"十四五"文化和旅游发展规划》（以下简称《规划》）。《规划》明确了"十四五"期间辽宁文化和旅游发展的指导思想、基本原则、具体目标、重点任务和保障措施等。配套发布了《辽宁省"十四五"文化和旅游市场发展规划》《辽宁省"十四五"公共文化服务体系建设规划》《辽宁省"十四五"艺术发展规划》《辽宁省"十四五"非物质文化遗产保护规划》《辽宁省"十四五"文物事业发展规划》等一系列规划，在推动文化和旅游市场发展、公共文化服务体系建设、艺术发展、非物质文化遗产保护、文物事业发展等方面，均制定了具体措施，确定了具体目标，明确了时间表和路线图。

3. 辽宁文化发展开启新阶段

结合相关文件的要求、部署和当前文化建设所处的环境、面临的任务、取得的实效来看，2023~2024年，辽宁文化发展已经开启了新阶段，主要体现在以下三个方面。

第一，辽宁文化迎来了新一轮繁荣发展期。党的二十大对社会主义文化建设做出了新的全面部署，明确指出了新时代新征程开展社会主义文化建设的目标任务，擘画了繁荣社会主义文化的新蓝图。随着社会的发展，人民群众对文化建设提出了更高的要求。与以往相比，满足人民对美好精神生活的需要，成为更为重要、更为紧迫的任务。处于实现全面振兴新突破关键时期的辽宁，开始实施全面振兴新突破三年行动，文化建设既是行动的重要内容，也是实现全面振兴新突破的重要保障。辽宁文化只有创造新的繁荣，才能为辽宁实现全面

---

① 方亮、王奇：《品质取胜融合聚力 辐射带动全域提升 以更大决心更大力度推动高品质文体旅融合发展示范地建设》，《辽宁日报》2024年5月26日。

振兴新突破提供强大的思想保证、精神动力和优越的文化环境。目前，辽宁文化建设规划科学、目标明确、保障有力，为文化繁荣创造了前所未有的条件。同时，从国内的文旅市场来看，经过2023年的迅速恢复和重塑信心，文旅经济正在迎来新一轮的快速发展。辽宁也是如此，市场、消费、需求等多个重要指标均呈向好趋势，辽宁文化迎来了新一轮繁荣发展期。

第二，辽宁文旅产业发展确立了新的目标。打造高品质文体旅融合发展示范地，是加快文化强省、体育强省、旅游强省建设的新任务，也是文旅产业发展的新目标。这一目标的确立，既为辽宁文化建设赋予了新的更加丰富的内涵，也为辽宁文旅产业的发展标注了前所未有的新高度，为推动文旅市场繁荣拓展了新思路。相信按照新的目标、沿着新的路径奋力前行，辽宁文化建设一定会呈现新面貌、创造新辉煌。

第三，辽宁文化发展在迎来新机遇的同时需要实现新突破。在文化加速发展引擎启动之时，在文化发展迎来新机遇的关键时期，需要从以下四个方面实现新突破。一是坚持守正创新，在文化建设上快速形成辽宁特色。挖掘优质资源，利用比较优势，锻造文化品牌，在品牌建设上实现新突破。二是在加快文化市场改革、提升企业市场竞争力、引进和壮大新兴产业方面实现新突破。三是在科技引领文化发展过程中、在新技术应用上快速实现新突破。四是在文化建设所需人才的培养、引进和使用上在短期内实现新突破。

（二）文化事业利用优势资源、良好基础实现创新发展

1. 公共文化服务布局得到进一步优化

公共文化服务体系建设，事关保障和改善民生，是保障人民群众基本文化权益的重要制度设计。健全现代公共文化服务体系，是推动文化事业繁荣发展的必然要求。辽宁省高度重视公共文化服务体系建设，努力提升公共文化服务均等化和惠及全民的水平。省财政多方筹措资金，支持健全与优化公共文化服务体系，提升服务质量。2023年，为支持公共文化服务重点项目建设和加强基层公共文化服务体系建设，共下达了3.6亿元资金，较往年有所增加，为促进公共文化服务均等化提供了资金保障。在全省上下的共同努力下，公共文化服务布局得到了进一步优化，公共文化服务体系较以往更为健全。据《辽宁省2023年国民经济和社会发展统计公报》，全省"年末有文化馆、艺术馆123

个，公共图书馆 129 个，博物馆 65 个，档案馆 143 个"。① 当前，五级公共文化服务网络已基本建成。实现了省、市、县、乡、村（社区）公共文化服务的全覆盖。健全了县级文化馆、公共图书馆服务网络；完善了乡级文化站；实现了村村有文化广场。人均享有的公共文化服务资源较为丰富，排名较高的人均拥有公共图书馆馆藏量居全国第 8 位。

2. 公共文化服务更趋优质化与多元化

在公共文化服务上，重视提档升质，不断提高文化设施运营效率，加快了数字化建设，推动了供给多元化。全省各级公共文化服务机构，如博物馆、公共图书馆、文化馆等，通过完善内部管理、改革运营机制等，提高了文化设施的运营效率，为更多的市民提供了更为便捷的服务。抓紧抢占公共文化服务数字化高地，加快文化资源数字化和数字化成果全民共享的进程。将数字技术与优秀传统文化资源相结合，取得了良好的成效。公共文化服务多元化供给的机制得到完善，能够更加精准地实施菜单式、订单式服务。

公共文化服务机构在提升服务内容的品质方面做了大量工作。拥有丰富的高品质文献的辽宁省图书馆，在文献的收藏、整理、开发上探索新的科学路径，为读者提供了更高品质的服务。其组织了多个特展，让读者进一步了解馆藏情况，走近馆藏珍本。该馆被评为 2023 年全国十佳特色图书馆。由辽宁省文化和旅游厅主办、辽宁省图书馆学会和各市文化和旅游行政主管部门承办的"传诵红色经典 品读辽宁文化"全省公共图书馆主题阅读活动等系列读书活动，更好地满足了群众的求知、阅读需求。辽宁省博物馆在做好基本陈列的基础上，还推出了"丹青万象——齐白石和他的师友弟子们""飞龙在天——甲辰龙年生肖文物展""合规同矩——辽宁省博物馆藏正体书法精品展""从奥尔梅克到阿兹特克——墨西哥古代文明展""何处寻琉璃——海城黄瓦窑荣达的历史与文物"等一系列特展，颇受好评。有更多的社会组织、企业、个人参与到公共文化服务中。服务的内容较以往更为丰富，"剧本秀"等体验式活动和"非遗+剧场"等创意性活动增多，更好地满足了群众的需要。

---

① 《辽宁省 2023 年国民经济和社会发展统计公报》，辽宁省统计局网站，2024 年 3 月 28 日，https：//tjj. ln. gov. cn/uiFramework/js/pdfjs/web/viewer. html? file =/tjj/attachDir/2024/03/2024 032815431143514. pdf。

3. 文化遗产的保护、传承与开发取得新进展

文化遗产是不可替代、无法再生的历史文化资源，只有进行科学的保护、传承与有效的开发，才能让它们动起来、活起来，为满足人民群众文化需求、实现文化繁荣做出贡献。辽宁各级相关部门，以负责的态度、实干的精神和创新的意识积极推进文化遗产的保护、传承与开发工作。非物质文化遗产是中华文化的重要载体，近年来，辽宁的非物质文化遗产保护工作取得了明显成果。制定了《辽宁省省级非物质文化遗产代表性传承人认定与管理办法》，完善了非遗代表性项目名录和传承人体系，对列入各级名录的项目进行分级分类保护。健全了非物质文化遗产传承机制，加大了管理、考核、权益保障、培训和扶持力度。在学校建立了100个非物质文化遗产传承教学基地。非遗传承展示平台得到了拓展，搭建了多个"非遗+互联网"、"非遗+旅游"、非遗进社区、非遗进景区、非遗进节庆、专题非遗展演等平台，既让更多的人（包括外地游客）感受到非遗的魅力、认识到非遗的价值，也增进了非遗代表性传承人之间、非遗代表性传承人与观赏者之间的互动与交流。同时，辽宁丰富的物质文化遗产，如古建筑、古遗址、古陵寝、石窟石刻、近代历史遗迹及代表性建筑等，同样得到了更加有效的保护、开发与利用。

4. 坚持守正创新，文艺精品力作不断涌现

繁荣发展社会主义文艺，守正是前提、基础和保障。只有坚持守住理论之正、文化之正、方法之正，才能确保和推动社会主义文艺事业持续健康发展。创新是文艺的生命。文艺只有不断创新，提升作品质量，丰富作品形式，才能为人民提供更好的精神食粮，满足人民对美好生活的需要。辽宁广大文学艺术工作者，通过正确处理守正创新的辩证关系，充分挖掘创作资源，紧扣时代脉搏，突出重大主题，在革命题材、历史题材、现实题材、地方特色题材上全面发力，创作出了一批又一批精品力作。在文学创作上，辽宁作家老藤的《铜行里》、薛涛的《桦皮船》获第十六届精神文明建设"五个一工程"优秀作品奖；老藤的《草木志》、津子围的《苹果红了》成功入选中国作协"新时代山乡巨变创作计划"；老藤的《北爱》、津子围的《大辽河》、周建新的《中国"稻路"：超级稻诞生记》、刘东的《回家的孩子》、马三枣的《慈江雨》入选中宣部2023年主题出版重点出版物选题名单。在舞台艺术创作上，芭蕾舞剧《铁人》获第十六届精神文明建设"五个一工

程"优秀作品奖，舞蹈《散乐图》获第十三届中国舞蹈"荷花奖"古典舞奖；话剧《把一切献给党》《天算》《千金寨》、京剧《邓稼先》、评剧《尉凤英》、音乐剧《风刃》、杂技剧《先声》、海城喇叭戏《玉石沟》、凌源影调戏《百合芬芳》等，均赢得业界和观众的赞誉；在电影、广播剧、歌曲等领域，均有佳作呈现，电影《柳青》、广播剧《有事找彪哥》《中国北斗》、歌曲《少年》（建党百年版）获第十六届精神文明建设"五个一工程"优秀作品奖。成功地举办了辽宁省第十二届艺术节、第十届全国（沈阳）相声小品优秀节目展演、第十一届全国（抚顺）相声小品优秀节目展演等活动，很多精彩节目在艺术节和展演中亮相。

（三）文化产业发展呈现新局面

1. 出台一系列政策、措施促进文化产业发展

自 2023 年起，辽宁省及各市、县出台了一系列政策，促进文化产业发展，营商环境也得到了进一步的优化。《辽宁省文旅产业高质量发展行动方案（2023—2025 年）》提出，促进文旅产业集聚发展，强化文旅产业市场主体培育，优化文旅产业发展环境。在强化文旅产业市场主体培育方面，制定了深化国有文旅企业改革创新、支持民营文旅企业发展壮大、用心培育"专精特新"文旅企业等具体措施。《辽宁省文化和旅游系统优化营商环境提升服务质量若干措施》《辽宁省支持文旅产业高质量发展若干政策措施》等，均为文化产业发展提供了切实有效的政策保障和支持。《沈阳市全面振兴新突破三年行动方案（2023—2025 年）》将大力发展现代服务业、实施文旅共建融合工程等确定为重点工作，明确了打造东北一流、全国知名的创意设计之都，以及优秀文化传播高地和国际文化旅游目的地的目标，并出台了保障措施。沈阳市还制定了《沈阳市旅游业三年"倍增"行动方案（2023—2025 年）》《沈阳市 2023 年文化产业振兴行动计划》等。沈阳市浑南区发布的《浑南区促进文化产业发展 10 条新政》，对于符合条件的文化、体育产业领域的企业和重大项目、品牌活动等，按政策给予补助、补贴、奖励和资金支持。

2. 文化产业发展总体向好

在全国文化产业规模扩大和辽宁经济持续恢复、总体回升的背景下，辽宁

文化产业发展总体向好。据辽宁省统计局《2023年全省经济运行情况》，"全省地区生产总值30209.4亿元，按不变价格计算，比上年增长5.3%，比全国高0.1个百分点。其中，第一产业增加值2651.0亿元，增长4.7%；第二产业增加值11734.5亿元，增长5.0%；第三产业增加值15823.9亿元，增长5.5%"。在服务业中，属于文化产业或与文化产业相关的行业增长明显。"1-11月份规模以上互联网和相关服务、文化体育和娱乐业、软件和信息技术服务业营业收入分别增长36.7%、20.3%、12.4%。"[①]

3. 文旅项目投资信心得到恢复性增长

2023年，辽宁省在文旅产业发展上，推动投资运行提速、起势，提升项目质效，推进项目快签约快开工，文旅项目投资信心得到恢复性增长。据统计，旅游项目投资同比增长了56%，累计达237.9亿元。相关部门、地区分类推介招商项目205个，有186个投资项目成功签约，签约额达到了1192.0亿元。其中，在辽宁省文旅产业振兴发展大会上成功签约的有30个重点文旅产业招商项目，签约额为383.0亿元。上述签约项目，有17个在2023年底前已顺利开工建设，有16.6亿元资金已到位。上述数据表明，在辽宁省文旅产业振兴发展大会上签约的项目，当年开工数量超过了一半。在2023年建设项目中，228个为续建项目，308个为新建项目，其中新建项目数量在近几年首次超过续建项目数量，较上一年有大幅度提升。[②] 2024年第一季度，"全省完成文旅项目投资额23.5亿元，同比增长135%。目前全省在谈的拟签约项目数、投资总金额，同比均实现翻倍"。[③]

4. 文旅市场呈现火爆的态势

2023年，辽宁文旅产业迎来了前所未有的发展机遇，国内、区域和省内的环境、政策、市场均有利于文旅产业发展。2023年6月10日，辽宁省文旅产业振兴发展大会召开，可视为辽宁省文旅产业发展的里程碑式事件。会议对

① 《2023年全省经济运行情况》，辽宁省统计局网站，2024年1月19日，https://tjj.ln.gov.cn/tjj/tjsj/sjfb/sqzx/20240119153658555671/index.shtml。

② 《2023年全省经济运行情况系列新闻发布会（第六场）》，辽宁省人民政府网站，2024年1月26日，https://www.ln.gov.cn/web/spzb/2024nxwfbh/20240126125404132757/index.shtml。

③ 王笑梅：《夯基蓄力　行稳致远——我省推动文体旅融合高质量发展工作综述》，《辽宁日报》2024年5月24日。

全省文旅产业振兴做出全面部署，发出了动员令，发布了任务书和路线图，以多种方式推介辽宁文旅资源。2023年9月，新的辽宁旅游宣传口号"山海有情　天辽地宁"正式对外发布，这个独具魅力的文旅标志代表辽宁向五湖四海的朋友发出了热情邀约。各级政府部门、市场主体和从业人员抓住难得的机遇，多方发力，文旅产业得到了较快发展。最主要的标志是文旅市场火爆。辽宁省文化和旅游厅发布的信息显示："据旅游大数据综合测算，2023年，我省接待游客5.1亿人次、同比增长142.9%，旅游收入5022.6亿元、同比增长166%，各项指标增幅均创历史新高。中秋国庆双节表现亮眼，全省接待游客5596.2万人次、同比增长139.1%，恢复至2019年同期的106.1%；旅游收入369.3亿元、同比增长158.3%，恢复至2019年同期的104.3%，均高于全国平均水平。"[1] 2024年春节期间，辽宁文旅市场迎来"开门红"，根据全国发布的旅游数据，"春节期间，辽宁省旅游接待人次位列全国第八，同比增长率位列第二，旅游综合收入位列全国第七"。[2] 2024年"五一"假期，辽宁旅游再创佳绩，全省"共接待游客2584.7万人次，同比增长61.4%；实现旅游综合收入270.3亿元，同比增长98.5%。其中，外省来辽游客780.6万人次，占比30.2%"。[3]

（四）融合发展之路不断拓宽走深

1. 文化事业与文化产业融合发展不断深入

多年来，辽宁高度重视文化事业和文化产业的融合发展，在融合中不断推动文化事业的持续发展和转型升级，同时使文化产业拥有了更加丰富的资源和高品质的创意，提升了文化事业和文化产业的核心竞争力。2023～2024年，辽宁文化事业和文化产业融合不断走向深入，将文化事业发展和文化产业发展进一步统一在共同的目标之下，即不断创造丰富的文

① 《2023年我省接待游客5.1亿人次　同比增长142.9%　旅游收入5022.6亿元　同比增长166%》，北国网，2024年1月27日，http://epaper.lnd.com.cn/lswbepaper/pad/con/2024 01/27/content_223376.html。

② 《攻坚之年看振兴｜活力足　人气旺　辽宁文旅市场"热辣滚烫"》，新华网，2024年3月13日，http://ln.news.cn/20240313/1a53fda5d56445bc9ebdc2054249e1f9/c.html。

③ 《"五一"假期辽宁文旅成绩单》，北国网，2024年5月7日，https://news.lnd.com.cn/system/2024/05/07/030464623.shtml。

化产品，提供优质文化服务，更好地满足人民群众日益增长的精神文化需求。一方面，通过改革创新激发活力和创造力，加大了对出版、文学创作、演艺等领域的改革创新力度，创造了更多具有市场竞争力的优质作品。另一方面，深入挖掘和整合优质文化资源，在提升非遗传承水平、强化对文物的保护和利用等方面做出了更大的努力，为文化产业的发展提供新引擎。随着现代文化产业体系和市场体系的不断健全，辽宁文化创意产业正在转型升级，在技术创新、跨界融合等方面取得新进展，文化产品的附加值得到了提高。辽宁文化资源、品牌的知名度得到了提升，优秀传统文化资源得到了创造性转化、创新性发展。

2. 以文塑旅、以旅彰文，以文旅深度融合为发展增添新动能

习近平总书记高度重视文化和旅游发展，他强调："文化产业和旅游产业密不可分，要坚持以文塑旅、以旅彰文，推动文化和旅游融合发展，让人们在领略自然之美中感悟文化之美、陶冶心灵之美。"[1] 2023 年以来，辽宁坚持以文塑旅、以旅彰文，推动文旅深度融合取得了新成效，为文化发展、社会发展和经济发展增添了新动能。在资源业态融合、渠道交流融合、市场服务融合、创意产品融合等方面，均交出了明显好于以往的答卷。陆续推出了打造文旅融合新品牌、拓展文旅消费新空间、构建文化传播新载体等多项工程，并加大了对优质文旅资源整合的力度。通过绘制发布精品旅游线路、支持消费业态集聚发展、多样化开发文化和旅游资源等具体举措，激发了文旅融合发展新活力，也提升了文旅产业发展能级。

3. 打造高品质文体旅融合发展示范地开局势头良好

经过多年的发展，辽宁文体旅融合已经打下了良好的基础。辽宁拥有丰富的文化、体育、旅游资源，其中体育资源在全国居于领先位置，是一张亮丽的名片。自提出打造高品质文体旅融合发展示范地目标后，全省上下尤其是文旅、体育等部门高度重视，积极推进文体旅深度融合，开局势头良好。有关部门正在着手进一步完善文体旅融合发展体制机制，挖掘文体旅融合的资源优势和潜力，全力做好资源整合、业态融合、场景聚合。2023 年冬季，

---

① 《习近平在教育文化卫生体育领域专家代表座谈会上的讲话》，中国共产党新闻网，2020 年 9 月 23 日，http://cpc.people.com.cn/n1/2020/0923/c64036-31871323.html。

冰雪运动、冰雪体验成为撬动辽宁文旅产业进一步发展的杠杆。如在"冬日雪暖阳"沈阳冬季游系列活动中，安排了近 400 项活动，其中包含滑雪、滑冰、冰球、冬泳等多项活动。在冰雪项目特别是一些影响较大的比赛中，成功地融入了文化旅游元素。如在中国青少年滑雪公开赛、第二届"振兴杯"沈阳青少年冰球邀请赛等赛事中，安排了精彩的文艺演出、非遗展示，推出了暖心美食和冰雪文创产品，产生了良好的效果。大连结合冰雪、温泉和民俗文化资源，推出了冰雪运动之旅、亲子嬉雪之旅等五条冬季精品旅游线路和以冰雪为主题的六大系列节庆活动，受到了游客的欢迎。到辽宁游玩，兼顾参加冰雪运动、体验民俗、品尝美食、观赏美景，成为更多游客的选择。2024 年初，辽宁确定了推进文体旅深度融合的重点工作任务："坚持扩内需、优供给'双轮驱动'，丰富冰雪、海洋、边境、赛事文化内涵，植入休闲旅游要素，推出更多满足市场需要、富有地域特色的文体旅产品。实施'文旅+''+文旅'，与体育、教育、农业、交通、商业、工业、金融等领域深度融合，打造沉浸式、体验式、互动式消费新场景。发展康养旅居、红色研学、工业旅游等融合发展业态，构建海洋海岛海岸旅游立体开发格局，建设辽西文化走廊和丹东边境旅游试验区。"① 2024 年上半年，在打造文体旅融合场景上取得新进展，举办了第一届全国全民健身大赛、辽河湿地万人徒步大会、2024 千山越野挑战赛、2024 葫芦岛半程马拉松等多项活动，提升了文体旅融合的质效。

二 辽宁文化发展存在的主要问题

（一）文化事业发展存在的主要问题

1. 公共文化服务投入不足制约快速发展

公共文化服务投入不足、增速缓慢，在一定程度上制约辽宁文化事业的快速发展。近年来，辽宁文化事业费的投入总量、比重、增速、人均额等，均与

---

① 王笑梅：《全力打造高品质文体旅融合发展示范地——访省文化和旅游厅党组书记、厅长刘伟才》，《辽宁日报》2024 年 1 月 24 日。

先进省份和发展需要有着较大的差距。文化事业费投入总量最高时居全国第16 位，最低时居全国第 26 位。从文化事业费占财政支出比重来看，在全国位次最低时为第 31 位，在多数年度低于全国平均水平。文化事业费的增速低于全国平均水平，在全国文化事业费总体呈现增长趋势的情况下，辽宁在部分年度出现了负增长。辽宁人均文化事业费投入水平较低，在一定时期内在全国的位次呈下滑的态势，最低时居全国第 29 位。

2. 公共文化服务发展不均衡问题仍未得到彻底解决

统筹区域、城乡协调发展，实现普惠均等，是推动公共文化服务高质量发展的重要任务、目标之一。目前，辽宁虽在努力促进公共文化服务均衡发展，但发展不均衡问题仍未得到彻底解决。省内各地区间文化体育与传媒方面的公共财政预算支出差距较大。根据《辽宁统计年鉴 2023》，2022 年公共财政预算支出最高的沈阳是公共财政预算支出最低的阜新的 11.7 倍。文化体育和娱乐业固定资产投资增速差距同样明显，增速最高的铁岭达到了 145.2%，增速最低的朝阳为-75.7%。不同收入群体之间文化娱乐支出占比存在一定的差距。2022 年城镇居民高收入户、中高收入户、中等收入户、中低收入户、低收入户文化娱乐支出占消费总支出比例依次为 3.3%、3.1%、3.1%、2.3%、2.3%。

3. 文化资源开发利用、文化遗产保护传承还需走深走实

在对文化资源的开发利用、物质文化遗产和非物质文化遗产的保护传承上，均存在明显的不足。最主要的问题是相关工作缺乏系统性、深入性、创造性。在对文化资源的开发利用上，存在基础不牢、推进慢、方法不多不新等问题，导致开发利用成效欠佳。在处理物质文化遗产的保护与开发利用二者关系时，还存在缺乏系统安排和科学决策的问题，导致短期效应的出现：或考虑短期难以见到效益，不愿意在保护上进行投入；或进行以增加经济效益为主要导向的保护开发，保护开发效果不佳。对于非物质文化遗产的保护，在一定程度上存在重视名录申报、轻视后续传承的问题，申遗工作做得比较扎实、有效，非物质文化遗产的传承与延续工作没有得到相应的重视，对相关资源的开发工作推进较慢。非物质文化遗产保护传承不深入的问题也比较突出，如重视非遗的展演、展览、展示，轻视非遗的生活融入。近年来，非遗展演、展览、展示活动增多，规模不断扩大，但在让非遗真正融入生活方面，与其他先进省份尚有一定差距。

4. 文艺创作有"高原"缺"高峰",文艺门类发展不均衡

近年来,辽宁文艺创作有"高原"缺"高峰"的问题仍然比较突出。文学辽军虽已发展成为一支文学劲旅,在国内外产生了一定影响,获得了鲁迅文学奖、全国优秀儿童文学奖、全国少数民族文学创作骏马奖及"五个一工程"奖等重要奖项,但仍未有作品获得影响力更大、关注度更高的茅盾文学奖。文学精品与河南、江苏、陕西等文学强省相比,尚有较大差距。舞台剧仅有话剧《北上》、杂技剧《先声》、舞剧《八女投江》等少数几部在国内产生了一定影响,但其影响力仍未超越此前辽宁创作的同类精品,有待继续打磨、提升。其他文艺门类均缺少在全国具有广泛影响力的精品力作。文艺门类发展不均衡,在全国范围内,较有竞争力的有话剧、舞剧、歌剧、杂技剧等,舞台艺术中的地方戏发展滞后;美术、书法、音乐、舞蹈具有一定的优势,但发展势头趋缓;文学具有鲜明的地域特色和深厚的传统,但始终未有大的突破;曲艺面临着传承与发展的困境;影视剧创作成果较少,缺乏在国内产生广泛影响的精品。

5. 网络文化建设与需求尚有差距,文化传播能力有待进一步提升

在网络文化建设上,辽宁在融媒体矩阵建设方面,存在体制、机制、人才、技术和经营等多个方面的短板;承载着传播社会主义核心价值观重要职能的校园网络文化体系有待健全;在整合数据及提升数据处理能力、算力等技术方面仍有不足。

辽宁文化传播能力与发达地区相比,存在一定的差距。因主流媒体传播平台建设不完善,整合多渠道信息资源能力不足,在一定程度上存在信息传而不广的问题。在传播模式上存在依赖传统路径、双向互动精准传播不到位等因素,导致信息传而不响。传播主体固化、叙事体系非大众化等因素的存在,不利于受众主动接受、入脑入心,信息传而不入的现象在一定程度上存在。

(二)文化产业发展存在的主要问题

1. 整体规模不大、市场主体实力不强

根据《辽宁省第四次全国经济普查公报》:"2018年末,全省有文化及相关产业法人单位4.4万个,从业人员31.6万人,资产总计2971.0亿元。2018年末,全省有经营性文化产业法人单位4.0万个,从业人员25.8万人,资产

总计 2630.1 亿元。全年实现营业收入 1147.0 亿元。"① 根据相关资料特别是对国家统计局发布的 2023 年前三季度数据、辽宁省统计局近年来发布的相关数据等的分析,近年来,辽宁文化产业虽有一定的发展,文化产业规模持续扩大,规上文化企业数量、规上企业营收稳步增长,文化产业增加值占比全国排名连续提升 3 位,但仍然存在整体规模不大的问题,在法人单位数量、从业人员数量、资产总额、营业收入等方面,与头部省份相比,均有一定的差距。同时,存在市场主体实力较弱的问题,规上文化企业数量少,文旅龙头骨干企业带动能力不足、带动效果不明显,一些企业缺少竞争力。

2. 文化产业发展存在不平衡现象

辽宁文化产业发展不平衡的现象仍然存在。文旅产业发展势头迅猛,产业规模不断扩大,效益得到提升,市场竞争力逐渐增强。出版业在早期改革效应的拉动下,虽有一定的发展,但龙头企业主要经营指标的全国排名在低位徘徊。其他行业相对来说发展较慢。同时,存在需求与供给不平衡的问题。辽宁居民在文化娱乐领域有着较大的消费需求,因辽宁文化产业发展水平相对较低,消费需求旺盛,在区域内造成了需求与供给的不平衡。省内不同区域间发展同样存在不平衡的现象。沈阳、大连两个城市的文化产业遥遥领先,其他地区特别是中小城市的文化产业规模小、发展慢,产品质量不高,既难以满足当地居民消费需要,也影响了区域整体发展。

3. 产业升级慢,业态创新能力不足

面对新媒体、新技术的发展和新市场环境的出现,传统文化产业存在升级慢和业态创新能力不足的问题。目前,消费者对文化产品的定位,已经从传统意义上的文化消费品转变为沉浸式、体验式文化产品。消费模式也由单向输出转变为多渠道输出、多点抵达、双向互动。消费者更加重视产品的精神属性、文化属性。面对新的需求,辽宁文化产业尚未做到快速升级,业态创新效果不理想。沉浸式、体验式文化产品市场还不够完善;多元化、复合型文化产品不多;创造和创新能力不足,在影视制作、艺术创作等方面尤其缺乏创造性。

---

① 《辽宁省第四次全国经济普查公报》,辽宁省统计局网站,2020 年 1 月 23 日,https://tjj. ln. gov. cn/tjj/tjxx/tjgb/jjpcgb/64D9F8E8D4C64D0691E7A8FDA3CBD0A5/。

4. 文化资源转化成效亟须提高，文旅 IP 打造与应用任重道远

辽宁拥有丰富的特色文化资源，这是一种优势。但目前尚未完全将文化资源优势转化为产业发展优势。辽宁文化产业规模较小、文化产品质量不高，与文化资源转化不充分有着一定的关系。辽宁在文化资源转化上的短板主要体现在以下四个方面。一是缺乏深入研究，对辽宁文脉、文化符号、文化资源的特色与价值的研究仍不够全面、深入，没有在理论上实现提升。二是开发利用缺乏系统性，缺乏与当前及今后文化产业发展相适应的文化资源开发整体规划，规划应包括具体举措、各地区和相关部门及行业承担的任务、时间表、路线图、保障措施等。三是文化资源转化的创意性不足。受人才、技术等诸多因素的制约，在以现代意识与前沿科技激活历史文化资源、以故事力整合和活化文化资源、赋予文化资源以情感和灵魂等方面均存在不足。四是文旅 IP 有待进一步优化。现有的 IP，存在老旧无创新、缺乏解读、缺乏原创性、打造不系统，以及挖掘、提炼、构建与运营脱节等诸多问题。

（三）融合发展存在的主要问题

1. 文体旅有待进一步融合，并突出特色

省委确定了打造高品质文体旅融合发展示范地的目标，召开了辽宁省高品质文体旅融合发展大会，对辽宁文体旅融合提出了更高的要求。辽宁文体旅融合的现状与打造高品质文体旅融合发展示范地的目标尚有一定差距。第一，在推动文体旅融合发展上，还需要推出配套、细化方案，进一步改革、完善文体旅融合发展机制。目前，各项工作均在稳步推进，但亟须出台配套方案和行业性、区域性及针对重点项目的细化方案。融合发展机制还不够健全，使部分融合主体缺乏内生动力和执行力。第二，区域协同发展、文体旅协同发展推进还不够快。目前，推动沈阳现代化都市圈文体旅协同发展，离要求还有一定差距。已布局的"沈阳现代化都市圈体育产业一体化""辽宁沿海运动休闲带""辽宁东部雪上运动产业先导区""辽西体育产业融入京津冀协同发展战略先导区"等体育规划有待全面、深度地融入文体旅融合发展战略中。第三，在推动文体旅业态融合上，层次还不够深，办法还不够多，思路还不够宽。第四，文体旅融合在突出特色、打造品牌方面尚存在不足，具有鲜明地域特色的品牌产品还不够多。打造高品质文体旅融合发展示范地，重要目标之一是要提

供有特色、有品牌效应的高品质的文体旅产品。

2. 文化与金融融合存在配套不完善、融资难等问题

辽宁目前缺乏关于文化与金融融合发展的成熟政策体系，尚未形成统筹协调的管理机制。对于相关发展规划，缺少系统、具体的实施细则和落地方案，政策实施效果欠佳。文化企业融资难、融资慢，部分融资渠道不顺畅等问题，仍在一定程度上存在。辽宁的财政投入难以满足文化产业的资金需求，中小型文化企业难以从商业银行获得资金支持，欠发达的投资市场难以满足文化企业的融资需求。

3. 文化与科技融合存在体制机制不完善、创新能力弱、发展不平衡等问题

推动文化与科技融合是促进文化发展的重要手段和路径。当前，辽宁文化与科技融合的体制还有待完善，机制还不够灵活。如对文化科技产业的管理存在职责重叠、权力交叉等情况，政出多门，并缺少沟通渠道，产生了效率不高等问题。在以新技术促进文化事业、文化产业发展上，缺少激励机制和协同配合机制，导致二者融合速度慢、成效差。辽宁文化科技企业创新能力相对较弱，在技术研发、信息交流平台建设、成果转化等领域，均需加强自主创新。文化与科技融合还存在不平衡问题，其中最为突出的是科技与现代文化融合较快，与传统文化融合较慢。

三　辽宁文化发展的趋势分析与对策建议

（一）文化事业发展的趋势分析与对策建议

1. 完善公共文化服务投入机制，在深化改革中解决投入不足的问题

文化事业的发展，需要不断提高公共产品的总供给量和质量，提升文化服务的效率。目前，辽宁处于健全现代公共文化服务体系的关键时期，发展势头良好。与此同时，公共文化服务投入不足一直是困扰发展的难题之一，也是政府在着力解决的问题。解决问题的难点在于进一步完善政府投入机制，通过改革调动社会投入的积极性。主要应强化以下三个方面的工作。一是进一步健全公共文化服务投入的责任机制和监管机制，明确有关主体的责任、义务，以及不正确履行责任应承担的后果等。明确监管主体及其职责、权力，完善相关配套措施，确保公共文化服务投入机制良性运行。二是建立公共文化服务投入稳定增长机制。近年来，公共文化服务投入既存在不足的问题，也出现了波动。这种波动，不利于文化事业稳定健康发展。应尽快建立和不断完善投入稳定增长机制，确保投入只增不减，为公共文化服务发展提供财力保障。三是通过改革建立科学、完善的激励机制，吸引更多的社会资本投入公共文化服务，以解决政府财力不足的问题。建议建立相关机制，制定具体政策，以扶持发展、减免税收、给予荣誉等方式，鼓励多主体、多渠道的资金投入公共文化事业中。

2. 加速推进城乡公共文化服务一体化，有效解决发展不均衡的问题

"十四五"时期公共文化服务体系建设的首要任务是使公共文化服务布局更加均衡，实现公共文化服务普惠化、均等化。要想实现公共文化服务普惠化、均等化的目标，需要加速推进城乡公共文化服务一体化。一是强化政府责任。推进城乡公共文化服务一体化，需要政府主导、社会参与、重心下移、共建共享，做好此项工作，各级政府责无旁贷，应持续压实压牢各相关部门的责任，使政府真正有信心、有决心、有动力、有办法推动此项工作。二是促进公共文化资源共建共享。要加快城乡文化设施联网、共享的步伐，推动城乡"结对子"，积极开展流动文化服务等工作。三是提高公共文化设施水平。完善设施体系，既要提高硬件建设水平，也要提升软件服务管理水平。四是提升开发能力，激活乡村文化资源。目前乡村文化的状况，是有资源、缺设施、利用少，文化资源存在"有"而未经转化和充分利用的问题。需要采取多种措施，提升开发文化资源的能力，利用多种渠道，发掘和活化乡村文化资源，使其更好地服务于当地居民。

3. 大力推动历史文化资源传承发展、多维保护与现代转化工作，助力辽宁振兴

辽宁拥有丰富的历史文化资源。目前，对这些资源的保护、开发、利用，尚存在不足。建议相关部门高度重视传承发展工作，采取有效措施，加强多维保护，加大现代转化的力度，使其更好地助力辽宁振兴。一是进一步摸清家底，实施文化基因解码工程，全面梳理优势资源。开展全面普查，建立完善的辽宁文化基因库，完成重点文化基因解码，提炼出优质历史文化资源的物质基因、精神思想基因、规范制度基因和象征符号基因。二是在摸清家底并形成优质历史文化资源库的基础上，制定并实施多维保护和开发方案，注重科学决

策、长远规划，正确处理保护和开发的关系。根据历史文化资源的价值、现状、形态等情况，明确不同主体、采取不同措施进行保护和开发。三是充分运用创意转化、数字活化、跨界合作、融入生活等思维，最大限度地实现历史文化资源的现代转化。运用创意转化思维，在现有历史文化资源中寻找灵感，创造出更有吸引力、更有文化内涵的产品。运用数字活化思维，采用数字技术塑造新的文化形态，增强文化产品的体验感。运用跨界合作思维，对历史文化资源进行跨领域的开发利用，赋予这些资源新的生命。运用融入生活思维，将历史文化资源特别是非物质文化遗产资源的开发利用，融入日常生活中，以强化体验感、融入感等手段，实现活态传承和活化利用。

4. 以新机制、新思维、新模式、新手段促进文艺繁荣

当前，辽宁促进文艺繁荣面临着两个重要任务：一是出精品、出大家、出名家，二是巩固优势文艺门类、提升弱势文艺门类的创作水平。建议采取以下四个方面的举措。一是加强统筹规划，改革和完善相关机制。要充分整合省级和省内地方文艺资源，优化配置创作、演出、研究、出版、推广等资源。要提升创作、演出、出版等活动的组织化程度，最大限度地发挥优势资源的作用。建立和完善项目机制、扶持机制和激励机制、推介机制等，强化以项目带创作、以项目促推广的模式。二是加强对人才的挖掘、培养和引进。辽宁文艺创作面临的重要问题之一是缺少领军人才，创作队伍整体实力较弱。建议通过选拔、重点培养、引进等方式打造新的领军人才队伍。省文联、省作协、省公共文化服务中心、高校、艺术研究院（所）等应积极组织培训、交流、展览等活动，并通过各种渠道支持中青年作家、艺术家到国内外进行学习、交流。三是实施精品战略和扶持工程，二者并重。以"思想精深、艺术精湛、制作精良"为标准，对标国家级各类文学艺术大奖获奖作品，实施精品战略。按照规划一批、推进一批、出版（发表、出品、上演）一批的原则，推动优势文艺门类的创作由"高原"迈向"高峰"。实施扶持工程，在政策、资金、人才等方面，对影视剧、地方戏等处于弱势的门类和面临困境的曲艺等门类进行重点支持。四是扶持、引导新文艺创作群体健康、快速发展，将其培育为新的增长点。目前，以网络文化从业人员、文化自由职业人员等为主体的新文艺创作群体已经成为一股重要力量，几乎涵盖了所有文艺门类。应在强化思想引领、加强培养和激励、营造良好创作环境等方面，进行引导与支持，使这个群体更好地发挥作用，成为促进辽宁文艺繁荣的重要力量。

5. 以提升内容质量和传播效果为目标，加强网络文化建设和文化传播能力建设

当前，在以社会主义核心价值观为引领的网络文化建设上，应做好以下几个方面的工作。一是在管理上，应进一步加强监管，营造更加健康的网络文化环境。深入开展网络法治教育，规范网络传播行为。二是在内容建设上，要继续强化对中华优秀传统文化、革命文化和社会主义先进文化的传播。在提高主流媒体内容生产能力的同时，应高度重视网民的参与和创作，通过征集、评选、重点推介、奖励等各类举措，鼓励网民多出优秀作品。加强公共文化服务数字化建设，向用户提供更多的优质文化资源。三是在平台和传播体系建设上，应加强融媒体矩阵建设和校园网络文化体系建设。稳步推进融媒体的体制机制改革，改进人才培养、引进和使用机制，探索新的运营模式，增强自身造血功能。进一步整合融媒体平台与政府机构、社会公益机构和经营主体所拥有的数字资源、信息资源，增强服务功能。完善校园网络文化体系建设，实现校内各层级网络平台与社会网络平台的互联互通、良性互动，并加强规范与引导。四是在技术应用上，依托计算机、通信、音频、视频技术，充分利用大数据、云计算、人工智能等新技术，拓展原有平台功能，打造新的平台，发展网络文化。

此外，应进一步加强文化传播能力建设，一是增强辽宁文化传播的系统性、整体性和协同性，综合运用多种方式如主流传播、大众传播、群体传播、人际传播等提升传播效果；二是更好地应用互联网、数字化和智能化等前沿媒介技术赋能文化传播。通过前沿媒介技术发展新型主流媒体、推动媒体融合、实现精准正面传播。

（二）文化产业发展的趋势分析与对策建议

1. 发挥政府与市场双重作用，做大做强文化产业

充分发挥政府的宏观调控和市场的资源配置作用，以加快培育和形成新质生产力为牵引，做大做强文化产业，并促进其均衡发展。一是既要发展国有文化市场主体，也要培育壮大非国有文化市场主体。深化文化体制改革，加大招

商引资力度，引进大型文化企业；鼓励大型文化企业通过重组、并购等增强竞争力；支持各级各类文化企业进行资源整合；推动中小微文化企业朝"专业化、特色化、创新型"方向发展；鼓励文化企业建设跨产业、跨媒体、跨地区的产业链。二是健全、发展文化要素市场，为文化产业发展提供基础保障和重要动力。应大力发展文化产权、版权、信息、技术、人才等要素市场，促进资本、数据、技术、劳动力等合理流动，加快形成完善、高效的文化产业体系和市场体系。三是在整体布局上，推动文化产业均衡发展。保持现有优势，大力发展处于弱势的产业。合理规划，精准定位，利用区位优势、资源优势等，加快发展各市、县的文化产业。四是持续优化营商环境。在现有基础上，按照省委的要求，查短板、找不足，在优化政策供给、降低制度性交易成本、提升服务水平等方面下大力气，为文化企业发展营造更加良好的环境。

2. 以满足需求端为导向，推动文化产业升级、产品升级与业态创新

以满足需求端为导向，推动文化产业升级。一是强化政策引领，实施产业升级发展专项规划，打造文化产业发展新高地。应采取的具体措施包括加强示范园区建设、积极发展重点项目、用好文化产业专项资金、加强人才培训等。二是推动文化产业融合创新，通过多领域、全方位的融合，为产业升级注入活力，为文化产业发展开辟新的空间。三是积极参与国内国际文化交流与合作，要吸纳国内外的资金、先进经验和理念，吸引各种资源和人才，并通过"走出去"等途径，打造文化产业"升级版"。

推动文化产品升级和业态创新。一是突破影视制作、艺术创作的瓶颈，推动产品升级。在影视制作上，应不断引入科技创新成果，在策划、制作、艺术呈现和传播等方面实现升级迭代。在艺术创作上，不断引进新观点、新技术，增强艺术作品的艺术性和感染力。同时，要注重将新技术与人文内涵进行有效结合，注重融入优秀传统文化元素，提高产品的文化含量和精神价值。二是创造、生产更多的多元化、复合型文化产品。针对难以满足多元化需求的现状，应创造更多不同形态、不同内涵的文化产品，并突出产品的层次性、系列性、丰富性、融合性等特征，打破时空界限，在多时段和多平台、利用多种渠道满足消费者需求。三是打造沉浸式文旅项目。重点打造五类项目，第一类是故事场景型项目，围绕文旅故事，实现场景营造。第二类是心灵感受型项目，营造为消费者解压和进行心灵按摩的场

景。第三类是教育体验型项目，营造增加儿童知识、增进亲子关系的学习、游戏、交流场景。第四类是社交型项目，即以满足深层次的社交需求为主的文旅项目。第五类是技术互动体验型项目，营造新潮体验和数字化社交场景。

3. 加快打造文化品牌、培育文旅 IP 的步伐

一是做好基础工作。由政府部门牵头，相关研究机构人员和文化企业人员参与，对辽宁文脉、文化符号及文化资源的特色、价值进行全面、深入研究，为打造文化品牌、培育文旅 IP 提供理论支持和学术支撑。二是应制定和实施文化资源整体开发规划。规划要做到全面系统、重点突出，既要有省级层面的规划，也要有市级、县级层面的规划，以及区域联动开发规划。规划要明确长期、中期、短期的目标、任务，确定时间表、路线图，以及保障措施等。三是以现代意识和产业思维打造文化品牌、培育文旅 IP。打造文化品牌，要立足于文化产品的特色，选取具有历史特色、地域特色、民族特色的资源进行打造。在此基础上，要确定目标人群，提供能够满足他们需求的产品和服务，要不断强化产品的差异性并突出其文化特质。要充分利用新技术、新平台，增加创意性，发挥文学故事、影视、短视频、动漫、沉浸式景点等载体和传播平台的作用，通过文化传播与情感渗透，吸引消费者注意力，增强消费者的认同感，形成情感上的紧密联系。

培育文旅 IP，一是强化原创性和创新性，不能简单地进行模仿和复制，要基于古迹、历史故事、民俗等特色文化资源，并运用创意进行活化处理；二是在形象设计方面，要有独特性、代表性、互动性；三是明确培育文旅 IP 是一个系统工程，推广、运营、维护同样是重要环节，与提炼、设计等环节密不可分。在打造完爆点之后，引爆和推广、运营等是确保流量的关键，只有保持流量，才能保证市场效果。

（三）融合发展的趋势分析与对策建议

1. 推动文体旅融合提质升级，打造高品质文体旅融合发展示范地

当前，辽宁打造高品质文体旅融合发展示范地已取得了初步成果。与此同时，我们也应该清醒地认识到，与省委提出的要求相比，此项工作尚有一定的差距，需要上下联动、精心筹划、深入落实、全面推进。

一是统筹布局，科学规划，进一步完善、落实相关方案，完善发展机制。在推出了省级层面的《打造高品质文体旅融合发展示范地实施方案》后，应确保方案的落实，及时制定保障方案、支持政策。同时，针对重点区域、特色区域的发展和重点项目的实施，应及时出台配套、细化方案。进一步完善融合机制和配套机制，要进一步明确相关主体在融合工作中的责任和义务，并彻底打破行政区划、职能部门、行业限制，建立科学、有效的协调机制，充分调动各方积极性，杜绝由多头管理、条块分割造成的效率低下问题。

二是加快推进区域协同发展、文体旅协同发展。经过近几年的努力，沈阳现代化都市圈的文体旅协同效应已初步显现，但亟须提速增效，既要加快发展，又要务求实效。具体应做到以下四点：其一，完善合作开发、资源共享的机制；其二，构建便捷、高效、低价的旅游综合运输体系；其三，搭建更多的高能级文旅产业发展平台；其四，建立完善、优质的产业链条。推动文体旅协同发展，关键在于迅速转变观念，落实文体旅"1+1+1>3"的发展理念、发展思路。具体需要做好两个方面的工作。一方面，要深度整合文体旅资源，以体育赛事和体育场景为载体提升旅游目的地的吸引力，要注入更多文化元素，使体育赛事和体育场景的内涵更加丰富，不断拉长产业链，使文体旅产业水平得到全面提升。另一方面，要在区域产业发展上，追求共建、共享、共赢，在宜融则融、能融尽融原则的指导下，最大限度地将"沈阳现代化都市圈体育产业一体化""辽宁沿海运动休闲带""辽宁东部雪上运动产业先导区""辽西体育产业融入京津冀协同发展战略先导区"，以及其他体育产业重点工程融入文体旅融合的大格局中。

三是相互赋能，深入推进文体旅业态融合，推动文体旅全产业链、全业态提质升级。推进文体旅业态融合向纵深发展，关键要相互赋能，以延伸文体旅产业链为核心，发展新型产品和产业。在搭建基础设施、设计文旅活动、营造文体旅消费场景时，要强化多向互动、双向引流。要打造高质量、高效益的文体旅产业集群，培育发展以文化体育赋能旅游产业、以体育旅游丰富文化产业、以文化旅游拉动体育产业的新业态。

四是突出特色，培育更多的文体旅融合品牌。深入挖掘冰雪、海洋、山林、边境等自然资源的文化内涵，进一步开发红色文化、工业文化、历史文化、民族文化、乡村文化、文娱、体育赛事等资源，并通过融合，培育新的品牌。如将辽宁的冰雪资源、海洋资源与体育赛事相融合，将文娱、历史文化与体育赛事相融合，将红色文化与山林资源相融合，将民族文化与文娱、体育赛事相融合，将工业文化与文娱、体育赛事相融合，均可培育出优质的融合型品牌。

2. 完善融资、资产交易体系和投资平台建设，促进文化与金融融合发展

推动文化与金融融合发展，是促进文化产业高质量发展的重要举措。不断提升文化与金融融合水平，是破解辽宁文化发展难题的重要策略之一。当前，应该从以下三个方面入手，促进文化与金融融合发展。一是加强顶层设计，完善法规制度。按照国家和省级相关规划和要求，明确各级政府和相关部门的职责，建立协调机制，整合政府、科研院所和企业的力量，推动规划实施。结合辽宁实际情况，围绕文化企业运行、财务信息管理、融资信贷、资产监管等现状和发展要求，建立完善的法规制度。二是加强投资平台、渠道建设。建议尽快搭建辽宁省文化产业投资平台。鼓励金融服务持续创新，鼓励银行将资金投向文化产业，引导基金扶持中小型文化企业，推动优质文化企业上市融资。三是做大做强文化与金融产业园区，支持创建国家文化与金融合作示范区。按照创新优园、名人立园、名企强园的思路，加强企业孵化器、众创空间、公共服务平台建设，做大做强文化与金融产业园区。创建国家文化与金融合作示范区，推进国家级、省级文化与金融复合领域合作示范区提质扩容。

3. 通过完善制度、机制与转变思路，促进文化与科技深度融合

一是通过完善相关制度、机制，推动文化与科技深度融合。要完善管理制度和协调机制，设立专门负责推动文化科技企业发展的管理部门，并在相关部门之间、区域之间建立协调机制。要建立健全激励制度、扶持制度，以财政补贴、税收优惠、设立专项资金、奖励等多种方式支持文化科技企业发展。

二是加强企业内部管理，增强文化科技企业自主创新能力。要加强企业研发平台建设，增加在研发上的投入，支持在研发上进行攻关；要培养更多既熟悉文化领域又懂企业经营和技术的复合型人才；要加强产学研用合作，提升成果转化能力。

三是有针对性地解决传统文化与科技融合明显慢于现代文化与科技融合的问题，主要应做好以下三个方面的工作：重新整理和定位优秀传统文化资源，提炼特色传统文化资源，为加强传统文化与科技的深度融合奠定基础；

不断拓展传统文化的应用领域，将其与现代生活、文化产业深度结合，用科技手段将传统文化元素融入文化展演、文化旅游、影视出版、创意设计等领域，实现传统文化的现代转化；利用科技手段，进一步激活特色传统文化资源，加快推进特色传统文化资源数字化、虚拟化工作，通过对虚拟现实、大数据、人工智能等新科技的应用，催生更多的以数字化、智能化、网络化为重要特征的新业态。

参考文献

《习近平谈治国理政》（第四卷），外文出版社，2022。

张占斌、牛先锋主编《中国式现代化蓝皮书：中国式现代化发展报告（2024）》，社会科学文献出版社，2024。

王慎十、牟岱主编《辽宁文化蓝皮书：辽宁文化发展报告（2021~2022）》，社会科学文献出版社，2022。

高宏存：《文化强国建设与中国式现代化》，人民出版社，2023。

龚慧、高凡：《文化旅游与旅游产业发展研究》，中国纺织出版社，2023。

臧文佼、章玉贵：《上海文化产业高质量发展研究》，格致出版社，2023。

闵洁：《传统文化资源与品牌构建研究》，东方出版社，2021。

文化事业篇

B.2
辽宁公共文化服务发展报告

张　妍[*]

摘　要： 党的二十大报告明确提出要健全现代公共文化服务体系，实施重大文化产业项目带动战略。近年来，辽宁愈加重视现代公共文化服务体系建设，出台了一系列新政策新举措，使公共文化服务均等化、社会化、数字化和精品化水平不断提升。但是，目前辽宁现代公共文化服务体系建设仍存在投入总量少、增速慢和比重小，人均文化事业费偏低，文化基础设施不健全、均等化水平较低，以及专业的文化人才队伍不完备等问题。建议进一步加强公共文化服务社会化供给，以公共文化共同体建设推进公共文化服务提质增效，以加强社会化供给提升公共文化服务水平，以融合共享推进公共文化服务提档升级，以数字化赋能现代公共文化服务体系建设。

关键词： 公共文化服务　均等化　数字化　辽宁

---

* 张妍，哲学博士，马克思主义理论博士后，沈阳工业大学马克思主义学院教授，研究方向为科技创新、公共文化服务。

党的二十大报告明确提出，"繁荣发展文化事业和文化产业，坚持以人民为中心的创作导向，推出更多增强人民精神力量的优秀作品，健全现代公共文化服务体系，实施重大文化产业项目带动战略"。辽宁省委、省政府也高度重视公共文化服务建设，《辽宁省全面振兴新突破三年行动方案（2023—2025年）》对建设文化强省做出一系列安排部署，提出要"推进现代公共文化服务体系建设实现新突破。坚持政府主导、社会参与、重心下移、共建共享，统筹基础设施建设和服务效能提升，推进城乡公共文化服务体系一体化建设"。可以说，在省委、省政府的高度重视下，辽宁大力发展公共文化服务事业，不断完善公共文化服务体系，提升服务效能，展现了新气象新作为。

一　辽宁公共文化服务建设的新政策新举措

（一）优化布局，推动公共文化服务更加均衡

目前，辽宁已基本建成省、市、县、乡、村（社区）五级公共文化服务体系，深入推进文化馆图书馆总分制建设，使城乡公共文化服务体系日臻完善。另外，全省图书馆、文化馆（站）全部免费开放，公共图书馆、文化馆、文化站、文化广场等公共文化服务设施覆盖全省。截至2023年底，辽宁共有文化馆、艺术馆123个，公共图书馆129个，博物馆65个，档案馆143个。[1]而且，辽宁的人均公共文化服务资源相对丰富，人均拥有公共图书馆藏量1.15册，在全国排第8位；每万人拥有公共图书馆建筑面积151.2平方米，在全国排第15位。[2]

1. 辽宁省图书馆成为2023年全国十佳特色图书馆

自21世纪以来，全球公共图书馆迎来高速发展期，我国各级各类图书馆也在不断探索富有特色的创新路径。在2023年世界读书日，《瞭望东方周

[1]《辽宁省2023年国民经济和社会发展统计公报》，辽宁省统计局网站，2024年3月28日，https：//tjj. ln. gov. cn/uiFramework/js/pdfjs/web/viewer. html？ file ＝/tjj/attachDir/2024/03/2024032815431143514. pdf。

[2]《中国统计年鉴2023》，国家统计局网站，2023，https：//www. stats. gov. cn/sj/ndsj/2023/indexch. htm。

刊》联合首都图书馆、广东省立中山图书馆、山西省图书馆，在全国范围内（港澳台地区除外）推选"十佳特色图书馆"，辽宁省图书馆位列其中。辽宁省图书馆的前身是东北图书馆，有着丰富的东北地域文献，包括"共和国长子"的工业发展史、近代东北亚云谲波诡的地缘政治史以及清代历史等。另外，辽宁省图书馆还因丰富的古籍珍藏而闻名，古籍文献的收藏量达到61万余册，其善本藏书因质量好、特色鲜明在国内外享有盛誉。为了让读者一睹馆藏古籍的真容，2023年4月辽宁省图书馆还举办了古籍保护与传承特展，展品包括中国古典文学著作中唯一存世的手稿——《聊斋志异》等10件"镇馆之宝"。

2. 新时代文明实践阵地建设成为乡村百姓精神生活新平台

习近平总书记强调，加强和改进思想政治工作，推进新时代文明实践中心建设，不断提升人民思想觉悟、道德水准、文明素养和全社会文明程度。① 近年来，辽宁采取了一系列重要举措，聚焦群众需求、广泛组织力量、完善工作机制，高效整合基层现有的公共服务资源，深化新时代文明实践阵地建设，使创新文明实践项目有了大阵地，让群众有了归属感，成为乡村百姓精神生活新平台。截至2023年11月，辽宁建设了大量新时代文明实践中心、实践所和实践站，数量分别达到100个、1354个和16036个，延伸设立文明实践点（基地）2.1万个，平均每个县（市、区）延伸设立文明实践点（基地）150余个。② 广大人民群众在丰富多彩的文明实践活动中，获得实实在在的幸福感，对新时代文明实践中心（所、站）建设的满意度达到98%以上。

3. 城市书房给辽宁注入新的文化活力

近年来，加强城市书房、书屋建设成为辽宁推进现代公共文化服务体系建设的重要举措。主要通过主题化、体验化、趣味化和特色化的创新，发挥城市书房品牌效应，延长品牌服务链条，形成辽宁文体旅融合的"新坐标"。各地市在结合自身特点的基础上，建设了各具特色的城市书房、书屋。以沈阳为

---

① 《正确把握新时代文明实践的基本属性和价值取向》，人民网，2019年11月1日，http：//theory. people. cn/n1/2019/1101/c40531-31432075. html。

② 《文明吹新风　润物细无声——辽宁省推进新时代文明实践出新彩》，"东北新闻网"百家号，2023年11月4日，https：//baijiahao. baidu. com/s? id = 1781593262695008214&wfr = spider&for = pc。

例，自 2021 年启动城市书房建设以来，其始终致力于建设书香沈阳，满足群众多样化的文化需求，因地制宜将废弃锅炉房改造为城市书房，当地的老旧历史建筑变身特色阅读空间。通过提升服务质量、拓展活动场景，城市书房走进群众生活，成为当地群众享受文化生活的新选择。目前，全市建设的城市书房，面积在 500 平方米以上的有 26 座、100 平方米以上的有 120 座，接待读者数量超千万人次。另外，2023 年 3 月，大连召开大连市新型文化空间现场会，推动城市书房、文化驿站等新型文化空间建设。目前，大连已建成城市书房 11 个，新型文化空间建设将从试点探索阶段转向推广普及阶段。例如，盘锦创新打造"书房+银行"跨界文化空间。通过"政府主导、企业参与、共建共享、百姓受益"的模式，依托金融机构人力、区位、环境等优势，使"阅读+金融"快速惠及千家万户。目前，盘锦已与中国银行、工商银行、民生银行、盛京银行、盘锦银行等金融机构共同建设城市书房 8 家，共投放电子图书 2 万余册、纸质图书 3 万余册，累计接待读者 5 万余人次。

（二）繁荣群众文艺，促进人民精神生活共同富裕

2023 年，辽宁群众文化活动蓬勃发展。围绕辽宁省第十二届艺术节，立足自身优势，统筹特色资源，组织开展舞台艺术、展览展示、文博非遗、群众文化、文艺评论等一系列文化惠民活动，鼓足昂扬士气，汇聚奋进力量。

1. 红色文化丰富人民精神文化生活

辽宁是"抗日战争的起始地""解放战争转折地""新中国国歌素材地""抗美援朝出征地""共和国工业奠基地""雷锋精神发祥地"。辽宁在努力打造新时代"六地"的同时，也在弘扬革命传统，传承红色基因。自 2023 年 10 月 19 日开始的"传诵红色经典　品读辽宁文化"活动，是辽宁省图书馆阅读推广系列活动之巡展、巡讲活动，计划举办四大主题、百余场阅读推广文化活动。本次活动以传承红色文化、弘扬革命精神为主旨，点燃群众的阅读热情，让更多人了解辽宁的精神文化，讲好辽宁故事，为辽宁的振兴发展贡献更多力量。

2. "非遗+"推进文化自信自强

近年来，辽宁逐步形成"非遗+"的发展新模式，不断涌现出"非遗+剧场""非遗+专业院团""非遗+企业""非遗+志愿服务""非遗+文物"等多

种传播模式，让非遗融入人们的日常生活。辽宁省博物馆作为新中国的第一座博物馆，一直发挥着非物质文化遗产展示传承的重要作用。在 2023 年的"文化和自然遗产日"，辽宁省博物馆以"非遗+剧场"模式推出"辽海情韵"非物质文化遗产专场展演展示活动，从全省选调了形式各异的 40 余项国家级、省级非遗项目，共有 200 余人参加。辽宁省博物馆以"非遗+文物"的形式推出创意文化主题展览；另外，凌源皮影戏、复州鼓乐、古典戏法、评剧、京剧等非遗项目巧妙地与现代舞台艺术融为一体，在舞台上生动地展现了辽宁多姿多彩的民族文化和独特的地域风情；还有烙画艺术、琥珀雕刻、核雕等非遗项目传承人以各种绝活儿，在剧场外让观众近距离感受传统文化的魅力。另外，"文馨苑"是"非遗+院团"的典型实践。自 2018 年以来，"文馨苑"推出一系列评书、评剧、京剧等专场展演，坚持"月月有演出、周周有活动"的高频次展演展示，还曾邀请刘兰芳、田连元、冯玉萍、常东等名家，既为传承传统戏曲注入活力，又让观众深切感受传统戏曲的魅力，还成为辽宁文化对外交流的窗口。预计到 2025 年，辽宁将开展非遗公益惠民活动 300 场，让非物质文化遗产引领文化传承的新风尚。

3. 辽宁艺术节体现人民团结奋进的精神面貌

艺术节可以充分展示辽宁文艺发展的丰硕成果，营造文体旅融合的浓厚氛围，体现广大文艺工作者扎根人民、深入生活、聚焦现实、深耕不辍的责任担当，为辽宁全面振兴凝聚精神力量。2023 年辽宁艺术节，以"艺术的盛会，人民的节日"为宗旨，坚持精彩、节俭、惠民的原则，推出舞台艺术作品演出、旅游歌曲展演、群众文化活动、美术作品展览、非物质文化遗产展示、艺术人才培训等丰富多彩的活动。2023 年大连艺术节除了在大连大剧院等 4 家专业剧场开展高品质舞台艺术剧目展演、举办 5 场公益性艺术赏析"秋日沙龙"活动以外，还在大连美术馆等专业美术馆展出 5 台艺术水准较高、主题鲜明的美术艺术作品展，吸引众多市民观演、观展和参与活动，不仅进一步提升市民艺术鉴赏能力和水平，而且提升城市文化影响力和竞争力，增强市民的文化获得感和成就感。

4. 文博盛宴赋能群众美好生活

2023 年"5·18 国际博物馆日"的主题是"博物馆、可持续性与美好生活"，辽宁各地的博物馆开展了形式多样、内容丰富的展览、讲座等公益活动，为群众献上文博盛宴。推出"和合中国""山高水长"等一系列现象级展览，引发参观热潮；还通过智慧博物馆建设和"互联网＋中华文明"行动计划，促进博物馆与教育、旅游、影视、文创等深度融合，为博物馆事业创新发展注入新动力，博物馆日益成为人民美好生活中不可或缺的一部分。

（三）供给方式更加多元，增强公共文化服务实效性

1. 推进公共文化服务数字化

制定文化数字化战略实施方案，是辽宁省文化和旅游厅制定辽宁文化和旅游深度融合服务全面振兴新突破三年行动方案，推进数字辽宁建设的重要工作。党的二十大以来，省委、省政府多措并举打造文化云，推进公共文化数字化，抢占数字文化经济发展的制高点，加快文化资源数字化和文化产业数字化建设，营造数字文化新生态，通过数字化让全民共享文化成果。近年来，沈阳积极推动以"科技＋创意"赋能辽宁红色文化，鼓励数字技术与红色文化相结合，深度挖掘红色文化资源，运用新媒体、新技术，讲好党的故事、革命的故事、英烈的故事，打造红色文化的"元宇宙"，通过数字技术催生文化产业的新业态，把更好看、更经典、更有意义的红色文化带给沈阳百姓。

2. "剧本秀"模式蓬勃发展

作为全国剧本娱乐行业发展较快的省份之一，"剧本秀"的命名是辽宁首创，也是沈阳首发。沉浸式剧本娱乐更是深受当下年轻人的喜爱。目前，辽宁优秀的"剧本秀"作品层出不穷，据不完全统计，2023年上半年省内发行的剧本娱乐作品已超过30部。另外，辽宁"剧本秀"原创工作室的数量也在持续增加，行业规模不断扩大。目前，全省从事剧本娱乐及密室逃脱的文娱消费类企业近4000家，从业者近10万人，其中沈阳与大连的剧本娱乐企业占全省的60%。而且，辽宁晟京坊剧本秀沉浸式文化娱乐产业园在沈阳落户，成功获批国家文化进出口基地，既打造了沉浸式IP，促进动漫、影视、游戏等不同行业合作；还形成了"沉浸式剧本娱乐产业基地＋文旅"的区块链，集作品创作、玩家体验、剧本交易、内部测试、衍生品销售和人才培养于一体，为推动区域性文化创意中心建设和发展奠定基础。例如，锦州市"云中城"剧本秀场馆的沉浸式"红色剧本秀"体验活动，以《兵临城下》为剧本，参与的党员在扮演不同剧本角色中，实现了与人物的对话和对历史的感知，致敬革命先辈，感悟红色文化，汲取奋进力量。

3. 推进长城国家文化公园建设

当前，建设长城国家文化公园是文化建设领域推进中国式现代化的全新探索。因为延绵万里、矗立千年的雄伟长城，不仅是中国古代的军事防御工事，更是中华文明的重要象征。辽宁拥有战国（燕）、秦、汉、辽、明5个不同时期的长城遗存，总长度达1235.989千米，涉及13个城市、49个区县、145个乡镇、568个行政村，占全国的6.86%，位居全国第五。在分布上呈现"两带、四区、多点"的空间结构。"两带"为辽东长城文化带和辽西长城文化带，"四区"以燕秦早期长城、虎山长城、绥中蓟辽长城和广宁长城为核心。自2021年辽宁编制实施《长城国家文化公园（辽宁段）建设保护规划》以来，整合了辽宁境内长城沿线生态自然资源和文化遗产资源，长城国家文化公园建设有序推进，不断加大长城保护力度。辽宁统筹推进主题展示、管控保护、文旅融合、传承利用四类主体功能区建设，着力打造"万里长城东起点"文化IP，建设"万里长城"国家风景道（辽宁段），丰富长城的文化价值和精神内涵。目前，锦州段、兴城段、丹东段、建平段、绥中段5个辽宁重点区段长城国家文化公园建设工作正有条不紊地进行。而且，各地逐步形成多种"长城+"发展模式。例如，2023年6月，在虎山长城景区，来自全国各地的书画摄影爱好者齐聚于此，参加"辽望长城行大道"主题书法美术摄影展，山花烂漫，墨香四溢。再比如，在葫芦岛市绥中长城博物馆内，葫芦烙画传承人郭京文在葫芦上"画"的长城文创作品让游客为之惊叹。另外，在鞍山市岫岩满族自治县雨桐玉文化博物馆，有一尊用岫岩玉雕琢而成的重达118吨的"万里长城"，由35位工匠耗时14个月完成，上面雕刻着明长城的四大雄关和25.7万块城砖，令人赞叹不已。

（四）加强资金保障，提升公共文化服务水平

多年来，省财政积极筹措资金，支持公共文化服务体系建设。2023年，省财政共筹集并下达资金3.6亿元，比上年增长11.1%，用于支持和引导落实国家和省基本公共文化服务标准，促进基本公共文化服务均等化，提升公共文化服务水平，保障群众文化权益。

1. 支持国家和辽宁公共文化重点项目1.5亿元

用于中央和辽宁省宣传文化部门组织实施的重点项目，包括广播电视节目

无线覆盖工程、应急广播体系建设、公共数字文化建设、乡镇（街道）全民健身场地器材补短板工程，开展第十二届全民读书节活动、组织戏曲进乡村、省属艺术院团开展公益文化惠民演出等群众文化活动，发挥好重点文化惠民工程的牵引和带动作用，推动全省公共文化服务提质升级。

2. 支持各市公共文化服务体系建设2.1亿元

各市可结合本地实际统筹使用，一方面用于支持和引导各市的基本公共文化服务项目，保障广大人民群众开展文化体育活动、文化鉴赏、观看电影电视、读书看报等基本文化权益，改善基层公共文化体育设施条件；另一方面加强基层公共文化服务人才队伍建设，不断优化公共文化产品资源供给，推进基本公共文化服务标准化、均等化。

二 辽宁现代公共文化服务发展中存在的问题

辽宁现代公共文化服务体系建设起步相对较晚，发展水平相对较低。根据国家市场监督管理总局发布的《2022年全国公共服务质量监测情况通报》，全国公共服务总体满意度平均得分为79.85分，而辽宁公共服务总体满意度平均得分为77.61分，低于全国平均水平。辽宁存在公共文化服务体系不健全，基础薄弱和标准化、均等化程度不高等问题，需要挖掘其内在原因，以便有针对性地加以解决。

（一）辽宁公共文化服务投入相对不足

1. 辽宁公共文化服务总投入不足

公共文化服务体系建设需要充足的资金保障，但是目前辽宁的公共文化服务体系建设面临投入不足的问题。近年来，辽宁公共文化服务投入并未增长，而是出现波动。2022年辽宁文化事业费达180595万元，比2021年下降4.1%。从全国排名来看，辽宁文化事业费水平在全国排名靠后，2022年在全国排第26位，比2017年落后10个位次。2022年全国31个省（区、市）文化事业费如表1所示，排名第一的广东文化事业费达到1131114万元，是辽宁的6.3倍；排名第二的浙江文化事业费达到1122294万元，是辽宁的6.2倍；排名第三的江苏文化事业费达到864905万元，是辽宁的4.8倍。这样看来，辽宁的公共文化服务投入还远远不够，亟待增加。

表1　2017~2022年全国31个省（区、市）文化事业费情况

单位：万元

省（区、市）	2017年		2018年		2019年		2020年		2021年		2022年	
	文化事业费	位次	文化事业费	位次	文化事业费	位次	文化事业费	位次	文化事业费	位次	文化事业费	位次
北　京	361972	7	348420	8	474695	5	463029	7	439536	8	449160	8
天　津	186858	21	179249	22	170602	27	133272	27	135123	27	123008	28
河　北	251894	11	270383	14	297965	13	353883	9	360111	10	393821	10
山　西	222493	15	233500	15	282299	15	274503	17	286593	15	361406	13
内蒙古	276846	10	278556	12	285708	14	295807	15	316283	13	350834	15
辽　宁	212426	16	168389	25	206020	22	179199	26	188375	25	180595	26
吉　林	177986	24	216221	17	260153	16	207929	24	201602	23	183700	25
黑龙江	180777	23	165654	26	192592	25	210064	23	222599	22	264301	19
上　海	438826	4	478666	4	629480	4	483672	6	590110	4	616394	4
江　苏	578084	3	620416	3	720520	3	860604	2	871549	3	864905	3
浙　江	593470	2	668737	2	798956	2	850347	3	1048686	2	1122294	2
安　徽	183018	22	198574	20	218762	21	225055	22	228851	21	254742	20
福　建	242920	13	280744	11	305916	12	335728	12	305356	14	389587	11
江　西	152603	27	159461	27	234405	20	230014	21	267697	17	299401	17
山　东	388222	6	423072	6	451910	7	503101	5	530152	6	548270	6
河　南	251487	12	277635	13	318108	11	332758	13	358209	11	351521	14
湖　北	343992	8	421351	7	410234	8	432862	8	469331	7	423287	9
湖　南	277967	9	313189	9	354322	10	347866	11	371421	9	381726	12
广　东	814334	1	994681	1	1023404	1	1107240	1	1154761	1	1131114	1
广　西	194955	19	209235	19	251940	17	322285	14	247902	19	230329	22
海　南	90745	28	71151	30	84248	30	82829	31	67432	31	111709	30
重　庆	207405	18	212048	18	241452	19	230720	20	245862	20	237409	21
四　川	413220	5	430242	5	472219	6	520403	4	562922	5	562668	5
贵　州	193288	20	177391	23	185675	26	246931	18	197105	24	201969	24
云　南	241103	14	299680	10	388802	9	353527	10	331149	12	512023	7
西　藏	83889	30	100867	28	102479	29	112986	29	111209	28	119805	29
陕　西	208454	17	219126	16	245213	18	265389	16	266859	18	286849	18
甘　肃	166608	26	180010	21	204940	23	184417	25	183183	26	202316	23
青　海	88383	29	83738	29	125985	28	114591	28	99418	29	86220	31
宁　夏	63793	31	69172	31	82222	31	94306	30	93600	30	130471	27
新　疆	169152	25	169293	24	193045	24	275083	16	270743	16	348672	16

资料来源：《中国文化文物和旅游统计年鉴2023》。

2. 辽宁公共文化服务投入增速缓慢

从辽宁文化事业费的增长情况来看，其经历大幅波动，2017~2022年辽宁文化事业费由212426万元下降到180595万元，年均降幅达3.2%。与此同时，全国文化事业费由8558022万元增长到12017593万元，年均增长7.0%（见表2）。可以看出，与全国文化事业费年均增长率相比，辽宁文化事业费年均增长率明显低于全国总体水平，这说明辽宁的公共文化服务投入仍有较大的提升空间。

表2 2017~2022年辽宁与全国文化事业费及增长率

单位：万元，%

指标	2017年	2018年	2019年	2020年	2021年	2022年
辽宁文化事业费	212426	168389	206020	179199	188375	180595
增长率	9.4	-20.7	22.3	-13.0	5.1	-4.1
全国文化事业费	8558022	9283333	10657521	10882645	11328810	12017593
增长率	11.0	8.5	14.8	2.1	4.1	6.1

资料来源：《中国文化文物统计年鉴2022》。

而且，要想真正了解辽宁公共文化服务的投入情况，还需要结合经济和财政方面的数据，只有这样才能看出辽宁文化发展的真正状况。

2012~2022年，辽宁地区生产总值从17848.6亿元增长到28975.1亿元，年均增长率达5.0%；财政收入从3105.4亿元下降到2525.1亿元，年均降幅达2.0%；财政支出从4558.6亿元增长到6261.4亿元，年均增长率达3.2%；文化、体育与传媒支出从79.3亿元增长到89.1亿元，年均增长率达1.2%；除文化、体育与传媒外的支出从3837.3亿元增长到6172.3亿元，年均增长率达4.9%。在此期间，辽宁文化、体育与传媒支出年均增长率比地区生产总值年均增长率低3.8个百分点，比财政支出年均增长率低2.0个百分点，比除文化、体育与传媒外的支出年均增长率低3.7个百分点（见表3）。由此可见，自2012年以来，辽宁文化、体育与传媒作为公共文化服务的重要组成部分，其投入增速缓慢。

表3 2012~2022年辽宁文化投入相关指标数据

单位：亿元，%

指标	2012年	2013年	2014年	2015年	2016年	2017年	2018年	2019年	2020年	2021年	2022年
地区生产总值	17848.6	19208.8	20025.7	20210.3	20392.5	21693.0	23510.5	24855.3	25011.4	27569.5	28975.1
增长率	9.1	7.6	4.3	0.9	0.9	6.4	8.4	5.7	0.6	10.2	5.1
财政收入	3105.4	3343.8	3192.8	2127.4	2200.5	2392.8	2616.1	2652.4	2655.8	2765.6	2525.1
增长率	17.5	7.7	-4.5	-33.4	3.4	8.7	9.3	1.4	0.1	4.1	-8.7
财政支出	4558.6	5197.4	5080.5	4481.6	4577.5	4879.4	5337.7	5745.1	6014.2	5879.2	6261.4
增长率	16.7	14.0	-2.2	-11.8	2.1	6.6	9.4	7.6	4.7	-2.2	6.5
文化、体育与传媒支出	79.3	95.3	92.6	88.6	84.7	86.4	71.6	86.0	89.7	84.4	89.1
增长率	15.6	20.2	-2.8	-4.3	-4.4	2.0	-17.1	20.1	4.3	-5.9	5.6
除文化、体育与传媒外的支出	3837.3	4479.3	5102.1	4987.9	4492.8	4793.0	5266.1	5659.1	5924.5	5794.8	6172.3
增长率	22.2	16.7	13.9	-2.2	-9.9	6.7	9.9	7.5	4.7	-2.2	6.5

资料来源：《辽宁统计年鉴2023》。

3.辽宁公共文化服务投入比重偏低

从辽宁文化事业费占财政支出的比重来看，2005年以前，辽宁文化事业费占财政支出的比重是高于全国平均水平的，2005年辽宁文化事业费占财政支出的比重与全国平均水平持平，此后辽宁文化事业费占财政支出的比重基本低于全国平均水平，在全国的排名始终靠后（2017年除外）。从全国范围来看，文化事业费占国家财政总支出的比重近十年不断提升。而辽宁自2014年以来（除了2016年、2017年高于全国平均水平以外）始终低于全国平均水平（见表4）。

表4 2014~2022年辽宁及全国文化事业费占财政支出的比重

单位：%

地区	2014年		2015年		2016年		2017年		2018年	
	占比	位次	占比	位次	占比	位次	占比	位次	占比	位次
全国	0.38	—	0.39	—	0.41	—	0.42	—	0.42	—
辽宁	0.29	28	0.37	24	0.42	21	0.44	19	0.32	28

地区	2019年		2020年		2021年		2022年	
	占比	位次	占比	位次	占比	位次	占比	位次
全国	0.45	—	0.44	—	0.46	—	0.46	—
辽宁	0.36	28	0.30	30	0.32	30	0.29	31

资料来源：《中国文化文物统计年鉴2023》。

4.人均文化事业费偏低且有所波动

人均文化事业费是衡量公共文化服务均等化程度的重要指标，是高质量发展的题中之义。只有用人均文化事业费来衡量各地文化投入水平，才能发现公共文化服务水平的地区差异。为实现公共文化服务均等化，应缩小人均文化事业费的地区差距，只有人均文化投入实现均等化，才能使公共文化服务设施和服务质量实现均等化。自1995年以来，辽宁人均文化事业费在全国的排名不断下降。从辽宁人均文化事业费在全国的位次来看，1995年辽宁人均文化事业费在全国排第6位，2005年辽宁的排名下降到第12位，2005~2010年保持在第12~15位，2011年辽宁的全国排名继续下滑至第21位，2015~2017年辽宁的全国排名下降到第23位，2018年和2019年辽宁的全国排名再次下降到第 27 位；而 2020~2022 年辽宁的全国排名进一步下滑到第 29 位。另外，以 2022 年为例，辽宁人均文化事业费为 43.03 元，全国人均文化事业费为 85.13 元，比辽宁多 42.10 元（见表 5）。而且，与全国人均文化事业费排第一的西藏（人均文化事业费为 329.13 元）相比，仅占西藏的 13.1%；与排名第二的上海（人均文化事业费为 249.05 元）相比，仅占上海的 17.3%；与排名第三的北京（人均文化事业费为 205.66 元）相比，仅占北京的 20.9%，差距显著。

表 5   1995~2022 年辽宁和全国人均文化事业费及增长率

单位：元，%

年份	辽宁人均文化事业费	辽宁人均文化事业费增长率	全国人均文化事业费	全国人均文化事业费增长率	辽宁人均文化事业费在全国的位次
1995	4.31	—	—	—	6
2000	6.32	—	—	—	10
2005	11.27	19.50	10.23	17.04	12
2006	12.44	10.38	11.91	16.42	15
2007	14.19	14.07	15.06	26.45	15
2008	19.28	35.87	18.68	24.04	14
2009	24.05	24.74	21.90	17.24	13
2010	25.93	7.82	24.11	10.09	14
2011	24.93	-3.86	29.14	20.86	21
2012	33.53	34.50	35.46	21.69	20
2013	31.69	-5.49	38.99	9.95	20
2014	33.72	6.41	42.65	9.39	21
2015	37.74	11.92	49.68	16.48	23
2016	44.36	17.54	55.74	12.20	23
2017	48.62	9.60	61.56	10.44	23
2018	38.63	-20.50	66.53	8.07	27
2019	47.34	22.55	76.07	14.34	27
2020	42.07	-11.13	77.08	1.33	29
2021	44.54	5.87	80.20	4.05	29
2022	43.03	-3.39	85.13	6.15	29

资料来源：历年《中国文化文物统计年鉴》。

从辽宁人均文化事业费的增长率来看，各年的增长幅度波动较大。由表5可知，2005年全省人均文化事业费增长19.50%，2006年和2007年人均文化事业费增幅较小，且分别比全国人均文化事业费增长幅度低6.04个百分点和12.38个百分点；2008年和2009年，人均文化事业费再度快速增长，增速超过全国平均增速，而2010年增速出现回落，2011年甚至出现负增长，2012年增长34.50%，2013年再度为负增长，2014年和2015年增速稳步回升，但明显低于全国平均增速。2018年，辽宁人均文化事业费再度呈现负增长，增速降至-20.50%；2019年增速迅速回升至22.50%。2020年和2022年再度出现负增长。辽宁人均文化事业费增速波动较大，有时甚至出现低于全国人均文化事业费增速的现象，这在一定程度上说明辽宁文化事业费投入不均衡，地区间和城乡间的公共文化投入均等性相对较差，与辽宁全面推动公共文化服务发展的大背景不一致，难以满足全省人民群众日益增长的公共文化服务需求。

（二）辽宁文化创新成效亟待提升

公共文化服务水平提升是高质量发展的重要标志，需要从形式创新延伸至内容创新，对于辽宁而言，应不断创新服务内容、提高服务质量。文化创新指数体现了一个地区文化发展的潜力与活力，是一个地区综合文化实力的"晴雨表"，也是一个地区文化发展水平的重要衡量指标。根据浙江省共同富裕文化创新研究中心发布的《2023年全国文化创新指数评价报告》，辽宁的文化创新指数为68，在全国排第16位。从全国范围来看，排第1位的北京文化创新指数为324，比辽宁高256；排第2位的浙江文化创新指数为216，比辽宁高148（见图1）。可以看出，文化创新指数与经济发展水平有较大的相关性。北京作为全国政治、文化中心，历史文化底蕴深厚，凭借高素质文化人才和政府较高的文化支出，在文化创新指数上遥遥领先。浙江、广东、江苏和上海经济较发达，财政支撑作用强大，新兴科技与媒体发展迅速，形成了良好的文化创新模式。而辽宁在文化创新方面还有较大的提升空间，经济、科技水平相对落后，人才流失和匮乏对文化创新发展产生负面影响。

除了文化创新指数以外，还有文化创新生态指数、文化创新模式指数和文化创新成效指数。

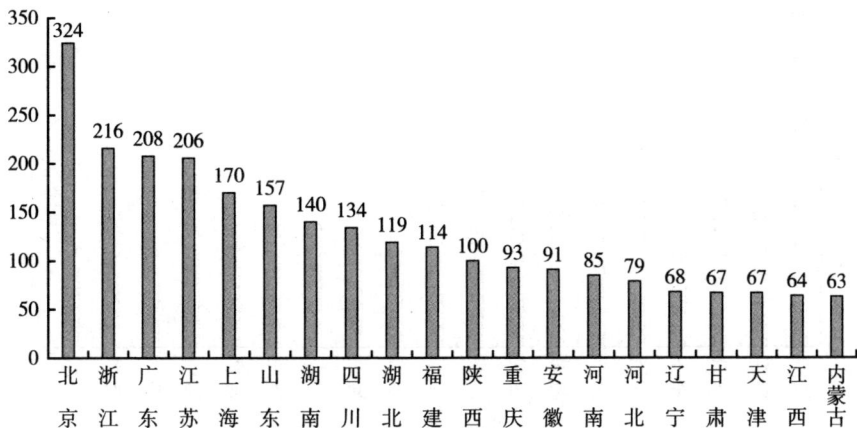

图1 2023年文化创新指数排名前二十的省份

资料来源:《2023年全国文化创新指数评价报告》。

1.辽宁文化创新生态指数相对较高

文化创新生态指数反映了一个地区文化发展所处的社会环境和所拥有的条件,包括文化传承基础、创新人力资本和创新环境支持。文化传承基础是一个地区文化创新的历史底蕴,创新人力资本是文化创新的人才支撑,创新环境支持既包括财政支持也包括政策支持。文化创新生态指数排前二十的省份依次是北京、江苏、广东、山东、浙江、上海、河南、四川、湖北、湖南、河北、福建、辽宁、山西、陕西、安徽、重庆、江西、云南、天津。其中,辽宁以29的得分排在第13位,与排在第1位的北京相差56(见图2),在文化创新生态上表现相对较好,究其原因是辽宁有着较为丰厚的历史文化积淀,文化传承基础较好;在创新人力资本方面,辽宁的科技、教育资源丰富,为文化创新提供人才支撑。

2.辽宁文化创新模式指数排名与文化创新指数排名基本一致

文化创新模式指数包括文化创新驱动力、文化创新培育力和文化创新传播力3个子指标,分别是文化创新主体、内生和扩散三大机制的具象化。文化创新驱动力关注主体活力和行动力,文化创新培育力关注文化创新的资源配置情况,文化创新传播力强调地区文化的影响力。文化创新模式指数排前20位的省份依次是北京、广东、浙江、江苏、上海、山东、四川、湖南、河南、福

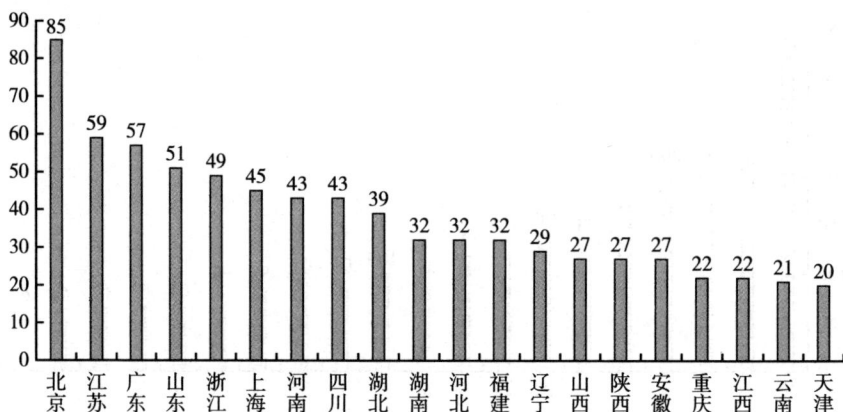

图2　2023年文化创新生态指数排名前二十的省份

资料来源：《2023年全国文化创新指数评价报告》。

建、安徽、河北、陕西、湖北、江西、重庆、辽宁、吉林、云南、天津。其中，辽宁以20的文化创新模式指数排第17位，与排第1位的北京相差78（见图3）。辽宁的文化创新模式指数排名与文化创新指数排名基本一致，可见文化创新模式是文化创新的决定性因素。但是辽宁的文化创新模式指数排名比文化创新生态指数排名落后4位，这与辽宁文化产业配套设施不健全、专业人才不足、社会组织缺乏发展平台、文化资源不足且开发不充分、文化传播力较弱等因素有关。

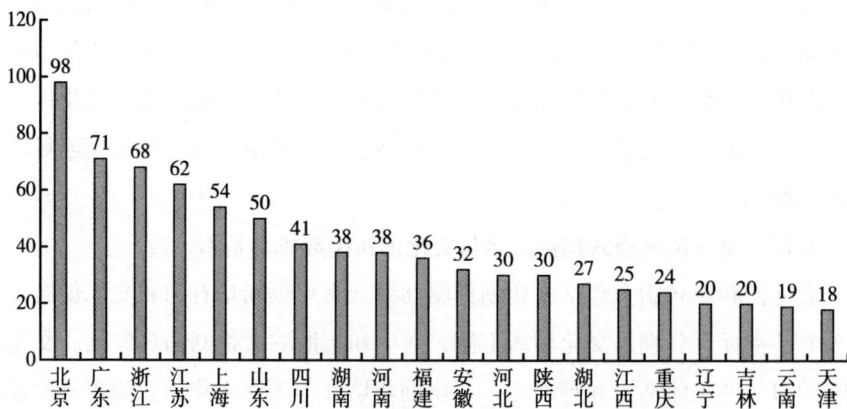

图3　2023年文化创新模式指数排名前二十的省份

资料来源：《2023年全国文化创新指数评价报告》。

3.辽宁文化创新成效指数有待提升

文化创新成效指数关注文化创新的产出和效益，即创新产品和创新效益。文化创新成效指数排前 20 位的省份依次是北京、浙江、江苏、广东、上海、湖南、山东、湖北、四川、重庆、福建、陕西、甘肃、安徽、内蒙古、天津、海南、青海、吉林、广西（见图4）。辽宁的文化创新成效指数并未进入前二十，说明辽宁文化创新的产出和效益有待提升。

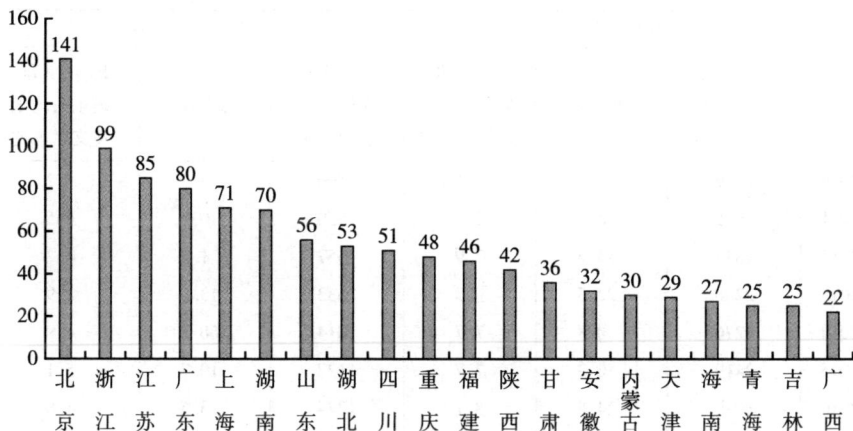

图 4　2023 年文化创新成效指数排名前二十的省份

资料来源：《2023 年全国文化创新指数评价报告》。

（三）辽宁公共文化服务尚未实现均衡发展

1.城乡居民文化消费水平差距较大

城乡居民文化消费情况能够较好地反映区域经济、社会、民生等方面的情况。如表 6 所示，2010~2022 年，辽宁城镇居民家庭教育、文化、娱乐人均消费支出从 1496 元增长到 2712 元，年均增长 5.1%；农村居民家庭教育、文化、娱乐人均消费支出从 500 元增长到 1468 元，年均增长 9.4%。可以看出，城镇居民家庭教育、文化、娱乐人均消费支出显著高于农村居民家庭，但是农村居民家庭的人均消费支出增速要快于城镇居民家庭。一方面，从绝对值来看，2022 年农村居民家庭教育、文化、娱乐人均消费支出为 1468 元，尚未达到 2010 年城镇居民家庭人均消费支出。2022 年城镇居民家庭教育、文化、娱乐人均消费支出是农村居民家庭的 1.85 倍（见表 6）。另一方面，从增速来看，十多年来农村居民家庭教育、文化、娱乐人均消费支出增幅是城镇居民家庭的 1.84 倍。这些都可以看出城乡居民的文化消费水平差距较大。

表 6　2010～2022 年辽宁城镇居民家庭和农村居民家庭教育、文化、娱乐人均消费支出及其占比情况

单位：元，%

年份	城镇居民家庭			农村居民家庭		
	教育、文化、娱乐人均消费支出	增长率	教育、文化、娱乐人均消费支出占比	教育、文化、娱乐人均消费支出	增长率	教育、文化、娱乐人均消费支出占比
2010	1496	—	8.1	500	—	5.2
2011	1615	8.0	8.1	550	10.0	4.5
2012	1844	14.2	7.9	557	1.3	4.2
2013	2258	22.5	9.3	633	13.6	3.9
2014	2276	0.8	7.7	1014	60.2	4.9
2015	2419	6.3	7.7	1122	10.7	5.1
2016	3019	24.8	8.1	1274	13.5	4.8
2017	3164	4.8	8.5	1295	1.6	5.0
2018	3410	7.8	8.9	1325	2.3	5.2
2019	3692	8.3	9.3	1424	7.5	4.9
2020	2371	-35.8	9.5	1719	20.7	6.3
2021	3398	43.3	11.9	1630	-5.2	5.0
2022	2712	-20.2	10.2	1468	-9.9	10.2

资料来源：历年《辽宁统计年鉴》。

2. 区域文化财政支出差距较大

首先，从文化、体育与传媒方面的公共财政预算支出来看，辽宁各地区的文化、体育与传媒方面的公共财政预算支出差距较大。2022 年，排名第一的沈阳文化、体育与传媒方面的公共财政预算支出达 177467 万元，排名第二的大连也达到 134656 万元，可是排第 3 位朝阳文化、体育与传媒方面的公共财政预算支出只有 35075 万元，只占沈阳的 19.8%，占大连的 26.0%。再比较第一名沈阳（177467 万元）与最后一名阜新（15164 万元）之间的差距，沈阳

在文化、体育与传媒方面的公共财政预算支出是阜新的 11.7 倍（见表 7）。可见，各地区在文化、体育与传媒方面的公共财政预算支出差距还是非常大的。

表7　2022 年辽宁各地区文化、体育与传媒方面的公共财政预算支出

单位：万元

地区	文化、体育与传媒方面的公共财政预算支出	排名	地区	文化、体育与传媒方面的公共财政预算支出	排名
沈阳	177467	1	营口	32076	4
大连	134656	2	阜新	15164	14
鞍山	26887	5	辽阳	18758	12
抚顺	16730	13	盘锦	21732	11
本溪	24270	9	铁岭	22533	10
丹东	31645	5	朝阳	35075	3
锦州	30291	6	葫芦岛	24159	8

资料来源：《辽宁统计年鉴 2023》。

其次，从文化、体育和娱乐业的固定资产投资增速来看，各地区之间的差距也非常大。2022 年，增速最高的铁岭文化、体育和娱乐业的固定资产投资增速达 145.2%，而增速最低的朝阳，增速为 -75.7%，相差 220.9 个百分点（见表 8），可见其差距非常大。

表8　2022 年辽宁各地区文化、体育和娱乐业的固定资产投资增速

单位：%

地区	文化、体育和娱乐业的固定资产投资增速	地区	文化、体育和娱乐业的固定资产投资增速
沈阳	74.9	营口	-5.0
大连	-67.2	阜新	25.0
鞍山	-3.7	辽阳	-26.5
抚顺	38.3	盘锦	35.8
本溪	-13.9	铁岭	145.2
丹东	71.4	朝阳	-75.7
锦州	-13.9	葫芦岛	-45.6

资料来源：《辽宁统计年鉴 2023》。

3. 不同社会群体的文化、娱乐支出差距较大

不同社会群体对公共文化服务的需求是不同的。从不同收入群体文化娱乐支出情况来看，可以发现随着收入的增加，其文化娱乐支出也有所增加，文化娱乐支出占消费总支出的比重也在不断提升。从2022年的数据可以看出，低收入户的文化娱乐支出为381元，而高收入户的文化娱乐支出达到1417元，高收入户文化娱乐支出是低收入户的3.72倍。再从文化娱乐支出占消费总支出的比重来看，中低收入户、低收入户的占比均为2.3%，而高收入户的占比达到3.3%，高收入户文化娱乐支出占消费总支出的比重是低收入户的1.43倍（见表9）。

表9 2022年不同收入水平的城镇居民家庭文化娱乐支出情况

单位：元，%

指标	低收入户	中低收入户	中等收入户	中高收入户	高收入户
文化娱乐支出	381	507	793	941	1417
文化娱乐支出占消费总支出的比重(%)	2.3	2.3	3.1	3.1	3.3

资料来源：《辽宁统计年鉴2023》。

综上，辽宁城乡间、地区间和群体间公共文化服务不均等的问题还亟待解决。公共文化财政投入结构不合理，会进一步加剧城乡间、地区间和群体间公共文化发展不平衡和不协调的问题，乡村地区和经济欠发达地区的群众难以平等地享有公共文化成果。

（四）公共文化服务人才队伍建设亟待加强

公共文化服务人才资源是构建现代公共文化服务体系、实现文化大发展大繁荣的第一资源。但是目前辽宁的公共文化服务人才队伍亟待加强。从职称来看，高级职称者多集中在省、市级公共文化单位，而基层公共图书馆和文化馆的高级职称人才短缺，并且存在人员结构老化的问题。

以2022年为例，全省公共图书馆拥有正高级职称的员工有86人，省级1家公共图书馆拥有正高级职称的员工有19人，占比为22.1%；23家地市级公

共图书馆共有正高级职称员工 60 人，占比为 69.8%；105 家县级公共图书馆有正高级职称员工 7 人，占比为 8.1%，平均每个县级公共图书馆仅有正高级职称员工 0.07 人。再从拥有副高级职称的员工人数来看，全省公共图书馆拥有副高级职称的员工有 263 人，省级公共图书馆拥有副高级职称人数为 46 人，占比为 17.5%；地市级公共图书馆拥有副高级职称的员工有 139 人，占比为 52.9%；县级公共图书馆有 78 人拥有副高级职称，占比为 29.7%，平均每个县级公共图书馆仅有 0.74 人拥有副高级职称（见表 10）。

表 10　2022 年辽宁公共图书馆人才队伍情况

单位：家，人

指标	公共图书馆	省级公共图书馆	地市级公共图书馆	县级公共图书馆
公共图书馆数量	129	1	23	105
从业人员数量	2136	214	908	1014
专业技术人才数量	1623	188	753	682
正高级职称人数	86	19	60	7
副高级职称人数	263	46	139	78
中级职称人数	946	94	429	423

资料来源：《中国文化文物统计年鉴 2023》。

2022 年，在全省群众文化机构中，有 55 人拥有正高级职称；在省级文化馆中，有 5 人拥有正高级职称，占比为 9.1%；在地市级文化馆中，有 33 人拥有正高级职称，占比为 60.0%；在县级文化馆中，有 17 人拥有正高级职称，占比为 30.9%，平均每个县级文化馆仅有 0.17 人拥有正高级职称。在全省群众文化机构中，共有 215 人拥有副高级职称；在省级文化馆中，有 9 人拥有副高级职称，占比为 4.2%；在地市级文化馆中，共有 97 人拥有副高级职称，占比为 45.1%；在县级文化馆中，共有 109 人拥有副高级职称，占比为 50.7%，平均每个县级文化馆有 1.08 人拥有副高级职称（见表 11）。各类公共文化服务机构亟须配置专业技术人才，大力建设基层公共文化服务人才队伍。尤其对于县级文化机构和乡镇文化站，只有使有才能的人获得一定的职称资格，才可以吸引并留住人才。

表11　2022年辽宁群众文化机构人才队伍情况

单位：家，人

指标	群众文化机构	省级文化馆	地市级文化馆	县级文化馆	乡镇文化站
机构数量	1477	1	21	101	1354
从业人员数量	4244	38	507	1180	2519
专业技术人才数量	1811	35	414	838	524
正高级职称人数	55	5	33	17	—
副高级职称人数	215	9	97	109	—
中级职称人数	684	16	192	476	—

资料来源：《中国文化文物统计年鉴2023》。

三　辽宁公共文化服务问题的原因分析

（一）公共文化服务的融合发展理念亟待树立

公共文化服务是满足人民基本文化需要的普惠性服务，要实现均等化和可及性的目标。如果单纯考虑公共文化服务，它将成为政府的一项财政负担，但是如果把公共文化服务与经济社会发展融合起来，把文化事业与文化产业融合起来，以文化为核心，推动文体旅发展、城乡发展、区域发展，将推进各项事业发展。因此，目前亟待树立公共文化服务融合发展理念，以系统观念和系统思维解决公共文化服务发展过程中出现的问题。

（二）政府主导、社会参与的公共文化投入机制亟待完善

目前，政府对公共文化服务的财政投入与现代公共文化服务体系建设的客观需要还存在一定的差距，主要表现在以下三个方面。第一，公共文化服务投入的责任机制和监管机制亟待健全。公共文化服务投入的责任机制是指当有关主体不履行其职责和义务时需要承担的后果。当前的法律法规尚未明确政府消极投入的应对措施，也没有明确公共文化服务投入的监管主体、监管权力和监管责任等，这使得公共文化服务投入的监管机制不健全，亟待改进。第二，缺乏财政投入的稳定增长机制。目前，辽宁仍存在公共文化服务

需求快速增长与供给相对不足的矛盾。相对于服务对象数量的快速增长和质量的不断提高，辽宁公共文化经费的增长却相对滞后，尤其是基层公共文化单位普遍存在人员年龄老化和知识结构不合理等问题。经费投入和人才队伍建设的短板严重阻碍了辽宁基本公共文化服务均等化的实现。第三，缺乏对社会力量参与公共文化服务投入的激励机制。目前，公共文化服务仍以政府行政驱动为主，在提供主体上过于单一，亟待进一步推进公共文化服务社会化发展，需要社会力量参与、融入社区生活、促进共建共享。辽宁在鼓励社会力量参与公共文化服务建设方面，缺乏有效的激励机制和政策措施，如税收减免、荣誉表彰等措施，因此难以真正调动社会力量参与现代公共文化服务体系建设的积极性。

（三）激发文化市场主体活力的文化体制改革亟待深化

近年来，辽宁深入实施文化体制改革，将"社会效益放在首位、实现社会效益和经济效益相统一"作为基本原则，进一步调动文化创新创造活力，促进文化事业和文化产业的繁荣发展，使人民群众有更多的文化获得感。但是改革有待深化，还存在职责不清、体制不顺、多头管理等问题。当前，国家政策层面已在探索建立法人治理结构，但是文化单位在实际建立法人治理结构方面还存在一系列具体问题。例如，在财政管理体制方面，目前项目拨款和核算制度与理事会制度存在矛盾，因为理事会制度是按照理事会决议独立自主地进行财务资产管理的；在干部任免上，仍主要由上级政府部门统一负责；在对文化事业的管理方面，政府有关部门仍主要依靠政策规定和行政管理，政策的易变性和法治环境的不完善加大了投资风险，令投资者不敢轻易投资。

（四）公共文化服务数字化建设亟待加强

目前，辽宁在网络平台建设以及智慧应用场景搭建等方面取得了显著进步，但仍然存在数字化公共文化服务的供给与需求不匹配、新兴业态发展方向不明晰、数字鸿沟难以跨越等突出问题。集中体现为数字化公共文化服务场所和设备有限、利用率较低，公共文化领域数字化建设人才匮乏。基层文化机构利用数字技术推进公共文化服务水平提升的能力有限，具有跨学科、跨专业背景的高素质人才匮乏，导致公共文化服务数字化建设成效有限。

四 推进辽宁公共文化服务高质量发展的对策建议

提升公共文化服务水平是保障人民群众基本文化权益的主要途径，是建设文化强国和文化强省的基础工程。要聚焦新时代人民群众美好生活需要和公共文化服务高质量发展的目标任务，深化公共文化服务供给侧结构性改革，积极构建公共文化开放共享格局。

（一）以公共文化共同体建设推进公共文化服务提质增效

"公共文化共同体"是广州于2022年率先提出的概念。公共文化共同体是以提升文化治理能力为核心，以公共文化标杆项目为抓手，以推动公共文化服务共建共享、提升公共文化服务体系效能、构建公共文化服务新生态为目标，着力解决现代公共文化服务体系建设中存在的部门壁垒、政策落实难、行动不一致等问题，建立的一体化交流合作机制。公共文化共同体建设涉及推动共建共享、强化统筹整合、赋能基层治理、激发基层文化内生动力、促进社会力量参与等方面。从某种意义上说，公共文化共同体建设是继图书馆、文化馆总分馆制之后，公共文化领域深度优化资源配置、提高服务效能的又一项体制机制改革创新举措。辽宁有必要借鉴广东经验，以公共文化共同体建设实现公共文化服务的提质增效。

1. 组织政、产、学、研、媒体和社会力量等深度参与公共文化共同体建设

着力推动各级各类公共文化机构、联合体、联盟的协同发展与深度合作，重点解决一系列社会治理问题，如公共文化服务供给主体单一和协同机制不健全、供需匹配度低和供给服务效能不高等问题。力争创建一批充分发挥文化赋能作用的公共文化标杆项目，构建协同发展的公共文化服务平台，探索新型公共文化服务模式，努力推动公共文化服务转型升级，最终形成政府、社会、市场共同参与现代公共文化服务体系建设的格局，这将是公共文化服务高质量发展的必由之路。

2. 推动建立跨部门、跨层级的公共文化协作联盟

公共文化共同体以"大文化观"为核心，加强跨部门合作。首先，打破部门壁垒、带动基层发展、发挥整体效能、汇聚社会力量、提升文化价

值，打造公共文化服务新生态，增强公共文化治理能力。调动跨部门跨领域合作共建的积极性，提高文旅部门与工青妇、民政、教育等部门在公共文化服务领域的协同程度。用"文化+"思路实现其他政府部门对公共文化服务体系、场所、人员等资源的盘活共享，公共文化服务由文化主管部门的单一文化形态向城市文化品位全面提升，逐步放大城市文化品牌的辐射带动效应，不断增强城市公共文化的生命力。其次，加强省、市、区级机构在公共文化服务体系内部的指导和统筹作用，建立纵向一体化管理运行机制，强化省、市、县（区）、镇（街）、村（社区）五级联动，引导社会力量深度参与公共文化服务。

3. 以政府为主导，激发社会力量参与公共文化共同体建设的积极性

"以政府为主导"主要体现在以下四个方面。第一，明确文化导向和保障文化安全。第二，保障财政投入。第三，打造协同平台。为各类文化共同体和城市范围内的一体化建设提供技术、平台、资源等，本质是以平台整合取代机构整合，为实现一体化发展奠定基础。比较具有代表性的平台类型包括数字平台，如省域层面的云平台、大数据管理系统、数字阅读与通借通还平台；孵化平台，如省级培训基地、孵化支持基地；宣传平台，如整合传统媒体、年度报告、社会化媒体、公共文化数字平台、内部刊物、发布会等多种渠道形成的宣传矩阵；研究平台，如公共文化专家委员会或专门支持共同体研究的智库、科研团队。第四，引入社会力量，让它们在公共文化服务的制度框架下发挥作用。

（二）以加强社会化供给提升公共文化服务水平

1. 构建公共文化服务社会化发展新格局

构建公共文化服务社会化工作格局，以公共文化设施社会化运营为主，以公益性社会组织助力，以及文化志愿者共同参与，突破公共文化服务社会化发展瓶颈，探索建立社会化运营全过程管理制度体系。在此基础上，社会化运营主体提供差异化、特色化的公共文化服务，实现公共文化服务供需精准对接。如上海作为全国最早推动社区文化活动中心社会化、专业化运营管理的城市，90%以上的社区文化活动中心委托各类社会主体参与阵地运营或项目服务。按照《关于深入推进公共文化机构法人治理结构改革的实施方案》的要求，全市已经完成 60 家公共文化机构法人治理结构改革，建立了理事会制度。除此之外，上海还围绕国家重大战略任务，聚焦长三角文化和旅游高质量发展战略合作目标，促进长三角地区公共文化服务协同发展，建立长三角国家公共文化示范区合作机制。再比如河北省沧州市于 2017 年提出并开始实施"文化干细胞"培育工程，支持引导小微文化组织、文化企业和民间文艺团体参与公共文化服务。目前，全市共有 774 家"文化干细胞"，参与近万场活动，丰富了群众的精神文化生活。

2. 推进法人治理结构改革

推进法人治理结构改革，推出创新项目、搭建合作平台，引导社会力量通过投资建设文化设施和建立文化机构参与公共文化服务发展，承接政府购买的公共文化服务项目，提供文化志愿服务等。在参与公共文化服务的过程中，不断丰富公共文化服务内容和供给形式，提升公共文化的服务效能和影响力。例如，2016 年上海嘉定区图书馆、嘉定区文化馆陆续成立理事会、监事会。理事会成员由文化界、教育界、企业界、媒体等领域专家，以及读者代表、主管单位代表和图书馆、文化馆职工代表组成，形成了政府宏观管理、场馆主办、社会监督的办馆格局。

3. 以政企合作模式推进公共文化社会化发展

政企合作模式能够有效融合政府与社会的公共文化资源，将社会化合作的形式由从硬件建设的无偿支持拓展至服务运营的常态化协作，激发社会力量参与公共文化建设的主动性和积极性。以上海"我嘉书房"为例，作为全市首个以政企合作模式运营的 24 小时公共图书馆延伸服务点建设项目，探索公共文化服务社会化实践路径。2017 年，首家以"政企合作、资源共享、文化增值、百姓受益"模式建设完成的"我嘉书房"对外开放。截至 2018 年底，全市已建成 30 家"我嘉书房"，积极探索推动城乡公共阅读服务均等化发展新路径。该项目建立健全了各级部门、文化事业单位的层级负责制，完善了与党委政府、社会力量、图书馆"职责分明"相结合的协作保障机制，采用属地化管理模式。在业务指导的基础上，由各街镇依据自身实际情况选择社会力量参与书房建设，并采用不同的社会化合作模式进行日常运营。另外，还可以通过质量管理提升建设项目的速度和质量，对社会主体的准入进行规范，并形成考核机制，还要进行严格的流程管理，为常态化、优质化服务提供制度保障。

（三）以融合共享推进公共文化服务提档升级

公共文化服务供给是一个交织、互联、互塑、共存的过程，只有与其他领域深度融合，才能在融合中实现发展、取得实效。新时代公共文化服务的融合发展，需要推进文化与经济社会相融合、文化事业与文化产业相融合、文体旅相融合、城乡融合以及区域融合。

1. 推进文化与经济社会相融合

文化与经济相互促进、相互支持，共同推动社会发展。文化与经济的融合发展有利于激发文化创意。一方面，经济的发展为文化活动提供更广阔的舞台和资源支持，促进文化产业的兴起和文化创新发展；另一方面，文化的传承与发展为经济的可持续发展提供了新的动力，使一个地区的经济更具竞争力和活力。以文化新空间建设为例，既是对现有公共文化设施的补充和完善，又对现有公共文化场馆建设起到推动作用。大量文化新空间建在街道与村镇的居民区，发挥了区域性文化枢纽作用，为社区居民提供了触手可及的公共文化服务。把文化新空间建在基层社区、都市商圈、园区景区等处，嵌入现有公共场所和配套设施，既提高了公共文化服务的可及性和可达性，又节省了大量的建设成本和时间，还畅通了社会力量参与渠道。

2. 推进文化事业与文化产业相融合

新时代公共文化服务的高质量发展，需要推进公益性文化事业与经营性文化产业相融合，实现优势互补。一方面，公益性文化事业在追求文化产品和服务公共价值的同时，注重成本与效益、投入与产出，需要以文化产业发展、文化市场繁荣为支撑；另一方面，在发展文化产业时必须将社会效益放在首位，文化消费快速增长、文化产业高质量发展也要依赖公共文化服务提供需求指引，健全的公共文化服务体系为其提供良好的发展环境。因此，文化事业与文化产业密不可分，二者统一于文化强国建设的伟大实践。推动公共文化服务提档升级，需要文化事业和文化产业在协调共生中融合发展。例如，在博物馆文创开发领域，目前全国3000多家博物馆依托馆藏资源开发文化创意产品，通过活化利用博物馆文化资源，在网络空间不断引发一波又一波的热潮，成为年轻群体学习中华优秀传统文化的重要载体。这种融合方式推动我国原有文化事业单位内部管理体制机制创新。

3. 推进文体旅相融合

辽宁省委十三届六次全会提出"打造高品质文体旅融合发展示范地",这是辽宁贯彻落实习近平文化思想的守正之举与创新实践。推动文体旅融合,提升公共文化服务水平,需要不断寻求新的灵感、新的创意、新的想象,其中,文化是灵魂,体育是支撑,旅游是载体,为文体旅融合发展探寻更大的空间。此外,一处处小而美、功能多元、综合性强的新型文化空间的创设把旅游服务、体育体验和文化享受结合在一起,为公众提供欣赏、深思、知识共享等多种体验。其中,一些高颜值、高品质的新型文化空间,不但为当地居民提供了一处阅读、休憩、放松与休闲的场所,使其在家门口与"诗"和"远方"相遇,还成为吸引外地游客的文化地标。

4. 推动城乡融合

"十四五"期间,提升公共文化服务水平的首要任务是推进城乡公共文化服务一体化建设,弥补发展不均衡的短板,促进城乡文化资源深度融合和互联互通,构建城乡公共文化发展新格局。城乡融合要求把乡村文化保护利用与乡村振兴结合在一起,合理配置城乡间的公共文化资源。促进城乡公共文化服务融合发展,一是要继续发挥政府在提升农村公共文化服务水平方面的作用。党的十八大以来,各地把推动乡村文化振兴、满足基层百姓尤其是农村群众文化需求当作大事来抓,农村公共文化服务供给总量持续增加,农村居民读书看报、收听广播、观看电视、观赏电影、开展文体活动等需求得到极大满足。二是要注重运用文化创意激发乡村文化生命力。新型创意设计能够让乡村文化鲜活起来,新的文化空间建设不仅为乡村注入新的文化内容,也为外来群体进行文化消费拓展了空间;创意设计不仅活化了传统文化,而且全面提升了传统文化和民俗生活的现代价值,为新时代乡村文化注入新的生命力。提升农村公共文化服务水平,要注重对乡村记忆进行价值提炼与文化传承,深入挖掘其特色文化资源,创造底蕴深厚、景观优美的乡村文化环境,从而实现乡村传统文化的创造性转化和创新性发展。三是要在融合之中实现城乡文化共同繁荣。城乡间文化交流有助于实现城乡经济、社会、文化协同发展,推动城乡文化共同繁荣。

5. 推动区域融合

推进公共文化服务区域均衡发展和协同发展,需要充分发挥国家重大发展战略的引领作用。通过借助区位优势，将不同地区的公共文化服务资源优势、运营优势等向外延伸，发挥其辐射带动效应。例如，将公共文化服务纳入东北全面振兴协同发展战略，就要更多考虑如何实现三地间文化资源的优化配置、互通有无与高效利用，为此需要签署一个公共文化服务一体化发展协议，开展全方位、多领域务实合作，使各省居民都能够享受优质的公共文化服务。总之，要想推动公共文化高质量发展，就必须健全区域协调发展机制，多措并举推动区域协调发展，立足民生引领、品质共享的价值导向，在区域融合战略中实现公共文化服务共生并进、繁荣发展。

（四）以数字化赋能现代公共文化服务体系建设

党的二十大报告提出，实施国家文化数字化战略，健全现代公共文化服务体系，创新实施文化惠民工程。运用数字技术整合文化资源，为人民群众提供精准化、多样化公共文化服务，以数字技术扩大和提升公共文化服务的覆盖面和精准度，已成为推动辽宁公共文化服务高质量发展的重要途径。

1. 加强公共文化服务的数字基础设施建设

数字基础设施建设是公共文化服务高质量发展的重要保障，为现代公共文化服务体系的模式转变、动能转换和业态优化奠定基础，更为区域公共文化服务数字化联动提供重要保障。一是高度重视数字化转型，全面提高公共文化服务领域的数字化水平。即利用大数据、区块链、云计算等现代信息技术，加强公共图书馆、科技馆、美术馆、纪念馆和体育场等机构的智能化建设，促进不同机构间的数字化交流。二是加强数字基础设施建设，推动公共文化数字化服务更加便捷和应用场景更加丰富。加大政府补贴和投入力度，形成高质量、多样化的公共文化数字服务供给格局，提高数字基础设施与公共文化服务之间的适配性和契合度。三是打造数字共享平台，推动公共文化服务业态转型升级。以新要素、新组织重塑公共文化服务的空间格局，促进公共文化服务同制造业、旅游业、服务业等产业交叉融合。

2. 以数字技术赋能公共文化服务新业态

利用数字技术推动公共文化服务业态融合发展。一是形成功能互嵌、产业互构的系统思维。充分应用数字技术，推动公共文化服务与文化产业融合发展，不断优化公共文化服务的业态结构和产品结构，深度推进公共文化服务业态数字化转型。二是建立健全公共文化数字资源互联互通的激励机制和政策保障体系。利用大数据、区块链、互联网等数字化技术将分散和闲置的公共文化资源利用起来，将数据、信息、知识等要素融入公共文化服务与文化产业中，推进公共文化资源优势向产业优势、服务效能转变，为丰富公共文化服务业态贡献力量。

3. 协同推进现代公共文化服务体系数字化建设

调动各类社会主体共建共享公共文化服务是实现公共文化服务标准化、均等化和社会化的关键环节。第一，技术人才是现代公共文化服务高质量发展的重要动力。公共文化服务数字化转型需要专业化的人才队伍支撑，既需要不断提高人们的数字化素养，还需要培育和引进具有创新精神的实用人才，为现代公共文化服务的内涵式发展提供数字化人才支撑。第二，各种社会力量是现代公共文化服务数字化发展的重要支撑。需要适度降低公共文化供给的市场准入门槛，通过项目倾斜、税收减免等手段鼓励各类社会力量参与，不断提高数字技术在现代公共文化服务体系建设中的渗透率和贡献度。

参考文献

肖鹏、李怀恩：《公共文化共同体：理论基础、实践探索与制度建设》，《图书馆论坛》2023 年第 12 期。

高宏存：《推动公共文化服务高质量发展路径分析》，《中原文化研究》2023 年第 6 期。

陈凌云：《上海现代公共文化服务体系建设研究》，《江南论坛》2023 年第 11 期。

杨博、王连：《数字化赋能公共文化服务体系高质量发展：逻辑、困境与路径》，《图书与情报》2023 年第 5 期。

徐琳航、杨志军：《"治理超载"新审视：地方政府公共文化服务的治理技艺及其理论启示》，《上海行政学院学报》2023 年第 5 期。

邢磊：《策略调适与利益共享：西部地区政府与社会组织合作何以维系——以四川省 C 市公共文化服务购买为例》，《地方治理研究》2023 年第 4 期。

B.3
辽宁非物质文化遗产保护工作
发展报告

齐 心*

摘 要： 非物质文化遗产保护是辽宁文化工作的重要项目，辽宁贯彻落实国家非物质文化遗产保护政策，近年来，坚持守正创新，推动非遗保护工作融入国家战略、服务强省建设、助力乡村振兴、赋能文旅融合、造福百姓生活，并取得了积极成效。但在获得成绩的同时，还出现一些问题，如过于重视非遗保护项目前期工作；重视非遗的原生态保护而忽视非遗传承的创新性；重视非遗的展览展示而忽视非遗的生活融入。对此，本报告建议探索多维保护，做好传统与现代的对接工作，重塑非遗"传承场域"以及加强非遗的儿童教育。

关键词： 非物质文化遗产 多维保护 活态传承 辽宁

作为中华优秀传统文化的重要组成部分，非物质文化遗产（简称"非遗"）的保护和传承对延续中华文化根脉、增强人民文化认同、增强文化自信、建设社会主义文化强国具有重要意义。党的十八大以来，非物质文化遗产保护传承得到以习近平同志为核心的党中央的高度重视，党中央做出一系列决策部署、推出一系列政策举措。习近平总书记在各地考察调研时，多次考察非物质文化遗产项目，对非物质文化遗产保护传承工作做出一系列重要论述和重要指示批示。辽宁深入贯彻落实习近平总书记重要论述精神，坚持守正创新，着力健全非遗保护传承体系，提升非遗保护工作水平，强化各项保障措施，不断开创非遗传承发展新局面。

---

* 齐心，辽宁社会科学院哲学研究所研究员，研究方向为文化哲学、民俗学。

一 辽宁非物质文化遗产保护工作概况

（一）制定和实施一系列政策法规

辽宁省为推进非物质文化遗产保护工作，制定了一系列政策法规。

中国于 2004 年 8 月加入《保护非物质文化遗产公约》，并相继颁布实施一系列政策法规。自 2004 年以来，为加强辽宁非物质文化遗产保护工作，辽宁相继下发《关于实施辽宁省民族民间文化保护工程的通知》《辽宁省民族民间文化保护工程实施方案》《关于加强我省非物质文化遗产保护工作的通知》等文件，明确辽宁非遗保护工作的原则目标、具体任务等，有效地推进辽宁非物质文化遗产保护工作。

随着非物质文化遗产保护工作的深入开展，辽宁相应出台多项具体工作举措。2014 年，为继承和弘扬中华优秀传统文化，加强对非物质文化遗产的保护，依据《中华人民共和国非物质文化遗产法》（自 2011 年 6 月 1 日起施行），结合本省实际，辽宁通过《辽宁省非物质文化遗产条例》（自 2015 年 2 月 1 日起施行），这也是全国范围内较早出台的地方非物质文化遗产保护条例。2018 年，辽宁省人民政府办公厅发布《辽宁省传统工艺振兴计划实施意见》，加快推动辽宁传统工艺振兴发展；2019 年，辽宁省文化和旅游厅、辽宁省发展和改革委员会联合发布《辽宁省省级文化生态保护区设立及管理办法（试行）》，扎实推进辽宁文化生态保护区建设工作；2022 年，辽宁省文化和旅游厅印发《辽宁省"十四五"非物质文化遗产保护规划》，确定 2025 年前辽宁非物质文化遗产保护目标。2023 年，辽宁省文化和旅游厅印发《辽宁省省级非物质文化遗产代表性传承人认定与管理办法》，进一步规范省级非物质文化遗产代表性传承人认定与管理工作，有效推进了辽宁非物质文化遗产保护工作。

（二）完善非遗代表性项目名录和传承人体系

辽宁非物质文化遗产是其地域文化的重要体现，是在长期发展过程中留存下来的民族印记，非遗传承人是辽宁非物质文化遗产的践行者和传播者。近年来，为推进项目保护、传承和发展，避免一些传承久远的非遗项目陷入"人亡技绝"的境地，辽宁不断完善非遗代表性项目名录，国家、省、市、县四级名录体系建设基本完成。截至 2021 年，辽宁有 9 项非遗项目入选联合国教科文组织认定的"人类非物质文化遗产代表作名录"，分别是复州皮影戏、盖州皮影戏、岫岩皮影戏、凌源皮影戏、建平剪纸、庄河剪纸、新宾满族剪纸、岫岩满族剪纸、医巫闾山满族剪纸。入选国家级项目名录的非物质文化遗产有 76 项，其中传统美术类有 14 项，曲艺类有 12 项，传统戏剧类有 10 项，传统舞蹈类有 9 项，传统音乐类有 9 项，民俗类有 8 项，民间文学类有 6 项，传统技艺类有 4 项，传统医药类有 2 项，传统体育、游艺与杂技类有 2 项。此外，入选省级项目名录的非物质文化遗产有 294 项，入选市县级项目名录的非物质文化遗产有 2354 项。国家级传承人有 45 人，省级传承人有 198 人，市级传承人有 1482人，县级传承人有 1166 人。有 12 个项目入选国家第一批传统工艺振兴目录，有 30 个项目入选省级第一批传统工艺振兴目录。① 2023 年，辽宁公布第四批省级非物质文化遗产代表性传承人名单，省级非遗传承人达到 337 人。

辽宁对列入各级非物质文化遗产名录的项目加强管理，进行分级分类保护。

一是分级保护。对列入联合国教科文组织认定的"人类非物质文化遗产代表作名录"的项目，按相关国际条约要求进行保护；对列入国家级项目名录的项目，实施重点保护。

二是分类保护。对传统文化历史积淀丰厚，具有鲜明地域或民族特色，非物质文化遗产资源比较丰富，当地人民群众参与和保护非物质文化遗产意识较强的地区，通过设立文化生态保护区进行区域性整体保护；对传承较为困难的代表性项目实施记忆性保护；对具有一定市场潜力和发展优势的代表性项目实施生产性保护。

（三）健全非物质文化遗产传承机制

完善代表性传承人的认定考核机制。2023 年，辽宁制定《辽宁省省级非物质文化遗产代表性传承人认定与管理办法》，对非遗代表性传承人的认定条件和流程以及传承人的责任义务等事项进行了详细规定，进一步促进新时代非

---

① 辽宁省文化和旅游厅官网。

遗传承人的保护和发展。

实施非物质文化遗产"百年百艺·薪火相传"计划。举行传承人拜师授徒仪式，并颁发证书，促进全省非物质文化遗产传承人规模不断扩大。

实施中国非物质文化遗产传承人研修培训计划。举办满族刺绣、岫岩玉雕、辽西木偶戏、皮影戏等传承人培训班，培训传承人千余人。通过培训激发非遗传承人创作潜能，促进跨界交流合作，以解决非遗项目发展难题，培养非遗保护传承的领军人才。

完善传承人及民间艺人权益保障机制。为省级非遗传承人发放补助经费，为传承人开展传习活动提供补贴。此外，积极安排人才专项资金，对纳入辽宁省文化名家暨"四个一批"人才培养工程的文化艺术人才给予资助。

加大对文化领域人才的扶持力度。按照《人力资源社会保障部关于进一步加强高技能人才与专业技术人才职业发展贯通的实施意见》，辽宁在艺术领域畅通高技能人才职业发展渠道，鼓励符合条件的民间艺人参加职称评定。鼓励和支持文化人才机构或行业协会组织针对各类优秀人才开展继续教育，积极举办文化领域人才高级研修班，开展在线教育，开发文化领域人才资源，为入选国家级或省级的高级研修班争取适当的经费资助。先后出台《关于推进人才集聚的若干政策》《关于印发〈关于推进人才集聚的若干政策〉第二批操作细则的通知》，提出包括人才社会保障在内的一揽子吸引人才的政策措施。这些政策为文化领域人才提供了更多的机会和更大的自主权，有助于吸引更多人才参与非遗保护工作。

（四）拓展非遗传承展示平台

积极开展非物质文化遗产进校园、进社区活动。在部分大中小学建立非物质文化遗产传承教学基地100余个，加强优秀传统文化宣传教育。

实施"非遗+"工程。以实施"非遗+"工程为切入点，推进文旅融合高质量发展，不断创新传播思路和手段，扩大非遗受众面和影响力。以"非遗+节庆"为主题，开展传统节日系列活动。在端午节、中秋节、重阳节等举办各类节日主题活动，传承中华优秀传统文化，弘扬爱国主义精神和文明社会风尚。每年春节、元宵节期间开展"非遗过大年 文化进万家"活动，让传统文化在当代生活中不断焕发生机和活力，增添节日喜庆氛围。以"非遗+互联网"为主题，开展线上各门类作品征集及展览、宣传活动，获得点击量近千万次。以"非遗+旅游"为主题，开展"锦绣辽宁　多彩非遗"辽宁非物质文化遗产进景区系列活动，在国家 5A 级与 4A 级旅游景区举办非遗展示展演活动，为景区注入丰富的文化内涵。

贯彻落实文化和旅游部《曲艺传承发展计划》。推动曲艺类非物质文化遗产传承发展，举办全省曲艺类非遗项目展演活动，为曲艺类非遗项目宣传发展搭建展示平台。活动涵盖相声、评书、东北大鼓、东北二人转、乌力格尔、蒙古勒津好来宝、盘索里等十五个曲艺类项目，近百名各级非遗传承人。

开展"文化和自然遗产日"系列活动。利用"文化和自然遗产日"和民族传统节日，以及省级非物质文化遗产保护网站，通过线上直播、线下互动等方式，广泛开展非物质文化遗产宣传展示活动；组织非遗项目及传承人、民间艺人，参加国内外重要的非物质文化遗产交流活动。

（五）完善非遗传承基础设施建设

加强非物质文化遗产保护利用设施建设。辽宁争取国家非物质文化遗产保护利用基础设施建设扶持资金支持琥珀雕刻、锦州满族民间刺绣、北京评书（本溪评书）三个项目。目前，已建成抚顺琥珀雕刻博物馆和锦州满族民间刺绣非遗博物馆。

建立辽宁省非物质文化遗产代表性项目名录常态化集中展示场所。通过开展非遗代表性项目名录集中展示展演活动，对宣传、保护、传承辽宁非物质文化遗产起到重要的推动作用，有助于中华优秀传统文化传承和保护。

建立辽宁省非物质文化遗产传习基地。为充分发掘和合理利用优秀的非物质文化遗产资源，推动辽宁非物质文化遗产宣传展示载体建设，辽宁设立了23 处非物质文化遗产传习基地，涵盖近 30 个非遗代表性项目。通过传习基地建设，辽宁拓宽了传承思路，加大了传承力度，发挥了示范带动作用，培养了更多德艺双馨的传承人，有效保护、利用非物质文化遗产资源，为非物质文化遗产保护工作开创了新局面。

非物质文化遗产基础设施建设取得新进展。目前，辽宁共有非物质文化遗产传承场所 128 个，各类专题非遗展示馆 25 个，其中，公办 15 个、民办 10 个；非遗博物馆 19 个，其中，公办 10 个、民办 9 个；非遗传习所 394 个，其中, 公办 329 个、民办 65 个。① 这些综合性非物质文化遗产场馆、专题性展示馆、传习所等基础设施的建设, 为辽宁开展非物质文化遗产保护工作提供了重要保障。

"十四五"期间, 辽宁力争在全省建立非物质文化遗产传承场所 200 个; 建立各类专题非遗展示馆 30 个、非遗博物馆 30 个; 建设辽宁非物质文化遗产展示馆（展示中心）, 并鼓励多种形式的民办非物质文化遗产展示场馆建设。

（六）启动国家非遗保护专项资金验收工作

2024 年 3 月, 辽宁对 2022~2023 年度国家非物质文化遗产保护专项资金使用情况开展实地验收检查, 确保国家非遗专项补助资金落实到位。同时要求各地深入学习领会习近平总书记关于非物质文化遗产保护工作的指示精神, 不断推动中华优秀传统文化创造性转化、创新性发展, 管理、使用好国家非遗保护专项资金, 充分发挥补助资金在非遗传承发展新场所、新场景、新业态方面的作用, 不断增强项目造血功能, 争取社会力量支持和参与非遗保护工作。各地要不断总结非遗进社区、非遗进校园好的经验做法, 探索本地非遗与旅游融合的方式, 研究县域内实施非遗整体性保护的路径, 不断加强非遗的传播与宣传, 扩大辽宁非遗的影响力。

二 辽宁非物质文化遗产保护工作的现状和取得的成绩

对于非物质文化遗产保护工作, 习近平总书记强调, 要扎实做好非物质文化遗产的系统性保护, 更好满足人民日益增长的精神文化需求, 推进文化自信自强。②

（一）开展记录研究, 完善非物质文化遗产记录体系

1. 启动首个省级非遗传承人记录工作

"国家级非物质文化遗产代表性传承人抢救性记录工程"是文化和旅游部

---

① 辽宁省文化和旅游厅官网。
② 《习近平对非物质文化遗产保护工作作出重要指示强调 扎实做好非物质文化遗产的系统性保护 推动中华文化更好走向世界》,《人民日报》2022 年 12 月 13 日。

于 2015 年启动的一项重要工程。这项工程的主要任务是将非物质文化遗产传承人对非遗项目的传承过程通过数字化多媒体手段全面、真实、系统地记录下来,在记录下非遗传承人精湛技艺的同时,为未来更好地传承、保护、利用非物质文化遗产留下宝贵资料。自 2016 年起,辽宁省非遗保护中心将该项工作纳入年度重点工作。辽宁首批获文化部批准的抢救性记录国家级传承人有 10 人,涵盖民间文学、传统舞蹈、传统戏剧、曲艺、传统美术 5 个类别。记录工作的主要成果包括口述片、项目实践片和传承教学片在内的文献片,以及一部综述片。自此项工作开展至今,辽宁已有 6 批 36 个国家级代表性传承人列入记录名单。目前,辽宁已向国家提交了 3 批 19 个项目记录成果,口述文字稿达 481 万字,图片达 72381 张,纪录片时长达 456 小时。这些记录成果全部一次性通过国家验收,连续 3 年有 4 项记录成果获得国家优秀项目,辽宁国家级非物质文化遗产代表性传承人抢救性记录工作取得可喜的阶段性成果。①

2022 年,辽宁省文化遗产保护中心开始对辽宁非物质文化遗产代表性项目沈阳相声省级代表性传承人杨振华展开口述史采录工作,标志着辽宁首个省级非物质文化遗产代表性传承人记录工作正式启动。目前,辽宁有省级非遗代表性传承人 294 人,其中有 46 人离世,健在的非遗代表性传承人中超过 70 周岁的已占到一半以上,亟须以数字化手段对其掌握的非遗知识和精湛的技艺进行收录,开展传承人记录工作已刻不容缓。目前,工作组采录杨振华口述史音视频素材约 12 个小时,收集老照片、证书、手稿等文献资料 588 份,拍摄图片 1200 余张,为非遗项目沈阳相声的存续和保护做了大量有益的工作,意义深远。

2.《传承》: 记录辽宁传承人的非遗人生

《传承》是辽宁省文化艺术研究院组织摄制的一部以"原真"记录展现辽宁非物质文化遗产项目客观存续状态的纪录片,集中介绍辽宁省民间艺人和非遗传承人评剧大师冯玉萍、周丹,复州东北大鼓第六代传承人陈世芳,岫岩玉雕第四代国家级传承人王运岫,辽菜国家级传承人刘敬贤,庄河剪纸国家级非遗传承人韩月琴,医巫闾山满族民间剪纸国家级传承人汪秀霞,锦州满族民间

---

① 尹忠华、杨竞:《抢救性记录工程活态传承非物质文化遗产》,《辽宁日报》2021 年 2 月 3 日。

刺绣第五代传承人夏丽云等人的故事，集传统技艺、人生体验、历史文化展示于一体，用影像记录优秀传统文化精髓。

非物质文化遗产作为活态文化，受人类社会结构和环境改变的影响，以及其本身存在形态的限制，其生存状况不容乐观，有不少项目甚至已经消失或面临消失的危险。纪录片《传承》通过大量的事实，增强群众对国家级非物质文化遗产的关注与保护意识。同时，有别于纯粹讲述传统工艺流程的科教类纪录片，《传承》大多聚焦于传承人，以故事化的叙事方式讲述辽宁非遗传承人们的非凡技艺与匠心。

3. 推荐全国非遗保护工作先进集体、先进个人

在党中央、国务院的坚强领导下，全国非物质文化遗产保护工作者深入贯彻习近平总书记关于非物质文化遗产保护工作的重要指示批示精神，担当作为、奋勇争先，为推动非物质文化遗产系统性保护做出突出贡献，涌现出一大批先进典型。为进一步激发全国非物质文化遗产保护工作者干事创业的积极性，表彰先进、凝心聚力，文化和旅游部决定评选表彰一批全国非物质文化遗产保护工作先进集体和先进个人。

2024年1月，辽宁按照《文化和旅游部关于评选表彰全国非物质文化遗产保护工作先进集体和先进个人的通知》要求，推荐岫岩满族自治县文化旅游和广播电视局、大连市文化馆（大连市非物质文化遗产保护中心）、铁岭文化艺术演艺集团有限公司3家单位参评全国非物质文化遗产保护工作先进集体，苏继承、王潇男、敬彪、田丽红、马海浩、杨威6人参评先进个人。

（二）加强分类保护，构建非遗生产性保护体系

生产性保护是我国非物质文化遗产实施分类保护的主要方式之一。2023年1月，按照《文化和旅游部办公厅关于开展国家级非物质文化遗产生产性保护示范基地推荐工作的通知》要求，辽宁省文化和旅游厅组织开展国家级非物质文化遗产生产性保护示范基地推荐申报工作。在全省推荐申报的基础上，经材料初审、专家评审，拟推荐沈阳鹿鸣春饭店有限公司、沈阳天江老龙口酿造有限公司、抚顺琥珀泉艺术品有限公司、抚顺合璧斋煤雕有限公司、阜新高新技术产业园区杨克全玛瑙艺术工作室5家单位参加国家级非物质文化遗产生产性保护示范基地评选。同年11月27日，文化和旅游部确定了2023~2025年

国家级非物质文化遗产生产性保护示范基地推荐名单，共100家企业入选，辽宁有3家企业入选（见表1）。

表1　2023~2025年入选国家级非物质文化遗产生产性保护示范基地推荐名单的辽宁企业

序号	推荐地区	推荐企业名称	依托国家级非遗代表性项目名称
1	辽宁	抚顺琥珀泉艺术品有限公司	琥珀雕刻
2	辽宁	沈阳鹿鸣春饭店有限公司	辽菜传统烹饪技艺
3	辽宁	阜新高新技术产业园区杨克全玛瑙艺术工作室	阜新玛瑙雕

（三）加强认定管理，促进非遗传承人的能力培养和素质提升

1. 印发《辽宁省省级非物质文化遗产代表性传承人认定与管理办法》

2023年3月3日，为推进全省非物质文化遗产保护工作，完善省级非物质文化遗产代表性传承人认定与管理制度，辽宁省文化和旅游厅印发《辽宁省省级非物质文化遗产代表性传承人认定与管理办法》（以下简称《办法》）。

《办法》规定，省级非遗代表性传承人的认定与管理要以习近平新时代中国特色社会主义思想为指导，以社会主义核心价值观为引领，深入贯彻落实党的二十大精神和习近平总书记关于非物质文化遗产保护工作的重要指示精神，坚持以人民为中心，坚持见人见物见生活的理念，尊重非遗代表性传承人的主体地位和权利，注重社区和群体的认同感，加强传承实践能力建设，保护传承非物质文化遗产，推动中华优秀传统文化创造性转化、创新性发展。《办法》同时规定了传承人应履行的责任和享有的权利，并明确提出建立省级非遗代表性传承人退出机制。

2. 评定第四批省级非物质文化遗产代表性传承人

2023年8月14日，根据《中华人民共和国非物质文化遗产法》《辽宁省非物质文化遗产条例》《辽宁省省级非物质文化遗产代表性传承人认定与管理办法》有关规定，为有效保护和传承非物质文化遗产，加强全省非物质文化遗产代表性传承人体系建设，辽宁省文化和旅游厅认定了第四批辽宁省省级非

物质文化遗产代表性传承人。此次获评的省级非物质文化遗产代表性传承人共139人，涵盖民间文学等10个种类（见表2）。

表2　第四批辽宁省省级非物质文化遗产代表性传承人名单（139人）

序号	姓名	项目名称	申报地区或单位
民间文学(2人)			
04-0196	高延云	喀左东蒙民间故事	朝阳市
04-0197	贾钰焓	古渔雁民间故事	盘锦市
传统音乐(16人)			
04-0198	宋奇	大连吹咔乐	大连市
04-0199	金丰茂	复州鼓乐	大连市
04-0200	宋喜平	复州鼓乐	大连市
04-0201	张本义	辽南古诗词吟咏	大连市
04-0202	姜伟	金州古琴音乐	大连市
04-0203	盛伟	岫岩民间鼓乐	鞍山市
04-0204	周德泽	岫岩满族民间歌曲	鞍山市
04-0205	王云明	岫岩单鼓	鞍山市
04-0206	廉永浩	丹东朝鲜族民歌	丹东市
04-0207	赵金龙	丹东鼓乐	丹东市
04-0208	时柱	蒙古族民歌(阜新东蒙短调民歌)	阜新市
04-0209	李君	蒙古族马头琴音乐(蒙古勒津马头琴音乐)	阜新市
04-0210	杨瑞峰	笙管乐(建平十王会)	朝阳市
04-0211	王甲坤	朝阳民间鼓乐	朝阳市
04-0212	周玉凯	建昌鼓乐	葫芦岛市
04-0213	王洪阁	辽宁鼓乐	辽宁省文化遗产保护中心(辽宁省非物质文化遗产保护中心)
传统舞蹈(9人)			
04-0214	张仲发	张氏皇苑龙舞龙技艺	沈阳市
04-0215	李明旭	金州狮舞	大连市
04-0216	姚延维	复州高跷秧歌	大连市
04-0217	亢金明	高跷(海城高跷)	鞍山市
04-0218	周宇	秧歌(抚顺地秧歌)	抚顺市
04-0219	金花	朝鲜族农乐舞(乞粒舞)	本溪市
04-0220	王春华	凌源高跷秧歌	朝阳市
04-0221	霍其如	建平昆角秧歌	朝阳市
04-0222	王世柏	高跷(上口子高跷)	盘锦市

序号	姓名	项目名称	申报地区或单位
传统戏剧（16人）			
04-0223	吴丹阳	评剧	沈阳市
04-0224	王筱评	评剧	沈阳市
04-0225	葛运峰	皮影戏（复州皮影戏）	大连市
04-0226	曹华	海城喇叭戏	鞍山市
04-0227	张奎军	皮影戏（岫岩皮影戏）	鞍山市
04-0228	梁利明	鞍山皮影戏	鞍山市
04-0229	刘湘怀	京剧（本溪徐派毕谷云）	本溪市
04-0230	王长水	宽甸八河川皮影戏	丹东市
04-0231	赵丽民	皮影戏（锦州皮影戏）	锦州市
04-0232	高鸣鹤	木偶戏（辽西木偶戏）	锦州市
04-0233	王玉双	皮影戏（盖州皮影戏）	营口市
04-0234	黄宝艳	皮影戏（凌源皮影戏）	朝阳市
04-0235	薄希华	皮影戏（凌源皮影戏）	朝阳市
04-0236	庞振凤	喀左皮影戏	朝阳市
04-0237	唐振军	喀左皮影戏	朝阳市
04-0238	宫静	金开芳评剧表演艺术	沈阳师范大学 附属艺术学校
曲艺（10人）			
04-0239	穆凯	沈阳相声	沈阳市
04-0240	林淑荣	庄河东北大鼓	大连市
04-0241	张全友	北京评书	鞍山市
04-0242	王福玲	东北大鼓	鞍山市
04-0243	于晓霞	东北大鼓	鞍山市
04-0244	王印权	鞍山快板书	鞍山市
04-0245	王宝才	东北二人转	锦州市
04-0246	齐铁红	乌力格尔	阜新市
04-0247	于宝军	乌力格尔	阜新市
04-0248	李景玉	二人转	辽阳市
传统体育、游艺与杂技（11人）			
04-0249	刘相龙	朝鲜族象棋	沈阳市
04-0250	姜有奎	老六路太极拳	鞍山市
04-0251	韩宝轩	祁家门五行通背拳	本溪市
04-0252	迟贵成	满族珍珠球	本溪市
04-0253	韩振博	少北拳	锦州市

续表

序号	姓名	项目名称	申报地区或单位
传统体育、游艺与杂技(11人)			
04-0254	韩向阳	大刀张举刀拉弓杂技表演艺术	锦州市
04-0255	佟瑞	阜新蒙古勒津喜塔尔	阜新市
04-0256	温宝良	古典戏法	辽阳市
04-0257	乌显明	喀左蒙古族象棋	朝阳市
04-0258	关铁云	通背拳	沈阳体育学院
04-0259	关硕	鸳鸯拳	沈阳体育学院
传统美术(34人)			
04-0260	方振生	方氏皮箱雕刻技艺	沈阳市
04-0261	栖小丽	沈阳满族刺绣	沈阳市
04-0262	李方跃	关东微雕	沈阳市
04-0263	陈莉	剪纸(庄河剪纸)	大连市
04-0264	金阿山	大连贝雕	大连市
04-0265	王新立	剪纸(岫岩满族剪纸)	鞍山市
04-0266	李余	剪纸(岫岩满族剪纸)	鞍山市
04-0267	王泽东	岫岩玉雕	鞍山市
04-0268	吴立梅	满族刺绣(岫岩满族民间刺绣)	鞍山市
04-0269	关长胜	剪纸(新宾满族剪纸)	抚顺市
04-0270	徐丽鸣	剪纸(新宾满族剪纸)	抚顺市
04-0271	吴鹏	石雕(煤精雕刻)	抚顺市
04-0272	张丽娟	石雕(煤精雕刻)	抚顺市
04-0273	刘桂芝	本溪满族剪纸	本溪市
04-0274	章永军	本溪桥头石雕	本溪市
04-0275	王德昌	本溪桥头石雕	本溪市
04-0276	任凤山	传统木版年画	本溪市
04-0277	卢振东	传统木版年画	本溪市
04-0278	刘晶涛	凤城景泰蓝珀晶画	丹东市
04-0279	于凤金	宽甸柳编技艺	丹东市
04-0280	史延林	传统泥塑彩绘	锦州市
04-0281	赵宇兵	锦州锻铜浮雕画	锦州市
04-0282	张震宇	老世兴金银制作技艺	营口市
04-0283	赵晖	盖州风筝	营口市
04-0284	韩星	蒙古勒津刺绣	阜新市
04-0285	都立春	指画艺术	铁岭市

序号	姓名	项目名称	申报地区或单位
传统美术（34 人）			
04-0286	任刚	指画艺术	铁岭市
04-0287	李忠杰	西丰满族剪纸	铁岭市
04-0288	杨智宏	剪纸（建平剪纸）	朝阳市
04-0289	孙玉恩	朝阳红土泥塑	朝阳市
04-0290	艾雅芝	朝阳红土泥塑	朝阳市
04-0291	唐恒	小亮沟苇编	盘锦市
04-0292	董宁	兴城民间绣活	葫芦岛市
04-0293	刘军	沈阳刘氏刺绣技艺	省商务厅
传统技艺（22 人）			
04-0294	于文蛟	古建筑彩绘技法	沈阳市
04-0295	陈畅	沈阳花灯制作技艺	沈阳市
04-0296	张忠新	沈阳胡魁章制笔工艺	沈阳市
04-0297	窦永强	桃山白酒传统酿造技艺	沈阳市
04-0298	李凤艳	沈阳李氏糖人制作技艺	沈阳市
04-0299	崔朝生	崔氏戏鞋制作技艺	沈阳市
04-0300	姚俭萍	那氏旗袍制作技艺	沈阳市
04-0301	丁伟	康福老月饼制作技艺	沈阳市
04-0302	赵洪财	海城牛庄馅饼制作技艺	鞍山市
04-0303	崔润涛	海城牛庄馅饼制作技艺	鞍山市
04-0304	张世满	千山彩塑彩绘	鞍山市
04-0305	李仁	人参炮制技艺	抚顺市
04-0306	于威	新宾满族袍服制作技艺	抚顺市
04-0307	姜丽麾	新宾满族传统小吃制作技艺	抚顺市
04-0308	冯月婷	砚台制作技艺（松花石砚制作技艺）	本溪市
04-0309	曹文清	辽东条编技艺	本溪市
04-0310	赵洪力	凌海瞒鼓制作技艺	锦州市
04-0311	单志忠	胡琴制作技艺	阜新市
04-0312	胡春利	宝发祥月饼制作技艺	盘锦市
04-0313	郭立柱	二界沟郭氏虾油虾酱制作技艺	盘锦市
04-0314	刘成	刘家果子制作技艺	盘锦市
04-0315	李齐飞	御膳制作技艺	辽宁省餐饮烹饪 行业协会

续表

序号	姓名	项目名称	申报地区或单位
传统医药（6人）			
04-0316	康长春	德记号中医药文化	大连市
04-0317	常凤山	中医骨诊	大连市
04-0318	苏纪权	中医正骨疗法（海城苏氏正骨）	鞍山市
04-0319	邢志阳	蒙医药（血衰症疗法）	阜新市
04-0320	李晓波	蒙医药（血衰症疗法）	阜新市
04-0321	张德金	张懋祺中医整复点穴骨盆复位疗法	辽宁大厦
民俗（13人）			
04-0322	韩少伟	民间信俗（锡伯族喜利妈妈信俗）	沈阳市
04-0323	杨和清	民间社火（本溪社火）	本溪市
04-0324	赵希凯	本溪碱厂舞龙	本溪市
04-0325	杨国孝	祭山习俗	本溪市
04-0326	刘志忠	民间社火（义县社火）	锦州市
04-0327	韩红	蒙古勒津服饰	阜新市
04-0328	刘艳	铁岭舞龙舞狮	铁岭市
04-0329	崔树星	元宵节（辽西朱碌科黄河阵）	朝阳市
04-0330	杨占来	元宵节（辽西朱碌科黄河阵）	朝阳市
04-0331	宋殿武	喀左大杖子李龙王赶香烟	朝阳市
04-0332	张嵩	辽河口渔家菜特色食材加工技艺与习俗	盘锦市
04-0333	辛亚萍	辽河口渔家菜特色食材加工技艺与习俗	盘锦市
04-0334	刘海霞	建昌灯会	葫芦岛市

资料来源：辽宁省文化和旅游厅官网。

　　此次获评的辽宁省级非物质文化遗产代表性传承人无论是在项目上还是在人数上都是历年最多的，且呈现年轻化趋势。

　　3. 国家级非遗代表性传承人传承活动评估

　　2023年6月，为进一步健全非物质文化遗产传承体系，激励、促进和规范国家级、省级非物质文化遗产代表性传承人开展传承活动，促进非物质文化遗产传承发展，提高非物质文化遗产项目代表性传承人的传承能力和综合素质，辽宁省文化和旅游厅按照文化和旅游部非遗司《关于开展2022年度国家级非物质文化遗产代表性传承人传承活动评估工作的通知》要求，对全省45名国家级非物质文化遗产代表性传承人传承活动进行评估。评估结果全部合格，其中9名国家级非物质文化遗产代表性传承人传承活动评估结果为优秀（见表3）。

表3　2022年辽宁国家级非物质文化遗产代表性传承人传承活动评估结果（优秀）

序号	姓名	项目名称	评估结果
1	李玉恒	老龙口白酒传统酿造技艺	优秀
2	韩志耀	大连核雕	优秀
3	王运岫	岫岩玉雕	优秀
4	田连元	北京评书	优秀
5	夏丽云	满族刺绣	优秀
6	林世敏	皮影戏（盖州皮影戏）	优秀
7	韩　梅	阜新东蒙短调民歌	优秀
8	李永浩	朝鲜族农乐舞	优秀
9	刘井春	凌源皮影戏	优秀

通过此次评估，辽宁非遗传承人展示了非遗的魅力，增强了民族传统文化保护、传承、挖掘的自豪感、自信心和凝聚力，坚定了民族文化自信和文化自觉，为传承和弘扬优秀传统文化夯实基础，使辽宁优秀传统文化得到有效保护和传承。

4. 大力实施非物质文化遗产传承人研培计划

2021年10月，文化和旅游部、教育部、人力资源和社会保障部印发《中国非物质文化遗产传承人研修培训计划实施方案（2021—2025）》。2023年，国家公布2024～2025年度中国非物质文化遗产传承人研修培训计划，参与院校达130所，辽宁有3所高校入选，分别是辽宁大学、沈阳师范大学、沈阳音乐学院。

中国非物质文化遗产传承人研修培训计划是非物质文化遗产保护事业的一项基础性、战略性工作，旨在为非遗保护工作提供高校的学术和教学资源支持。从2018年辽宁高校加入研修培训计划以来，截至2022年，辽宁已举办中国剪纸、中国皮影戏等16期培训，培训传承人874人。2023年，辽宁组织25

名辽宁鼓乐传承人参加"2023年中国非遗·辽宁鼓乐传承人研修培训"。培训由沈阳音乐学院东北音乐创新实验室负责，历时30天，以集中授课、实践教学、实地考察等形式进行，旨在提高辽宁鼓乐传承人的理论素养与技艺水平。来自各地的传承人互相交流经验，同时进行口述史记录整理，对每个地区的传统曲目进行数字采录。培训期间，还组织辽宁鼓乐传承人赴天津、河北等地开展田野调查，学习借鉴当地鼓吹乐演奏技法。

中国非物质文化遗产传承人研修培训计划的实施，有效调动了院校参与非物质文化遗产保护工作的积极性，为非遗保护引入重要力量。同时，该计划在振兴传统工艺、促进曲艺传承发展、助力脱贫攻坚等方面发挥了积极作用，社会影响力不断增强。

（四）重视展示交流，加大非遗传播与普及力度

1. 开展非遗进校园、进社区活动

2023年3月，辽宁省文化和旅游厅就开展2023年非物质文化遗产进校园、进社区公益惠民活动发布通知，要求各市以习近平新时代中国特色社会主义思想为指导，以社会主义核心价值观为引领，围绕宣传贯彻党的二十大精神选取内容丰富、形式多样的非物质文化遗产项目，开展进校园、进社区活动。增强全民参与非物质文化遗产保护的意识，厚植爱党、爱祖国、爱家乡的情怀，不断增强文化自信。2023年，辽宁（不含大连）开展非物质文化遗产进校园、进社区公益惠民活动100场，主要开展以下三类活动。

一是示范性活动。在传统节日和本地区重大文化和旅游活动期间，选取非物质文化遗产代表性项目开展非物质文化遗产传承实践和传播活动。参加活动的非遗代表性项目不少于20项、非遗代表性传承人不少于30人。通过活动提高全社会自觉参与非遗传承保护的意识，促进文化与旅游深度融合。

二是创新性活动。选取互动性和实践性较强的非物质文化遗产代表性项目开展传承实践和展示展演活动，指导非遗技艺传承和创新。参演参展项目不少于10项、代表性传承人不少于20人。鼓励选取非遗传承面广、群众实践度高的社区开展非遗在社区试点工作；鼓励与当地教育部门合作，利用各地现有的非遗传承基础设施，加强校内外联动，开设非遗研学体验课程、举办非遗技艺展示活动或各类比赛等。积极创建本地区非遗进校园、进社区公益惠民活动优

秀实践案例和创新实践案例，提高群众对非遗技艺的认知程度，扩大非遗受众面，增强非遗传承活力。

三是专题性活动。开展非遗教学实验。邀请传承人开展专题讲座、定期授课、互动交流，加强非遗理论和技艺研究。根据需要，选取 1~2 项非遗代表性项目开展非遗专题教学活动。鼓励传承人与学校通过双向选择规范合作模式。鼓励非遗代表性项目保护单位和各级非遗代表性传承人积极参与非遗校本课程创作。鼓励开展以"非遗助力乡村振兴"为主题的非遗技艺培训活动。通过活动讲好辽宁非遗传承故事，实现非遗代表性项目在新时代的传承与发展。

2. 举行一系列非遗展演活动

一是非遗年货节。2023 年 1 月 13~15 日，辽宁省 2023 年非遗年货节在沈北举办。内容涵盖传统技艺、传统美术、游艺与杂技、传统体育、传统戏剧曲艺、传统舞蹈、传统音乐，近 40 个项目的 200 余名传承人参展。其中，包括海城高跷、抚顺地秧歌、上口子高跷、京剧、评剧、东北二人转、传统戏法等国家级和省级非遗项目，还有剪纸、刺绣、面塑、雕刻等传统手工技艺类非遗项目，以及颇具辽宁特色的非遗美食等。

二是"辽海情韵"非物质文化遗产专场展演。2023 年 4 月 14~15 日，由辽宁省文化和旅游厅与基层市县共同承办的助力"全面振兴新突破三年行动"系列文化活动——"辽海情韵"非物质文化遗产专场展演。此次活动集中展示了凌源皮影戏、辽宁鼓乐、京剧、评剧、东北二人转、抚顺地秧歌、古典戏法、鸳鸯拳等近 20 个国家级、省级非遗代表性项目，320 余名非遗传承人参与其中。在全面梳理和展示辽宁表演类非遗项目保护成果的基础上，生动展现了辽宁丰富多彩的非物质文化遗产。"辽海情韵"非物质文化遗产专场展演于 2011 年启动，历经 12 年精心打磨，将非物质文化遗产的精髓与现代舞台艺术融合创编，从艺术化的全新视角，对非遗项目进行融合创新，全面提升非物质文化遗产系统性保护水平，积极推动非物质文化遗产更好地融入时代、融入生活。

三是"文化和自然遗产日"非遗展演。2023 年 6 月 10 日是"文化和自然遗产日"，为大力弘扬中华优秀传统文化，总结辽宁非遗系统性保护成果，激发传统文化新活力，2023 年 6 月 10 日，由辽宁省文化和旅游厅主办的辽宁省非物质文化遗产专场展演展示活动在辽宁大剧院举行。展演展示了凌源皮影戏、复州鼓乐和核雕、琥珀雕刻、烙画艺术等非遗项目，是非遗融入现代生活的生动实践。2024年辽宁省"文化和自然遗产日"非遗宣传展示主场城市活动暨"第十届沈阳非物质文化遗产博览会"同时举办，并设立了主、分会场，充分展示辽宁非遗系统性保护工作成果。

四是非遗项目展示与民俗传承。2024年4月8~11日，喀左沁左翼蒙古族自治县举办第270届"喀左大杖子李龙王赶香烟"民俗活动。"喀左大杖子李龙王赶香烟"是一种民间祭祀与民间表演相结合的民俗活动，2020年入选辽宁省第六批省级非物质文化遗产代表性项目名录。喀左大杖子村山东移民先祖举办这一活动至今已有270年的历史，每年农历二月末，巡游队伍来到甘招镇王营子村大杖子屯李龙王庙，奏鼓乐鸣礼炮，秧歌队伍出发。活动在第四天达到高潮。2024年活动期间还举办了相关的学术研讨会，共同研讨"喀左大杖子李龙王赶香烟"民俗项目的保护、传承与发展。

五是对口援疆19省市非物质文化遗产展。2023年8月23日，辽宁参加在新疆维吾尔自治区阿克苏地区阿克苏市举办的2023"新疆是个好地方"对口援疆19省市非物质文化遗产展，辽宁展区以"辽疆一家亲　非遗心连心"为主题，共有6个非遗代表性项目参加，分别是国家级非遗代表性项目辽西木偶戏、岫岩玉雕、松花石砚制作技艺，省级非遗代表性项目李氏糖人制作技艺、烙画艺术和沈阳市级非遗代表性项目李氏民间掐褶纸。

六是中国辽宁省非物质文化遗产走进白俄罗斯布列斯特州展示展演活动。2024年6月1~3日，中国辽宁省非物质文化遗产走进白俄罗斯布列斯特州展示展演活动在白俄罗斯举行。此次活动辽宁选取21项国家级、省级和市级非遗代表性项目赴白俄罗斯，是近年来辽宁非遗规模最大、人员最多的一次出国展示活动。

（五）立足优势资源，提升非遗保护传承水平

辽宁非遗传统工艺在东北三省名列前茅，传统美术类、传统手工技艺类项目资源丰富，在传统工艺振兴方面具有重要的影响和独特的优势。

1. 推进辽宁传统工艺振兴

为推进传统工艺振兴，辽宁提出做大做强具有辽宁特色的传统手工技艺项目，打造在全国范围内更具影响力的品牌。2023年8月18日，沈阳举办主题

为"振兴传统工艺,发展特色产业"的第十一届中国"辽宁四宝"博览会。来自全国的艺术家、企业家等近400人出席启动仪式。"辽宁四宝"最初指岫岩玉、阜新玛瑙、抚顺煤精琥珀、本溪辽砚,后来又加入析木玉、北票战国红、辽阳红玉、喀左和葫芦岛紫砂、丹东黄蜡石、宽甸玉树石等,如今已成为以玉石、宝石、砚石、紫砂四类资源为代表的特色资源型产业。

推动有历史文化底蕴的传统制作工艺发展,重点抓好"辽宁四宝"等在全国具有一定影响力的项目,形成重要的非遗特色品牌,带动地区经济发展,积极改善当地民生。目前,辽宁已有11个非遗传统工艺项目(均为传统美术类)入选《第一批国家传统工艺振兴目录》(见表4)。

表4 辽宁入选《第一批国家传统工艺振兴名录》的非物质文化遗产传统工艺项目

项目编号	项目名称	项目类别	分布地区
Ⅰ-FRZX-16	满族刺绣	纺染织绣(FRZX)	辽宁省岫岩满族自治县、锦州市古塔区
Ⅰ-DKSZ-2	岫岩玉雕	雕刻塑造(DKSZ)	辽宁省岫岩满族自治县
Ⅰ-DKSZ-7	煤精雕刻	雕刻塑造(DKSZ)	辽宁省抚顺市
Ⅰ-DKSZ-19	琥珀雕刻	雕刻塑造(DKSZ)	辽宁省抚顺市
Ⅰ-DKSZ-31	大连核雕	雕刻塑造(DKSZ)	辽宁省大连市西岗区
Ⅰ-JZKH-7	医巫闾山满族剪纸技艺	剪纸刻绘(JZKH)	辽宁省锦州市
Ⅰ-JZKH-8	庄河剪纸技艺	剪纸刻绘(JZKH)	辽宁省庄河市
Ⅰ-JZKH-9	岫岩满族剪纸技艺	剪纸刻绘(JZKH)	辽宁省岫岩满族自治县
Ⅰ-JZKH-10	建平剪纸技艺	剪纸刻绘(JZKH)	辽宁省建平县
Ⅰ-JZKH-11	新宾满族剪纸技艺	剪纸刻绘(JZKH)	辽宁省新宾满族自治县
Ⅰ-WFZZ-24	松花石砚制作技艺	文房制作(WFZZ)	辽宁省本溪市

2.设立全国首个海岛非物质文化遗产中心

近年来,辽宁持续夯实非遗保护工作基础,各项工作取得积极成效。2022年,辽宁设立了全国首个海岛非物质文化遗产中心,开创了海岛非遗保护的先河。

辽宁省大连市长海县是我国唯一的海岛边境县。长海县历史悠久,是东北亚文化传播的桥头堡,距今7000年的国家级文物保护单位小珠山贝丘遗址被誉为"辽南第一缕炊烟升起的地方"。长海县不仅海洋文化、渔家文化、红色文化、历史文化星罗棋布，"长海号子""民间故事""放海灯"等非物质文化遗产更是熠熠生辉，成为全国独具特色的海洋文化发展区域，在海岛渔业非遗系统性保护方面拥有诸多经验。大连市海岛非物质文化遗产研究与保护中心落户长海县，对搭建交流普及平台、促进非遗传承保护、推动科学开发利用具有重要意义。

2023 年 10 月 17 日，由辽宁省文化和旅游厅、大连市政府主办的"和美·渔火"——2023 海岛非物质文化遗产交流展示周活动在大连开幕。本次活动集中展示了国内海岛地区非遗工作成果，是提升海洋文化传播力、影响力，加强对海洋文化遗产的保护和利用，激活历史文化活力的一次有益探索，旨在以多元、美丽、和谐的文化理念，推动传统海洋文化的创造性转化、创新性发展，开展海洋文化交流对话活动，提升人们的海洋意识和海洋文化素养，推动蓝色经济发展，共同增进海洋福祉。

（六）助力文化强省建设，推进非遗服务经济社会发展

1. 建设长城国家文化公园（辽宁段）

辽宁是长城资源大省，从战国到明代在辽宁境内均修筑过长城，全省现存历代长城约 1200 公里。

自 2019 年长城国家文化公园启动建设以来，辽宁省委、省政府以及全省 13 个长城沿线市，相继成立长城国家文化公园建设工作领导小组。2021 年，辽宁印发《长城国家文化公园（辽宁段）建设保护规划》，确定辽宁省长城国家文化公园建设工作目标。规划提出，辽宁将强化顶层设计，重点实施保护传承、研究发掘、环境配套、文旅融合和数字再现五大基础工程，打造以明长城为主体的"万里长城"文化旅游专线，辽宁段展示线东起虎山长城，西至九门口长城，包含 6 个核心展示园、35 条集中展示带和 100 个特色展示点。2023 年，丹东段、绥中段、兴城段、建平段、锦州段 5 个重点区段的主要建设任务基本完成。[①]

此后，辽宁加大宣传展示力度，举办全国性长城国家文化公园活动，2021 年在丹东举办首届长城文化发展论坛，打造凝聚业界共识、汇聚业界智慧的重要平台；举办"长城脚下话非遗群众艺术活动"等；推荐众多长

---

① 商越：《打造五代长城遗存精品线路》，《辽宁日报》2021 年 12 月 14 日。

城旅游点位；打造长城文化实践研学基地，丹东、葫芦岛联动长城资源与教育机构打造长城文化实践研学基地；深挖长城元素文化内涵，创新设计多元化长城文化产品。在近期举办的辽宁省文创大赛、"丰物辽宁"文化创意产品大赛中专门设计长城专题赛道，共收集长城类作品 118 件，其中 6 件作品获得等级奖、10 件作品获得优秀奖，有效提升了辽宁长城文化资源的美誉度和影响力。

2024 年，辽宁继续积极推动长城国家文化公园（辽宁段）建设，目前已取得阶段性成果，葫芦岛市绥中长城博物馆已完工并布展完毕，即将开馆。

2. 确定首批省级非遗工坊

为推进辽宁非遗工坊建设，切实提升非遗保护传承水平，有效推动辽宁非物质文化遗产创造性转化、创新性发展，助力新时代文化强省建设，促进非遗保护传承全面融入乡村振兴战略。2023 年 7 月 6 日，辽宁公布首批省级非遗工坊名单，包括沈阳胡魁章制笔工艺、大连贝雕、岫岩玉雕、传统木版年画、琥珀雕刻在内的 17 家非遗工坊入选（见表 5）。

表 5　辽宁省首批非遗工坊名单

序号	非遗工坊名称	申报单位
1	沈阳胡魁章制笔工艺	辽宁省胡魁章文化遗产保护有限公司
2	康福老月饼制作技艺	辽宁康福食品有限公司
3	老边饺子传统制作技艺	沈阳老边饺子馆
4	大连贝雕	大连鸿瑞人造花有限公司
5	岫岩玉雕	岫岩满族自治县金鼎玉雕有限公司
6	琥珀雕刻	抚顺琥珀泉艺术品有限公司
7	砚台制作技艺 （松花石砚制作技艺）	辽宁紫霞堂文化传播发展有限公司（本溪市）
8	传统木版年画	桓仁版画艺术工作室
9	凤城景泰蓝珀晶画	丹东市晶涛景泰蓝文化产业有限公司
10	锦州满族民间刺绣	锦州市夏氏满族工艺发展有限公司
11	锦州葫芦雕	锦州市文化旅游和广播电视局
12	老世兴金银制作技艺	辽宁老世兴银楼有限公司
13	胡琴制作技艺	阜新单氏民族乐器有限公司

序号	非遗工坊名称	申报单位
14	朝阳红土泥塑——喀左紫砂制作技艺	朝阳市非遗中心
15	小亮沟苇编	盘锦小亮沟苇草编专业合作社
16	辽河口渔家菜特色食材加工技艺与习俗	盘锦辽河民俗博物馆有限公司
17	满族刺绣（兴城民间绣活）	鼎诚满族刺绣有限公司（葫芦岛市）

资料来源：辽宁省文化和旅游厅官网。

三 辽宁非物质文化遗产保护工作存在的问题

经过多年努力，辽宁非物质文化遗产保护工作取得优异的成绩，但也存在一些不足之处。

（一）重视名录申报，忽视后续传承

重视名录申报，轻视后续传承是目前在非物质文化遗产保护工作中存在的一种现象。各地对非物质文化遗产的申报工作表现出极大的热情，并通过搜集、整理和申报工作将具有代表性的非物质文化遗产纳入各级名录。在"申遗"阶段，辽宁的非物质文化遗产保护工作做得相当到位，前期的资料收集、整理和保护工作基本完成。然而，问题出现在"申遗"之后，有些项目申报成功后政府虽给予了资金支持但后续乏力；有些项目政府虽然对其作品进行了展示展演，但缺乏进一步的保护措施；还有一些项目由于传承人的后继无人而面临逐渐消亡的困境。非物质文化遗产的传承和延续困境成为非遗保护中普遍存在的问题。

非物质文化遗产保护工作需要重视后续传承，而不只是将其列入名录。一方面，民众特别是年轻人对非物质文化遗产相关知识的认知度和认同感较低，导致非遗传承工作很难吸引年轻人的目光。另一方面，与非遗申报具有阶段性和目标性的特点不同，非遗的保护传承是一项常态化工作，这就需要人们了解非遗项目的特性，把握其传承发展的动态规律，因而绝不能简单地将非物质文

化遗产项目的保护工作当作政策举措来实施。若要做好非遗保护传承工作，需要大量有着非遗保护专业知识的人才。遗憾的是，在目前的非遗管理部门中，恰恰缺乏这样的专业人才，所以，政府往往面临在保护非物质文化遗产的工作中即使有心有力却不知如何着手的局面。

因此，辽宁未来的努力方向在于加强后续传承工作，培养专业人才，并确保政府采取系统性的保护措施。只有政府、专家、传承人和社会各方共同努力，才能真正实现非物质文化遗产的保护传承。

（二）片面强调传统性，忽视非遗传承的创新性

在非物质文化遗产保护的过程中，存在这样一个认识误区，即对非物质文化遗产的传统性过分关注，并过度强调其原汁原味，认为保护非物质文化遗产就是保护它的原生态，不允许有一丝一毫的改变，这可能导致文化僵化和排斥创新。现代社会变化迅速，文化的生命力在于创新和活力，如果过于强调传统的原汁原味，就可能忽视文化发展传承的生命力，甚至可能导致非物质文化遗产的衰亡。因此，在非物质文化遗产保护中，认为任何形式的变化或改动均是对非物质文化遗产的破坏，这违背了非物质文化遗产保护的本质。这种观念导致有些地方只是简单将与非物质文化遗产相关的实物、影像图片、文字等放入博物馆，只注重非物质文化遗产的物质性内容，而忽视非物质文化遗产背后蕴藏的情感内核和生活属性。这使得非物质文化遗产保护变得过于模式化。当然，博物馆式保护也是必需的，适用于那些濒危项目的抢救，将濒危的非遗项目实物、影像收藏于博物馆，使之免于湮灭。但对于绝大部分非物质文化遗产而言，这种静态保护并不是最佳选择。

事实上，非物质文化遗产是人们文化生活的一部分。生活是变化和发展的，脱离了生活，脱离了时代，脱离了民众情感，脱离了发展变化的非物质文化遗产，它的生存之路只会越来越窄。因此，非物质文化遗产的保护应该让这些优秀的传统文化"活"起来。这意味着我们既要尊重非物质文化遗产的传统形式和核心价值，又要允许适度的变化和改动，使其能够与现代社会的需求和发展相适应。通过赋予传统文化新的时代内涵，探索其与当代生活的联系，从而让非物质文化遗产焕发新的活力。同时，应鼓励创新，为非遗文化注入新的元素和创新表达方式，提升非物质文化遗产的内在价值，推

动非物质文化遗产与时俱进。只有在注重原生态的同时，注重创新动能的激发，辽宁才能真正实现非物质文化遗产的保护与发展。

（三）重视非遗的展览展示，忽视非遗的生活融入

从每年的"文化和自然遗产日"，到春节、元宵节、中秋节等传统节日，辽宁都会组织丰富多彩的非遗展示展演活动。2015年，辽宁省政府首次将非物质文化遗产进校园、进社区系列活动纳入重点民生工程，大力加强非遗的传播与传承。2020年，国家级非遗代表性项目海城高跷走进阜新蒙古族自治县；2021年，辽宁举办"文化和自然遗产日"非物质文化遗产宣传展示活动；2022年，辽宁非物质文化遗产项目"大连贝雕"亮相第二届中国工艺美术博览会；2023年，"辽海情韵"非物质文化遗产专场展演活动在辽宁大剧院举行。这些展演展示活动为游客提供了欣赏、了解和参与非物质文化遗产传承实践的机会，是非物质文化遗产保护工作的一项重要举措。然而，我们需要意识到这些展演展示只是非物质文化遗产保护过程中的一个阶段性活动，而非物质文化遗产的传承是一个长期过程。

要想实现非物质文化遗产的保护和传承，辽宁需要推进非物质文化遗产真正走入民众内心，让非遗技艺真正走进群众日常生活。这意味着非物质文化遗产不能仅停留在展览展示层面，而是要更深入地融入人们的生活，只有这样才能真正实现非物质文化遗产的保护和传承。

四 加强辽宁非物质文化遗产保护工作的建议

（一）探索多维保护，解决非物质文化遗产的保护和传承问题

非物质文化遗产申遗成功后，重要的是后续的保护和传承工作。非物质文化遗产保护是一个复杂的过程，需要从多个角度入手，以确保传统文化的保护和传承。

首先，政府在非物质文化遗产保护中发挥主导作用。政府应加强对非物质文化遗产保护重要性的宣传，增强社会各界的认识。除了在省和地级市建立保护中心外，还应建立县乡层面的保护机制，健全非物质文化遗产保护和管理队伍，加强教育培训，提升专业能力。

其次，非遗传承人的引领作用不容忽视。他们不仅是非物质文化遗产的核心技艺传承者，还是传播者和传授者。以锦州满族民间刺绣国家级传承人夏丽云为例，她在普及和培训刺绣知识与技能的过程中发现，绝大部分学员是下岗职工或者农家妇女，于是她通过公司与农户结合的模式，带动了周边千余名妇女参与满族民间刺绣，既实现了满族民间刺绣工艺的传承，又提供了就业机会和促进了经济发展。

最后，非物质文化遗产的文化和经济双重属性应得到重视，实现非遗产业化，以文化带动经济，以经济发展文化。一方面，加强非遗项目与高校、设计单位合作，研发既保留非遗传统特色又符合时代潮流的文创产品。另一方面，促进非遗的产业转化，提高产品质量，使其更好地适应市场需求和消费者的期待。此外，应充分利用互联网平台，通过直播带货等方式提高非遗产品的知名度，促进非遗产品销售。

总之，在非物质文化遗产保护方面，政府、非遗传承人和社会力量都扮演重要角色。通过多维保护的方式，非物质文化遗产既可以得到保护，又可以实现传承。这不仅有助于非物质文化遗产事业的长期发展，也为地方经济的发展和文化的繁荣做出贡献。

（二）融入国家战略，做好传统与现代的对接

做好新时代非物质文化遗产的保护和传承，就要实现非遗项目的"现代转化"，使其融入民众日常生活，拓展其融入社会经济发展的深度、广度，使积淀着无数人生存智慧的非物质文化遗产，继续在当下发挥应有的作用。《"十四五"非物质文化遗产保护规划》指出，要凸显非遗元素，强化非遗保护传承。在实施乡村振兴战略和新型城镇化建设中，发挥非遗服务基层社会治理的作用。切实做好巩固拓展脱贫攻坚成果同乡村振兴有效衔接，加大对脱贫地区的非遗保护支持力度，以非遗工坊建设为抓手，推动非遗助力乡村振兴工作，并逐步建立稳定、长效的非遗工坊建设和运行机制，持续扩大覆盖范围和覆盖人群，促进非遗保护传承在经济社会可持续发展中发挥更大作用。

非物质文化遗产的保护和发展有助于巩固拓展脱贫攻坚成果。首先，非物质文化遗产具有地域性的特点，与当地的自然环境和历史文化紧密相连。通过挖掘和保护非物质文化遗产，可以提升地区文化价值和吸引力，促进旅游业发

展，为当地创造就业机会。其次，非物质文化遗产的传承方式符合所在地区的实际情况。非物质文化遗产的传承通常是通过口传心授和个体实践进行的，这种传承方式对当地的人力资源和经济条件要求相对较低，方便为该地区民众提供就近就业和居家就业的机会。辽宁积极贯彻落实国家政策，将非遗保护纳入乡村振兴等国家战略，出台《辽宁省传统工艺振兴计划实施意见》，同时积极争取相关项目和资金，为巩固拓展脱贫攻坚成果提供了政策支持和资金保障。辽宁省文化和旅游厅扶持的"盛京满绣"车间项目，为葫芦岛市建昌县贺杖子乡捐赠了 50 套满绣设备，增派了干部和非遗传承教员，为当地留守农村妇女传授刺绣技艺，帮助她们增收。

（三）重塑"传承场域"，实现非遗的活态传承

在非物质文化遗产保护工作开展过程中，人们发现活态化传承是非物质文化遗产的重要保护方式。所谓活态化，就是让非遗作品回到生活中去。近年来，辽宁省各级政府部门主要采取培训、研修的方式实现对非遗的活态传承，但从非遗特别是演述类非遗传承以及培养传承人的角度来看，这种培养方式效果并不是很理想。因为它脱离了非物质文化遗产赖以生存的"传承场域"。任何活态的非遗作品传承都离不开"传承场域"，传承人的培育和修习更离不开"传承场域"。要想实现非物质文化遗产的活态传承，重塑"传承场域"是至关重要的，因为非遗作品只有在适宜的"传承场域"中才能得到传承。然而，从现实情况来看，随着现代社会的发展，传统的"传承场域"正在逐渐消失。因此，我们需要重塑"传承场域"，实现非物质文化遗产的活态传承。

以民间文学类非遗作品为例，过去，民间文学演述有固定的"传承场域"，屋里屋外、田间地头、庙会集市等。随着生活方式的变迁，这些传统的"传承场域"逐渐消失。虽然无法恢复旧有的"传承场域"，但我们可以创造新的环境和机制，逐渐形成新的民间文学"传承场域"，并以此实现非遗作品的传承和发展。以上海为例，2012 年上海民协等创办"上海故事汇"，讲述地点在上海群艺馆。最初是每月两场，每次提供 150 个位置，听众几乎场场爆满。因为深受百姓喜爱，"上海故事汇"从最初的上海群艺馆一个会场，发展到"虹桥故事汇""枫林故事汇""山阳故事汇""曹路故事汇"等六七个分会场；从每月两场，发展到每月七八场；受众从最初的中老年人，发展到中青

年和儿童。可见，通过重塑"传承场域"保护和传承非遗项目，前景还是很广阔的。

（四）树立"孩童意识"，增强非遗的生命力

在非物质文化遗产的保护工作中，如何让非物质文化遗产更好地传承下去是一个复杂且困难的过程。让一项基本失去生存环境的文化被接受，自然而然地继承发扬，是一件可能性不大的事情。而让儿童自觉接受更是难上加难，但这是我们当下必须承担的责任，如果不这样做，非物质文化遗产的传承载体势必会出现年龄断层，非遗项目就没办法继续传承下去。《辽宁省"十四五"非物质文化遗产保护规划》提出，辽宁将加大非遗传播普及力度，推动非遗普及教育，鼓励中小学开设非遗特色课程，支持传承人参与教学，加强非遗师资培养。在这方面我们可以学习借鉴日本非物质文化遗产保护传承的成功经验。

日本于1950年颁布《文化财保护法》，是世界上最早提出对文化遗产（包括非物质文化遗产）进行保护的国家，也是公认的保护最为成功的国家之一。他们在非遗保护传承工作中提出"儿童第一"理念，即从文化保护政策的制定到学校课程设置，都将儿童放在极为重要的位置。各社区尽可能为青少年提供各种各样体验文化艺术的机会。同时，学校和文化单位作为教育基地，要为孩子们提供学习传统文化的机会，丰富他们的感性和理性认识。日本的中小学课本中有大量与非物质文化遗产相关的内容。儿童对一些日本著名的神话、歌谣、民间故事等都非常熟悉。[①] 由此可见，在非物质文化遗产保护过程中树立"孩童意识"，充分发挥孩童教育在非遗保护和传承中的重要作用，这既是现实需要，也是非物质文化遗产传承规律的体现。

参考文献

《习近平对非物质文化遗产保护工作作出重要指示强调　扎实做好非物质文化遗产

[①] 郑土有：《非物质文化遗产保护中的"儿童意识"——从日本民俗活动中得到的启示》，《江西社会科学》2008年第9期。

的系统性保护 推动中华文化更好走向世界》，《人民日报》2022年12月13日。

郑土有：《非物质文化遗产保护沉思录》，上海远东出版社，2021。

《中共中央办公厅 国务院办公厅印发〈关于进一步加强非物质文化遗产保护工作的意见〉》，中国政府网，2021年8月12日，https：//www.gov.cn/govweb/zhengce/2021-08/12/content_ 5630974.htm。

《文化和旅游部关于印发〈"十四五"非物质文化遗产保护规划〉的通知》，中国政府网，2021年5月25日，https：//www.gov.cn/zhengce/zhengceku/2021-06/09/content_ 5616511.htm。

《辽宁省文化和旅游厅关于印发〈辽宁省"十四五"非物质文化遗产保护规划〉的通知》，辽宁省文化和旅游厅网站，2022年1月11日，https：//whly.ln.gov.cn/eportal/fileDir/data/lnswhlyt/P020220120581081629010.pdf。

《关于公布第四批辽宁省省级非物质文化遗产代表性传承人名单的通知》，辽宁省文化和旅游厅网站，2023年8月14日，https：//whly.ln.gov.cn/whly/zwgk/tzgg/202308 1415514316819/index.shtml。

B.4
辽宁历史文化遗产开发与保护发展报告

耿 阳[*]

摘 要： 本报告全面梳理辽宁省丰富的历史文化遗产资源，并探讨了在城市化进程中如何平衡文化遗产的开发与保护。本报告首先介绍了辽宁省文化遗产的背景、特点、研究范围与研究方法，然后详细描述了古建筑、古遗址、古墓葬与陵寝、石窟寺及石刻、近现代重要历史遗迹及代表性建筑、"六地红色"文化与革命文化等资源的现状。本报告指出，辽宁省在历史文化遗产保护方面取得了一定成就，涉及法律法规体系建设、保护机构与队伍建设、保护资金投入以及保护技术研究与应用等方面。然而，城市化进程中的保护问题以及旅游开发与历史文化遗产保护的矛盾等挑战依然存在。为此，本报告提出一系列对策建议，包括优化城市规划与土地利用规划、多措并举解决资金短缺问题、提升公众意识与加强文化教育、平衡保护与开发的关系、制定综合规划、严格实施限流与预约制度等，旨在加大历史文化遗产的保护力度，促进其合理开发，实现历史文化遗产的开发与保护。

关键词： 历史文化遗产 城市化进程 保护技术 辽宁

2022年1月27日，习近平总书记考察调研世界文化遗产平遥古城，就保护历史文化遗产、传承弘扬中华优秀传统文化发表重要讲话。2月20日，中共中央宣传部、文化和旅游部、国家文物局印发《关于学习贯彻习近平总书记重要讲话精神 全面加强历史文化遗产保护的通知》，要求认真学习贯彻习近平总书记重要讲话精神，做好当前和今后一个时期历史文化遗产保护工作。

---

* 耿阳，鲁迅美术学院讲师，研究方向为城市文化管理、文化产业。

辽宁省作为中国重要的古文化发祥地之一，拥有众多物质和非物质文化遗产。这些遗产不仅代表了辽宁省的历史与文化，更是中华文明的重要组成部分。近年来，受到城市化进程加快、旅游业兴起以及其他多种因素的影响，辽宁省的部分历史文化遗产面临日益严重的威胁。一些古建筑、遗址和民俗传统处于濒危状态，亟待加强保护与传承。在追求经济发展的同时，如何平衡历史文化遗产的开发与保护，确保其可持续性，成为辽宁省面临的重要课题。

我们通过对辽宁省内的各类历史文化遗产进行全面调查和梳理，明确其种类、数量、分布及保存状况，为后续的保护和开发工作提供基础数据支持。同时，深入分析当前辽宁省在文化遗产保护方面取得的成就及存在的不足之处，识别出面临的主要威胁和挑战，为保护工作的改进提供方向。首先，探索有效的开发策略。结合国内外的成功案例和经验，探索适合辽宁省实际情况的文化遗产开发模式，实现文化遗产的经济价值、社会价值和文化价值的最大化。其次，梳理辽宁省的历史文化遗产还有助于推动中华优秀传统文化的传承发展。通过发挥历史文化遗产的育人功能，在全社会大力弘扬家国情怀，通过创新手段加强海内外宣传推广，推进历史文化遗产与旅游深度融合，打造辽宁省独具特色的历史文化旅游品牌。基于上述分析，提出一系列有针对性的对策建议，旨在加大辽宁省历史文化遗产的保护力度，促进其合理开发，实现历史文化遗产的可持续利用和传承。

一　辽宁省历史文化遗产资源现状

辽宁省位于中国东北地区，历史悠久，是华夏文化的发源地之一。作为中华文明的重要发源地之一，由于独特的生存环境和多民族共荣的历史，辽宁省孕育了丰富多彩的历史文化遗产，这些遗产既见证了辽宁省乃至整个东北地区的历史变迁，也展现了这片土地独特的文化风貌。

辽宁省的历史文化遗产极为丰富，仅重要的物质文化遗产就包括大量的古建筑、古遗址、古墓葬、近代建筑等。这些文化遗产分布在辽宁省各个地区，如沈阳故宫、张学良旧居陈列馆、大连俄罗斯风情街、鞍山千山古建筑群等。这些建筑和遗址不仅具有极高的历史价值，也是研究中国建筑艺术、城市规划和社会生活的重要实物资料。

辽宁省历史文化遗产具有如下特点：历史悠久，辽宁省的历史文化遗产大多具有悠久的历史，许多古建筑和遗址可以追溯到数百年甚至数千年前，是中华文明悠久历史的见证；风格独特，辽宁省的历史文化遗产在风格上独具特色，既有北方民族的粗犷豪放，又融合了中原文化的细腻精致，形成多元一体的文化风貌；类型多样，辽宁省的历史文化遗产类型多样，既有宏伟壮观的古建筑群，也有精巧别致的民间手工艺品，既有庄重肃穆的祭祀遗址，也有丰富多彩的民俗活动。

辽宁省现有世界文化遗产地 6 个、"全国十大考古新发现" 10 个、重点文物保护单位 128 家。

（一）古建筑

首先，辽宁省的古建筑群在类型上非常丰富（见表 1）。例如，沈阳故宫作为皇家宫殿的代表，展现了明清时期皇家建筑的雄伟与精致，是中国现存的两大完整的明清皇宫建筑群之一。此外，还有众多的佛教寺庙、道教观宇和民间建筑等，如兴城古城、奉国寺等，这些古建筑群各具特色，充分展示了辽宁省古建筑的多样性。

表 1 辽宁省古建筑群的基本情况

名称	所在地	基本情况
沈阳故宫	沈阳市	中国现存的两大完整的明清皇宫建筑群之一,融合了满、汉、蒙等多个民族的文化元素
兴城古城	葫芦岛市兴城市	中国保存最完整的四座明代古城之一,城墙、钟鼓楼、文庙等古建筑保存完好
崇兴寺双塔	锦州市北镇市	第三批全国重点文物保护单位,中国四大双塔之首,建于辽代晚期
朝阳凤凰山古建筑群	朝阳市	包括云接寺塔、大宝塔、延寿寺等建筑,是研究辽代和明清时期佛教建筑的重要实物资料
朝阳北塔	朝阳市	第三批全国重点文物保护单位,建于盛唐末期至辽代中晚期
奉国寺	锦州市义县	中国现存最早的木结构建筑之一,大雄宝殿内的七尊大佛被誉为"千年古刹,佛光普照"

续表

名称	所在地	基本情况
千山古建筑群	鞍山市	包括香岩寺、龙泉寺、无量观等数十座佛寺和道观,是研究中国古代宗教建筑和宗教文化的重要场所
玄真观大殿	营口市盖州市	明代早期建筑,东北地区早期道教建筑代表
辽阳白塔	辽阳市	第三批全国重点文物保护单位,东北第一高塔,建于辽代晚期

资料来源:辽宁省文化和旅游厅。

其次,辽宁省的古建筑群在保存状况上也有所不同。一些古建筑群得到很好的保护和修缮,如沈阳故宫等,不仅保持了原有的历史风貌,还成为著名的旅游景点,吸引了大量游客前来参观。然而,也有一些古建筑群由于历史原因和自然因素等,保存状况较差,需要进一步加强保护和修复。

最后,辽宁省古建筑群的文化内涵也非常丰富。这些古建筑不仅是物质的遗产,更是文化的传承。它们见证了辽宁省乃至整个中国的历史变迁和文化发展,是研究中国古代政治、经济、文化等方面的重要实物资料。同时,这些古建筑融入当地的风俗习惯和民间信仰,成为当地文化的重要组成部分。

总的来说,辽宁省古建筑群是丰富多样的,既有辉煌的历史,也有深厚的文化底蕴。然而,随着时间的推移和社会的发展,这些古建筑也面临一些挑战,需要得到更加全面和有效的保护。

(二)古遗址

辽宁省的古遗址十分丰富且重要,这些遗址记录了该地区从远古时代到近代的历史和文化变迁,为研究和了解辽宁乃至东北地区的古代文明提供了宝贵的资料(见表2)。

表2 辽宁省古遗址的基本情况

名称	所在地	所处时代
金牛山遗址	营口市盖州市	旧石器时代
查海遗址	阜新市阜新蒙古族自治县	新石器时代早期
新乐遗址	沈阳市皇姑区	新石器时代中期

续表

名称	所在地	所处时代
红山文化遗址(牛河梁遗址)	朝阳市凌源市与建平县交界	新石器时代晚期
高台山遗址	沈阳市新民市	青铜时代
偏堡子遗址	朝阳市建平县	青铜时代至早期铁器时代
东山嘴遗址	葫芦岛市连山区	新石器时代晚期
石棚山石棚	盖州市	青铜时代至早期铁器时代
青铜时代遗址(双砣子遗址)	大连市甘井子区	青铜时代
炮台山遗址	鞍山市海城市	新石器时代至青铜时代
公主屯后山遗址	沈阳新民市公主屯镇公主屯村	青铜时代
石佛寺城址	沈阳市沈北新区石佛寺乡石佛寺村	辽代
城山山城	大连庄河市城山镇沙河村万德屯	汉-唐
郭家村遗址	大连市旅顺口区铁山街道郭家村	新石器时代
北吴屯遗址	大连庄河市黑岛镇西阳宫村北吴屯	新石器时代
张店汉城址	大连市普兰店区铁西办事处花儿山张店村	汉代
南山城遗址	抚顺市清原满族自治县南山城镇	汉代
小荒沟遗址	本溪市桓仁满族自治县古城镇小荒沟村	汉代
花尔楼遗址	锦州市义县稍户营子镇花尔楼村	青铜时代
向阳岭遗址	锦州市义县头道河乡范家屯村向阳岭屯	青铜时代
四道沟遗址	锦州凌海市巧鸟乡四道沟村	新石器时代
水手营子遗址	锦州市松山新区水手营子村	青铜时代
平顶山石城址	阜新市阜新蒙古族自治县紫都台乡双井子村平顶山屯	青铜时代
小五喇叭城址	阜新市彰武县两家子乡小五喇叭村	辽代
古城子山城	铁岭开原市八棵树镇古城子村	汉-唐
曲家黑城城址	铁岭市昌图县曲家乡黑城子村	辽代
天德玉振山城	铁岭市西丰县天德乡	辽代
开原王皋城城址	铁岭开原市李家台乡王皋城村	明代
土城子城址	朝阳市朝阳县大庙乡卧佛沟村	汉代

资料来源:辽宁省人民政府。

首先，在类型上，辽宁省的古遗址涵盖从旧石器时代到新石器时代的各个时期，以及青铜时代、铁器时代等不同历史阶段的遗址。例如，金牛山遗址是旧石器时代的代表，显示了远古人类在该地区的生活和文化特点。而红山文化遗址是新石器时代的典型，揭示了当时社会的复杂程度和文明发展水平。

其次，在分布上，辽宁省的古遗址广泛分布于全省各地，集中在大凌河、老哈河、青龙河等流域。这些遗址不仅数量众多，而且种类繁多，既有大型聚落遗址，也有小型墓葬和祭祀遗址等。这些遗址的密集分布反映了古代辽宁地区的人类活动频繁和文明发展的连续性。

在保护方面，近年来，随着文物保护意识的提高和文物保护工作的加强，辽宁省的古遗址得到越来越充分的保护和利用。许多遗址被列为国家级或省级文物保护单位，得到了专业的保护和修复。同时，考古发掘和研究工作也在不断深入，让人们了解到更多关于古代辽宁地区的历史和文化信息。

然而，尽管取得了一定的成果，但辽宁省的古遗址保护和利用仍面临一些挑战。例如，一些古遗址由于自然因素和人为破坏等，保存状况较差，需要加强保护和修复。同时，一些遗址的考古发掘和研究工作仍需深入，以揭示更多关于古代文明的信息。

（三）古墓葬、陵寝

辽宁省的古墓葬、陵寝众多，分布广泛，类型丰富，是研究该地区古代历史和文化的重要实物资料（见表3）。这些古墓葬既有皇家陵寝，也有民间墓葬，涵盖从远古时代到近代的各个历史时期。

表3　辽宁省古墓葬、陵寝的基本情况

名称	所在城市	基本情况
清福陵	沈阳市	清太祖努尔哈赤及其皇后叶赫那拉氏的陵墓，规模宏大，气势磅礴，是中国古代帝王陵寝的杰出代表
清昭陵	沈阳市	清太宗皇太极及其皇后的陵墓，建筑风格典雅庄重，彰显了皇家的尊贵与威严
清永陵	抚顺市	清王朝的祖陵，葬有努尔哈赤的先祖及他们的福晋，规模虽小但具有满族特色，是清朝皇室的龙兴之地
东京陵	辽阳市	现存努尔哈赤胞弟舒尔哈齐墓园、长子褚英墓园、庶母弟穆尔哈齐及其子大尔差墓园，具有浓厚的地方色彩和独特的民族风格

名称	所在城市	基本情况
北镇医巫闾山辽墓群	锦州市	辽代帝王的陵墓群,包含多位辽代帝王的陵墓及后妃、大臣等。建筑风格独特,是研究辽代历史和文化的重要实物资料
朝阳袁台子壁画墓	朝阳市	东晋时期的壁画墓,墓室内有丰富的壁画内容,包括车马出行、宴饮等场景,是研究当时社会生活、文化艺术的重要资料
大连营城子壁画墓	大连市	汉魏时期的壁画墓,墓室内有精美的壁画,反映了当时人们的宗教信仰和审美观念,是研究东北地区早期壁画墓的重要实例
阜新海力板辽墓	阜新市	辽代的贵族墓葬,规模较大且出土了丰富的陪葬品,是研究辽代契丹族历史和文化的重要资料之一

资料来源：辽宁省人民政府。

其中，最具代表性的当数"盛京三陵"，即清永陵、清福陵和清昭陵。清永陵位于辽宁省抚顺市新宾满族自治县，是清王朝的祖陵，始建于明万历二十六年（1598）。这里葬着努尔哈赤的六世祖猛哥贴木尔、曾祖福满、祖父觉昌安、父亲塔克世与伯父礼敦、叔父塔察篇古以及他们的福晋。清永陵规模虽小，但具有满族特色，且由于是清朝皇室的龙兴之地，终年香火不断。清福陵是清太祖努尔哈赤与其皇后叶赫那拉氏的陵墓，位于沈阳市东北部。这座陵寝规模宏大，气势磅礴，是中国古代帝王陵寝的杰出代表。清昭陵则是清太宗皇太极及其皇后的陵墓，位于沈阳市北部。昭陵的建筑风格典雅庄重，彰显了皇家的尊贵与威严。

除了"盛京三陵"外，辽宁省还有许多其他重要的古墓葬。例如，位于锦州市的北镇医巫闾山辽墓群，是辽代帝王的陵墓群，其中包含多位辽代帝王的陵墓。这些陵墓的建筑风格和规模各不相同，但都具有较高的历史价值和艺术价值。

此外，还有一些民间墓葬也值得关注。这些墓葬虽然规模较小，但数量众多，分布广泛。它们反映了古代辽宁地区民间的生活习俗和宗教信仰，是研究该地区古代社会和文化的重要实物资料。

总的来说，辽宁省的古墓葬是研究该地区古代历史和文化的重要载体。它们不仅记录了古代人类的生死观念和丧葬习俗，还反映了当时社会的政治、经济、文化等方面的信息。同时，这些古墓葬也是珍贵的历史文化遗产，需要加强保护和利用。

（四）石窟寺及石刻

辽宁省的石窟寺资源丰富。这些石窟寺集建筑、雕塑、壁画、书法等艺术于一体，充分体现了辽宁省辉煌灿烂的古代文明。这些石窟寺不仅是佛教信徒的修行场所，也是中华文明同其他古代文明交流互鉴的历史见证。

万佛堂石窟是辽宁省最具代表性的石窟之一。它位于锦州市义县，是中国东北地区年代最早、规模最大的石窟群。万佛堂石窟内现有石窟20余个，雕像430多尊，其中生动的造像和精湛的刻工都是石窟艺术的瑰宝。

此外，辽宁省石窟寺及石刻的类型也十分丰富。摩崖造像具有独特的风格和地域特色，如海棠山摩崖造像和千佛山摩崖造像等。这些摩崖造像在塑造手法、艺术风格等方面都展现了辽宁省石窟艺术的独特魅力。

在石刻方面，辽宁省同样拥有丰富的资源。这些石刻包括碑刻、摩崖题刻、石经幢等多种形式，记录了古代辽宁地区的历史、文化、宗教等方面的信息。这些石刻不仅是研究古代辽宁地区历史文化的重要资料，也是了解当时社会风貌和宗教信仰的窗口。

总的来说，辽宁省的石窟寺及石刻是历史文化遗产的重要组成部分，具有深厚的历史底蕴和独特的艺术价值。它们不仅是研究古代历史和文化的重要实物资料，也是传承和弘扬中华优秀传统文化的宝贵财富。

（五）近现代重要历史遗迹及代表性建筑

辽宁省的近代历史遗迹及代表性建筑是该地区历史和文化的重要组成部分，它们见证了辽宁省的变迁和发展。

沈阳张学良旧居陈列馆：这座建筑是张作霖及其长子张学良的官邸和私宅，位于沈阳市。其风格独特，融合了中式和西式元素，展现了当时的建筑艺术和审美观念。

沈阳中山广场建筑群：中山广场是沈阳市的标志性建筑之一，周围环绕多座具有历史意义的建筑。这些建筑大多建于20世纪初，风格迥异，体现了当时的建筑风格和城市规划理念。其中，辽宁宾馆、沈阳市总工会办公楼等建筑至今仍在使用，承载着城市的历史记忆。

大连俄罗斯风情街：这条街道位于大连市，保存了大量俄式建筑，是沙俄殖民时期的产物。这些建筑以红砖为主，配以精美的雕刻和装饰，展现了俄罗斯建筑艺术的独特之处。如今，这里已成为大连市的重要旅游景点，吸引众多游客前来观光。

旅顺日俄监狱旧址：这座监狱位于大连市旅顺口区，是日俄战争期间和日本殖民统治时期的重要历史遗迹。它见证了那段屈辱的历史和中国人民的反抗斗争。如今，这里已被改造成博物馆，对外开放，供人们参观和了解历史。

除了以上这些遗迹和建筑外，辽宁省还有许多其他具有历史意义的地方和建筑，它们共同构成了该地区的近现代历史和文化景观。

（六）"六地"红色文化与革命文物

辽宁省是抗日战争起始地、解放战争转折地、新中国国歌素材地、抗美援朝出征地、共和国工业奠基地、雷锋精神发祥地。"六地"是辽宁省红色历史、红色故事、红色精神等红色文化资源的集中体现。辽宁省拥有丰富的"六地"红色文化资源，并建有相关场馆。

1. 抗日战争起始地

"九·一八"历史博物馆通过大量文物、历史照片及多种现代化展示手段，真实反映了日本帝国主义策划、发动"九一八"事变及对中国东北进行残酷殖民统治的屈辱历史；再现了东北人民和全国人民一道，在中国共产党领导下不屈不挠、浴血奋战，最终取得抗日战争伟大胜利的历史画卷。

2. 解放战争转折地

辽沈战役纪念馆成立于 1958 年，陈列内容全面反映了东北解放战争历史，突出展示了辽沈战役的胜利进程。

通过游览参观辽沈战役纪念馆，汲取辽沈战役中"敢于斗争、善于胜利"的精神力量，传承"听党指挥"的红色基因，始终保持对党绝对忠诚。

3. 新中国国歌素材地

东北抗日义勇军纪念馆位于辽宁省本溪市，纪念馆的建成填补了国内没有集中展示义勇军抗战史实场馆的空白，展示了东北抗日义勇军与穷凶极恶的日本侵略者间艰苦卓绝的斗争。

4. 抗美援朝出征地

抗美援朝纪念馆是中国建成开放的一座全面反映中国人民抗美援朝战争和抗美援朝运动历史的专题纪念馆，位于辽宁省丹东市鸭绿江畔的英华山上。

5. 共和国工业奠基地

中国工业博物馆位于沈阳市铁西区，是一座工业主题的博物馆，也是沈阳独具特色和影响力的博物馆之一。该博物馆以中国工业发展脉络为框架，对中国近现代工业历史文物和资料进行收藏和保护。

6. 雷锋精神发祥地

抚顺市雷锋纪念馆位于望花区雷锋路东段 61 号，原雷锋生前所在部队驻地附近。抚顺市雷锋纪念馆始终致力于雷锋精神的研究、展示和宣传，成为培育社会主义核心价值观，提升社会主义思想道德建设水平的重要基地。

2021 年，根据国家文物局的通知要求，辽宁省文物局组织各市对辖区内不可移动革命文物进行核定，经征询省委宣传部、省委党史研究室等部门意见，最终形成辽宁省第一批革命文物名录。名录包含不可移动革命文物 650 处。

二 辽宁省历史文化遗产保护现状与面临的挑战

（一）保护工作取得的成就

1. 法律法规体系建设

辽宁省针对历史文化遗产保护出台过一系列政策和文件。

《辽宁省古塔保护办法》是辽宁省政府为保护古塔而制定的专项法规。该办法明确了古塔的定义、保护范围、保护责任主体、保护措施以及相关的法律责任等内容，为辽宁省内古塔的保护提供了有力的法律保障。

《辽宁省非物质文化遗产保护条例》旨在保护辽宁省的非物质文化遗产，包括传统表演艺术、民俗活动、传统手工艺技能等。该条例规定了非物质文化遗产的调查、认定、传承、传播和保护措施，以及相关的法律责任等。

此外，辽宁省还根据国家层面的文化遗产保护政策，如《中华人民共和国文物保护法》和《中华人民共和国文物保护法实施条例》等，并结合省内实际情况，出台了一系列配套政策和措施。这些政策和文件的出台，为辽宁省的历史文化遗产保护奠定了坚实的法律和政策基础，推动了历史文化遗产保护事业的发展。

2. 保护机构与队伍建设

（1）保护机构建设

辽宁省成立了专门的文化遗产保护机构，如辽宁省文物局等，负责全省范围内的文化遗产保护、管理和研究工作。各级地方政府也相继设立了相应的文化遗产保护部门，形成了较为完善的保护机构体系。

（2）专业队伍建设

辽宁省注重文化遗产保护专业人才的培养和引进，通过建立激励机制和提供培训机会，吸引了一批专业人才投身文化遗产保护事业。与高校和研究机构合作，开展文化遗产保护相关的教育和研究项目，培养了一批具有专业知识和技能的保护人才。

3. 保护资金投入

辽宁省为保护历史文化遗产投入大量资金。具体来说，辽宁省在文物保护、非物质文化遗产保护以及博物馆纪念馆免费开放等方面都投入了大量资金。

在文物保护方面，近年来辽宁省投入超 6 亿元，重点完成了世界遗产地、石窟寺、革命文物、工业遗产、不可移动文物等 100 余项省级以上文物保护工程。此外，2023 年省财政还筹集并下达了 2.6 亿元资金，专门用于支持开展重点文物保护和考古发掘等工作。

在博物馆纪念馆免费开放方面，辽宁省投入资金用于支持全省 113 家纳入中央和省免费开放名单的博物馆纪念馆免费开放工作，以及举办各具特色的历史文化展览等。

4. 保护技术研究与应用

首先，辽宁省在文物保护工作方面已逐步走上规范化、法治化轨道，进入全国文化遗产大省行列。截至目前，全省公布名录的各类文物遗址数量庞大，其中包括国家级和省级的历史文化名城、名镇等。这些保护工作不仅涉及文物的保存和修复，还包括对文物价值的研究和展示利用。

其次，在保护技术研究方面，辽宁省积极推动科技创新在文化遗产保护领城的应用。例如，在考古工作中推广最新装备设施，加快推动空间技术、信息技术应用，全面提升考古工作的信息化水平。此外，还启动考古标本库房建设，为考古研究、标本保存保管与展示使用等提供基础保障条件。这些举措都体现了辽宁省在历史文化遗产保护技术方面开展的积极探索和实践。

最后，辽宁省还注重非物质文化遗产的保护和传承。在非遗传承机制、整体性保护和生产性保护体系方面，辽宁省已经取得了重要的成果。全省建成各级非遗传习基地（所）、非遗展示馆。截至2021年，辽宁省共建有188座文化馆、艺术馆、博物馆等，这些机构在非遗保护和传承方面发挥重要作用。此外，辽宁省还积极推动传统戏曲等非遗项目的有效保护，通过采取一系列举措使这些优秀的传统文化得以传承和发扬。

总的来说，辽宁省在历史文化遗产保护技术研究与应用方面取得了显著成果。通过加强科技创新、完善保护机制、推动非遗传承等措施，辽宁省不断提升历史文化遗产保护利用水平，为弘扬优秀传统文化、促进文化强省建设做出积极贡献。

（二）面临的主要挑战

1. 城市化进程中的保护问题

辽宁省拥有丰富的历史文化遗产，这些遗产不仅代表了该地区独特的历史和文化，也是中华民族传统文化的重要组成部分。在城市化进程中，辽宁省面临诸多挑战，其中包括如何在城市快速发展的同时保护好历史文化遗产。

截至2022年末，辽宁省城市建成区面积为2815.03平方公里，同比增长4.35%。城市城区人口达2040.68万人，同比增长2.00%。城区面积的持续扩大，使历史文化遗产的保护面临很大的挑战，主要有以下几个方面。

（1）土地资源压力

随着城市化的推进，土地资源的需求日益增加。这可能导致一些具有历史文化价值的地区面临被拆除或重建的压力，以腾出空间用于商业或住宅的开发。

（2）资金短缺

保护和开发历史文化遗产往往需要大量的资金投入。然而，在城市化快速发展的背景下，政府和开发商可能更加倾向于将资金投入能够快速产生经济回报的项目上，而不是投入回报周期长、回报率不高的历史文化遗产的保护与开发中。

（3）文化冲突

城市化进程带来的现代化生活方式和价值观是快速、高效、现实的，这种价值观可能会与传统价值观相冲突，这种冲突可能会导致城市中的人群对历史文化遗产的关注度大幅降低。同时，城市化进程往往伴随大规模的土地开发和建设，这可能会对历史文化资源造成破坏。例如，一些古老的建筑、遗址或风貌区可能会在城市扩张中被拆除或改建，从而失去其历史和文化价值。此外，大量人口的涌入和商业化趋势，也可能改变原有的历史文化风貌，使一些传统文化逐渐消失或被同化，从而影响历史文化遗产的保护与开发。

（4）保护与开发的平衡

在城市化进程中，如何在保护历史文化遗产的同时实现经济开发是一个难题。过度的商业开发可能破坏历史文化的原真性与完整性，而过于严格的保护有可能限制城市的发展空间。

但是，历史文化遗产资源的开发有助于推进城市化进程，提升城市的品质和吸引力。通过保护和利用历史文化资源，可以打造具有特色的城市形象和品牌，吸引更多游客和投资，推动城市经济发展。同时，历史文化资源的开发可以促进文化产业繁荣，为城市创造更多的就业机会。

2. 旅游开发与历史文化遗产保护的矛盾

（1）开发压力与保护需求的矛盾

旅游业的快速发展带来巨大的经济利益，同时给历史文化遗产的开发带来巨大的压力。一些地区为迎合市场需求，过度开发旅游资源，导致历史文化遗产的原真性、完整性和可持续性受到威胁。而保护历史文化遗产需要投入大量人力、物力和财力，这在一定程度上与追求短期经济利益的旅游开发目标相冲突。过高的投入使得保护项目难以找到资金来源，并且开发的项目很难在短期内获得合理的回报。这就大大降低了投资者的投资意愿，同时为项目运营带来巨大的压力。

（2）游客流量与承载能力的矛盾

旅游业的繁荣发展给当地带来大量游客，但一些历史文化遗产地的承载能力有限。过多的游客会对历史文化遗产地的环境、设施和文化氛围产生负面影响，甚至导致不可逆转的损害。因此，如何缓解游客流量与历史文化遗产地承载能力之间的矛盾，是旅游项目开发与历史文化遗产保护面临的重要问题。

以辽宁省的沈阳故宫为例，这座历史悠久的皇宫是吸引大量游客的重要景点。然而，其承载能力是有限的，特别是在旅游旺季，游客流量往往超出其承载能力，给景区管理和历史文化遗产保护带来挑战。

具体来说，沈阳故宫的建筑群和文物都需要细致的保护，过多的游客可能导致建筑磨损加速、文物受损风险增加等。同时，大量游客的涌入也给景区的环境带来压力，如噪音、垃圾等问题都可能影响景区的整体环境和游客的游览体验。

此外，客流量过大还可能引发安全问题。在狭窄的空间内，过多的人聚集可能导致拥挤、踩踏等安全事故发生。这不仅威胁游客的人身安全，也给景区管理带来极大的挑战。

（3）文化差异与认同感的矛盾

旅游项目的开发往往伴随外来文化的引入。一些旅游项目为追求市场效益，可能过度商业化、娱乐化，导致历史文化遗产的本真性被扭曲或忽视。这不仅损害了历史文化遗产的价值，还可能引发当地居民的不满和抵制。

三 辽宁省历史文化遗产开发与保护策略

（一）历史文化遗产保护下的城市开发

1.优化城市规划与土地利用规划

解决城市发展过程中土地资源需求日益增加的问题需要综合考虑规划、技术、政策、经济和社会等多个方面。通过优化土地利用规划、发展垂直空间、实施土地功能置换、推广绿色建筑、加强合作与协调、增强公众意识以及探索新型土地管理模式等策略，可以在保护历史文化遗产的同时满足城市发展的土地资源需求。

在城市规划中明确历史文化保护区的范围和界线，严格控制保护区内的建设活动。采用土地置换、密度奖励等政策工具，鼓励在保护区外进行开发，以减轻保护区内的土地压力。

2. 多措并举解决资金短缺问题

通过政府财政支持、吸引社会资本、发展文化旅游业、创新融资方式、促进国际交流与合作、优化资源配置与管理、加强政策法规保障以及提升公众意识与参与度等多方面的努力，可以有效解决辽宁省历史文化资源开发与保护过程中资金短缺的问题。

其中，通过鼓励企业、社会组织等将历史文化资源与文化旅游项目相结合，开发具有吸引力的文化产品和服务，通过旅游收入补充保护与开发辽宁省历史文化资源的资金，为历史文化遗产保护寻求可持续的开发与保护模式。在辽宁省历史文化资源中，有一大批已经完成国有资产与企业化运营相结合的项目，如沈阳的"老北市"街区，已成为辽宁省知名的旅游景点。

3. 提升公众意识与加强文化教育

通过加强历史文化教育，提升公众对历史文化遗产价值的认识。举办各类文化活动，增强市民对传统文化的认同感和归属感。通过举办文化节庆、展览展示等活动，提升历史文化遗产的知名度和吸引力。为平衡历史文化资源开发与城市化进程推进的关系，需要采取一系列措施。首先，政府应加强对历史文化遗产的保护和管理，制定相关的法律法规和政策措施，确保历史文化遗产得到有效保护和合理利用。其次，应加强对城市化进程的规划和引导，避免无序扩张和破坏性建设。最后，应加强公众对历史文化遗产的认识和尊重，增强全社会的历史文化遗产保护意识。

此外，还可以采用一些创新性的方式平衡两者的关系。例如，可以将历史文化资源与城市规划相结合，打造具有历史文化特色的城市公共空间或文化产业园区；可以通过数字化技术展示和传播历史文化资源，让更多的人了解和欣赏；还可以开展各种形式的文化活动和教育项目，增强公众对历史文化遗产的认同感和归属感。

建立历史文化遗产监测体系，定期对保护状况进行评估和审查。引入现代科技手段，如数字化监测、虚拟现实（VR）、激光扫描等技术，建立历史文化遗产数字孪生数据库，提升监测和评估的准确性和有效性。

4. 平衡保护与开发的关系

历史文化资源的开发可以为城市化进程注入独特的文化元素和魅力，提升城市的品质和吸引力。通过保护和利用历史文化资源，可以打造具有特色的城市形象和品牌，吸引更多游客和投资，推动城市经济发展。同时，历史文化资源的开发可以促进文化产业的繁荣，为城市创造更多的就业机会和税收收入。

为平衡历史文化资源开发与城市化进程的关系，需要采取一系列措施。首先，政府应加强对历史文化遗产的保护和管理，制定相关的法律法规和政策措施，确保历史文化遗产得到有效保护和合理利用。其次，应加强对城市化进程的规划和引导，避免无序扩张和破坏性建设。最后，应加强公众对历史文化遗产的认识和尊重，提高全社会的保护意识。此外，还可以采用一些创新性的方式平衡两者的关系。例如，可以将历史文化资源与城市规划相结合，打造具有历史文化特色的城市公共空间；可以通过数字化技术展示和传播历史文化资源，让更多的人了解和欣赏；还可以开展各种形式的文化活动和教育项目，增强公众对历史文化资源的认同感和归属感。

（二）解决旅游开发与文化遗产保护的矛盾

1. 制定综合规划

在旅游开发中应坚持"保护优先、合理利用"的原则，确保旅游活动不对历史文化遗产造成损害。在对现有历史文化资源进行文旅项目开发前，首先，要制定综合规划，明确开发目标与保护原则。从而确保文旅活动与历史文化资源的保护相协调，避免对历史文化资源造成不可逆转的损害。其次，在文旅项目开发的过程中，引入专业机构对历史文化遗产的价值、状态以及承载能力进行科学严谨的评估，制定定期监测和评估机制，确保开发活动不会对历史文化遗产造成负面影响。再次，创新开发与保护模式，通过激光扫描、3D建模等数字化手段，完善历史文化遗产的数字孪生内容开发，通过数字化展示、虚拟现实体验等手段减少对实物的直接接触和损害。最后，围绕历史文化遗产进行相关文化体验内容的开发，包括研学课程、沉浸式体验、文创产品的开发等，在扩大历史文化遗产影响力、增强其传播性上下功夫，减少对物质遗产的依赖。

2. 严格实施限流与预约制度

实施历史文化资源景点的限流与预约制度需要综合考虑多个方面，包括景点的承载能力、游客需求、保护要求等。通过科学规划、合理设置、有效管理和持续改进，实现历史文化景点的有序参观和保护。首先，要对历史文化遗产相关的文旅景点进行调研，充分了解其承载能力、游客特点等，根据调研结果，制定限流与预约制度的初步方案，明确目标、原则和实施步骤。其次，要根据景点的承载能力和保护需求，设定合理的每日最大游客接待量，并根据不同季节、节假日等因素，对限流标准进行动态调整。再次，通过引入数字化、智能化的预约系统，合理分配参观游览的时间和人数。并对入场游客进行实时监控，通过使用监控设备、进行数据分析等手段，合理调配景区内不同参观点位的客流量。最后，要处理好游客、工作人员的反馈意见，对限流与预约制度进行评估，根据评估结果，对制度进行持续改进和优化，并对游客参观动线、停留时间等进行数据收集与分析，持续优化游客限流与预约制度。

3. 解决文化差异与认同感的矛盾

解决历史文化遗产中文化差异与认同感的矛盾需要多方面的努力。通过尊重与包容不同文化、提供文化解释与导览、设计参与式体验、进行文化敏感性培训、与当地社区合作、建立反馈机制以及组织跨文化交流活动等措施，可以有效促进文化交流与理解，提高游客的认同感和满意度。

首先，要尊重不同文化的独特性和价值，避免对任何一种文化进行贬低或歧视，通过文旅项目的引入，促进多元文化的融合，增进不同文化之间的交流和理解。其次，为游客提供详细的文化背景解释和导览服务，帮助他们更好地理解和欣赏辽宁的历史文化资源，并通过导览员、解说词、展示板等多种方式，向游客传达历史文化的深层含义和价值。最后，加强对文旅项目工作人员的培训，提高他们的跨文化沟通能力，培训主要包括文化差异的认识、文化冲突的处理和文化尊重重要性的认识等方面。

参考文献

马奔腾：《历史文化遗产"利用"的多维视野》，《求索》2024年第2期。

丁焕峰：《人文城市建设的经济价值——来自历史文化遗产活化的证据》，《城市观察》2024年第2期。

B.5
辽宁工业遗产发展报告

张 玲*

摘 要： 作为闻名全国的老工业基地，辽宁具有深厚的工业文化底蕴。近年来，辽宁出台了多项保护政策，截至 2023 年，辽宁省拥有 12 处国家工业遗产和 22 处省级工业遗产。对待工业遗产，既要保护，也要活化利用。辽宁采用改造博物馆、打造文化产业园区、建设新型业态三种模式，从文化发展层面对工业遗产进行活化再利用，在取得瞩目成绩的同时，也出现宣传力度不够、项目"商"多"文"少、开发模式单一等问题。究其原因，主要是对工业遗产的认知不足，只关注短期效益且缺乏总体规划。针对实际问题，辽宁可采取相应的解决方案，如定期举办学术会议、充分利用自媒体、尝试高校带动模式、选择特色工业遗留物融入文创带动地方文旅，将工业遗产与优质地域文化资源结合，与文化产业发展协同联动。

关键词： 工业遗产 文化产业 活化利用 辽宁

2020 年 9 月 28 日，习近平总书记在中央政治局第二十三次集体学习时强调："历史文化遗产不仅生动述说着过去，也深刻影响着当下和未来；不仅属于我们，也属于子孙后代。保护好、传承好历史文化遗产是对历史负责、对人民负责。"① 工业遗产作为工业文化的重要载体，见证了工业发展历程。辽宁是新中国工业发展的摇篮，具有悠久的工业发展史，近代的工业化历史可以追溯到清末民初，是中国较早开始工业化进程的地区之一，在新中国成立后作为国家重工业基地得到快速发展，改革开放后又率先进行现代工业的调整、改造

---

* 张玲，艺术学博士，鲁迅美术学院人文学院副教授，研究方向为城市公共艺术。
① 《习近平主持中央政治局第二十三次集体学习并讲话》，中国政府网，2020 年 9 月 29 日，https://www.gov.cn/xinwen/2020-09/29/content_5548155.htm。

和转型，为我国现代化发展做出过突出贡献。据统计，仅 1949~1958 年，辽宁就为共和国工业创造了 118 个"第一"。① 也正是这些"第一"，为辽宁留下了丰富的工业遗存，造就了辽宁独具特色的工业遗产资源。工业遗产，是指在工业长期发展进程中形成的，具有较高历史价值、科技价值、社会价值和艺术价值的工业遗存，具有承载历史记忆和传承工业文化的功能。作为闻名全国的老工业基地，辽宁拥有丰富的工业遗产资源，因此，保护并活化利用工业遗产既是使命，也是发展的必然。

一 辽宁工业遗产发展现状

本报告从相关政策、发展状况以及特色案例分析三个角度分析辽宁工业遗产发展现状。

（一）辽宁工业遗产保护的相关政策

2006 年的 4 月 18 日"国际古迹遗址日"主题是工业遗产。由国家文物局、国际古迹遗址理事会、江苏省文物局和无锡市人民政府联合举办的"中国工业遗产保护论坛"在无锡召开，论坛通过了中国工业遗产保护的《无锡建议》，标志着中国工业遗产保护、管理和研究进入一个新阶段。同年 5 月，国家文物局印发《关于加强工业遗产保护的通知》，在国家层面拉开了中国工业遗产保护的序幕。2010 年 11 月，中国首届工业建筑遗产学术研讨会暨中国建筑学会工业建筑遗产学术委员会会议召开，大会以抢救工业遗产为主题，这标志着中国工业遗产保护迈上了一个新台阶，此后每年召开大会并出版相关研究的论文集。

工业和信息化部在 2017 年启动试点工作，并于 2018 年印发《国家工业遗产管理暂行办法》，共 28 条，其中明确提出工业遗产保护工作的要求。工业和信息化部先后发布 5 批共 194 项国家工业遗产，抢救性地保护了一批蕴含优秀传统文化、赓续红色基因、见证新中国工业发展、传承工业精神的重要工业遗

---

① 《沈阳造币厂入选第五批国家级工业遗产 辽宁工业遗产"活起来""火下去"》，辽宁省人民政府网站，2022 年 1 月 6 日，https://www.ln.gov.cn/web/ywdt/jrln/wzxx2018/FDFCD31BCA154661B2C6F6D8E15CA7C0/index.shtml。

产。工业遗产是文化遗产的重要组成部分,加强工业遗产的保护、管理和利用,对于传承人类先进文化,保持和彰显一个城市的文化底蕴和特色,推动地区经济社会可持续发展,具有十分重要的意义。① 2024 年 1 月,工业和信息化部开始第六轮国家工业遗产申报和第一批、第二批复核工作。

辽宁省重视工业遗产的保护和研究工作。截至 2023 年,辽宁省有 12 处工业遗产入围国家工业遗产名单,总数位居全国第三。第一批有鞍山钢铁厂、旅顺船坞、本溪湖煤铁公司;② 第二批有沈阳铸造厂、国营庆阳化工厂;③ 第三批有抚顺西露天矿、营口造纸厂、大连冷冻机厂铸造工厂;④ 第四批有老龙口酒厂、大连造船厂修船南坞、阜新煤炭工业遗产群;⑤ 第五批有沈阳造币厂。⑥这 12 处工业遗产见证了新中国的工业发展,具有重要的历史和文化价值,是传承工业精神的重要载体。

2023 年 1 月,辽宁省工业和信息化厅正式公布首批省级工业遗产名单,经工业遗产所有权人自愿申请、各市推荐、专家评审、现场核查和网上公示等程序,最终共 15 处工业遗产上榜,分别是沈阳冶金机械修造厂、奉天八王寺啤酒汽水酱油股份有限公司、满铁电车修理工场旧址、工源水泥厂、丹东塔醋生产区、辽宁道光廿五集团酒厂、营口东北钢琴传统制造车间、营口盐场海盐生产基地、千山酒老窖群及酿酒作坊、辽阳锻压机床厂、喀左县光明耐火材料

---

① 单霁翔:《20 世纪遗产保护》,天津大学出版社,2015,第 14 页。

② 《工业和信息化部关于公布第一批国家工业遗产名单的通告》,工业和信息化部网站,2017 年 12 月 22 日,https://www.miit.gov.cn/jgsj/zfs/gywh/art/2020/art_74318eb7ebee489b8e 7e097f20ede011.html。

③ 《工业和信息化部关于公布第二批国家工业遗产名单的通告》,工业和信息化部网站,2018 年 11 月 21 日,https://wap.miit.gov.cn/jgsj/zfs/wjfb/art/2020/art_13a8ffffdf8241ec9767d2 b9f098be3d.html。

④ 《工业和信息化部关于公布第三批国家工业遗产名单的通告》,工业和信息化部网站,2019 年 12 月 19 日,https://wap.miit.gov.cn/zwgk/zcwj/wjfb/tg/art/2020/art_f0218af351e44c 599f6a56c0e71c2cfb.html。

⑤ 《工业化和信息化部关于公布第四批国家工业遗产名单的通告》,工业和信息化部网站,2020 年 12 月 17 日,https://www.gov.cn/zhengce/zhengceku/2020-12/27/content_5573 790.htm。

⑥ 《工业化和信息化部关于公布第五批国家工业遗产名单的通告》,工业和信息化部网站,2021 年 11 月 30 日,https://www.gov.cn/zhengce/zhengceku/2021-12/14/content_5660 692.htm。

厂、北票市煤炭工业遗产群、辽宁朝阳凌塔酒厂、辽河油田辽一井、辽滨船舶修造厂。[①] 同年10月，省工业和信息化厅公布第二批省级工业遗产名单，共7处工业遗产上榜，分别为沈阳红梅味精厂旧址、沈阳重型机器厂二金工车间旧址、安东一次变电所、辽河油田黄5井、望儿山酒老窖池、西山水塔、铧子油酒厂。[②] 截至2023年，辽宁省共评选出22处工业遗产，且省级工业遗产的认定还在继续进行中。工业遗产保护名单的认定能够加强对文化遗产的保护和传承，推动工业遗产保护性再利用工作的开展。

此外，辽宁省近年来先后出台了《辽宁省工业遗产管理暂行办法》《辽宁省推进工业文化发展实施方案（2021—2025年）》等相关文件，加强对工业遗产的有效保护，促进工业遗产的价值提升。

（二）辽宁工业遗产发展状况

除了制定相关保护政策，辽宁还从文化发展层面对工业遗产进行活化再利用。辽宁省内工业遗产发展模式主要为以下三种：改造成博物馆、利用老旧建筑和工厂旧址打造文化产业园区、因地制宜发展新型业态。

博物馆修建的初衷是保护工业遗产、传承工业文化。目前，辽宁共有12处工业遗产改造成博物馆，包括国内最大的工业博物馆——中国工业博物馆、由宿舍直接改造而成的工人村生活馆、由厂房改建的"二战"盟军战俘营纪念馆、由老水塔改造的"万科蓝山居住综合体"项目公共博物馆、陈列文物机车的沈阳铁路陈列馆、拥有航空工业实物的沈飞航空博览园、展现300年历史的沈阳老龙口酒博物馆、有30件定级文物的辽宁卷烟工业史馆、由高炉和二烧车间厂房改造的鞍钢集团博物馆、建在亚洲第一大露天煤矿参观台之上的抚顺煤矿博物馆、拥有世界上仅存能够正常运行的4种型号蒸汽机车的蒸汽机车博物馆、年代悠久的丹东醋塔博物馆（见表1）。

---

① 《关于公布第一批辽宁省省级工业遗产名单的通知》，辽宁省工业和信息化厅网站，2023年1月3日，https://gxt.ln.gov.cn/gxt/tztg/2023010312393026828/index.shtml。

② 《关于公布第二批辽宁省省级工业遗产名单的通知》，辽宁省工业和信息化厅网站，2023年10月7日，https://gxt.ln.gov.cn/gxt/zqhd/yjzj/2023100715180744183/index.shtml。

表1 辽宁工业遗产博物馆

名称	工业遗产内容	地址	备注
中国工业博物馆	沈阳铸造厂厂址/厂房	沈阳市铁西区卫工街北一路	沈阳铸造厂原址改建,部分原厂房改造成展馆,是目前国内最大的综合性工业博物馆
工人村生活馆	工人村独栋宿舍	沈阳市铁西区赞工街2号	工人宿舍直接改造成博物馆
"二战"盟军战俘营纪念馆	满洲工作机械株式会社MKK劳工工厂厂房	沈阳市大东区地坛街30-3号	改造成历史纪念性公共博物馆,2008年定为省级文物保护单位
"万科蓝山居住综合体"项目公共博物馆	解放军1102工厂老厂区水塔	沈阳市铁西区北二路万科蓝山小区	保留老水塔,改造成博物馆
沈阳铁路陈列馆	历代的铁路装备	沈阳市苏家屯区山丹街8号	东北地区最大的铁路陈列馆,馆藏文物机车150台
沈飞航空博览园	实物飞机/1200件航空工业实物	沈阳市皇姑区陵北街1号	拥有13架不同型号的战机驾驶舱和飞行器
沈阳老龙口酒博物馆	老龙口古井/古窖池/陈酿车间/酿酒车间等	沈阳市大东区珠林路1号	中国酒文化博物馆典范之一,展现300年的酒文化历史
辽宁卷烟工业史馆	定级文物30件	沈阳市和平区和平北大街26号	史馆内全面讲述了辽宁卷烟工业发展史
鞍钢集团博物馆	炼铁二烧厂房/炼铁一号高炉	鞍山市铁西区环钢路1号	打造高炉、原二烧车间厂房内的烧结机两个特展区
抚顺煤矿博物馆	西露天矿/龙凤矿竖井	抚顺市西露天矿参观台原址	亚洲第一大露天煤矿改造成露天矿大型设备陈列广场
蒸汽机车博物馆	大明一矿斜井及选煤楼/大明二矿主井塔及选煤楼/出厂时间为1943~1999年的蒸汽机车共21台	调兵山市晓明镇人民政府对过	原铁煤蒸汽机车博物馆,拥有目前世界上仅存能够正常运行的4种型号蒸汽机车

名称	工业遗产内容	地址	备注
丹东醋塔博物馆	耐酸陶瓷发酵塔	丹东市元宝区的辽宁光华酿造有限公司	丹东塔醋酿造生产区改造成博物馆

  利用工业遗产打造文化产业园是辽宁工业遗产发展的又一途径，辽宁已利用工业建筑和老厂区打造 21 座文化产业园区，还有一部分产业园正在建设中，这些文化产业园将产业、文化、艺术、休闲娱乐及地方特色融为一体，带动了城市的经济发展。沈阳市内的文化产业园共有 16 座，包括 1905 文化创意产业园、红梅文创园、1956 铁锚文创园、奉天记忆铁西印象文化创意产业园、铁西工巢文创园、叁叁工厂音乐主题文化园、9 号院文创园、奉天工场、沈阳朝鲜族民俗文化产业园——韩帝园、Z 广场国际文化产业园、铁西梦工场、电机厂文化创意产业园、沈阳 11 号院艺术区、31 街区文创园、奉天记忆三期文化创意产业园、三好文化艺术区。大连市工业主题文化产业园包括大连 37 相文创园、冰山慧谷文创园、金一文创园。锦州市正在建设蓝·锦州科技文创产业园。抚顺市有大官窑陶瓷文创园（见表 2）。

表 2　辽宁工业遗产文化产业园

名称	工业遗产内容	地址	备注（类型）
1905 文化创意产业园	沈阳重型机器厂二金工车间	沈阳市铁西区兴华北街 8 号	车间改造而成的综合园区，2011 年对外开放
红梅文创园	沈阳味精厂（红梅企业集团）	沈阳市铁西区卫工北街 44 号	拥有 13 栋特色工业建筑的艺术型园区，2019 年建成开园
1956 铁锚文创园	1956 年创办的沈阳砂布厂	沈阳市大东区大东路 47 号	保留老厂房的产业型园区，2016 年建成
奉天记忆铁西印象文化创意产业园	原飞轮厂旧厂房及白山牌自行车	沈阳市铁西区北四路齐贤北街二段 7 号	保留了原飞轮厂的工业元素，在现有建筑结构基础上打造独具其特色的民国工业主题休闲娱乐型园区，2016 年开园

名称	工业遗产内容	地址	备注（类型）
铁西工巢文创园	原长城风机厂旧址	沈阳市沈辽路56号	保留了厂区基本原貌，结合现代艺术进行再创新，打造"新工业艺术"的艺术型产业园区，2019年开园
叁叁工厂音乐主题文化园	原沈阳第一阀门厂	沈阳市沈河区南三经街25号院	修旧如旧的休闲娱乐型产业园，成为音乐产业从业者、创业者的聚集地
9号院文创园	原沈阳摩擦片厂	沈阳市青年大街沿线，热闹路9号	2016年运营，是产业型园区
奉天工场	原沈阳冶金机械修造厂，是目前中国保存最完整、规模最大的德国工业建筑艺术风格的老工业建筑群之一	沈阳市铁西区北一路和启工街交会处	对厂区进行重新设计及全面修缮，是娱乐休闲型园区，2020年对外开放
沈阳朝鲜族民俗文化产业园——韩帝园	原沈阳铝材厂	沈阳市沈辽路路官一街	融入朝鲜族民俗，打造韩式商业街区，是地方特色型产业园区，2016年开放
Z广场国际文化产业园	原沈阳高压开关厂，前身是建于1937年的"东京芝浦电气株式会社奉天制作所"，其厂址已被列入沈阳市第三批历史建筑名录及沈阳市工业遗产保护规划	沈阳市铁西区景星北街38号	集文化教育、影视中心、艺术中心、培训中心、全民健身、文化街区、创业孵化基地、特色民宿等于一体的综合园区
铁西梦工场	原沈阳弹簧厂	沈阳市铁西区保工北街7号正门	打造体育文创新IP，是娱乐休闲型产业园区，2020年开放
电机厂文化创意产业园	原沈阳电机厂	卫工北街20号	打造成东北联合艺术大学堂，是艺术型产业园区

名称	工业遗产内容	地址	备注（类型）
沈阳 11 号院艺术区	沈阳凸版印刷厂	沈阳市和平区 11 纬路 111 号	改造成多业态的艺术综合体，是艺术型产业园区，2011 年对外开放
31 街区文创园	原沈阳市第二防爆电器厂	沈阳市重工北街 31 号铁西区委北侧	以"文化、艺术、原创"为主题，正在建设中
奉天记忆三期文化创意产业园	沈阳人民机械厂原址开发的三期项目	沈阳市铁西区北一西路 21 号	东北首家文化创意街区，是包含两个文创园、多个住宅区的产业型综合园区，正在建设中
三好文化艺术区	原东北印刷厂/中国人民解放军第七二一二工厂	沈阳市和平区三好街	建成 7212 滑板俱乐部
大连 37 相文创园	原有厂房始建于 20 世纪 70 年代，历经大连老无线电厂、辽无二厂、昀华科技等多次转变	大连西岗区长红街 37 号	2022 年建设完成
冰山慧谷文创园	原大连冷冻机厂	大连市沙河口区西南路 888 号	被誉为大连"798"
金一文创园	原大钢幼儿园	大连市椒金山金家街	展示大连轻重工业的"老物件"
蓝·锦州科技文创产业园	原锦州市有色金属材料总厂旧址	锦州市凌河区文昌里 11 号	打造科创产业园区
抚顺大官窑陶瓷文创园	抚顺大官窑陶瓷	抚顺煤矿博物馆东侧	集陶瓷生产、文化旅游、文创开发、技术培训于一体，2020 年开园

　　除了博物馆和文化产业园，辽宁工业遗产的再利用方式还有根据地域实际情况，发展具有地方特色和文化特色的新型业态，体现了多样化的建设理念。例如，沈阳大东区打造的特色城市书房——东贸库时代文仓，阜新在工业遗址上建成的海州露天矿矿山公园，阜新市新邱区利用矿坑地势修建而成的百年国际赛道，大连市以 20 世纪 50 年代筒子楼为主角打造的商业步行

街——漫街，沈阳市大东区将吉祥商业街文化与汽车主题相结合建设的商业步行街（见表3）。

表3 辽宁工业遗产新业态

名称	原工业遗产	地址	备注
东贸库时代文仓	1950年抗美援朝时期开始建设的共和国第一代仓储园区	沈阳市大东区东贸路	保护和再利用7栋历史建筑，打造新时代城市书房，2021年建设完成
海州露天矿矿山公园	海州露天煤矿矿区	阜新市太平区煤城路与太平大街交会处	分为世界工业遗产核心区、蒸汽机车博物馆和观光线、孙家湾国际矿山旅游区和国家矿山体育公园四大板块
百年国际赛道	新邱区矿坑	阜新市新邱区	承办中国汽车场地越野锦标赛等十余场高端赛事
漫街	7栋建于1950年前后的苏联式筒子楼，被认定为"大连市历史建筑——金家街苏联式建筑群"	大连市椒金山金家街	将金一街、金二街、金三街、金四街四条街逐一改造成步行街，保留20世纪50年代的筒子楼
吉祥汽车主题商业步行街	步行街包括工业遗产奉天纺纱厂	沈阳市大东区吉祥街	吉祥商业街始建于清朝末年，距今已有百年历史，2020年，以127台"街景车"为商业载体，打造新的步行街

辽宁通过修建博物馆、打造文化产业园区及因地制宜发展新型业态，使这些本来已废弃的老旧建筑、工业遗址焕发新的生机。

（三）特色案例分析

当前，辽宁工业遗产发展包含三种模式，本部分选取特色案例进行分析，总结其发展经验及其目前取得的成绩。

1. 保护工业遗产本体：中国工业博物馆、鞍钢集团博物馆

博物馆的建造秉承修旧如旧、新旧结合的理念，最大限度保护工业遗产本体，如中国工业博物馆和鞍钢集团博物馆。

中国工业博物馆是中国第一个工业博物馆，也是目前国内规模最大的工业博物馆。位于沈阳市铁西区卫工街 14 号，占地 8 万平方米，建筑面积 6 万平方米。博物馆最大的特色是保留了原沈阳铸造厂的老厂车间。沈阳铸造厂历史悠久，始建于 1939 年，其前身为日本高砂制作所。沈阳解放后，工厂历经多次更名，直至 1956 年定名为沈阳铸造厂。沈阳铸造厂在新中国成立初期是著名的国营大厂，工厂占地面积 33 万平方米，职工最多时达 5800 人，上班、下班时人潮涌动的场面曾是沈阳铁西区一大景观。2007 年，沈阳铁西区在工业区搬迁改造过程中，根据部分人大代表、政协委员及铸造厂广大职工的意愿，决定将现存的工业遗产予以保护，把该厂铸造老车间保留下来，将其改建成铸造博物馆，后更名为中国工业博物馆。该馆基本保留了原铸造厂一车间的原貌，馆内存放大量实物，展示了七大铸造工艺流程，并运用大量的图片和文字，形象再现了铸造厂车间工人生产时的场景。中国工业博物馆于 2012 年 5 月正式对外开放，生动地展示了沈阳工业发展的历程，对于研究中国工业发展史、保存近代工业历史文物资料、实施爱国主义教育、提升城市文化品位、增强区域竞争力具有独特的历史意义和重要价值。①

鞍钢集团博物馆位于辽宁省鞍山市铁西区环钢路 1 号，秉承"修旧如旧，建新如故"的理念，将 1953 年建设的炼铁二烧厂房改建成具有鞍钢特色的现代化博物馆。博物馆建筑面积 12600 平方米，展陈面积 9400 平方米，基本陈列展线 2600 米。主体建筑由展示大礼堂和三层展厅组成，内设沧桑岁月、长子鞍钢、鞍钢宪法、创新鞍钢、摇篮鞍钢、奉献鞍钢、魅力鞍钢、绿色鞍钢、资源鞍钢、英模鞍钢、品牌鞍钢等 11 个主题展区及一号高炉、原二烧车间厂房两个特展区，这两个特展区原型是始建于 1917 年的炼铁一号高炉和建于 1953 年的炼铁二烧厂房。鞍钢集团博物馆于 2014 年 12 月 26 日开馆，展示和收藏大量珍贵历史文物和图片，已先后获得国家二级博物馆、ΛΛΛΛ 级旅游景

---

① 《中国工业博物馆一期开馆》，中国日报网，2012 年 5 月 19 日，https：//www. chinadaily. com. cn/dfpd/2012-05/19/content_ 15337830. htm。

区、全国中小学生研学教育基地、全国青年文明号、全国重点文物保护单位、辽宁省爱国主义教育基地、辽宁省科普教育基地、辽宁省中共党史教育基地、辽宁省对台交流基地等称号，①成为鞍山的"精神地标，文化名片"。

辽宁省对有价值历史厂区的规划改造，秉承保护历史遗产的宗旨，采取多种方式加以保护利用，中国工业博物馆和鞍钢集团博物馆是工业遗产保护的优秀案例。

2. 活化改造工业遗产：1905文化创意产业园、红梅文创园

近些年，辽宁加强工业遗产的保护性利用，将工业遗产与文化创意产业相结合，推动工业遗产"活化"。优秀案例如1905文化创意产业园和红梅文创园。

1905文化创意产业园，是沈阳规模较大且最具代表性的文化产业园，位于沈阳市铁西区兴华北街8号，原型是沈阳重型机器厂二金工车间。沈阳重型机器厂被誉为中国重机工业的摇篮，前身是满洲住友金属株式会社奉天制钢所，始建于1937年。沈阳解放后，满洲住友金属工业株式会社与满洲三菱株式会社（即后来的沈阳第一机床厂）合并，成立沈阳第一机器总厂，经过几次调整变化，1956年11月最终定名为沈阳重型机器厂。这个车间曾在1949年10月31日炼出了新中国第一炉钢水，也是在这里，沈阳重型机器厂在"一五"至"六五"期间创造了40多项"共和国第一"。2006年，沈阳重型机械集团有限公司与沈阳矿山机械（集团）有限责任公司重组为北方重工集团。2009年5月18日，老厂区停产，新厂迁至沈阳经济技术开发区。保留下来的二金工车间则由远大集团进行玻璃幕墙施工改造，于2013年6月正式营业。1905文化创意产业园不仅成为沈阳工业空间向文化产业转型的先行者，同时以丰富的空间内容和产业运营思路，让一座沉寂多年的厂房转变成沈阳最大的文化创意产业综合体。在这里不时会有艺术展或与大众文化相关的商业活动，吸引了不少本地和外地的居民参与。例如，犀牛市集是1905文化创意产业园推出的颇具代表性的商业与文化艺术相结合的活动，活动密集性强、摊位多，很多手工制品将传统技艺和现代艺术相结合，展现沈阳多样性文化特色。

① 《百年峥嵘 初心见证 中央企业红色资源网络展览 鞍钢集团博物馆》，人民网，http://finance.people.com.cn/GB/8215/435221/437704/437773/index.html。

1905 文化创意产业园不仅是沈阳第一个"展览+演出+消费+文化体验"文创产业综合体、致力于创建大众广泛参与的艺术文化生活场景的文创园区，也是沈阳国际文化艺术交流活动最集中的文创园区，已成为辽沈地区颇具影响力与吸引力的青年创意文化产业聚集地和孵化地，获评全国创业孵化示范基地、省对外友好交流基地和文化产业示范园区、市示范商业街区及夜经济特色街区。①

红梅文创园，位于沈阳市铁西区卫工北街 44 号，原为沈阳味精厂，改革后称为红梅企业集团，于 2014 年破产。厂址原名是满洲农产化学工业株式会社奉天工场，始建于 1937 年，2019 年正式改建为红梅文创园。红梅文创园占地 6.16 万平方米，拥有 13 栋特色工业建筑（其中 1 栋为文保建筑，5 栋为历史建筑），整体采用"修旧如旧""原址加固"的保护方法，建筑新旧共存，将原有厂房修缮改造，融入创意设计、文化餐饮、艺术展演、音乐创作孵化、创意文化集市、夜市经济等文化消费业态，成为沈阳铁西老工业园区向现代化国际文化创意园区升级转型的标杆之作。倾心打造了"味觉博物馆""原料库 Livehouse""红梅城市艺术节""格鲁特·梅×星星市集"，创造了日均客流 4 万人次的聚集效应，年产值近 1.2 亿元。2020 年红梅文创园被评为沈阳市夜经济示范街区，2021 年被评为首批国家级夜间文化与旅游消费集聚区、AAA 级旅游景区，2022 年被评为省级文明旅游示范基地、市级示范文化产业园区。②

1905 文化创意产业园和红梅文创园秉持传承老工业基地历史文脉与满足新时代市民文化生活需求相结合的理念，采用"工业遗存改造+文化创意产业集聚+工业旅游经济协同联动"模式并已见成效。

3. 打造城市新名片：东贸库时代文仓、百年国际赛道

辽宁工业遗产丰富，总体呈现多样化的特征，因地制宜发展新型业态十分有必要，如沈阳东贸库时代文仓和阜新百年国际赛道。

东贸库时代文仓，位于沈阳市大东区东贸路、沈阳东站南侧，是华润置地·时代公园的改造项目。"东贸库"是共和国第一代仓储园区，是沈阳

---

① 《从"锈场"到"秀场"红梅、1905 文创园华丽蝶变》，《沈阳晚报》2023 年 2 月 9 日。
② 《老厂房改造文创园 沈阳红梅文创园留住城市记忆》，中国日报网，2023 年 8 月 21 日，https://ln.chinadaily.com.cn/a/202308/21/WS64e30fd4a3109d7585e4a14a.html。

市现存建设年代最早、规模最大、保存最完整的民用仓储建筑群。2019 年，东贸库历史建筑群被列入沈阳市第五批历史建筑初选名单。东贸库在东北地区乃至全国仓储物流业发展史上具有重要地位，在仓储建筑及园区类型研究方面具有重要价值。项目保留 7 栋有特色的历史建筑和 1 条铁路线，其中，利用原仓库 2 库改造而成的时代文仓成为公益文化场所和社区活动中心。时代文仓以"城市书房"为建造主题，读者可以免费借阅馆内 10 万余册书籍。除此之外，时代文仓还依托"博看书苑"等云阅读平台，满足新时代市民高效便捷的阅读需求。在空间的处理上，时代文仓有独立的阅读空间，如配套设置了 460 余个座椅，而且每个阅读区都有电源和台灯；也有沉浸式阅读空间，用公园模式取代传统的阅览室，做到开门有景、植物环绕、环境清幽，可以满足不同年龄段读者的需求，展现人与自然和谐共生的主题，拥有"森林迷宫里的图书馆""沈阳最美图书馆"等称号，吸粉无数。

百年国际赛道，位于阜新市新邱区，是露天煤矿百里矿区的最东端，这里曾因煤而兴，也因煤而衰。2018 年矿山企业全部关闭后，留下了 24 平方公里的废弃矿坑群和存量 5 亿立方米的十多座矸石山，矿区的整治和修复问题亟待解决。阜新市以产业植入带动生态修复为目标，与中科盛联集团合作，以"赛道中的城市，城市中的赛道"为发展理念，利用工矿废弃地建设汽车赛道，依托赛道发展赛事经济与赛车工业，以赛道为载体，以汽车赛事为核心，投资超过 5 亿元。截至 2021 年，百年国际赛道承办中国汽车场地越野锦标赛等高端赛事十余场，吸引观众 30 余万人次、国内外参赛车手 900 余人，120 多家媒体对赛事进行报道，新闻点击量突破 7000 万次。目前，新邱 2 号矿坑建成东北地区首条 F 级方程式赛道，且将现实与虚拟空间融合，1∶1 还原并研发线上电竞游戏项目。另外，亚洲三大音乐节之一"2021 阜新草莓音乐节"也让"节事活动经济"成为新的产业链接点。2021 年，废弃矿区综合治理项目成功通过审核，其作为辽宁省唯一入选项目正式被确定为全国 36 个 EOD 模式（Eco-environment-oriented Development，生态环境导向的开发模式）试点项目之一。

辽宁工业遗产利用方式紧跟时代、因势利导，通过业态和产业链推动城市经济发展。

二 辽宁工业遗产发展实践中存在的问题

辽宁工业遗产在近些年的发展实践中取得的成绩有目共睹，但同时存在以下三个问题：保护和宣传力度不够、部分项目"商"多"文"少、产业园开发模式较为单一。

（一）保护和宣传力度不够

相关部门对于当地工业遗产文献研究工作的扶持力度不够。保护工业遗产首先需要对现有工业遗产进行调研和统计，然后根据文献研究综合判断工业遗产等级，从而全面掌握辽宁省内工业遗产的具体数据，为接下来的实践改造工作提供理论支撑。调研是工业遗产保护的基础，文献研究则决定了工业遗产保护的深度和广度，需要定期召开相关会议，集思广益，将研究成果集结成册。另外，对于具有历史价值和文化价值的工业遗留物保护亟待相关部门组织专业人员开展调查整理工作，对于工业遗留物的开发更需要相关部门在政策和资金方面的扶持，当前的实际情况是缺少相关文件支持及专业人士参与。专业人士能利用专业知识为工业遗留物的再开发提供更先进的指导建议，而这些建议需要长期的关注和研究，非一朝一夕能实现，这也需要相关部门提供更多的研究条件和实践空间。

对工业遗产的宣传不到位。主要体现在各类工业主题博物馆的宣传上，例如，沈阳市的中国工业博物馆虽然是中国最大的工业主题博物馆，但是宣传手段单一导致不温不火，仅依靠官方宣传和工业旅游节点的带动往往不够。在自媒体时代，群众的参与能为文化宣传助力。在抖音上大火的辽宁省博物馆文创产品就是通过大众的自媒体宣传而引起广泛关注的，辽宁省博物馆文创产品的灵感源自馆中的藏品，这是辽博的特色，也带有浓郁的文化气息。抖音上的短视频内容更接地气，可以看到大批观众排队购买并展示文创产品，这无形中为博物馆带来了极为有效的宣传。以中国工业博物馆为代表的工业主题博物馆在文创领域的滞后，导致宣传内容和自媒体关注不足，也就无法带动旅游和参观的火爆。

（二）部分项目"商"多"文"少

过分关注工业遗产的商业价值会带来一系列负面影响，这一点在文化创意产业园的建设中展露得非常明显。当前，没有文化底蕴的文创产业园多会遇到生存困难的问题，这是因为产业园的长期发展需要稳定的客流量，客人如果在产业园中感受到的都是浓浓的商业味，可能"到此一游"后就不会再来，只有浓厚的文化气息才能让人流连忘返、口口相传，使客流量实现稳中有增。

以沈阳市的1956铁锚文创园为例。这个文创园前身是1956年创办的沈阳砂布厂，2016年进行艺术改造，将原本的重工业老厂房进行了最大限度的保留。但是这个产业园的老旧建筑改造后分别出租给饭店、宠物店、服饰店和眼镜店，饭店和宠物店中客人稀少，服饰店中基本无人，相较之下，眼镜店中客人较多。眼镜店在自媒体上频繁做广告，宣传口号是低价位，因此吸引了大众的目光，成为带动这个产业园的最大经济实体。如果眼镜店搬迁，文创园面临的问题就是重新招商，然而招商需要产业园保持稳定的客流量，产业园内冷清的现状势必影响招商。1956铁锚文创园建设的初衷是打造集休闲、文化、艺术、商业于一体的综合产业园，但是文化和艺术的内容更流于表面，仅在园区中设立几个风格各异的雕塑，与文创园的主题"1956""铁锚"联系不够紧密，也与老旧厂房的建筑风格不匹配，这势必影响参观者的数量和产业园的口碑，"商"多"文"少的负面效应显而易见。

（三）产业园开发模式单一

辽宁由工业遗产改造而成的文化产业园不少，但是一些产业园定位模糊、开发模式单一，导致其虽然主打工业特色，但斑驳的老旧建筑容易使人触景生情，引发不同年龄段访客对历史的追忆和感慨，效果并不明显，园区的客流量也相对较少。

同样的问题在沈阳市9号院文创园、11号院艺术区、1956铁锚文创园、铁西工巢文创园等中体现得十分明显。这些产业园的开发模式大同小异，都是对老旧建筑进行改造，然后通过招商吸引一些企业入驻，如广告公司、设计公司和培训机构等，加之酒吧等消费场所作为夜晚休闲娱乐的空间。重复、单一的改造模式使得这些产业园在经过最初的新鲜期后，客流量逐年下滑，园区内慢慢变得冷清。

文化产业园如果只考虑开发的速度，不考虑开发的质量，则会慢慢黯淡，只留下老旧建筑和厂区内的一些工业记号。只有完整的产业链才能给园区带来长久的经济效益和发展前景，这也是产业园建设的初衷。

三　实践中存在问题的原因分析

针对上述三个问题，究其原因，主要包括三个方面：对工业遗产的认知不足；关注短期效益，缺少文化支撑；缺乏总体规划。

（一）对工业遗产的认知不足

工业遗产不仅是具有历史价值和文化价值的老旧工业建筑、厂区，还有保留完整的工业机器、零部件等，它们作为工业遗产的组成部分，不能被忽视。目前，辽宁省工业遗产保护更多集中在对老旧建筑、工业遗址的开发建设，倾向于大型房企项目改造，而对于具有时代特色的机器、零部件等没有明确的保护方案。这一类工业遗产中有的机器蕴含了丰富的语义，记录了城市的工业发展历程，如果将其改造成艺术品，能从侧面再现城市的工业历史。然而，对这类工业遗产的认知不足导致相应的保护工作不到位，这些有历史和文化价值的工业遗产更多地被闲置在工业博物馆里。

例如，沈阳的工业特色可以从机床、钢包中体现出来。沈阳被誉为"中国机床之乡"，拥有三大机床厂，包括沈阳第一机床厂、中捷友谊厂、沈阳第三机床厂，这三大机床厂在新中国成立后为国家建设立下汗马功劳，机床见证了沈阳为新中国做出的贡献。钢包是钢铁铸造用具，新中国国徽的铸造就是在沈阳完成的，这个国徽被悬挂于天安门城楼上，因此用于浇筑的钢包代表了沈阳的铸造成就。但是利用机床、钢包这类工业遗产与文化产业协同联动，进一步打造沈阳的特色工业主题文化景观仍处于起步阶段，目前具有地域性和标志性特色的工业主题雕塑仅有位于沈阳铁西区建设大路沿线的

《机床（1970）》和《孵化》，这两件作品将机床完美地融入城市雕塑中。然而，更多的城市公共艺术品仅将工业遗物稍加改造便放置在一些公共空间中，缺乏美感和地标特色，如原沈阳重型文化广场上由机床改造的长椅及由钢包改造的花钵，而这些作品在地铁修建后均被移走，不知所终。1905创意产业园中的工业遗留物只是摆设，没有统一的主题，载体的不足可能会削减文化的厚度。

总的来说，现有的工业艺术品缺少明确的主题，没有起到文化引导的作用。工业遗产资源不可再生，所以应该提升对工业遗产的认知层次，更好地利用这些资源。

（二）关注短期效益，缺少文化支撑

辽宁工业遗产活化的多数项目如各个城市中的文化创意产业园，更关注经济效益，重"商"轻"文"，殊不知只有文化支撑才能为这些项目带来更长久的效益。文化产业的繁荣使一个城市产生了独特的文化基因，为城市塑造了与众不同的符号形象，从而获得了相对于其他城市的相对竞争优势，而且文化产业的繁荣也推动了旅游收入的增长和直接投资的增加，改善了城市形象，因此城市空间因其文化的符号性特征而获得经济效益，即"符号经济"。[1]

上海"工业锈带"和红坊可以在这方面提供些许参考。上海杨浦滨江2.8公里的"工业锈带"共有94个景观节点，这些景观节点就是视觉符号，南段滨江上26.2万平方米工业遗存被保留下来，并注入全新内涵。杨浦滨江建设秉承"历史感、智慧型、生态性、生活化"的设计理念，将建筑新旧风貌交融，打造成一个具有景观性质的公共活动区域。上海红坊位于淮海西路570号，它是在上钢十厂的闲置厂房基础上改造而成的，因红色厂房而得名，厂房如今已经改建为画廊、艺术工作室、咖啡厅等，区内有很多充满创意的雕塑、路牌，作为一种视觉符号让人们在休闲之余感受到艺术气息。红坊大草坪上有一个造型十分后现代的机器牛雕塑，是法国著名雕塑家比埃尔·马特的作品。这里还曾经展出过一批国际艺术大师如

---

① 宋颖：《上海工业遗产的保护与再利用研究》，复旦大学出版社，2014，第52页。

草间弥生、村上隆、奈良美智等人的作品。如今，"工业锈带"和红坊已成为上海的工业文化标志性景点，前来参观消费的人络绎不绝，推动了上海市文化建设和经济发展。

只有目光长远，意识到充分挖掘地方文化的重要性，才能对遗产资源进行合理的利用与经营，充分将本体文化价值转化为经济价值。辽宁通过历史文化资源的重组及其与相关产业的结合，利用市场营销等手段，形成文化产业和文化品牌并推动其向"文化资本"转化，在市场经济的合理导向下发展成文化生产力。[①]

（三）缺乏总体规划

目前，辽宁工业遗产文化产业园最大的问题是开发模式单一。文化产业园并非建得越多越好，跟风改建往往无法取得良好的效果。

沈阳市内工业遗产文化产业园数量最多，除了韩帝园主打朝鲜族的民俗特色，铁西梦工场主打体育 IP，叁叁工厂音乐主题文化园强调音乐主题，其他产业园都是综合性的，将文化、艺术、商业融合作为产业园的发展目标，但是这些综合性产业园发展水平不一。有的经营较好，如 1905 文化创意产业园、红梅文创园；有的产业园内十分冷清，如 1956 铁锚文创园、沈阳 11号院艺术区、9 号院文创园、三好文化艺术区等。如果能够从总体规划上做好前期工作，将产业园的功能进行划分，不同区域的产业园做到主题明确，满足大众的不同需求，就会在无形之中提升产业园的影响力和竞争力，也有助于塑造城市新形象。良好的城市形象能够放大城市价值，提升城市竞争力。城市形象宣传最终目的是促进经济发展，良好的城市形象能够转化为经济推动力。[②]

工业遗产文化产业园作为城市文旅的重要景观节点，是城市的无形资产，景观节点的建设模式雷同势必会降低城市的吸引力。只有找到每个产业园的差异性和唯一性，形成旅游与文化的结合点，从总体上做好前期规划，才能避免雷同和重复性建设，提升产业园在城市文旅发展中的竞争力。

---

① 李和平、肖竞：《城市历史文化资源保护与利用》，科学出版社，2014，第 71 页。
② 许雄辉：《传播城市：城市形象对外宣传策略》，宁波出版社，2013，第 10 页。

四　促进辽宁工业遗产发展的对策建议

针对辽宁工业遗产发展中存在的问题，本部分从两个方面提出相应的对策建议。

（一）重视挖掘工业遗产的文化价值

1.针对省内工业遗产定期举办学术会议

工业遗产反映了城市的文化底蕴，承载着城市的历史记忆，也凝聚着工匠精神，这些都值得进一步挖掘和研究。对于工业遗产的研究需要高校、科研单位、政府部门的专家学者广泛参与，他们拥有丰富的专业知识，能够提出专业性的建议，如《无锡倡议》和《北京倡议》对工业遗产保护起到重要推动作用。辽宁可以参照中国工业建筑遗产学术研讨会的模式，在省内定期举办学术研讨会，各届会议选择在不同的城市举办，以举办城市的工业遗产保护利用为主题，组织专家学者献计献策。辽宁是老工业基地，工业遗产分布较广，沈阳、大连、鞍山、抚顺、阜新、铁岭等城市都有工业遗产的身影，每个城市的工业遗产都有自身特色，如沈阳的机床制造、钢铁铸造，历史悠久的鞍山钢铁，抚顺、阜新的煤矿等。针对省内工业遗产定期举办学术会议的方式比较灵活，这样的在地性研究能够结合当地实际情况，更有目的性和针对性，对实践的指导效果也更为明显。政府部门的总体部署、规划开发均可以参考和借鉴已有研究成果，同时也可减少重复性开发，有助于解决建设模式单一的问题。

2.利用自媒体短视频平台宣传工业文化

加强对工业文化的宣传，能够改变大众对工业遗产认知不足的现状。宣传手段可以考虑更生活化、大众化自媒体短视频平台。自媒体短视频包括生活类、情感类、艺术类、营销类等题材，其中生活类题材运用及关注最广泛。以抖音为例，在其点赞排行前100的视频中，生活类占40%，好玩类占32%，猎奇类占23%，技巧类占5%。[①] 大众在观看自媒体短视频时更倾向于生活类节目，特别是一些实地探访的短视频，往往越朴实无华的内容越受到关注和认

---

① 李昕、黄斌：《自媒体短视频传播特点分析》，《今传媒》2019年第5期。

同。工业文化的宣传可以广泛利用自媒体短视频，选择省内城市中具有浓厚工业特色的地点进行宣传，为地方工业主题文旅提供助力。

利用自媒体短视频平台宣传工业文化的手段更接地气，更易受到大众的欢迎和认同，能够提升大众对工业遗产的认知，为工业旅游预热。

（二）多维开发，活化遗产

1. 将特色工业遗留物融入文创，带动地方文旅发展

活化工业遗产的一个有效方式是发展工业旅游。面对庞大的年轻人群体，工业旅游要采用更有吸引力和更具文化内涵的手段，比如开发特色文创产品，将具有地方特色的工业遗留物融入文创以带动地方文旅发展。

文创产品作为文化载体的重要性不言而喻，辽博文创产品的火爆证明了文化支撑对于文旅产业发展的影响力。借鉴辽博的做法，辽宁可打造工业特色文创，将工业文化资源转化成旅游资源，有效推动工业文化旅游的发展，带动城市经济，增强外地游客对工业城市形象的认知。文创产品具备工业文化的视觉符号功能，能够吸引民众、留住城市记忆，在发展旅游经济的同时提升城市的文化品位，更好地推动城市有机更新、传承历史文脉。文创产品的内容可参考省内不同城市的工业历史和文化背景，例如沈阳的机床和钢包，将其融入文创设计对于沈阳的城市记忆和工业文化传承具有重要作用，也会提升外地人对沈阳辉煌工业历史的兴趣和热情。

文化为城市赋能。文化产业作为国民经济的重要支柱产业，具有极强的渗透力和辐射力。特色文创产品既新颖又接地气，能够满足新时代城市的文化需求，从而产生集聚效应，形成品牌效应，对于提升城市形象、丰富城市内涵、促进城市更新具有重要意义。

2. 尝试高校带动模式开发工业遗产

工业遗产的开发有多种模式，其中高校带动模式符合辽宁实际情况，也能够实现工业遗产文化价值的最大化。国内已有高校开始尝试这种开发模式：天津美术学院购得原天津第一金属制品厂荒废近十年的用地和厂房，并翻修改造成现代艺术学院，引起了设计类人才对老旧厂房厂区的关注；四川美术学院在原军用仓库基础上兴建了坦克库-重庆当代艺术中心，又将原重庆市商业储运公司九龙坡分公司501仓库改造成501艺术基地；西安美术学院将原国营西北

第一印染厂改建成西安半坡国际艺术区；西安建筑科技大学把原校办印刷厂改造成贾平凹文学艺术馆，在陕西钢厂原址建起了西安华清科教产业园；上海大学上海美术学院吴淞校区正在建设中，是对上海市宝山区宝武不锈钢厂巨型厂房的保护性再利用，预计2026年完工。

上述老工业基地城市更新的"新样本"值得借鉴，有助于城市文化基因更好地传承。辽宁拥有多所全国知名的艺术类、建筑类高校以及设有艺术类、建筑类专业的综合性大学，如果尝试高校带动模式，既能满足高校改扩建用地的需求，又能解决荒废工业厂区的再利用问题，而且利用高校带动文化产业发展也能够促进老工业区经济效益的提升，实现"多赢"。

参考文献

工业和信息化部工业文化发展中心编著《中国工业文化发展报告（2022）》，电子工业出版社，2022。

徐苏斌、〔日〕青木信夫、王琳编著《从工业遗产保护到文化产业转型研究》，中国城市出版社，2021。

魏敏等：《辽宁工业文化遗产》，辽宁人民出版社，2021。

哈静等编《中国工业遗产史录　辽宁卷》，华南理工大学出版社，2021。

《辽宁：工业旅游唤醒遗产　点亮生活》，《中国文化报》2023年7月26日。

《从"锈场"到"秀场"红梅、1905文创园华丽蝶变》，《沈阳晚报》2023年2月9日。

B.6
辽宁文物博物馆事业发展报告

王彤菲*

摘 要: 2023年,辽宁文物博物馆事业蓬勃发展、成果丰硕、亮点频出。辽宁文物博物馆工作根据省委、省政府决策部署,自觉主动服务大局工作扎实有效,在革命文物工作方面持续推进,不断发挥革命文物在思政课中的重要作用,在文物保护工作方面不断改善,文物博物馆社区惠民活动深入人心,文化交流稳步推进,文物博物馆文创产品开发工作不断创新,文博热再创新高。

关键词: 文物工作 博物馆事业 辽宁

博物馆是为社会及其发展服务、向社会公众开放的,以教育、研究、欣赏为目的,征集、保护、传播并展出人类及人类环境的物质和非物质文化遗产的非营利性常设机构。作为社会教育的重要组成部分和公共文化机构,博物馆具有良好的教育作用,发挥着积极的社会功能。2023年,辽宁文物博物馆事业蓬勃发展、成果丰硕、亮点频出,在文物保护管理、文化交流、社区活动、文创产品开发等方面成果显著。

一 辽宁文物博物馆事业发展
基本情况

2023年,辽宁文物博物馆事业以习近平新时代中国特色社会主义思想为指导,认真贯彻落实党中央决策部署,勇担使命任务,积极主动作为,文物工

---

* 王彤菲,鲁迅美术学院人文学院教师,研究方向为美术史。

作取得突破性进展。文物安全底线筑牢夯实，博物馆文化服务供给能力显著加强，革命文物保护利用工作大放异彩，文物科技纳入国家科技创新体系，文物交流合作深化拓展，人才梯队建设持续加强，文物事业高质量发展取得显著成果。

辽宁文物博物馆事业全面贯彻习近平总书记关于文物和文化遗产保护的重要论述和重要指示批示精神，以及在新时代推动东北全面振兴座谈会上的重要讲话精神和省第十三次党代会精神，坚持党建统领，创新工作举措，在陈列展览、文物保护、公共服务、学术研究等方面取得显著成效。

（一）文物保护管理

习近平总书记强调"要像爱惜自己的生命一样保护好城市历史文化遗产"[①]。文物是中华优秀传统文化的重要实证，加强文物保护利用和文化遗产保护传承是文化建设的重要方面。中国考古发现的重大成就充分说明，我国古代文明成就走在世界前列。本着对历史负责、对人民负责的精神，辽宁要把老祖宗留下的文物和文化遗产精心守护好，让历史文脉更好传承下去。

1. 辽宁省成立第四次全国文物普查领导小组

为深入贯彻落实党中央决策部署，按照《国务院关于开展第四次全国文物普查的通知》要求，2023 年 12 月 28 日，辽宁省人民政府印发《关于做好第四次全国文物普查工作的通知》，部署开展辽宁省第四次全国文物普查工作。为加强文物普查工作的组织领导，辽宁省成立了第四次全国文物普查领导小组，负责普查组织实施中重大问题的研究和决策，审定全省文物普查实施方案。领导小组实行双组长制，组长由辽宁省委常委、宣传部部长和分管副省长共同担任，辽宁省委宣传部、省委党史研究室、省文化和旅游厅等 21 家相关单位为成员单位。领导小组办公室设在辽宁省文化和旅游厅，负责文物普查工作的日常组织和具体协调。

辽宁省第四次全国文物普查工作将以习近平新时代中国特色社会主义思想为指导，深入贯彻党的二十大精神，按照国务院统一部署，开展辽

---

① 《习近平关于城市工作论述摘编》，中央文献出版社，2023，第 100 页。

省境内地上、地下、水下不可移动文物的普查工作，对已认定、登记的 24115 处不可移动文物进行复查，同时调查、认定、登记新发现的不可移动文物。

2. 培训活动

为深入学习贯彻习近平总书记关于文物保护工作的重要指示批示精神，2023 年 10 月 11 日，由辽宁省文物局主办，辽宁省博物馆和辽宁省文物考古研究院联合承办的"2023 年辽宁省陶瓷文物保护修复培训班"在辽宁省博物馆开班。培训班为期 14 天，邀请了国内文物保护研究领域知名专家授课，通过理论与实践相结合的教学方式，侧重于修复技能的训练，培养陶瓷文物保护修复专业技术人员，提高陶瓷文物保护技术的研究、推广和应用能力，促进辽宁省陶瓷类文物保护修复技术不断发展。本次培训规模大、理念新、涵盖广、实践强，得到了辽宁省文物局高度重视和承办单位的大力支持，共有来自全省 19 家文博单位的 26 名学员参加了培训，首次实现了陶瓷文物保护修复培训的全省区域覆盖。

2023 年 11 月 8 日，"2023 年文物进出境审核责任鉴定人员书画文物鉴定培训班"在辽宁省博物馆举办。此次培训班由国家文物局主办，辽宁省文物局协办，中国文物信息咨询中心、辽宁省博物馆联合承办。培训班邀请了行业知名专家学者讲授书画鉴定基本方法、海外馆藏中国古代书画概况、中国古代和近现代书画鉴定、近现代油画鉴定、西方油画鉴定、现当代书画常见作伪手法、古代书画造假的典型案例等课程，以理论与实践相结合的教学方式高效传授文物鉴定知识，夯实学员鉴定实操基础。本次培训班是辽博继 2020 年后再次承办国家文物局文物鉴定培训班。

3. 文物保护项目

辽宁省文物局组织省可移动文物保护专家组，对辽宁省博物馆自主开展的"辽宁省博物馆馆藏书画类文物保护修复项目""辽宁省博物馆馆藏辽代釉陶文物保护修复项目""辽宁省博物馆馆藏金属类文物保护修复项目"进行结项验收。专家组听取了项目组关于项目开展情况的汇报，并现场查看了文物保护修复效果。经查看和咨询，专家组一致认为 3 个项目开展程序规范、修复技术路线合理、相关研究深入、亮点突出，实现了项目预期目标，达到了保护文物本体的目的，文物可在较长时间内处于稳定状态，同时可满足展示需求，同意通过项目验收。

文明发端地，古国牛河梁。经过文物工作者数十载发掘勘探研究，牛河梁遗址的开发保护工作取得新进展。国家文物局发布的"中华文明探源工程"研究成果表明，牛河梁遗址的新发现把中华文明起源的时间线又向历史纵深推进了五六百年。牛河梁遗址位于辽宁，是辽宁的骄傲，也为做好文化遗产保护传承和文体旅融合发展工作提供了新平台、新机遇。辽宁省文博工作者怀着强烈的责任感和使命感，集中全省力量与国家相关部门、科研院所共同做好文化遗产保护开发利用工作。积极参与"中华文明探源工程"，加强联合申遗工作，推动中华优秀传统文化传承发展。加强学术研究和展馆策划建设，充分发挥文化遗产育人教育功能，引领更广大人民群众增强家国情怀、坚定文化自信。以创新手段加强海内外宣传，推进历史文化遗产与旅游深度融合，擦亮牛河梁遗址这一独具特色的文旅品牌，塑造辽宁文化产业新优势。

2024年4月9日，"喀左县博物馆馆藏清代丝织品保护修复项目"结项验收和"辽宁省朝阳市北塔博物馆馆藏壁画保护修复项目""辽宁省博物馆馆藏近代纸质文物保护修复项目"中期检查会在辽宁省博物馆召开。会议由辽宁省文化和旅游厅博物馆处组织，辽宁省可移动文物保护专家组对三个项目进行结项验收和中期检查。

（二）文化交流

2023年是辽宁省与韩国京畿道缔结友好省道关系30周年。10月31日，双方在沈阳共同举行签约仪式、旅游交流合作会等系列活动。活动期间，辽宁省博物馆与韩国京畿道博物馆签署了文化交流协议。

2023年9月，为迎接杭州第19届亚运会，向世界展示中华传统艺术经典，浙江美术馆携手故宫博物院、辽宁省博物馆等10余家文博单位，共同推出了"意造大观——宋代书法及影响特展"。辽宁省博物馆应邀选送6件展品参展，其中陆游《自书诗卷》和宋拓苏轼《丰乐亭记》自开展以来即成为明星展品。此外还有《宋人写经残卷》、（传）米芾行书《天马赋卷》、唐寅《吴门避暑诗轴》、黄道周《行书五律诗轴》。

（三）社区活动

2023年3月，辽宁省博物馆、沈阳市社区建设指导中心联合举办"红色文化讲解团"系列活动。活动共举办七期，"学习强国"平台、"云盛京"平台、沈阳新闻综合频道视频号等媒体平台对活动进行了全方位宣传报道。活动以流动博物馆送"永恒的雷锋"展览走进社区党群服务中心的形式，让"红色文化"真正走近百姓身边，以"红色力量"加强基层组织建设，持续深化以党建引领基层治理。"红色文化讲解团"先后送展进沈阳市沈河区滨河街道双路社区、于洪区城东湖街道吉力湖社区、皇姑区雷锋驿站、浑南区桃源社区、和平区三好街社区等7个社区。沈阳市社区建设指导中心在中心同志和全市社区工作者群体中优中选优，把政治过硬、理论扎实、表达能力强的同志选拔到讲解团中，立足主责主业，在辽宁省博物馆的帮助下为社区居民做好红色文化的传播和阐释工作。

2023年，辽宁省博物馆推出民间收藏文物鉴定咨询公益服务，并于5月18日"国际博物馆日"举办了瓷器类专场活动，其后还举办了玉器类专场和金属器类专场。

2023年3月30日，辽宁省博物馆社会教育团队走进浑南桃源社区，开展"'瓶'安喜乐　寄情清明"清明节主题活动，与社区居民一起用亲手制作的花瓶迎接多彩春天。来自桃源社区的30多位居民参与了活动，博物馆教育员向大家介绍了制作马赛克花瓶的材料和工具，讲解了制作步骤，并进行具体操作指导。

（四）文创产品开发

辽宁省博物馆文创"冰品"以馆藏精品《簪花仕女图》为灵感设计制作的文创盲盒冰激凌，在造型上选择了《簪花仕女图》中人物形象，六款造型，六种口味。除文创盲盒冰激凌外，辽宁省博物馆在七夕佳节推出的花影簪韵·簪花仕女纸艺灯同样以辽博馆藏精品《簪花仕女图》为原型，呈现传统与现代交织、艺术与科技融合的独特魅力。

2023年1月13日，由中华文物交流协会、中国文物报社、深圳市文化广电旅游体育局主办，中国博物馆协会文创产品专业委员会、中国文物学会文化创意发展委员会协办的第二届全国文化创意产品推介活动终评会圆满落幕，辽宁省博物馆"文蕴天香"精油皂系列入选"优胜文创产品"，"梅影疏横"手绘团扇评为"终评推荐文创产品"。"文蕴天香"精油皂系列产品创意精妙且内涵深厚，精油皂系列共四款，各自取材于辽博馆藏宋缂丝朱克柔《山茶蛱蝶图》、唐周昉《簪花仕女图》、北宋宋徽宗赵佶《瑞鹤图》和红山文化代表玉器玉猪龙。

（五）荣获奖项

2023 年 5 月 18 日，第二十届（2022 年度）全国博物馆十大陈列展览精品推介活动在福建举办，辽宁省博物馆"和合中国"展览入选全国博物馆陈列展览十大精品。2020 年以来，辽博已连续四年入围十大陈列展览推介活动终评会，获精品奖 2 次、优胜奖 2 次。

2023 年 5 月 26 日，"2022 全国十佳文物藏品修复项目推介活动"终评会在绍兴举办，辽宁省博物馆申报的"喀左县博物馆馆藏清代丝织品保护修复项目"荣获 2022 年全国优秀文物藏品修复项目（见表1）。这是辽宁省博物馆首次获得此项荣誉。

表 1　2022 年全国优秀文物藏品修复项目

申报单位/推荐单位	项目名称
故宫博物院	故宫博物院馆藏紫檀木架几案保护修复项目
首都博物馆	北京石景山南宫五里坨明墓出土铭旌保护修复项目
北京市颐和园管理处	故宫博物院与颐和园古钟表联合修复室铜镀金升降塔钟的修复与研究项目
北京国文琛文物保护发展有限公司	包头五当召藏唐卡、法器保护修复项目
河北省文物与古建筑保护研究院	河北省赵县文保所藏石栏板及构件抢救性保护修复项目
邯郸市博物馆	邯郸市博物馆馆藏东汉金银涂乘舆大爵樽等五件一级文物保护修复项目
辽宁省博物馆	喀左县博物馆馆藏清代丝织品保护修复项目
吉林省复善文化发展有限公司	黑龙江省博物馆馆藏铁器文物保护修复项目
苏州丝绸博物馆	苏州皇冠山 M1 出土纺织品保护修复项目

申报单位/推荐单位	项目名称
浙江省博物馆	松阳县博物馆馆藏南宋剔犀漆器保护修复项目
广州市文物考古研究院	广州市小谷围脆弱青铜器保护修复项目
重庆红岩革命历史博物馆	重庆红岩革命历史博物馆馆藏纸质文物保护修复项目
四川博物院	四川博物院馆藏战国铜编钟保护修复项目
贵州省博物馆	贵州省博物馆馆藏纸质文物保护修复项目
秦始皇帝陵博物院	青州香山汉墓出土文物保护修复工程项目
甘肃省博物馆	甘肃省博物馆馆藏武威磨咀子汉墓出土纺织品保护修复项目
甘肃省文物考古研究所	甘肃张家川马家塬战国墓地 M16、M18 出土金属文物保护修复项目
新疆维吾尔自治区文物考古研究所	新疆尉犁县克亚克库都克烽火台出土纸质文书保护修复项目
新疆维吾尔自治区克孜尔石窟研究所	克孜尔石窟出土纺织品文物保护修复项目

文化和旅游部办公厅公布 2023 年全国红色旅游五好讲解员培养项目入选讲解员名单。经公开推荐、公示等环节，2023 年全国红色旅游五好讲解员培养项目入选讲解员共 106 人，其中辽宁省有三人，分别是抚顺市雷锋纪念馆讲解员刘思雯、辽沈战役纪念馆讲解员孙悦、抗美援朝纪念馆讲解员郎晓彤。

2023 年 3 月，国家文物局印发了《国家文物局关于开展文物事业高质量发展案例遴选推介工作的通知》，系统梳理阐释立足新发展阶段、贯彻新发展理念、构建新发展格局在文物事业中的基本特征，特别是创新、协调、绿色、开放、共享的新发展理念在文物工作中的特殊场景，面向社会公开征集推广推介案例。2023 年 6 月 10 日，首批文物事业高质量发展推介案例名单在四川成都揭晓，辽宁省博物馆"构建展览叙事体系　用心用情用力讲好中国故事"项目入围"文物事业高质量发展案例推介名单"。

2023 年 6 月 10 日，"文化和自然遗产日"主场城市活动开幕式上公布了 2023 年度中华文物新媒体传播精品推介项目名单。该活动由国家文物局、中央网信办主办，中国文物报社承办，共收到申报项目 278 个。最终，

10个作品荣获精品项目，10个作品荣获优秀项目，80个作品荣获入围项目。辽宁省博物馆申报的《和合中国》系列融媒体传播，辽博与辽宁报刊传媒集团（辽宁日报社）联合申报的《国宝在辽宁》系列短视频荣获入围项目。

　　按照《文化和旅游部市场管理司关于开展文明旅游宣传引导典型案例征集工作的通知》要求，经遴选推荐、专家评审，文化和旅游部确定了第一批文明旅游宣传引导十佳案例、优秀案例名单。辽宁有3个案例入选，分别是辽宁省博物馆的"我是最美文明旅游代言人"、沈阳故宫博物院的"创新宣传引导　营造文明氛围"、大连金石滩景区的"构建'三位一体'文明旅游体系"（见表2）。

表2　第一批文明旅游宣传引导优秀案例

单位：个

省份	数量	申报案例	申报单位
北京	1	利用红色资源深入开展文明旅游工作	北京市慕田峪长城旅游服务有限公司
天津	3	播爱国情怀种子　树文明旅游新风	平津战役纪念馆
		提升景区服务质量　优化文明旅游环境	天士力大健康城景区
		创新开展"行前一课"　文明融入研学课堂	新天钢工业旅游景区
河北	2	发挥行业协会职能作用　助推文明旅游扎实开展	河北省旅游协会
		构建一体化文明旅游长效机制	衡水湖景区
山西	3	发挥窗口作用　服务引导并举	山西宝华盛世国际旅游社有限公司
		强化制度建设　护航文明旅游	山西晋祠宾馆
		"五员"服务赋能文明旅游	忻州市云中河景区
内蒙古	3	"教硬"结合　打造一流文明景区	内蒙古伊利文化旅游发展有限公司
		让文明成为景区最美的风景	巴彦淖尔市三盛公旅游开发有限公司
		发挥动物"明星效应"倡导文明旅游	鄂尔多斯市隆胜野生动物有限责任公司
辽宁	3	我是最美文明旅游代言人	辽宁省博物馆
		创新宣传引导　营造文明氛围	沈阳故宫博物院
		构建"三位一体"文明旅游体系	大连金石滩景区

续表

省份	数量	申报案例	申报单位
吉林	3	培养星级服务团队　建设文明安全旅居环境	延边白山大厦实业有限公司
		营造"生态+文明"旅游氛围	长春净月潭旅游发展集团有限公司
		扎实推进新时代文明实践志愿服务	长春世界雕塑园
黑龙江	2	评服务之星　建文明景区	哈尔滨圣亚旅游产业发展有限公司
		"四个坚持"推进文明旅游取得实效	哈拉新村
上海	2	凝聚行业力量　推动文明旅游	上海市浦东新区旅游业协会
		加强宣传引导　弘扬文明新风	上海醉白池公园
江苏	2	文物保护志愿服务行动助力文明旅游	南京市文化和旅游局
		党建引领聚合力　文明旅游再提升	无锡湖滨饭店
浙江	1	做好文明旅游工作　助力社会文明建设	湖州中青国际旅游有限公司

2024年4月7日，首届"最美文化遗产讲解员"推介活动初评结果公布，辽宁省博物馆讲解员姜洋、志愿者王兴媚，沈阳市文博中心（沈阳"九·一八"历史博物馆）韩啸，抗美援朝精神研究会祝锐荣获"百佳讲解员"称号。

2024年5月18日，"国际博物馆日"辽宁主会场活动在辽宁省朝阳市开幕，辽宁省文物局在活动期间公布了入选2024年度"中小博物馆提升计划项目"征集推介优秀案例、2024年度全省博物馆研学精品课程征集重点推介项目和"庆祝中华人民共和国成立75周年"主题展览征集重点推介项目，其中辽宁省博物馆和葫芦岛市博物馆共同被评为2024年度"中小博物馆提升计划项目"征集推介优秀案例，辽宁省博物馆"古生物探奇"系列研学课程被评为2024年度全省博物馆研学精品课程征集重点推介项目。

2024年5月18日，《2023年度全国博物馆（展览）海外影响力评估报告》在新华社《瞭望东方周刊》对外发布，在"全国博物馆（展览）海外影响力百强榜单"和"综合类博物馆海外影响力十强榜单"中，辽宁省博物馆分别位列第八和第四（见表3和表4）。

表3　2023年全国博物馆（展览）海外影响力十强

名称	影响力指数	名称	影响力指数
故宫博物院	84.52	敦煌研究院	61.56
三星堆博物馆	74.71	孔子博物馆	57.72
上海博物馆	68.21	辽宁省博物馆	56.53
南京博物院	64.52	中国丝绸博物馆	56.50
中国国家博物馆	64.14	苏州博物馆	54.89

表4　2023年综合类博物馆海外影响力十强

名称	影响力指数	名称	影响力指数
上海博物馆	68.21	广东省博物馆	51.77
南京博物院	64.52	浙江省博物馆	51.11
中国国家博物馆	64.14	湖南博物院	48.57
辽宁省博物馆	56.53	首都博物馆	47.78
苏州博物馆	54.89	陕西历史博物馆	46.88

2024年5月30日，首届文化遗产研学十佳案例和十佳线路遴选推介活动终评结果揭晓，沈阳故宫博物院"走进沈阳故宫　认识世界文化遗产"研学案例荣获首届文化遗产研学十佳案例。

2024年6月8日，沈阳举办"文化和自然遗产日"主场城市活动，对外发布国家文物局、中央网信办联合评选的"2024年度中华文物新媒体传播精品推介项目"名单。沈阳故宫博物院"沈阳故宫WALK"等十个项目从61家申报单位、301个申报项目、4921个作品中脱颖而出，获评精品项目。

（六）革命文物在思政课中发挥的作用

辽宁省在革命文物保护利用方面，一是坚持政治引领，切实发挥革命文物铸魂育人作用。深入挖掘革命文物价值内涵，生动阐释革命文物的思想内涵和时代价值。聚焦思政课教学改革创新，深化"大思政课"实践教学基地结对共建，用好红色优质资源项目，强化示范引领。以示范项目和精品项目为引导，进一步聚焦主题，根据不同受众着力开发一批契合教学目标的思政课程，着力打造一批"纪念馆里的思政课""行走的思政课"品牌，切实推动不同学段学生走进场馆开展学习实践，充分发挥革命文物铸魂育人作用。二是创新方式方法，用革命文物资源构筑"大思政课"工作格局。坚持传史育人，结合文化遗产资源开展实践教学，把课堂教学和实践教学有机结合起来，高度重视思政课的实践性，把思政小课堂同社会大课堂结合起来，依托革命文物资源优化内容供给、创新工作载体、注重人才培养。鼓励探索合作示范新模式，推动馆校人员交流，建立纪念馆、博物馆专家及讲解员、志愿者作为兼职教师，经常性进学校参与思政课教学活动的长效机制；畅通学校思政课教师到纪念馆、博物馆交流培训的渠道，支持高校加强本地革命文物资源研究阐释和活化利用。三是加强宣传推广，让革命文物思政教育落地生根、开花结果。各地文物部门、教育部门要善于发现并及时总结以革命文物为主题的"大思政课"优质资源建设基层工作经验做法和相关成果，有序开展宣传报道活动，积极营造以革命文物为主题的"大思政课"育人良好氛围；主动拓宽课程资源传播利用渠道，通过融媒体平台扩大优质资源项目影响力，将优秀案例纳入思政课教学资源库，让革命文物"活"起来，做好跟踪问效工作，及时向国家文物局、教育部报告工作进展情况，充分发挥革命文物、革命文化在爱国主义教育和"大思政课"建设中的作用，努力推进革命文物融入大中小学思政教育一体化建设。

11月27日，为了持续推进"大思政课"建设走深走实、贴近实际，提升育人成效，国家文物局、教育部联合开展了以革命文物为主题的"大思政课"优质资源建设推广工作，公布了10个示范项目、100个精品项目名单。其中辽沈战役纪念馆与辽宁工业大学的"'红色传承培根铸魂'东野前指旧址系列大思政课"、沈阳"九·一八"历史博物馆与东北大学的"传承抗战精神　思政铸魂育人'大思政课'实践教学"、辽宁省博物馆与沈阳市教育研究院的"'传承雷锋精神 构建思政课堂'主题活动"位列其中（见表5）。

表5　以革命文物为主题的"大思政课"优质资源精品项目名单（部分）

省份	报送单位	联合单位	项目名称
北京市	中国华侨历史博物馆	北京市东直门中学	"走进中国华侨历史博物馆"系列思政课程
	中央财经大学	中国农机院阳早、寒春故居及生平事迹展厅	阳早、寒春故居"纪念馆里的思政课"建设

续表

省份	报送单位	联合单位	项目名称
北京市	香山革命纪念馆	北京科技大学	"赶考"路上的北京答卷——北京市以"实践教学"为主题的大思政课示范教学
	中国共产党早期北京革命活动纪念馆	清华大学	"觉醒年代"研学行 首都高校力量参与红色文化研学项目
天津市	平津战役纪念馆	天津大学	"青春火炬"思政课
河北省	留法勤工俭学运动纪念馆	河北大学	"五四诵读"活动
山西省	中北大学	太行工业学校旧址	"兵器陈列室"里的大思政课
内蒙古自治区	满洲里博物馆(市文物保护中心)	满洲里市第五中学	中共六大满洲里"红色边境线"红色基因传承沉浸式思政课程
辽宁省	辽沈战役纪念馆	辽宁工业大学	"红色传承培根铸魂"东野前指旧址系列大思政课
	沈阳"九·一八"历史博物馆	东北大学	传承抗战精神 思政铸魂育人"大思政课"实践教学
	辽宁省博物馆	沈阳市教育研究院	"传承雷锋精神 构建思政课堂"主题活动

（七）惠民活动

2024年6月，沈阳文旅举办"青春沈阳、毕业'游'礼"活动。在沈阳就读的高校毕业生，可于6月26日至7月20日凭毕业证和身份证免费游览沈阳故宫、张学良旧居、清福陵、清昭陵、沈阳世博园。

辽宁省博物馆的"群星璀璨时——英国维多利亚时代的艺术"特展为2024年高考生准备了福利，同时对2024年全体中考生也有购票优待。在参观特展后，考生可凭本人准考证，在展厅文创区免费领取一张"机票明信片"并加盖纪念章。

二 推动辽宁文物博物馆事业进一步发展的对策建议

2025年，辽宁省文物博物馆事业将以习近平新时代中国特色社会主义思想为指导，深入学习宣传贯彻习近平文化思想，筑牢文化基础，彰显文化魅力，积淀文化底蕴，赓续中华文脉，更加注重各类文物应保尽保，更加注重全体人民共建共享，更加注重保护、管理、研究、利用全面加强，更加注重文物保护和经济社会、生态环境协调共进，更加注重各国文明交流互鉴，推动文化繁荣、建设文化强国、建设中华民族现代文明。

（一）严格依法保护文物

深入学习贯彻习近平文化思想，推进文化遗产管理体制改革，构建文化遗产大保护格局，着力做好系统性保护，加强文化遗产保护督查。牢牢把握文物是文化遗产"重中之重"，落实文物保护责任终身追究制，加强文物安全督察执法。

（二）让文物活起来

深化文物博物馆事业改革，建设中国特色世界一流博物馆，进一步优化开放服务措施和讲解服务，持续推进馆校合作，发挥好博物馆育人功能。建设中华优秀传统文化展陈体系，策划推出一批优秀文化精品展和进出境文化展。抓好全省第四次全国文物普查、申报世界文化遗产、深化文明历史研究等重点工作任务的落实。提高文物保护管理水平，推进文保工程实施，加强考古能力建设，深化场馆改革，加强文物活化利用。

（三）推进改革创新

加快文物科技创新，落实"十四五"国家重点研发计划项目。加强文物博物馆机构梯队建设，深入推进文物博物馆事业单位改革，优化岗位设置、薪酬待遇管理、人才引进服务等各项制度。

加大文物和文化遗产保护力度，筑牢文物"应保尽保"根基，加快推进文物保护法修改，严厉打击文物违法犯罪行为，持续推进"中华文明探源工程"、"考古中国"重大项目，完善国家文物鉴定管理体系，设立一批革命文物连片保护和整体展示重大项目，加强文物科技创新攻关和机构队伍人才建设，推进亚洲文化遗产保护行动，增强中华优秀传统文化传播力、影响力。要守正创新、重视改革，加快建立国家文物督察制度，健全"先考古、后出让"

"先调查、后建设"制度，完善社会力量参与文物保护利用政策措施，稳妥推进国有博物馆资产所有权、藏品归属权、开放运营权分置改革，建立社会文物管理改革创新机制，实施"十四五"国家重点研发计划项目，做好国家文物资源大数据库（中国文物云），推动文物事业实现更好更大的发展，谱写中国式现代化文物新篇章。

中华文明历史长卷的连续性、创新性、统一性、包容性、和平性相得益彰。站在新的起点，辽宁省应继续坚持和加强党对文物工作的全面领导，精心保护好珍贵历史文化遗产，利用好文物的育人作用，推动辽宁文物博物馆事业进入高质量发展新阶段。

参考文献

《博物馆学概论》编写组编《博物馆学概论》，高等教育出版社，2019。

《文物学概论》编写组编《文物学概论》，高等教育出版社，2019。

王宏钧主编《中国博物馆学基础》，上海古籍出版社，2006。

杨瑾：《博物馆研究入门》，科学出版社，2024。

郑奕：《博物馆教育活动研究》，复旦大学出版社，2015。

陈红京：《博物馆藏品数字化管理十讲》，上海交通大学出版社，2019。

耿超等编著《博物馆学理论与实践》，科学出版社，2018。

B.7
辽宁美术馆创新发展报告

孙诗涵*

摘　要： 在国家文化产业蓬勃发展的背景下，辽宁省美术馆正处在创新与传承并行的关键时刻。本报告探讨了美术馆在展览策划、技术创新、公共教育、文创产品研发等方面的发展方向。首先，展览策划应突出地域文化特色，通过展示东北历史与工业题材等，增强观众的文化认同感。其次，技术创新至关重要，美术馆需借助虚拟现实等数字化手段，增强展览互动性与沉浸感。再次，公共教育需要进一步拓展，通过与高校合作及多样化的美育活动，美术馆可以增强艺术教育的广泛性。最后，文创产品研发将助力美术馆实现文化与产业的深度融合。展望未来，美术馆应加大在科技与文化创新方面的投入力度，推动跨界合作，进一步巩固其在社会文化建设中的核心地位。

关键词： 美术馆　艺术创新　社会美育　文化传承

美术馆不仅是艺术和文化的宝库，更是时代的见证者和推动者。美术馆通过举办异彩纷呈的展览等活动，不断激发人们对艺术的兴趣，培养了大众的创造性思维、增强了大众的审美意识，营造出浓厚的美育氛围，为新时代的美育氛围及社会的凝聚力注入了深厚的文化底蕴。美术馆亦是社会互动的场所，吸引了具有不同文化背景及社会身份的人们。观众可以在美术馆中分享他们对艺术的看法，与他人交流和讨论，促进文化交流和社会融合。美术馆还常常举办各种文化交流活动，如艺术家讲座、座谈会、国际艺术展览等，为人们提供了认识不同文化的机会，增进了跨文化的理解和友谊。

---

* 孙诗涵，鲁迅美术学院人文学院教师，研究方向为艺术管理。

一 辽宁省美术馆创新发展的基本情况

2023 年，辽宁省文化和旅游系统坚持以习近平新时代中国特色社会主义思想为指导，全面贯彻落实党的二十大精神，贯彻落实习近平总书记关于文物工作的重要论述和在辽宁考察时的重要讲话精神，坚持"保护第一、加强管理、挖掘价值、有效利用、让文物活起来"的新时代文物工作方针，立足新发展阶段、贯彻新发展理念、构建新发展格局。2023~2024 年度，辽宁省内各类美术馆勇于探索创新，不断开拓进取，共同营造辽宁省美术馆行业欣欣向荣的景象。

本报告所列举的辽宁省各类美术馆名录如表 1 所示。

表 1 辽宁省各类美术馆名录

名称	地址
辽宁美术馆(辽宁画院)	辽宁省沈阳市和平区彩塔街 38 号
钢·美术馆	辽宁省鞍山市铁东区湖营街 3 号
沈阳工人美术馆	辽宁省沈阳市铁西区工人文化宫内
鲁迅美术学院美术馆	辽宁省沈阳市和平区彩塔街 27 号
沈阳美术馆	辽宁省沈阳市和平区总站路 115 号
辽河美术馆	辽宁省盘锦市兴隆台区兴隆台街 28 号
沈阳 chi K11 艺术空间	辽宁省沈阳市和平区博览路 2 甲 1 号
红梅文创园	辽宁省沈阳市铁西区卫工北街 44 号

资料来源：笔者根据网络公开资料整理所得。

（一）挖掘地域文化特色

参观美术馆内具有地域文化特色的展览是一次令人深思且丰富的文化体验，通过各种艺术形式的作品展示，将特定地域的独特魅力和深厚文化底蕴呈现给观众。这种展览旨在向观众展示地方特色、传递文化自信，以及增进其对家乡的深情厚谊。观众可以欣赏到来自特定地域的艺术家们的作品，这些作品反映了他们对家乡的热爱和对文化传统的珍视。此外，地域文化展览还伴随各种文化活动和教育项目，为观众提供更深入的了解和参与机会，促进了地域文化的传承与发展。总之，美术馆的地域文化展览不仅丰富了馆藏，还加强了文化交流，传递了文化自信，同时展示了特定地域的独特魅力。

1. 推出东北工业题材展

东北工业题材美术作品具有较强的地域代表性，它们记录了东北地区不同时期的工业景观、工人形象和生产场景，反映了这个地区的历史变迁和社会发展。这些作品以艺术家个体的视角，回顾了东北老工业基地的兴衰历程，勾勒出几代东北人为振兴家乡而奋斗的青春记忆。它们传递着东北地域文化的人文精神和家国情怀，唤起观众对家乡和文化的深刻思考。

（1）辽宁美术馆（辽宁画院）"东北工业题材美术作品全国巡展"

2023 年 3 月 18 日，"东北工业题材美术作品全国巡展"沈阳站在辽宁美术馆（辽宁画院）开幕。此次展览以艺术史与社会史的双重视角，通过作品和文献的形式汇集展出了 20 世纪 50 年代至今表现东北工业主题的油画、中国画、版画、雕塑、水彩画、摄影等多种类型的美术作品 100 余件，其中既有古元、宗其香、李斛等近现代美术名师大家的作品，也有宋惠民、广廷渤、赵大钧、吴云华、赵世杰、王岩、韦尔申、刘小东、王家增、崔国泰、王建国、张峻明等具有重要影响力的名家近作，还有诸多东北籍中青年画家的新人新作。

（2）钢·美术馆"半城钢铁半城山"展

狄傲然、都晓磊博士双个展于 2023 年 3 月 18 日在钢·美术馆正式展出。两位艺术家均用自己的理解诠释了钢铁的艺术。在艺术表现形式上，狄傲然博士多采用的是传统的水彩画，以绘画工业生产场景的方式展现中国工业题材艺术的美感，在作品创作过程中表现自己的审美意识；都晓磊博士则采用了新颖的艺术表现形式，将钢铁、矿石、群山、溪水、绿植、生灵等各类元素构建组合，以现代的装置艺术手段，体现工业文明到生态文明、反思觉醒到如实观照的艺术升华过程。

2. 建立地域特色美术馆

沈阳工人美术馆于 2023 年 12 月 29 日正式开馆，当日，沈阳工人美术馆还推出职工美术工作室举办的"书卷相伴庆新年　指墨飘香迎新岁——辽沈指画艺术精品展"、职工民间工艺工作室举办的工业主题集邮收藏展。其中，工业主题集邮收藏展通过沈阳老厂徽、老厂报、老工作证等展品,展现出沈阳厚重悠久的工业历史。

3. 挖掘工业题材的意义

深度挖掘辽宁工业题材展览是一项有意义的举措,旨在展示东北地区丰富的工业历史和文化,同时为观众提供深入了解工业发展的机会。其重要意义体现在多个方面。

（1）文化的传承与保护

辽宁地区曾是中国工业的摇篮,拥有丰富的工业历史和文化遗产。挖掘东北工业艺术有助于传承与保护这一重要的文化遗产,使其不被遗忘。

（2）历史记忆的呈现

工业艺术作品记录了东北工业的历史变迁,反映了不同时期的工业景观、工人形象和生产场景。它们是历史记忆的重要组成部分,帮助人们更好地了解过去。

（3）文化自信的传递

东北工业艺术展现了东北地区的自信和坚韧,这种文化自信有助于激发地区居民的自豪感和归属感,同时也传递出文化自信的信息。

（4）地域文化的推广

通过东北工业艺术,可以向全国和国际观众展示东北地区的文化特色,推广地域文化,吸引更多人前来了解和体验。

（5）艺术表达的多样化

艺术家运用不同媒介、材料,创作出具有浓厚地域特色的东北工业题材相关的艺术作品,促进了艺术表达的多样化,拓宽了审美领域。

（6）社会意义的反思

东北工业艺术作品也常常反映出工业发展对社会的影响,引发观众对工业化进程中社会问题和价值观的思考。

（二）打造文化和科技融合示范基地

辽宁美术馆（辽宁画院）按照《辽宁省关于促进文化和科技深度融合的实施意见》和《辽宁省文化和科技融合示范基地评选培育管理办法（试行）》的有关规定,申报了"辽宁省文化和科技融合示范基地"（单体类）

项目,并于 2023 年成功入选第三批辽宁省文化和科技融合示范基地名单(见表2)。

表 2　第三批辽宁省文化和科技融合示范基地名单

序号	基地名称	申报单位	基地类别
1	大连九蝶文创园 省文化和科技融合示范基地	大连九蝶文化发展有限公司	集聚类
2	沈阳雅译网络技术有限公司 省文化和科技融合示范基地	沈阳雅译网络技术有限公司	单体类
3	辽宁美术馆(辽宁画院) 省文化和科技融合示范基地	辽宁美术馆(辽宁画院)	单体类
4	沈阳汝乔影视动漫有限公司 省文化和科技融合示范基地	沈阳汝乔影视动漫有限公司	单体类
5	希比科技集团有限公司 省文化和科技融合示范基地	希比科技集团有限公司	单体类
6	辽视新媒体发展有限公司 省文化和科技融合示范基地	辽视新媒体发展有限公司	单体类
7	辽宁鼎籍智造传媒有限公司 省文化和科技融合示范基地	辽宁鼎籍智造传媒有限公司	单体类
8	华强方特(沈阳)文化科技有限公司 省文化和科技融合示范基地	华强方特(沈阳)文化科技有限公司	单体类
9	中图新阅读(大连)有限公司 省文化和科技融合示范基地	中图新阅读(大连)有限公司	单体类
10	大连即时智能科技有限公司 省文化和科技融合示范基地	大连即时智能科技有限公司	单体类
11	辽宁众亿会议会展服务有限公司 省文化和科技融合示范基地	辽宁众亿会议会展服务有限公司	单体类
12	大连金录数码科技有限公司 省文化和科技融合示范基地	大连金录数码科技有限公司	单体类
13	大连蒂艾斯科技发展股份有限公司 省文化和科技融合示范基地	大连蒂艾斯科技发展股份有限公司	单体类
14	阜新天火动漫文化传播有限公司 省文化和科技融合示范基地	阜新天火动漫文化传播有限公司	单体类

资料来源:辽宁美术馆(辽宁画院)。

辽宁美术馆（辽宁画院）打造文化和科技融合示范基地的意义深远而多维。这一举措将推动文化和艺术的创新发展，增强观众的文化体验，增加美术馆的吸引力，促进不同领域的专业交流，推动数字化文化传承，提高地区文化软实力，推进文化教育和科技普及，塑造城市形象，为社会发展注入新的活力。辽宁美术馆（辽宁画院）将在文化和科技融合的道路上发挥重要作用，将艺术与技术的交汇点打造成一个文化创新的引擎，为文化和科技的融合提供良好的平台和机遇。

（三）简化预约入馆流程

美术馆预约入馆流程在官方途径中不断地简化，在微信公众平台、小程序、官方 App 等均可预约入馆。鲁迅美术学院美术馆创立了自身的"鲁美美术馆"App，其已经在美术馆管理、观众体验和文化传播等多个方面产生了深远的影响。这一流程的官方化使美术馆能够更好地满足观众需求，提供更便捷、高效和个性化的参观体验，同时也有助于美术馆更好地规划和运营，实现文化和艺术资源的充分利用。

1. 提供便捷的参观体验

美术馆预约入馆流程的简化使观众能够在家中或办公室轻松预约参观，无须亲自前往美术馆排队购票。观众可以随时通过官方网站或移动应用程序访问展览信息，选择最方便的时间，以及适合的门票类型。这一流程的便捷性让观众感到更加愉快和放松，不再受到排队等待的困扰。

2. 管理观众数量和时间分配

通过预约入馆流程，美术馆可以更好地控制每个时间段的观众数量，避免人群拥挤和混乱。观众在预约时选择的时间段可以帮助美术馆分散参观者，确保他们能够更好地欣赏艺术品，同时提高了观众的安全性和舒适度。这对于应对特殊活动和节假日期间的高峰人流量挑战尤为重要。

3. 个性化的参观体验

美术馆预约入馆流程不仅提升了便捷性，还允许观众根据自己的兴趣和需求进行个性化选择。观众可以根据展览的主题、时间和门票类型，制订符合自己兴趣的独特参观计划。这一流程的个性化特点提升了观众的满意度，让他们感到更有价值。

4. 数据分析和改进

美术馆通过预约入馆流程可以收集大量有关观众的数据，包括参观时间、地点和兴趣。这些数据对于美术馆的运营和改进至关重要。通过分析数据，美术馆可以更好地了解观众的需求，优化展览安排，设计更具吸引力的文化活动，提高观众的忠诚度。此外，美术馆还可以根据观众的反馈和行为，不断改进预约入馆流程，提供更好的服务。

5. 观众和美术馆的互动和沟通

官方预约入馆流程为美术馆与观众之间的互动和沟通提供了新的机会。观众在预约过程中提供的个人信息可用于建立联系，从而获取关于展览等活动的最新信息。美术馆可以通过电子邮件、短信或移动应用程序通知观众有关特别展览、艺术家讲座、工作坊和其他文化活动的消息。这种及时的沟通有助于提高观众的忠诚度，使他们更有可能成为美术馆的常客。

（四）完善公共教育路径

完善美术馆的公共教育路径有助于为各年龄段的观众提供丰富的学习体验和文化启发。

1. 少儿教育活动

辽宁美术馆（辽宁画院）"少儿带家长看展览"是一项具有重要教育价值的文化活动，它有助于促进家庭亲子互动，传递文化价值观，培养艺术鉴赏能力，并加强家庭教育的互动。这种活动为家长和孩子们提供了共同的文化体验，家长可以在孩子身边进行解释，帮助他们更好地理解展览内容。同时，孩子们也可以在家长的陪伴下更自信地表达自己的观点和感受。这促进了教育交流和双向互惠。此外，这种活动还有助于传承文化，在活动过程中家长可以向孩子传递文化传统和价值观。最重要的是，"少儿带家长看展览"不仅培养了孩子的艺术兴趣和审美意识，还让他们感受到社会和文化的多样性，增强了他们的社会融入感和文化敏感性。因此，这种文化活动在家庭和社会层面都具有积极的影响，促进了教育和文化的传承与发展。

2. 助力美丽乡村建设

沈阳美术馆开展"文化下乡、艺术进课堂"活动，为落实沈阳"振兴新突破、我要当先锋"专项行动部署，发挥美术馆高品质公共文化服务职能，用文化和艺术助力美丽乡村建设。在 2023 年 4 月 7 日浑南区杏花节开幕之际，沈阳市公共文化服务中心（沈阳市文化演艺中心）、沈阳美术馆组织 18 位书画家赴沈阳市浑南区祝家街道佟家峪村开展了"文化下乡、艺术惠民"活动。活动期间，书画家们在现场写生创作的同时，也与当地群众、爱好者们进行互动交流，并为当地群众题写与"杏花节"相关的书法作品，捐赠了《祝福祖国》《大地飞歌》等由沈阳美术馆出版印制的精品画集，使当地群众、广大游客获得了一次"有风景、有意思、有品位、有文化、有回忆"的生活体验。

3. 艺术进社区

2023 年 7 月 1 日，为进一步弘扬中华优秀传统文化，丰富社区居民的文化生活，打造家门口的公益课堂，满足社区居民精神文明需求，辽宁美术馆（辽宁画院）党总支联合浑南上青社区开展"书画讲堂进社区"公益活动。来自辽宁美术馆（辽宁画院）的老师们向大家介绍了中国画的发展脉络，让大家对中国画有了基本的认识和理解。随后，用通俗易懂的语言讲解构图、用笔、用墨、设色等基本技法来给居民们普及中国画知识，同时将讲解和实练相结合，生动地展示中国画的创作过程，极大地激发了大家学习中国画的兴致。

（五）集聚高校数字艺术资源

美术馆的数字艺术创作是当代文化和艺术机构的努力方向，它不仅有助于更好地保存和传承艺术作品，还将珍贵的展览内容带到全球观众面前，拓宽了文化交流的渠道。

2023 年 7 月 4 日，由辽宁省文化中心指导，辽宁美术馆（辽宁画院）联合鲁迅美术学院绘画艺术学院、鲁迅美术学院实验艺术系、鲁迅美术学院影像艺术学院、鲁迅美术学院传媒动画学院、东北大学艺术学院、辽宁大学文学院、辽宁大学广播影视学院、辽宁传媒学院艺术学院、沈阳大学美术学院、沈阳师范大学美术与设计学院、沈阳航空航天大学设计艺术学院、沈阳城市学院影视与艺术学院 12 家高校艺术院系主办的省财政厅艺术事业发展专项资金支持项目"视觉辽宁——第二届数字艺术展"在辽宁美术馆（辽宁画院）开展。

此次展览在 2022 年首次成果展的基础上，挖掘辽沈地区的数字艺术资源，集合辽宁省内众多高校有关数字艺术科研成果，从学术角度对这些资源进行梳理、整合、分析，发挥辽宁美术馆（辽宁画院）的平台作用，推动数字艺术走出"深闺"。艺术与科技高度融合势必构建未来艺术新的生态系统、新的价值系统和新的审美系统，并贯通人类文明感知的一切已知与未知，重塑艺术的美学范式。

展览汇集辽沈地区 168 位优秀数字艺术家创作的 180 余组作品，包括数字绘画、艺术摄影、动态影像、影像装置 4 个板块，通过不同的主题深度诠释数字艺术的前沿表达，把对全新媒介时代的生存方式、文化观念的解构转化为视觉化、剧场化、沉浸式的艺术体验，为观众呈现一场集艺术性、科技性、教育性于一体的多感官数字艺术大展。

集聚高校数字艺术资源是辽宁美术馆（辽宁画院）打造文化和科技融合示范基地的重要一环。这一举措意义重大，有以下几个方面的作用。

1. 提供多元化的学术资源

辽宁省内各高校拥有丰富的学术资源，并涵盖了艺术、文化、科技、历史等多个领域。集聚这些资源将使美术馆能够提供更多元化的学术内容，吸引更广泛的观众。

2. 促进学术研究与创新

高校教授和相关研究人员通常从事前沿研究，集聚他们的资源有助于辽宁美术馆（辽宁画院）在文化和科技融合领域进行前瞻性研究与创新。这将为辽宁美术馆（辽宁画院）的展览和教育项目提供有力支持。

3. 提高辽宁美术馆（辽宁画院）的学术声誉

集聚高校的数字艺术资源将有助于提高辽宁美术馆（辽宁画院）的学术声誉，吸引更多的学者和研究者有意愿与辽宁美术馆（辽宁画院）合作。这有助于确立辽宁区域的美术馆在学术界的地位。

4. 支持数字化展示与教育

高校的数字艺术资源可以用于展示与教育。这包括数字艺术品、虚拟展览、在线课程等。这些资源将使辽宁美术馆（辽宁画院）的数字化展示与教育更加丰富和引人入胜。

5. 促进跨界合作

集聚高校数字艺术资源有助于促进不同领域之间的跨界合作。辽宁美术馆

（辽宁画院）可以与艺术学院、工程学院、人文学院等不同学院合作，从多方获得专业知识与灵感，从而推动文化与科技的交流与创新。

（六）打造自主品牌展览

辽河美术馆的"时在辽河——全国小幅工笔国画邀请展"作为辽河美术馆最重要的自主品牌展览，每年举办一次。

辽河文明是中原与东北亚大陆的重要桥梁和纽带，是东亚文化的传播中心，也是中华文明的重要发源地之一。20世纪80年代以来，辽河流域一批重大考古发现表明，辽河流域作为东北古文化发展的重心和东北与中原相接触的前沿地区，有着悠久的历史和独具特色、自成谱系的考古学文化。参展画家来自全国20余个省份，百余位画家的山水、人物、花鸟等精品力作展现了当代工笔画的独特生态和多彩面貌。艺术家们在传统中探寻艺术精神的渊源，在现实中筛选付诸丹青的题材和意象，他们用多样化的形式和个性化的语言，描摹社会发展，弘扬时代精神，淋漓尽致地阐释了中国画的当代价值。

辽河美术馆打造自主品牌展览具有多重意义。

1. 塑造独特身份

自主品牌展览帮助美术馆塑造独特身份。通过连续打造自主品牌展览，美术馆可以在观众心目中树立起独特的文化、艺术和教育形象，与其他美术馆区分开来。自主品牌展览也有助于提高美术馆的知名度。一个有吸引力和独特性的自主品牌展览会吸引更多观众和媒体的关注，提升美术馆的曝光度。

2. 文化推广

自主品牌展览可以用来推广特定的文化主题或艺术流派。通过连续打造相关自主品牌展览，美术馆可以深入挖掘特定文化领域，传播文化价值观。

3. 艺术家合作

有自主品牌展览的美术馆更容易吸引艺术家和艺术家团体的合作。艺术家通常愿意参与具有知名度和声誉的自主品牌展览活动。

4. 品牌延伸

自主品牌展览可以延伸到其他文化和教育领域。美术馆可以将自主品牌展览与出版物、教育课程、线上活动等相结合，扩大影响范围。连续打造自主品牌展览有助于美术馆在文化领域产生更大的影响力。自主品牌展览可以引领文化潮流，对社会产生深远影响。

（七）美术馆与商业区联动（沈阳 chi K11艺术空间）

沈阳 chi K11 艺术空间是中国沈阳市一座独特而充满活力的文化与艺术场所，充分体现了文化与商业的巧妙融合。作为 K11 文化集团在沈阳的分支机构，沈阳 chi K11 艺术空间不仅是一座购物中心，更是一座让观众享受文化、艺术和创意的独特场所。其引领的文化与商业融合模式为观众提供了全新的购物与文化体验，将日常的购物活动升华为文化探索的契机。

沈阳 chi K11 艺术空间的魅力在于其多元化的艺术展览。这里举办各种不同类型的艺术展览，包括绘画、雕塑、摄影、装置艺术等多种形式，展示了本地和国际艺术家的杰出作品。观众可以在这里沉浸于艺术的海洋，欣赏来自各个领域的精彩创作，这不仅满足了艺术爱好者的需求，也为广大观众带来了启发与欣赏的机会。此外，沈阳 chi K11 艺术空间积极推动文化活动的举办，如音乐会、讲座和创意工作坊。这些活动不仅为观众提供了文化交流的平台，还促进了知识的分享与传递。观众可以与艺术家、文化名人亲密互动，深入探讨艺术背后的故事和意义，丰富他们的文化生活。

艺术教育也是沈阳 chi K11 艺术空间的重要组成部分。通过各种艺术课程和创意工作坊，该空间致力于培养年轻一代的艺术兴趣和创造性思维。这些课程涵盖绘画、手工艺、摄影等多个领域，为青少年提供了发展艺术天赋的机会，激发了他们的创造力。除了艺术和文化以外，沈阳 chi K11 艺术空间还关注社会责任。它积极支持各种社会项目和环保倡议，为社会做出积极的贡献。这种社会责任感贯穿于其文化与商业融合的经营理念，强调了文化与商业的共生关系。

美术馆与商业区联动具有多重意义，这种联动为文化、艺术和商业领域带来了许多益处。

1. 艺术传播与普及

美术馆与商业区联动可以增强文化和艺术的可见性，吸引更多人参与和关注。这有助于艺术的传播，让更多人了解和欣赏艺术。

2. 资源共享

商业支持可以为美术馆提供资源，用于维护和扩展其收藏品，举办更多展览和文化活动。这有助于美术馆保持活力和吸引力。

3. 文化创新

美术馆与商业区的联动可以鼓励文化创新。商业区的创意与美术馆的艺术结合，可以产生新的文化产品和服务，丰富文化市场。

4. 经济发展

美术馆与商业区的联动有助于创造就业机会，促进经济发展。文化产业的发展可以带动城市的经济活力增强。

5. 品牌塑造

商业支持美术馆有助于企业增强社会责任感和树立文化形象，提升品牌价值。与文化和艺术相关的合作可以塑造积极的品牌形象。

6. 国际影响力提升

美术馆与商业区的联动也可以提升城市的国际影响力。国际合作和交流有助于推广本地文化和艺术，加强国际文化交流。

美术馆与商业区的联动不仅可以促进文化和艺术的发展，还可以推动经济增长，丰富社会生活，提升城市形象，带来多方面的社会和经济益处。这种合作模式有助于实现文化、艺术与商业的共赢，为社会文化和经济繁荣做出贡献。

（八）艺术驻地项目（红梅文创园）

红梅文创园的艺术驻地项目是一个旨在支持和促进艺术创作的项目，此项目为艺术家提供工作室空间，使他们可以专注于创作。除了提供创作场所以外，还常常为艺术家提供展览机会，让他们的作品能够在美术馆或相关场馆中展出。此外，艺术家还可以获得包括艺术材料、技术等在内的各种资源和支持。艺术驻地项目还鼓励艺术家与同行、策展人、批评家以及公众进行交流与合作，从而开阔他们的视野和拓展他们的社交网络。一些项目甚至提供资金支持，帮助艺术家承担生活和创作成本。这些项目不仅对艺术家的职业发展大有裨益，也丰富了美术馆的文化生活，并促进了艺术与公众的互动。

二 辽宁省美术馆创新发展的现有局限

辽宁省的各类美术馆在创新发展的道路上取得了显著成绩，包括举办多样化的展览、推动艺术教育和社区参与等方面。然而，其创新发展也面临一些局限性。首先，资源分配不均可能导致艺术品展览和收藏的局限，影响馆藏作品的多样性和质量。其次，随着科技的进步和公众审美的变化，辽宁省的各类美术馆需要不断更新其展示和互动技术，以吸引更广泛的观众群体。最后，与国际艺术界的交流合作相对有限，可能影响其在全球艺术舞台上的影响力和认可度。因此，辽宁省的各类美术馆在追求创新发展的同时，需要打破这些局限，以更好地服务于公众和艺术界。

（一）民营美术馆数量较少

辽宁省民营美术馆数量较少可能与以下几个因素有关。

1. 经济和市场环境

辽宁作为东北地区的重要省份，其经济结构和市场环境会对民营美术馆的发展产生影响。辽宁地区经济发展更多依赖于传统产业，导致文化和艺术市场相对不够成熟，这样的环境对于投资和运营民营美术馆来说是个挑战。

2. 政府支持和政策导向

政府对文化和艺术的支持和政策导向对辽宁省的各类美术馆的发展至关重要。如果地方政府更倾向于支持公立文化和艺术机构，民营美术馆就可能在获取资源和政策支持方面遇到困难。

3. 观众基础和市场需求

辽宁省的文化和艺术消费市场的成熟度也是一个重要因素。如果大众对文化和艺术的需求有限，民营美术馆可能难以吸引足够的观众，影响其经济可行性。

4. 投资者的兴趣和认识

在辽宁省，私人投资者对投资文化和艺术行业特别是美术馆的兴趣和认识有限。这可能是由于对文化和艺术市场潜力的了解不够，或者是对艺术品投资回报率有误解。

5. 艺术资源

艺术家、策展人才和艺术作品较强的可获得性是民营美术馆成功的关键。如果这些资源在辽宁省相对有限，那么建立和维持一个成功的民营美术馆将是一个挑战。

辽宁民营美术馆数量与山东、江苏、广东、浙江等相比仍有较大的提升空间（见表3）。

表3　全国各省份（兵团）民营美术馆数量

单位：家

省份(兵团)	民营美术馆数量	省份(兵团)	民营美术馆数量
山东	206	陕西	15
江苏	99	山西	13
广东	96	湖北	12
浙江	92	黑龙江	10
上海	72	广西	9
福建	52	海南	4
河南	38	新疆	4
四川	38	天津	3
北京	34	内蒙古	3
湖南	31	宁夏	3
河北	29	吉林	2
江西	21	贵州	2
安徽	20	云南	1
辽宁	18	新疆生产建设兵团	1
甘肃	17	西藏	0
重庆	15	青海	0

注：不含港澳台地区。

资料来源：中国社会组织促进会。

（二）展览内容缺乏创新性

辽宁省各大美术馆现有的展览还仅限于传统题材，如油画、书法等，缺乏创新性，对于当代人比较钟爱的装置艺术、交互艺术、新媒体艺术涉猎较少，反映了某些美术馆在展览策划上可能存在的保守倾向。这种现象的产生，可能与对传统艺术价值的重视有关，加之对新兴艺术形式的接受过程相对缓慢。虽然传统艺术作品无疑是文化遗产的重要组成部分，值得展示和赞扬，但过分依赖传统题材可能会限制艺术展览的多样性和现代性。这种偏向可能导致观众对艺术的认识停留在已有的范畴内，错过了了解和欣赏当代艺术创新和多元文化表达的机会。为了更全面地服务于公众的艺术教育和增强审美体验，美术馆需要努力在尊重传统的同时，积极探索和展示更多元的艺术作品，包括现代艺术、跨文化作品、科技艺术等，以此促进艺术领域的可持续发展和观众对新兴艺术形式的理解与接受。

（三）美术馆常设展览缺失

辽宁区域的美术馆部分缺乏常设展览，可能会面临一系列的挑战和限制。常设展览作为美术馆的核心组成部分，不仅展示了其独特的藏品和艺术特色，还是吸引并教育公众的重要工具。没有常设展览的美术馆难以吸引稳定的观众群体和形成持续的展览吸引力。这种情况将导致观众对美术馆的认知度和兴趣降低，影响美术馆的品牌形象和文化影响力。

此外，缺少常设展览意味着美术馆过分依赖临时展览来吸引观众，这导致观众流动性大、参观体验不稳定，而且对于策展和运营团队来说，持续策划和组织临时展览在资源和时间上是一个挑战。同时，常设展览通常承载美术馆的教育使命，为观众提供深入了解艺术历史和文化背景的机会，缺失这一部分将削弱美术馆在文化教育方面的作用。

因此，为了建立并维持强大的观众基础，提高文化教育效果，并稳固其在艺术界的地位，美术馆应考虑建立并维护一定规模的常设展览。这些展览的内容可以是美术馆藏品的精选，也可以是代表其特色和使命的经典作品，它们将成为吸引并留住观众的重要因素。

（四）美术馆空间功能规划不完善

美术馆空间功能规划不完善会对其运营效率和观众体验产生负面影响。当美术馆的空间布局和功能划分没有得到充分优化时，会导致展览区域拥挤、导览动线混乱、休息区和互动区不足或位置不佳，甚至安全疏散通道的规划不合理。这不仅影响观众欣赏艺术作品的舒适度和整体体验，也会增加管理上的难度和成本。此外，空间功能规划的不完善还会限制美术馆举办大型展览等活动的能力，影响其吸引国际展览和艺术家的潜力。为了提升辽宁区域美术馆的功能性和吸引力，重视空间功能规划的科学性和合理性是至关重要的。这包括考虑观众的流动性、作品的展示效果、不同功能区域的合理布局，以及灵活多变的空间设计，以适应不同类型的展览等活动需求。通过有效的空间功能规划，美术馆可以为公众提供更加丰富和愉悦的文化体验，同时提高运营效率和安全性。

（五）社交媒体宣传力度不足

美术馆如果在社交媒体宣传方面力度不足，会错失与广大公众建立联系和互动的重要机会。在数字时代，社交媒体是连接艺术机构与现代观众的关键渠道，尤其对年轻一代来说更是获取信息的主要途径。宣传力度不足会导致美术馆的展览等活动信息未能有效传达给潜在观众，影响观众流量和美术馆的知名度。此外，社交媒体不仅是宣传的工具，也是帮助树立品牌形象、展示美术馆特色、增强公众参与感的平台。通过社交媒体，美术馆可以分享幕后故事、艺术品解读、展览预告等丰富内容，维持观众的兴趣和好奇心。因此，加强社交媒体宣传对于提高辽宁区域美术馆的可见度、扩大影响力以及吸引更多年轻观众至关重要。为此，辽宁区域美术馆应合力制定有效的社交媒体宣传战略，定期发布吸引人的内容，并与观众进行互动，以充分利用这一强大的现代传播工具。

2023年中国私人美术馆在 Instagram 上受关注量最大的前五名分别为：龙美术馆、木木美术馆、林冠艺术基金会、X 美术馆、余德耀美术馆（见表4）。

表4 2023年中国私人美术馆在 Instagram 上受关注量最大的前五名榜单

单位：千人

排名	名称	跟随者	账号	地点
1	龙美术馆	21.9	@ thelongmuseum	上海和重庆
2	木木美术馆	20.4	@ m_woods	北京
3	林冠艺术基金会	19.4	@ faurschou_	北京
4	X 美术馆	15.2	@ xmuseum_official	北京
5	余德耀美术馆	14.4	@ yuzmuseum	上海

资料来源：LARRY'S LIST：《2023年私人美术馆调研报告》。

2023 年中国私人美术馆在中国本地的社交媒体——小红书上受关注量最大的前五名分别为：红砖美术馆、本色美术馆、木木美术馆、上海当代艺术馆、余德耀美术馆（见表 5）。

表 5　2023 年中国私人美术馆在小红书上受关注量最大的前五名榜单

单位：千人

排名	名称	跟随者	地点
1	红砖美术馆	6.8	北京
2	本色美术馆	5.9	苏州
3	木木美术馆	4.7	北京
4	上海当代艺术馆	4.6	上海
5	余德耀美术馆	4.3	上海

资料来源：LARRY'S LIST：《2023 年私人美术馆调研报告》。

（六）文创衍生品研发力度较小

美术馆在文创衍生品研发方面力度较小可能会限制其在文化和经济层面的发展潜力。文化创意产品不仅是美术馆品牌传播的重要载体，也是增强观众体验和拓宽收入来源的有效工具。如果忽视这一领域，美术馆可能错失与观众建立更深层次情感联系的机会，同时也减少额外收入的可能。高质量的文创产品能够延伸观众的参观体验，将美术馆的艺术魅力带入日常生活。此外，文创衍生品的开发与推广也是对原有艺术作品价值的再发现和传播，有助于提升公众对艺术的认识。因此，加强对文创产品的研发，不仅能提升美术馆的市场竞争力，还能增强其文化影响力。美术馆应考虑投入更多资源开发与展览主题相结合、具有创新性和文化特色的文创衍生品，以此吸引更广泛的消费者群体，加强观众与美术馆的互动和连接。

（七）公共教育活动形式单一

美术馆如果在公共教育活动方面表现出单一性，可能会错失深化与公众互动和加强公共教育的机会。公共教育是美术馆的重要职能之一，通过多样化的教育活动，辽宁区域美术馆不仅能传播艺术知识，还能激发观众的艺术兴趣和参与热情。单一的公共教育活动可能难以满足不同年龄、背景和兴趣的观众需求，导致美术馆在公共教育方面的效果有限。

活动内容的多样性对于吸引更广泛的观众群体尤为重要。例如，互动式工作坊、艺术家讲座、导览服务、亲子活动、艺术创作课程等，都是提升观众参与度和教育效果的有效方式。此外，结合数字媒体和在线资源进行教育活动的创新，如虚拟展览、在线讲座等，也能扩大美术馆的教育影响力，特别是在面向年轻一代和远程观众时。

因此，为了充分发挥其作为公共教育机构的作用，美术馆应致力于丰富和创新其公共教育活动，使之能更好地满足不同群体的需求，并增进公众对艺术的理解和欣赏。通过提供多样化的教育项目，美术馆不仅能提升其社会价值，还能提升观众对其品牌的认可和忠诚度。

（八）美术馆内在造血动力的缺失

美术馆内在造血动力的缺失指的是美术馆在自我发展、创新及持续运营能力方面的不足。这种现象可能表现为辽宁区域部分美术馆对新的展览内容、教育活动和文化项目缺乏持续的创新和更新，对外部变化反应迟缓，以及在资金和人才管理方面的不足。这样的状况会导致美术馆难以维持观众的兴趣，失去与时俱进的能力，最终影响其在艺术界和公众中的地位。

三　辽宁省美术馆进一步创新发展的对策建议

为了推动辽宁省美术馆的进一步创新发展，建议采取多维度的策略来应对当前的挑战和抓住未来的机遇。

（一）打造民营美术馆协同组织

学习其他地域的民营美术馆的优秀行业经验创办区域协会，加强美术馆之间的交流和合作，不断探讨行业最前沿的资讯，并使优质的展览在各大美术馆之间巡展，做到资源互通。辽宁省美术馆若能集聚力量创立协同组织，不仅可以提高话语权，也更有利于美术馆生态良性发展。

为了营造更加良好的民营美术馆经营环境，可以采取以下策略。

1. 建立辽宁省民营美术馆协同组织

辽宁省民营美术馆协同组织可以促进成员之间的信息共享、资源互助和经验交流。通过定期举办组织会议和活动，民营美术馆可以讨论共同面临的挑战、分享成功经验，甚至共同策划展览或合作项目。

2. 共享资源和服务

辽宁省民营美术馆协同组织成员间可以共享展览艺术品、策展人才等，甚至可以合作进行艺术品的购买和交流。此外，也可以共同购买服务，如广告、市场营销、保险等，以降低成本。

3. 建立数据和信息共享平台

建立一个共享平台，用于收集和分析观众数据、市场趋势、艺术品市场信息等，帮助辽宁省民营美术馆协同组织成员做出更加科学和有效的决策。

4. 发出倡导和制定行业标准

可以作为一个统一的声音，向政府和社会倡导有利于民营美术馆发展的政策，同时制定行业标准，提升整个行业的专业化水平。

通过这些协同策略的实施，可以加强民营美术馆之间的合作，提升它们作为文化和艺术传播者的整体实力和影响力。

（二）采用多感官交互的策展方式

策展方式应该走出"白立方"，建立观众与艺术、城市之间更紧密的联系。当今时代的美术馆从"单一感官展示的场所"正逐渐转变成"感官游乐场"。在未来的策展过程中应该更多地考虑多元感知体验之间的组合与交互，并积极关注观众在对博物馆认知、需求、情感、社交等方面的潜在影响。策展人也应该从"展览的制造者"向"文化的传播者"转变，美术馆的展览不再单一地按照艺术史的逻辑展示艺术，而试图用丰富的方式以某种主题为观众准备一场文化（或者历史）盛宴。展览的缘起不再是艺术本身，而是文化的缘故。可以遵循以下策略。

1. 视觉与听觉结合

除了传统的视觉艺术展示以外，展览还可以包括音乐、声音装置或有声解说，以增强视觉体验并营造特定的氛围。

2. 触觉体验

通过可触摸的艺术品或互动装置，观众可以直接与展品互动。例如，观众可以通过触摸某些材质来感受艺术品的质感，或通过互动装置体验艺术创作的过程。

3. 嗅觉和味觉的融入

在某些特定的展览中，甚至可以通过嗅觉和味觉的刺激来增强体验。例如，艺术作品可以与特定的香味或风味相结合，为观众提供一种多层次的感官体验。

（三）增加艺术收藏品数量

增加艺术收藏品储备和增加常设展览是提升辽宁省美术馆核心竞争力和吸引力的关键策略。实施这些策略时，可以考虑以下几个方面。

1. 精心储备艺术收藏品

增加艺术收藏品储备应基于美术馆的定位和特色，精心选择能反映其文化价值和艺术追求的作品。可以考虑收藏不同时期、风格或地域的艺术品，以提升辽宁省美术馆的多样性。

2. 增进与艺术家、私人藏家的关系

与艺术家、私人藏家建立良好的关系，可以帮助美术馆获取优质的艺术品。此外，美术馆还可以考虑委托艺术家创作独特的作品，增强收藏品的独特性和吸引力。

3. 拓展收藏渠道

通过参与艺术拍卖、访问艺术博览会和展览，美术馆可以发现并获取新的艺术作品。同时可以通过接受捐赠或长期借展的方式来丰富收藏品。

4. 规划常设展览区域

美术馆应规划专门的区域用于常设展览，以展示其核心藏品。常设展览应注重故事性和教育性，通过不同的主题和布局展现藏品的独特价值。

通过这些策略，美术馆不仅能够扩大其艺术收藏品的规模并提升质量，还能通过精心设计的常设展览吸引更广泛的观众，从而提升其文化影响力和社会价值。

（四）合理规划空间布局

合理规划美术馆的空间布局以打造文化综合体是一个旨在提升美术馆功能性、观众体验和文化影响力的重要举措，以下是一些关键策略。

1. 增加多功能空间设计

设计灵活多变的展览空间，可以容纳不同类型的艺术展览和文化活动。包括可调整的展墙、可移动的展示台和灯光系统，以适应不同的展览需求。

2. 设置多用途公共活动区域

设置多用途的公共活动区域，如讲座厅、教育工作坊空间、影视放映区等，以支持各类文化活动和教育项目。

3. 增设互动体验区

设立专门的互动体验区，引入互动装置、多媒体展示和参与式活动，增强观众的参与感和体验感。

4. 规划休闲与商业设施

规划咖啡厅、书店、艺术品商店等休闲与商业设施，为观众提供休息和购物的空间，同时这也是美术馆的额外收入来源。

5. 提供开放式室外空间

设计室外展览区、雕塑公园或花园，为公众提供休闲和社交的开放空间，同时也可以举办户外艺术展览和文化活动。

6. 增加环境友好设计

在美术馆的设计和运营中融入可持续发展的理念，使用环境友好的材料，采取节能措施，营造绿色生态的文化空间。

通过这些综合性的规划和设计，美术馆不仅能够成为展示艺术的场所，还能转变为多功能的文化综合体，更好地服务公众，提升其在文化和艺术领域的综合影响力和社会价值。

（五）建立全方位多维度的宣传模式

建立全方位多维度的宣传模式对于提升美术馆的知名度和吸引力至关重要，以下是一些关键策略。

1. 多渠道宣传

结合传统媒体（如电视、广播、报纸、杂志等）和数字媒体（如社交网络、博客、视频平台等）进行宣传，以覆盖更广泛的受众。

2. 社交媒体营销

积极利用社交媒体平台（如微博、微信、Instagram、Facebook 等），发布展览预告、幕后故事、艺术品介绍等吸引人的内容，提升观众的互动和参与度。

3. 内容营销

通过撰写和发布高质量的内容（如专题文章、艺术评论、访谈、故事讲述等），在各类媒体和平台上提升美术馆的品牌形象和专业度。

4. 数字营销与搜索引擎优化（SEO）

优化美术馆网站和在线内容，实施数字营销与 SEO，提高在搜索引擎中的可见性，吸引更多在线流量。

5. 合作推广

与学校、文化机构、旅游公司等合作，通过共同的推广活动和教育项目，扩大宣传范围。

6. 口碑营销

鼓励观众分享他们的参观体验，利用口碑传播来吸引新观众。可以通过设置社交媒体分享按钮、用户生成内容（UGC）等方式来促进口碑营销。

通过这些多维度的宣传模式，美术馆可以有效地扩大其受众范围，提升品牌形象，并增强展览等活动的吸引力。

（六）拓展文创产品研发路径

1. 深入挖掘美术馆藏品的文化价值

以美术馆的藏品为灵感来源，开发与之相关的文创产品，如以经典艺术作品为主题的纪念品、衍生品。

2. 合作与跨界联名

与知名品牌、艺术家或其他机构合作，推出联名产品。跨界合作不仅可以增强产品的创新性，还能拓宽市场和增加受众。

3. 建立线上线下销售渠道

建立线上商城和在美术馆内设立专门的零售区域，便于游客和在线顾客购买。

4. 持续推动产品创新

保持产品的创新和更新，定期推出新品，以维持市场的新鲜感和吸引力。

通过这些策略，美术馆不仅能够为公众提供具有文化价值和艺术美感的产品，也能够为自身创造额外的收入来源，增强品牌影响力。

（七）涵盖多年龄层的公共教育活动

涵盖多年龄层的公共教育活动是美术馆提升社会参与度和教育影响力的关键。

1. 儿童活动

为儿童设计互动性和教育性强的活动，如儿童艺术工作坊、绘画比赛、寓教于乐的游戏和互动展览。目的是激发儿童对艺术的兴趣，并培养他们的创造力和想象力。

2. 青少年项目

青少年的教育活动包括艺术家见面会、艺术创作课程、艺术史讲座、影像制作工作坊等，旨在提升他们的艺术鉴赏能力和创作技能。

3. 成人课程

为成人观众提供深度讲座、艺术鉴赏课程、艺术史研讨会、艺术品投资咨询等，以满足他们对艺术深入了解的需求。

4. 老年人活动

组织适合老年人的活动，如轻松的艺术赏析、纪念品制作、口述历史等，这些活动不仅提供了艺术教育机会，也提供了社交机会。

5. 家庭活动

设计适合全家参与的活动，如亲子工作坊、家庭导览日、互动式家庭探索游戏等，鼓励家庭成员共同参与和学习。

6. 特殊需求群体的活动

考虑残障人士或其他特殊需求群体的访问体验，提供特殊指导服务、无障碍设施和定制活动。

7. 社区项目

与本地社区合作，举办艺术节、街头艺术展览、社区壁画展示等，以艺术的形式服务并参与社区建设。

通过为不同年龄层提供多样化的公共教育活动，美术馆不仅能够扩大其观众群体，还能在不同年龄层中播撒艺术的种子，培养公众的艺术兴趣和文化素养。

（八）培养美术馆专业人才

培养美术馆专业人才是提升美术馆整体运营水平和服务质量的关键。

1. 专业培训和教育

定期为员工提供专业培训，包括艺术史、展览策划、艺术品管理、市场营销、客户服务等领域的培训。可以邀请外部专家举办讲座，或者组织员工参加专业研讨会和工作坊。

2. 学术交流和研究支持

鼓励员工参与学术交流和研究，支持他们撰写论文、参加学术会议和展览项目，以提升其学术和行业认知水平。

3. 实习和志愿者项目

开展实习生和志愿者计划，吸引艺术和文化管理领域的学生和爱好者，为他们提供实践机会，同时培养未来的专业人才。

4. 国际交流和合作

与国际美术馆建立合作关系，为员工提供海外学习和交流的机会，开阔其国际视野。

参考文献

LARRY'S LIST：《2023 年私人美术馆调研报告》。

李德庚：《流动的博物馆》，文化艺术出版社，2022。

王璜生：《新美术馆：观念、策略与实操》，广西师范大学出版社，2022。

张苗苗：《美术馆策展人：从"展览制造者"到"文化传播者"》，《美术观察》2014 年第 3 期。

熊宇、何宇、朱月编著《艺术与社区：在地性实验艺术研究》，四川大学出版社，2023。

张子康、罗怡：《艺术博物馆——理论与实务》，文化艺术出版社，2017。

B.8
辽宁推进文艺繁荣发展报告

刘冬梅*

摘　要： “十四五”时期辽宁出台《辽宁省“十四五”艺术发展规划》，阐明了辽宁文艺的发展目标、创作重点，以及发展的重要举措和保障措施等。辽宁省文艺工作者在文学、舞台艺术、造型艺术、影视艺术、民间文艺、网络文艺和文艺评论方面持续发力，创作了一批精品力作，打造了文艺辽军品牌，为奋力实现辽宁全面振兴新突破、推进中国式现代化辽宁实践，提供强大的价值引导力、文化凝聚力和精神推动力。

关键词： 辽宁文学　舞台艺术　辽宁文化

辽宁省广大文艺工作者坚决拥护“两个确立”、自觉增强“四个意识”、坚定“四个自信”、做到“两个维护”，全面贯彻党的二十大精神，深入学习贯彻习近平总书记关于文化文艺工作的重要指示精神，特别是学习贯彻习近平总书记在文化传承发展座谈会上的重要讲话精神，自觉肩负起建设文化强省的使命任务，为奋力实现辽宁全面振兴新突破、推进中国式现代化辽宁实践，提供强大的价值引导力、文化凝聚力和精神推动力。

一　“十四五”时期辽宁文艺发展规划及举措

辽宁省文旅厅印发《辽宁省“十四五”艺术发展规划》。该规划提出到2025年，艺术创作生产机制更加健全，优秀艺术作品和人才不断涌现，逐步

---

* 刘冬梅，辽宁社会科学院文学文化学所副所长、副研究员，研究方向为辽宁地域文化和辽宁少数民族文学。

实现从"高原"到"高峰"的跨越；国有艺术院团创造活力和内生动力不断增强，民营艺术团体发展繁荣有序；艺术活动丰富多彩，艺术传播力、影响力和竞争力进一步提升；文艺评价体系更加完善，文艺评论更加权威专业，文艺评奖更加科学有效。具体举措有如下几项。

推进新时代艺术精品创作。实施辽宁省重点舞台艺术创作扶持工程，组织参加全国重大艺术创作工程和艺术活动，实施优秀保留剧目复排提升计划。

打造辽宁艺术活动品牌。举办辽宁省第十二届艺术节，打造节日艺术活动品牌，举办庆祝中国共产党成立100周年艺术展演活动，举办各艺术门类和小型舞台艺术作品展演，开展公益惠民演出活动。

参加全国重大艺术活动。组织参加国内重大艺术活动，组织参加国家美术发展和收藏工程。

造就高素质艺术人才队伍。通过组织进修培训培养艺术创作、表演、管理、评论等方面的骨干人才，举办院团管理人员、舞台艺术主创人员，以及美术、书法、摄影创作人员培训班，举办青年演员艺术表演赛和优秀艺术人才专场演出、作品展示等活动，采取师带徒、设立国家艺术基金项目等方式培养青年艺术人才。

构建文艺评价体系。深化对习近平总书记关于文艺工作重要论述的学习研究，结合重大艺术活动开展"一戏一评"等重点评论活动，举办艺术专题研讨会，完善辽宁省文化艺术政府奖"文华奖"评奖。

扶持地方戏曲保护传承。扶持地方戏曲重点剧目创作，举办和参加辽宁、吉林、黑龙江、内蒙古四省区地方戏曲优秀剧目展演，组织参加全国地方戏曲振兴发展重要活动，举办辽宁省地方戏曲小戏展演。

加强艺术团体建设。研究制定《辽宁省深化国有文艺院团改革实施意见》《辽宁省国有文艺院团社会效益评价考核实施办法》，推进美术馆、画院专业建设和行业管理。

促进旅游演艺发展。实施辽宁省旅游演艺扶持项目计划，组织优秀旅游演艺作品展演。

2024年辽宁省艺术创作工作的目标是围绕庆祝中华人民共和国成立75周年等重大时间节点，牢牢把准政治方向和把握时代脉搏，着力服务全省工作大局，守正创新，担当作为，以创作为核心任务，以演出为中心环节，致力艺术创新，加强文旅融合，努力创作演出优秀文艺作品，用心用情用力讲好中国故事、辽宁故事，丰富人民群众文化生活，为辽宁全面振兴贡献文艺力量。

二　辽宁文艺发展概况与成绩

2023年，辽宁省文学艺术界联合会第九次代表大会、辽宁省作家协会第十一次代表大会、辽宁省社会科学界联合会第六次代表大会在沈阳举行。辽宁省文艺界坚定文化自信、服务中心大局、坚守人民立场、坚持守正创新、恪守初心正道，创作出了更多优秀作品。

近年来，辽宁省文艺界围绕抗日战争胜利75周年、中国共产党成立100周年、抗美援朝胜利70周年、中华人民共和国成立75周年等重要节点，围绕党的二十大胜利召开、新时代辽宁振兴发展等主题，开展重大现实题材、革命题材、历史题材和辽宁地方特色题材等创作，推出一批精品力作。芭蕾舞剧《铁人》、广播剧《有事找彪哥》《中国北斗》、歌曲《少年》（建党百年版）、图书《铜行里》、电影《柳青》获得第十六届精神文明建设"五个一工程"优秀作品奖。原创音乐剧《国之韶华》入选文化和旅游部第二届全国优秀音乐剧展演。辽宁作曲家石铁源获得中国文联终身成就奖（音乐）。《北爱》《大辽河》《中国"稻路"：超级稻诞生记》《回家的孩子》《慈江雨》入选中宣部2023年主题出版重点出版物选题名单。《中国当代小说八论》获第八届鲁迅文学奖文学理论评论奖。《白熊》和《罗布泊新歌》获第十二届全国少数民族文学创作"骏马奖"。《小小小世界》获第十一届全国优秀儿童文学奖。

辽宁省积极争取国家艺术基金扶持，辽宁省委宣传部、辽宁省财政厅、辽宁省文联、辽宁省文旅厅等积极筹措资金，对文艺创作生产、出版创作生产等进行专项资金扶持，助力辽宁文艺事业发展。

近年来，互联网和学术界热议"东北文艺复兴"。"东北文艺复兴"涵盖了文学、音乐、影视剧、短视频、脱口秀等多种文艺形式。新时代辽宁文艺获得更多的话语权和展现自身文化魅力的机会。2019年，在大连举办的"东北文学与文化国际研讨会"与会专家学者首次提出"东北学"概念。《小说选

163

刊》在 2022 年 7 月用"东北文艺复兴"栏目之名，刊发老藤、阿成、夏鲁平、班宇、杨知寒的小说。《当代作家评论》开设专栏探讨"东北文艺复兴"现象。

《辽宁艺术通览（古代卷）》《沈阳当代书法史（1948—2008）》《啄木守望与提灯照亮——文学辽军点评录》等著作出版，《当代作家评论》《鸭绿江》《艺术广角》等杂志发挥文艺评论阵地的作用，辽宁省文艺界主办各类评奖，对辽宁文艺发展起到非常重要的推动作用。

（一）文学：推动高质量发展，提升文学辽军影响力

2023 年以来，辽宁省作协以习近平新时代中国特色社会主义思想为指导，积极推进新时代辽宁文学高质量发展。聚焦主题创作，实施一个工程和三个计划，分别是文学辽军作品质量提升工程、新时代辽宁文学群峰耸峙计划、新时代辽宁文学山乡巨变创作计划和新时代辽宁文学"火车头"创作计划，推出反映新时代辽宁文学全面振兴、全方位振兴的"辽字号"精品。

1. 主题创作方面，围绕"喜迎党的二十大"和讲好辽宁故事等主题开展创作

辽宁省作协组织出版《迎接党的二十大报告文学作品集》，包括由滕贞甫主编的《风鹏正举》和由周建新、刘国强分别创作的《大爱无边》《用理想剪裁天下》三部报告文学作品集，记录了党的十八大以来辽宁众多的先进集体和先进个人的奋斗故事与优秀事迹。

在讲好辽宁故事、为时代楷模和辽宁好人立传上，推出了《曲建武作品专辑》《静静的鸭绿江》等作品；在脱贫攻坚和乡村振兴上，推出了《驻村第一书记》《繁花似锦》《大地芳菲》等作品；在反映辽宁老工业基地振兴上，推出了《锻造"中国芯"——沈阳鼓风机集团振兴发展纪实》《雄风北来》《热血在燃烧——大三线峥嵘岁月》等作品；在深入生活、扎根人民上，推出了《辽疆之恋》等作品。

为纪念毛泽东等老一辈革命家为雷锋同志题词 60 周年，由萨仁图娅著的融媒体图书《雷锋！雷锋!》由辽宁教育电子音像出版社出版。全书共 7 辑100 首诗歌，全部配有 H5 朗诵音频。胡世宗出版了《洪流放歌：我写雷锋 60年》和《致敬雷锋：诗选 100 首》。王立军《学习雷锋好榜样》由春风文艺出

版社出版。该书通过回顾雷锋讲过的话、雷锋走过的路、雷锋做过的事等实录内容，再现了雷锋成长为时代楷模的历程。

2. 实施新时代辽宁文学山乡巨变创作计划、"火车头"创作计划和"金芦苇"重点作品推介工程

辽宁省作协于 2022 年 3 月出台了新时代辽宁文学山乡巨变创作计划相关实施方案，邀请国内知名专家，与省内正在从事"山乡巨变"题材创作的部分作家座谈交流，对接创作、发表、出版事宜。老藤的《草木志》、津子围的《苹果红了》入选中国作协"新时代山乡巨变创作计划"第三批重点推进作品名单。盘锦作家张艳荣携长篇小说《河流上的土地》参加了"中国作家协会新时代山乡巨变改稿培训班"。

为促进辽宁文学高质量发展，辽宁省作协在东北财经大学举办了"落实文学高质量发展工程实现三年行动计划各项任务"专题培训班，还与中国当代文学研究会在北京举办了新时代文学辽军高质量发展务虚会。辽宁省作协举办了记录"新突破"、书写"新六地"组织策划骨干专题培训班。

新时代辽宁文学"火车头"创作计划重点抓工业题材创作，已收集到《大船》《对开的列车》等多部工业题材文学作品。长篇报告文学《奠基路上》是其中的代表作。

以"金芦苇"重点作品推介工程为抓手，补齐长篇小说创作上的短板。"金芦苇"重点作品推介工程自 2017 年设立以来，为《寻找张展》《唇典》《十月的土地》《王的背影》《锦西卫》《锦绣》《一个人的灯火》《繁花似锦》《硝烟散尽》《乌兰牧骑的孩子》《大地芳菲》《大辽河》等召开了作品研讨会，推动了长篇小说创作，辽宁省长篇小说创作局面有了很大改观。

3. 抓好文学奖项评选，树立正确的创作导向

举办第十一届辽宁文学奖、第十二届辽宁优秀儿童文学奖、曹雪芹华语文学大奖、赵郁秀儿童文学新篇奖、第五届当代中国文学优秀批评家奖、《鸭绿江》文学奖等评奖活动。

进一步提升了辽宁文学奖的权威性和公信力。2023 年，在第十一届辽宁文学奖评选中，胡世宗辽宁"六地"红色文学题材创作获特别奖，付九江《冷锋过境》等获中篇小说奖，万胜《执子之手》等获短篇小说奖，川美诗集《往回走》等获诗歌奖，王雪茜散文集《折叠世界》等获散文奖，王重旭报告文学集《风雨惊堂：田连元传》等获报告文学奖。

刘东《世界上没有真正的空房子》、肖云峰《猫王子》、盖尚铎《一定要等月亮出来》、李铭《桃花吐》和鲍尔吉·原野《乌兰牧骑的孩子》获第十二届辽宁优秀儿童文学奖。

4. 切实加强文学辽军队伍建设

组织第十四届签约作家、特聘签约作家、特聘评论家的评聘工作；继续实施青年作家导师制，培养一批有发展潜力的"90后""00后"作家。辛酉、牛健哲、李伶伶、梁萧、付久江、黑铁、庞滟、姚宏越、聂与、邢东洋、赵杨、肖云峰被聘为第十四届签约作家，俞胜、傅逸尘、刘诗宇被聘为特聘签约作家，周景雷、林喦、韩春燕、胡玉伟、吴玉杰、张祖立、梁海、韩传喜、乔世华、周荣、张维阳被聘为特聘评论家。辽宁省作协签约作家制度创建于1997年，截至2023年7月，已评选出14届，签约作家达283人次，已经成为辽宁省作协培养和推出优秀青年作家的重要方式。

5. 其他

2023年，文学辽军展示馆在沈阳建成。展陈按时间分为"光荣前身""火红年代""改革开放""盛世华章""奖项荣誉榜"5个部分，展现建党百年以来辽宁文学的发展历程与主要成就。

辽宁开展"文学之乡"创办活动。2023年，大连庄河、沈阳康平、盘锦二界沟获"文学之乡"称号。

2024年6月，辽宁文学海外传播中心在大连外国语大学成立，拓展辽宁文学的译介渠道。

辽宁省作协打造"午后文学时光"品牌，用党建引领读书。

（二）舞台艺术：深挖辽宁"六地"红色文化资源，展现辽宁地域风情

2024年春晚辽宁沈阳分会场创编《小拜年》《送情郎》等独具东北特色的音乐，与摇滚、说唱、民乐、芭蕾相融合，展示了辽宁舞台艺术的魅力。

辽宁省举办音乐、舞蹈等艺术门类大赛和舞台艺术展演等活动，培育打造辽宁省艺术节和新年音乐会、新春戏曲晚会等艺术活动品牌。辽宁人民艺术剧院（辽宁儿童艺术剧院）、辽宁歌剧院（辽宁交响乐团）、辽宁芭蕾舞团、辽

宁歌舞团（辽宁民族乐团）等深挖辽宁"六地"红色文化资源，创排艺术作品，讲好辽宁故事。杂技剧《先声》、话剧《把一切献给党》《天算》《千金寨》、评剧《尉凤英》、京剧《邓稼先》、音乐剧《风刃》和海城喇叭戏《玉石沟》获得第六届辽宁文华奖。

辽宁省文旅厅出台《辽宁省旅游演艺实施方案》。在省财政厅的支持下，设立扶持专项资金 300 万元。着眼各地文艺院团舞台艺术特色剧目，重点扶持具有示范作用的区域性旅游演艺项目 4 个：沈阳音舞诗画《沈阳印记》、大连话剧《老酒馆》、营口音舞诗画《梦回故园情》和阜新歌舞晚会《圣水亲·蒙乡情》。

辽宁人民艺术剧院（辽宁儿童艺术剧院）的话剧《天·粮》、大连杂技团有限公司的杂技剧《深蓝的回声》和大连大学的交响乐《云之彩》入选 2024 年度国家艺术基金大型舞台剧和作品创作项目。

沈阳音乐学院的群舞《散乐图》、沈阳演艺集团有限公司的群舞《簪花仕女》、沈阳音乐学院的歌曲《初心告诉我》、沈阳师范大学的歌曲《东北美》、大连杂技团有限公司的杂技《蹬伞》、辽宁省文化遗产保护中心（辽宁省非物质文化遗产保护中心）的北京评书《帕米尔雄鹰》入选 2024 年度国家艺术基金小型剧（节）目和作品创作项目。

大连话剧院有限公司的话剧《把一切献给党》和辽宁芭蕾舞团的芭蕾舞剧《榜样》巡演入选 2024 年度国家艺术基金传播交流推广项目。

沈阳师范大学的评剧表演人才培训入选 2024 年度国家艺术基金艺术人才培训项目。

辽宁芭蕾舞团敖定雯的舞蹈、舞剧编导入选 2024 年度国家艺术基金青年艺术创作人才项目。

2023 年，第十二届艺术节在大连市举办。该届艺术节既有话剧、京剧、评剧、音乐剧等舞台艺术，也有海城喇叭戏、阜新蒙古剧、凌源影调戏、铁岭秧歌戏等辽宁独有的剧种展演；既有英模题材的作品，也有反映辽宁"六地"红色文化题材的作品。参演单位既有省、市、县国有文艺院团，也有民营院团和艺术院校。艺术节期间，在全省各地举办大合唱、广场舞、曲艺、戏剧（小戏、小品）、舞蹈、音乐（声乐、器乐）等群众性展演活动。

1. 音乐艺术

2023 年以来，辽宁省举办第八届音乐金钟奖比赛、首届"鲁艺杯"全国高校音乐评论比赛。辽宁省文旅厅主办"家乡美"旅游歌曲演唱会活动。辽宁省文化中心举办第二届、第三届"大河之澜"演出季。沈阳、大连等地举办新年音乐会。

辽宁省新年音乐会已成为文化品牌。沈阳的辽宁大剧院和盛京大剧院有 8 场新年音乐会演出。大连艺术学院 2024 新年音乐会在大连开发区大剧院与大连人民文化俱乐部推出 2 场。本溪交响乐团排练的《花好月圆》《瑶族舞曲》《农民波尔卡》等中外经典乐曲和《话说本溪》等原创交响诗乐是"乐动山城"新年音乐会的重要节目。大连开发区大剧院、大连人民文化俱乐部安排了 6 场新年音乐会。

锡伯族歌曲《西迁的路》入选 2024 年全国少数民族优秀声乐作品展演。

2024 中国音乐小金钟——长江钢琴第四届全国钢琴展演辽宁地区选拔赛（业余组）在沈阳举行。

2. 舞蹈艺术

沈阳音乐学院舞蹈学院的《散乐图》获得第十三届中国舞蹈"荷花奖"古典舞奖。第十三届"桃李杯"全国青少年舞蹈教育教学成果终评暨现场展示活动在北京举行。沈阳音乐学院的 21 项作品入围终评暨现场展示活动，其中独舞 17 项、群舞 3 项、教师精品课 1 项，展演内容涵盖中国古典舞少年组、中国民族民间舞少年组、现代舞青年组、芭蕾舞少年组、芭蕾舞青年组、群舞组、教师精品课组。

由辽宁省舞蹈家协会、大连市文联主办的大型音舞诗话"鼓舞天下——张毅舞蹈艺术纪念演出"在大连人民文化俱乐部举行。纪念演出通过网络进行现场直播，海内外观众 12.50 万人在线观看、4.04 万人点赞。

辽宁歌舞团（辽宁民族乐团）与辽宁省博物馆共同创排系列舞蹈作品《国宝辽宁》，实现了舞蹈与文物的跨界融合。

由沈阳演艺集团有限公司创排、河南卫视和沈阳市文旅广电局出品的古典舞《簪花仕女》《清风徐来》在河南卫视播出的节目《2024 清明奇妙游》亮相。

3. 曲艺艺术

辽宁省曲协推荐的《曲艺观演关系的文化观照与审美新变》等 7 篇论文入选第八届中国曲艺绍兴（柯桥）高峰论坛，崔晓的《曲艺观演关系的文化观照与审美新变》、姜阳的《新媒介生态下曲艺传播的路径与方法探究》被评为优秀论文。辽河鼓词《金山战鼓》入选中国曲艺家协会主办的第十九届马街书会优秀曲艺节目展演，数来宝《守好您的养老金》和故事《报国一生为工农》入选"乡风曲韵"2024 胡集书会全国美丽乡村优秀曲艺节目展演，评书《封神演义之姜太公卖面》入选 2024 年中国·宝丰马街书会第六届优秀传统长篇大书擂台赛。王超、张春丰分别入选艺苑撷英——2023 年、2024 年全国优秀青年艺术曲艺人才展演。

铁岭民间艺术团艺员张春丰获得中国曲艺牡丹奖表演奖。崔晓创作的东北大鼓《一只皮箱》、辽宁科技大学教师裴冠红分别获得中国曲艺牡丹奖文学奖和新人奖提名。

辽宁省第五届大学生曲艺节在鞍山举行，全省有 16 所高校创作的 24 个节目入选。节目涵盖了京东大鼓、山东快书、苏州弹词、音乐快板、拉场戏、评书、喜剧小品、快板快书、相声等多个曲艺种类。

由中国曲艺家协会、辽宁省文联主办，辽宁省曲艺家协会承办的第十届全国（沈阳）相声小品优秀节目展演在辽宁大剧院举办。《十年》《我爱沈阳》《父与子》《隔夜酒》《送您一首歌》等节目具有浓郁的辽宁地方特色。由中国曲协、辽宁省文联主办，辽宁省曲协承办，中国人民解放军 31699 部队、抚顺市文联协办的第十一届全国（抚顺）相声小品优秀节目展演在辽宁抚顺举办。

党的二十大精神曲艺宣讲走进鞍山暨纪念毛泽东等老一辈革命家为雷锋同志题词 60 周年系列活动在鞍山市文化馆举行。鞍山市曲艺名家通过相声、快板、二人转、东北大鼓等形式宣传党的二十大精神。

2024 年，第七届辽宁曲艺牡丹奖评奖在铁岭举办，评选出节目奖 3 个、表演奖 2 人、创作奖 5 部和新人奖 3 人。辽宁省第八届少儿曲艺大赛在大连举办，评选出最佳节目 9 个、优秀节目 9 个、入围节目 8 个。

4. 戏剧

辽宁芭蕾舞剧、话剧、京剧等在全国乃至国际舞台均取得过优异成绩。京剧《将军道》、话剧《郭明义》获第十四届文华奖，芭蕾舞剧《八女投江》获第十五届文华奖，话剧《干字碑》的主演由长平获第十六届文华奖表演奖。

第九届大学生戏剧节在沈阳音乐学院举办。辽宁省大学生戏剧节累计推出话剧、戏剧、小品、小戏等各类作品 400 余部，已经成为辽宁省校园文化品牌。

2022 年，辽宁省文旅厅组织实施"新时代现实题材创作工程"，确定 40 部重点选题作品，作品内容涉及抗战历史、时代风貌、英模人物、地域文化，艺术门类包括话剧、歌剧、舞剧、戏曲等。

辽宁戏剧在重大革命题材、重大历史题材方面，创作了话剧《天算》、歌剧《邓世昌》、杂技剧《先声》、舞台思政剧《光荣·梦想》、音乐剧《不朽》等；在以普通人生活的变迁折射时代巨变方面，创作了话剧《老酒馆》、海城喇叭戏《玉石沟》、凌源影调戏《百合芬芳》等。

《祖传秘方》《开炉》《天算》是辽宁人民艺术剧院（辽宁儿童艺术剧院）创排的"抗战三部曲"。三部话剧都是以沈阳民众团结一致、英勇抗战为主题，以敌我双方的斗争为主线，故事发生地都是沈阳老北市。话剧《天·粮》再现了 70 多年前"北大荒"变成"北大仓"的历史过程；《北上》讲述在新中国成立前夕，中国共产党诚邀并护送爱国民主人士，从香港出发北上东北解放区参加人民政协筹备工作，参加中国人民政治协商会议的故事。杂技剧《先声》用杂技艺术来弘扬伟大的抗战精神。

辽宁芭蕾舞团创演的《八女投江》《铁人》《榜样》"红色三部曲"将主旋律题材的艺术性、政治性和历史性相融合。改编自世界名著的新古典芭蕾舞剧《巴黎圣母院》和交响芭蕾舞剧《斯巴达克》是辽宁芭蕾舞团的品牌剧目。

歌剧《邓世昌》带领观众回望甲午海战悲壮的历史，重温英雄邓世昌的壮举，弘扬伟大的爱国主义精神。音乐剧《鲜花盛开的地方》讲述辽宁彰武 70 年来三代人防沙治沙的故事，将辽宁民间音乐元素和流行音乐相结合。

5. 戏曲

《菊苑流芳——2024 辽宁省新春戏曲晚会》在阜新煤矿工人文化宫举办，涵盖京剧、评剧、辽剧、海城喇叭戏、阜新蒙古剧、凌源影调戏、铁岭秧歌戏等辽宁省所有的戏曲剧种。

"菊苑流芳"第九届辽吉黑蒙四省区地方戏曲优秀剧目展演在沈阳、抚顺、本溪和锦州举办。

2023年"戏聚沈阳·擂响中华——全国戏曲青年领军邀请赛"在盛京大剧院举办。此次大赛有13个剧种同台献艺，包括京剧、昆曲、越剧、豫剧、评剧、秦腔、楚剧、河北梆子、川剧、吉剧、锡剧、上党梆子、石家庄丝弦，也有老生、小生、青衣、花旦等多个行当。

辽宁举办"中国少儿戏曲小梅花荟萃"、"梨花初绽"辽宁省第三届青少年戏曲晚会暨戏曲动漫进校园成果展演等，组织戏曲动漫进校园等活动。

第二十七届"中国少儿戏曲小梅花荟萃"活动审核结果，辽宁参加终审的9人均获得中国剧协"小梅花"称号，集体节目获得中国剧协"小梅花集体节目"称号。为贯彻落实《关于支持戏曲传承发展的若干政策》和《关于振兴辽宁地方戏曲的实施意见》，辽宁省文旅厅实施地方戏曲扶持工程，设立省级戏曲名家工作室，举办第二届地方戏曲小戏展演。

辽宁省文旅厅和丹东市人民政府主办的"我们的中国梦——文化进万家"2024年辽宁省戏曲进乡村活动在丹东凤城大梨树村举行。

大连京剧院的凌珂入选2023年全国戏曲表演领军人才培养计划。

6. 杂技艺术

辽宁杂技以"新难齐美"著称，《飞车走壁》《环球飞车》《腾空飞杠》等节目对中国杂技发展起到了一定的推动作用。2024年沈阳杂技演艺集团创作的大型魔术节目《拯救者·越域》和大连杂技团的《光》获得中国杂技金菊奖。

大连杂技团演出的《蒲公英的天空》作为唯一杂技类节目亮相中央广播电视总台2024年的元宵晚会。2024年8月，第十二届全国杂技展演在辽宁举办。

辽宁省杂技家协会在大连举办了第三期杂技骨干人才培训班。省杂技家协会主席团成员和来自全省各杂技团（校）、杂技界新文艺群体的学员参加了培训。

大连市文化艺术事业发展中心组织实施"少年杂技人才文化艺术能力培养"项目。大连市评协、大连市杂协与该项目组在大连杂技团召开"出精品、育人才"杂技《蹬伞》暨大连杂技创作发展研讨会。

（三）造型艺术：唱响主旋律，展现辽宁全面振兴新气象

为纪念毛泽东等老一辈革命家为雷锋同志题词60周年，由中国摄影家协会、辽宁省文学艺术界联合会等共同主办的"永恒的雷锋"——雷锋照片主要拍摄者董哲、吴加昌、周军、张峻、季增、张泽西作品原件展在辽宁美术馆（辽宁画院）开幕。"传承红色记忆 弘扬雷锋精神"——辽宁省纪念毛泽东等老一辈革命家为雷锋同志题词60周年美术绘画巡展在鞍山展出。展览通过油画、国画、连环画、插画以及邮票设计等多种艺术形式，集中展现了工人雷锋支援鞍钢建设、生产劳动的画面。

2024年，辽宁省多位美术家的作品进入第十四届全国美术作品展实验艺术、数字艺术与动画展区，油画展区，综合画种展区，雕塑展区，艺术设计展区，中国画展区，漆画展区，工艺美术与陶瓷艺术展区，版画展区，水彩·粉画展区复评。

辽宁多个美术项目入选2024年国家艺术基金项目。沈阳大学万弘巍的油画创作《黑土地上的幸福赞歌》入选美术创作项目，鲁迅美术学院"国之大者——中国当代主题性雕塑创作手稿巡展"、鲁迅美术学院"时代印记·为人民而画——鲁艺连环画文献研究展"、鲁迅美术学院"红色足迹——辽宁'六地'红色文化主题美术作品巡展"入选传播交流推广项目，鲁迅美术学院"传承与突破——当代全景画创作人才培训"、鲁迅美术学院"教材插图创作人才培训"、东北大学"当代工业产品艺术设计人才培训"入选艺术人才培训项目，鲁迅美术学院邱佳和李宝荀的水彩·粉画创作、沈阳大学周雅雯的工艺美术创作入选青年艺术创作人才项目。

沈水观澜·起——2023年沈阳城市系列文艺作品展之《城市墨卷》书法作品展、《城市相册》摄影作品展在沈阳美术馆开展。《城市墨卷》共展出百位书法家的百幅书法作品，内容选自党的二十大报告金句和沈阳市作家协会"城市华章"系列作品精彩语段，以真、草、隶、篆等不同书写形式，呈现老中青三代书画家以书法为载体传文化之薪火。参展的作品中不乏老一辈"九畹"书法家李仲元、姚哲成、聂成文、董文等人的笔墨。《城市相册》用镜头讲述沈阳故事，传播沈阳声音。

2024年由国家艺术基金管理中心、辽宁省文旅厅、辽宁省公共文化服务

中心主办的"虚构与现实之间"中国当代艺术影像展在辽宁省图书馆开展。

1. 美术

"山海有情 天辽地宁"万里海疆——中国百名油画家主题作品展系列活动在锦州辽沈战役纪念馆启动。

辽宁省美术家创作的作品入选第八届全国架上连环画展览、第十三届全国水彩·粉画作品展览、第六届全国漆画展、第五届中国民族美术双年展、第二届中国画双年展、第二十五届全国版画作品展览等国家级展览的复评。

"水墨清韵——2023当代中国画家作品联展(大连站)""弘扬六地红色文化'写意中国·大美辽宁'暨辽宁省首届中国画水墨展"在大连中山美术馆举行。

2023年,辽宁美术馆(辽宁画院)举办"红色礼赞——张洪赞绘画艺术展""祖国万岁——包锦华个人画展""无尽意·痕——冯远绘画作品展",还有"东北工业题材美术作品国内巡展""第二届视觉辽宁——数字艺术展""庆祝八一建军节美术书法作品展"等展览。

第十三届辽河情书画展在辽河画院举行。辽河情书画展是辽宁省知名艺术品牌,以弘扬中华优秀传统文化、宣传辽河文化、培养艺术新人、推动辽宁文化大发展为己任,具有公益性和服务性。

"梦之青春"——第四届辽宁省青年美术作品展在沈阳观澜美术馆举办。

"砥砺奋进·再铸辉煌"——辽宁新工业题材优秀美术作品展公布评选结果:刘洋《脊梁》等5部作品获评最佳作品,崔全顺《大工业的记忆》等10部作品获评推荐作品,孙志超《和光同兴》等获评学术作品,杜明哲《丰碑1919》等获评优秀作品。辽宁美术馆(辽宁画院)举办"展'六地'文化 书'振兴'豪情"——深入学习贯彻党的二十大精神辽宁省优秀书法作品展。

"一元复始——2023辽宁小幅油画作品展"在辽河美术馆二楼展厅开展。共展出86名画家的115幅作品。"辽宁小幅油画作品展"是20世纪80年代辽宁油画家们在改革开放之初创立的艺术品牌。

2023年10月8日是铁人王进喜诞辰百年纪念日。画家赵世杰创作了一大批反映东北革命历史和新中国工业建设主题的作品,以大气磅礴、充满阳刚气度的风格描绘和塑造了革命者与建设者的形象,为重大主题美术创作做出了突出贡献。他笔下石油工人拼搏奋进的肖像和群像,渔港渔村渔民生产劳动的情景，都充满了生活的气息，也反映了地域的特色。《黄金带探——2018 井》入选第十三届全国美展。《共和国为你肖像——创业艰难百战多》（主创）入选第十三届全国美展和第四届中国壁画大展。近几年，沈阳书画院推出"映像沈阳""记忆中的沈阳""活力新沈阳""大工业情怀""黑土地之歌""大地飞歌"等一系列多角度描述辽宁自然风光、人文风貌的项目。不仅有关注英模人物的画作，如杨竞的《尉凤英》《罗阳》等，还有关注普通劳动者的画作，如曹明的《穿白衣服的女孩》、陈宝赓的《锻造》、李旭的《北方的渔村》、李钢的《白清寨的收获季节》等，呈现出艺术家视角下辽沈大地劳动者的艺术形象。

2. 书法

辽宁省书法家作品入选全国第五届正体书法作品展览，全国第五届草书作品展览，全国第五届青年书法篆刻作品展览，2021"中国书法·年展"全国行书、草书、篆书、隶书、篆刻、楷书作品展，第九届中国书坛新人新作展览，全国第三届书法临帖作品展览等大展。刘长龙获得第七届中国书法兰亭奖（书法创作方向）铜奖。杨宝林独立撰写的《辽宁书法史》于 2024 年出版。

"翰墨助振兴"——打造新时代"六地"辽宁名家书法展在沈阳举办。

"辽海八家——书法篆刻展"在辽宁美术馆（辽宁画院）开幕。此次展览展出何连仁、齐作声、彭过春、张世刚、冷旭、施恩波、董文广、张公者 8 位作者近年来创作的作品。

盘锦承办"传承、发展、振兴"共和国将军书法作品展暨辽河书画博物馆向盘山县捐赠将军书法仪式。辽河书画博物馆承办了"崇德弘艺 传承振兴"全国书法名家作品展。其于 2023 年 11 月 1 日在盘锦市图书馆举办，共展出 120 幅作品，其作者均为中国书协会员，包括聂成文、佟韦、陆石、王丹等人。

3. 摄影

辽宁摄影家王乃功的作品获得第 67 届世界新闻摄影大赛（荷赛）亚洲区长期项目奖。赵欣获得第十四届中国摄影金像奖。辽宁摄影家的作品入选第 29 届全国摄影艺术展览、2023 第十届大理国际影会等展览。

辽宁省文联、辽宁省公共文化服务中心等主办"美丽辽宁"主题摄影展暨第 20 届辽宁省摄影艺术展、"山海有情 天辽地宁"第二届辽宁省百姓摄影展、"又见青年"第五届辽宁省青年摄影大展暨第十届辽宁省青年摄影十佳作品展等。

冷雪的《暴风雪中》等8件单幅作品和孙中庭的《花》等12件组照、周士钰《薄膜、支架和透视镜》等5件短视频作品获得第五届辽宁省青年摄影大展暨第十届辽宁省青年摄影奖。青年摄影十佳分别是陈子军、段浩明、关晓东、焦洋、李靖、刘大辉、刘一麟、任恩猛、孙颖、朱晓兵。

2024年"一带一路"人文视界摄影艺术展、第二十一届辽宁省摄影艺术展在辽宁美术馆(辽宁画院)举办。

第十四届中国东北三省摄影艺术展览主题活动之一——"用中国式现代化摄影语言讲好东北故事"东北三省摄影学术研讨会在沈阳举行。

(四)影视艺术:聚焦主题创作,持续推出精品

推动影视文化产业发展,辽宁具有优势条件。从文化积淀来说,辽宁有独特的红色文化,有厚重的历史文化,有先进的工业文化;从人才储备来说,辽宁籍影视文化人才遍布全国各地;从发展基础来说,辽宁是文艺大省,这两年已推出一系列有影响的精品力作,为推动辽宁影视文化产业发展奠定了坚实的基础。

辽宁师范大学的"新时代中国影像创作理论与评论人才培训"入选2024年度国家艺术基金艺术人才培训项目。

辽宁广播电视台七星影业有限公司纪录片《大奉国寺》、大连天虹影视文化服务有限公司电影《唤醒者》获评2024年度文化产业发展专项资金推动影视产业发展项目。

辽宁原创电视作品获奖。2024年1月大连新闻传媒集团的《稻乡澎湃》、锦州新闻媒体集团的《我和我的家乡》、鞍山市新闻传媒中心的《2020·远岫人家》荣获第十七届小康电视节目工程年度最佳小康题材专题(含系列),锦州市文联报送的《鹭岭人家》获评年度最佳短视频,国网辽宁电力公司盘锦分公司的《虾塘喜事》获评优秀短视频。

辽宁省广播电视局公布了2023年度辽宁省优秀电视剧剧本征集活动"优秀剧本"名单:《求民族生存而战》《向三八线前进》《盛开的金达莱花》《绝地使命》《牡丹花开千万家》。还有《大城小串》《守望绿色》《黑山阻击战》

等 10 部"入围剧本"。

1. 电影

2021 年以来，60 余部故事影片《钱找我》等、动画影片《大蟋来了之登陆之战》《牛来》《烽火映山红》、纪录影片《一条大河·拔河》《绿沙——七十年治沙记》获得国家电影局备案、立项。

国产故事片《神探罗蒙 3》《守望青春》《爆裂蝴蝶》《钢铁意志》《我向星星许个愿》《爱情三点半》获得电影公映许可证。

北方联合影视集团有限公司曾是电影《金刚川》《建党伟业》的联合出品方，长期深耕主旋律影片，由其主投主控的《钢铁意志》在 2022 年上映，取得 1.03 亿元人民币的票房，还被中宣部列为迎接党的二十大重点影片之一。2023 年，抗美援朝题材影片《决胜上甘岭》获得备案、立项。

儿童题材院线电影《我向星星许个愿》于 2024 年 1 月公映。该片获得第二届香港紫荆花国际电影节最佳摄影奖、最佳编剧提名奖。

2023 年 9 月，取材于关向应同志青年时期故事的电影《唤醒者》剧本研讨会在沈阳举行。电影《唤醒者》由中共大连市委宣传部、中共大连市委党史研究室指导，大连天虹影视文化服务有限公司、北方联合影视集团有限公司等联合出品。电影于关向应同志 121 周年诞辰之际，在关向应故居纪念馆开机，作为中华人民共和国成立 75 周年献礼影片于全国上映。

此外，辽宁三番影业有限公司、沈阳北歆影业有限公司、享誉文化影视传媒（鞍山市）有限公司、大连好兄弟影业有限公司等很有竞争力。

2. 电视剧

当代都市题材《向阳人家》、近代革命题材《红侠》、当代农村题材《战国红》、现代其他题材《铁道卫士》等获得国家广播电视总局拍摄制作电视剧备案。

辽宁广播电视台七星影业有限公司申报的重大革命题材电视剧《向三八线前进》获得重大革命和重大历史题材立项。

近年来，《白日焰火》《无证之罪》《双探》《雪暴》《胆小鬼》等多部关于东北的犯罪悬疑电影和电视剧受到关注。从 2022 年 8 月上映的《胆小鬼》到 2023 年 1 月上映的《平原上的摩西》再到 2023 年 4 月上映的《漫长的季节》，"东北+悬疑+命运书写"成为影视剧流量密码。

由范伟、秦昊等主演的电视剧《漫长的季节》改编自班宇的同名小说，豆瓣评分 9.4。赵本山、宋小宝、宋晓峰等赵家班演出的武侠情景剧《鹊刀门传奇》豆瓣评分 8.2。电视剧《平原上的摩西》改编自双雪涛的同名小说，是 2023 年迷雾剧场的优秀作品之一，豆瓣评分 7.6。范伟和余男主演的悬疑喜剧题材电视剧《立功·东北往事》豆瓣评分 7.4。

青年编剧徐正超担任艺术总监和编剧的长篇时代创业喜剧《乘风踏浪》在北京卫视、东方卫视首播，并在爱奇艺和芒果 TV 网络同步播出。

（五）民间文艺：坚持服务人民，展现辽宁风情

金吉创作的大型贝雕作品《龙凤呈祥舟》获第十六届中国民间文艺山花奖·优秀民间工艺美术作品奖。郭艳静创作的快板书《挪心》入选由中国民间文艺家协会举办的"中华颂"小戏小品曲艺大展。

由中国文联、中国民协牵头，各省文联、民协负责具体实施的中国民间文学大系出版工程是中华优秀传统文化传承发展工程的项目之一。辽宁省共立项 45 卷，已出版 9 卷。

2023 年 10 月，"中国民间文化艺术之乡"示范交流展示活动在沧州市吴桥县举行。凌源市皮影、庄河市栗子房镇农民画参加匠心独运优秀项目现场展示，桓仁满族自治县传统木版年画、岫岩满族自治县玉雕参加繁荣民间文化艺术赋能乡村振兴主题研讨对话并介绍创新发展经验，新宾满族自治县新宾镇满族地秧歌在乡约·北方神韵民间文化艺术精粹展演现场起舞。

2023 年 6 月，"弘扬长城文化 促进全面振兴"辽宁省民间文化艺术之乡展览展示活动在丹东举行。来自全省 2021～2023 年度命名的 7 个中国民间文化艺术之乡和 24 个辽宁省民间文化艺术之乡的代表性项目，200 位民间文化艺术工作者进行了高跷秧歌、鼓乐、辽剧、小戏、农民画、剪纸等民间艺术的集中展览展示。

2023 年辽宁省文联系统文艺创作生产专项资金扶持项目公布，"中国古典四大名著剪纸创作"项目入围。冯元平、赵丽杰、张欣和李余以四大名著为蓝本，按照各名著章回进行剪纸创作，每个章节创作两张剪纸，每张剪纸图片按照 35cm×50cm 设计，共计创作千余张剪纸（含封面）。

中国通俗文艺民俗专委会于 2023 年 8 月 26 日在辽宁省辽阳市举办"弘扬

中华民族传统文化 传承精神文明助力民族复兴公益活动"。

阜新市文联举办的"大美阜新"第三届民间文艺作品展开幕。该展览展出剪纸、布艺、葫芦雕、木刻、农民画、民族服饰、面塑、香道、烙画、扎刻、民族乐曲制作、掐丝珐琅画、毛猴等近 30 种民间艺术样式近千件作品。

（六）网络文艺：健全引导扶持机制，打造网络文艺品牌

1.网络文学

辽宁网络文学类型多样、题材丰富。历史、玄幻、言情、现实、军事、科幻等题材门类齐全。多年来，涌现出月关、徐公子胜治、骠骑等一批在全国产生重要影响的网络作家，他们的作品在全国获得多种奖项，近百部作品被改编为影视剧、游戏和动漫。代表作品如《极道六十秒》《天空之城》《方外》《零点》《翻译官》《追凶者》《无缝地带》《太乙》《医等狂兵》《齐欢》《欧神》《我的重启人生 1992》《卧底王妃》《先河一号》等。

近年来，有 16 部辽宁网络文学作品入选中国作协网络文学重点扶持项目，27 部作品入选全国性网络文学榜单，同时作品转化及出海率较高。辽宁网络文学创作人才梯队建设比较完善。"70 后""80 后"资深作家仍然活跃在一线，"90 后"青年网络作家逐渐成为创作中坚力量，"00 后"成为网文创作新生力量。先后有 22 名网络作家被鲁迅文学院中青年作家高研班、网络作家班录取为学员，百余名网络作家参加中国作协组织的线上学习培训。截至 2023 年，辽宁网络作家中有中国作协会员 19 人，省作协会员 81 人，长期活跃的网络作家 300 余人。

辽宁网络文学"金桅杆"奖设立于 2019 年，截至 2023 年，共有 41 人次、30 部作品获奖，成为推动辽宁网络文学高质量发展的知名品牌。2023 年首次将网络文学评论（研究）纳入评选，获奖作品有吴金梅的《以网络文学创作繁荣发展新时代辽宁文化事业和文化产业》，韩传喜、郭晨的《嵌入、联结、驯化：基于可供性视角的网络文学媒介化转向考察》，郑熙青的《中国网络文学创作中的原创性和著作权问题》，房伟的《时空拓展、功能转换与媒介变革——中国网络小说的"长度"问题研究》，唐伟的《从"文学+网络"到"网络+文学"》。

2023 年 10 月 29 日，由春风文艺出版社、中国网络文学港主办，中国传媒大学人文学院承办的《南宋异闻录》创作分享会在中国传媒大学举行。《南宋异闻录》由春风文艺出版社出版，取大历史背景下的小切口，以一个小家丁的离奇际遇为引，展现了南宋时期的社会风貌，带来传统历史和现代视角交织的新鲜阅读体验，能够唤起读者亲近历史的兴趣，获得 2019 年辽宁省作协"金榅杆"奖，入选中国版权协会 2020 年度最具版权价值网络文学排行榜。

春风文艺出版社打造的"网络文学港"丛书陆续签约了月关的《南宋异闻录》、何常在的《男人都是孩子》、榴弹怕水的《绍宋》等，期待通过实体出版，发掘并推介更多优秀网络文学作品。

2. 网络文艺创作

网络微短剧《幸福的小插曲》《愤怒的葡萄》等、网络动画片《乐儿智慧乐园·音乐学园》《猫之茗第二季》等获得 2023 年全国国产网络剧片发行许可。网络电影《狄仁杰之亢龙有悔》获得 2022 年全国国产网络剧片发行许可。网络纪录片《手艺人之时光修复》、辽宁广播电视台参与的网络直播《江山多娇——探访国家文化公园》《"牢记嘱托种好粮"七省区联动直播》、辽宁省沈阳广播电视台的网络音频节目《逐梦长空》《问天》入选国家广播电视总局 2022 年度优秀网络视听作品推选活动优秀作品目录。

"喜迎二十大 礼赞新时代"辽宁省网络电影剧本及影像作品征集评选活动评选出最佳网络电影剧本 2 部、优秀网络电影剧本 5 部、入围网络电影剧本 13 部、最佳微电影（微视频）5 部、优秀微电影（微视频）5 部。

辽宁省第四届短视频（微电影）推优活动推选出 15 部最佳作品、25 部优秀作品和 30 部好作品。

辽宁省文联、省影协联合吉林、黑龙江省文联、省影协开展了"镜头下的振兴景象"电影短片及微视频征集推优展播活动。辽宁省广播电视局举办了第五届"冰天雪地也是金山银山"短视频大赛。按照《国家广播电视总局办公厅关于开展 2023 年"弘扬社会主义核心价值观 共筑中国梦"主题原创网络视听节目征集推选和展播活动的通知》要求，辽宁省广播电视局决定对《路在脚下》等 7 个类别的 53 部优秀网络视听作品予以通报表扬。

2024 年辽宁省文旅厅和辽宁广播电视台共同打造了《山海有情 一起聊辽》

全媒体文旅综艺节目，节目于 2024 年制作完成，在抖音和腾讯视频同步播出。

3. 对外国际传播

《我眼中的辽宁》大型融媒体策划通过多语种、多形态的主题短视频，展现外国人观察辽宁的独特视角，记录外国人行走辽宁的精彩历程。

《老外带你辽宁寻宝》系列短视频、《南北来客·白天也懂夜的黑》在第五届"第三只眼看中国"国际短视频大赛评选中获得优秀作品奖。

《"国宝在辽宁"走进海内外高校》系列短视频以推介辽宁国宝级文物和中华优秀传统文化为主题，走进巴西、蒙古国、俄罗斯、印度、罗马尼亚等国家的孔子学院及高校。

5 集系列双语微电影《重见雷锋》讲述了加纳留学生普瑞茜拉在辽宁的留学经历。《重见雷锋》系列双语微电影相继在国内外全媒体平台渠道进行播放，并在覆盖泛俄地区 15 个国家 "MC" 俄语卫星频道播出，总播放量超 500 万次。

4. 辽宁省广播电视局制定三年的选题规划，推出"辽字号"视听佳作

辽宁省广播电视局重点策划了 74 部作品，涵盖电视剧、广播剧、电视动画片、电视纪录片等创作类型，涉及重大题材、现实题材等，储备了一批弘扬中华优秀传统文化的重点选题。2023 年全年电视剧备案立项 8 部，发证 1 部；电视动画片备案立项 5 部，发证 5 部；网络电影、网络剧备案立项 13 部。

辽宁省广播电视局坚持以人民为中心的创作导向，围绕重要时间节点和重大主题，组织创作推出了电视剧《乘风踏浪》、广播剧《有事找彪哥》、文献纪录片《鸭绿江不会忘记》、电视纪录片《稻乡澎湃》、电视节目《八千里路英雄情》、电视动画片《果冻超人》、网络微电影《王奶奶的元宇宙》、系列短视频《心悦辽宁》等一批辽宁省广电视听作品。

（七）文艺评论：加强评论指导现实职能，坚定新时代文化自信

2023～2024 年，由中国文联、中国文艺评论家协会主办的第七届、第八届"啄木鸟杯"中国文艺评论推优活动中崔晓的《曲艺文化符号的成因厘清与价值诠释》、赵亮的《接通文艺作品的在地之气》和马琳的《互文本与作家选择——〈创业史〉与影、剧〈柳青〉的"现实主义胜利"》、崔然的《"包袱"的艺术与艺术的"包袱"》获得推优。

为贯彻落实中宣部等五部门《关于加强新时代文艺评论工作的指导意

见》、辽宁省委宣传部《关于进一步加强全省新时代文艺评论工作的实施方案》，进一步加强文艺评论工作，2023 年 4 月，经辽宁省委宣传部批复设立辽宁省社会科学规划基金项目（文艺评论专项）。

2021 年，由辽宁省文艺理论家协会和辽宁省文化艺术研究院主办的"辽宁艺坛"活动启动。"辽宁艺坛"紧扣辽宁文艺创作实践，针对当前辽宁文艺热点问题进行交流。2023 年"辽宁艺坛"开展主题为解放战争转折地的主题开掘与艺术表达和"新中国国歌诞生地"等聚焦"六地"红色文化资源专题研讨活动。

2023 年 11 月 25 日，由辽宁省公共文化服务中心辽宁文学院主办、辽宁省文艺评论家协会和《艺术广角》编辑部承办的"中国式现代化视域下的文艺发展新趋向：辽宁文艺评论人才高研班暨辽宁文艺发展论坛"在辽宁大剧院举行。论坛主要探讨了习近平文化思想，中国式现代化视域下文艺发展的新格局、新形势、新动力及话语更新，优秀文化传承与新时代文艺发展新趋向，总结梳理了东北文艺振兴的理论演进，对辽宁文艺发展现状进行整体考察与个案解读，以及对人工智能与文艺的未来发展进行展望等。

2023 年 12 月 20 日，"习近平文化思想与中国文艺批评高端论坛"在辽宁师范大学举办。论坛以习近平文化思想为引领，旨在深入理解和研究阐释习近平文化思想对中国文艺批评的指导意义，挖掘蕴含其中的内在逻辑，总结探究中国文艺批评的历史经验和发展路径，引领和推动文艺评论事业高质量发展。

第八届辽宁文艺评论奖公布，《书写能触摸到时代气息的"大风景"》《以多彩文学描绘美丽中国》《〈苍原〉复排：文学与音乐"中西融会"的当代启示》《儿童电影讲好中国故事的问题与解决之道》《网络文学媒介化的情感逻辑》等获奖。

三　辽宁推进文艺繁荣发展存在的问题

辽宁文学、舞台艺术、造型艺术等都有鲜明的地域性和传承性，曾经在全国有影响力，有很多精品力作。随着时代的发展，辽宁文艺发展水平和人民群众日益增长的精神需要之间还存在差距。在新媒体时代，辽宁文艺界创新力不够，在文化强省建设方面还需持续发力。

（一）辽宁文学存在的问题

辽宁文学的地域性、时代性不够明显。辽宁有悠久的历史和深厚的文化底蕴，"六地"红色文化资源丰富，但是辽宁作家对地域文化的表现力度不够。

长篇小说创作在全国还不具有领先地位，是辽宁文学创作的短板。辽宁作家创作时还不够与时俱进，写作手法等还很陈旧，对新时代中国发生巨变的背景下人们的生活现状关注还不够，缺乏对人类命运的思考。

电影、戏剧等艺术门类对辽宁文学的滋养不够。辽宁文学的转化及出海率还较低。辽宁作家普遍缺乏商品意识，对作品的影视转化不够重视。

受体制机制和经费制约，辽宁作协对各市县团体会员支持力度不够。基层作家受到培训的机会较少。

辽宁评论家队伍建设水平还有待提高。辽宁省内高校对辽宁本土作家作品的研究力度较小。

辽宁文学对外传播力度应加大。目前，儿童文学对外翻译、交流机会较多，但是反映辽宁地域文化特点的中长篇小说对外传播较少。

（二）辽宁舞台艺术存在的问题

辽宁舞台艺术创作推出的优秀剧目影响力下降，数量减少。"泛剧种化"导致辽宁戏剧个性化特征不明显。国家级和省级的非物质文化遗产保护政策在一定程度上延缓了辽宁地方戏曲剧种走向衰微的进程，但是这种静态保护模式对一些经典剧目发展也起到了一些制约作用。激发辽宁地方戏曲剧种的创作活力和市场竞争力是当务之急。辽宁舞台艺术编剧、导演、舞美、灯光等人才队伍建设跟不上时代发展，人才队伍面临可能断档的危机。辽宁舞台艺术在市场开拓和观众培育方面还有欠缺。

辽宁舞台艺术创新能力不足，思想观念陈旧。艺术院团存在依赖政府的心态，自主经营、自主发展的主体意识不强。

（三）辽宁造型艺术存在的问题

辽宁美术、书法、摄影等造型艺术地域优势不明显。以书法为例，辽宁篆、隶、楷书地域优势相对较弱，需要在发挥辽宁书法特长方面下功夫。

辽宁美术家、书法家和摄影家在省内外交流较少，存在圈子文化，部分人有浮躁气。

辽宁美术家、书法家和摄影家在处理"技"与"道"的关系方面，缺乏对中华优秀传统文化的学习与积淀。

辽宁美术、书法、摄影等理论研究较少，缺乏经验的总结，对造型艺术创作的影响力不足。

（四）辽宁影视艺术存在的问题

辽宁影视作品质量相对不高，数量较少，地域色彩不浓厚。辽宁影视在创作类型上比较单一，以电影为例，在动画影片、纪录影片、科教影片、特种影片、合拍影片等方面需要集中攻关。

辽宁各地区影视发展不平衡，沈阳、大连等地基础好，发展势头强劲。和陕西、广东、浙江、福建等经济大省相比，辽宁影视龙头企业数量还较少，专精特新的中小微影视企业不多，没有形成具有竞争力的产业集群。

电视剧创作方面，不能满足年轻观众群体的需要。年轻观众在爱奇艺、优酷、腾讯视频等视频网站观看电视剧的频率远远高出通过电视观看电视剧的频率。从图1可以看出辽宁有线电视和数字电视用户数量整体呈下降趋势。

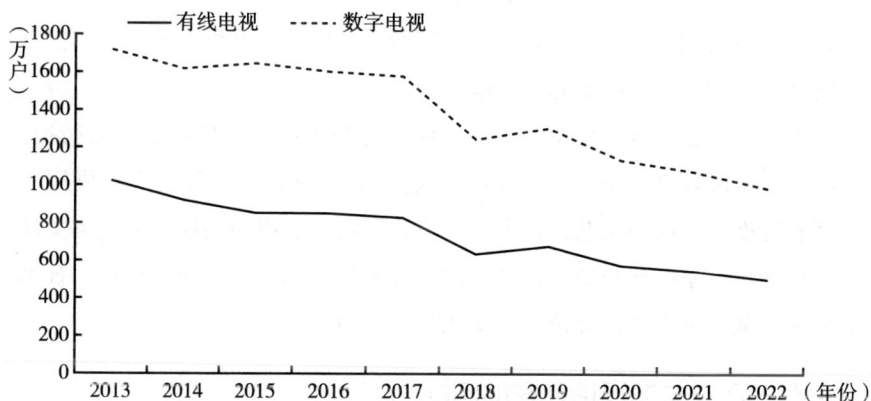

图1　2013~2022年辽宁有线电视和数字电视用户数量

资料来源：历年《辽宁省国民经济和社会发展统计公报》。

辽宁影视创作缺少领军人才，人才培养方面有待加强。辽宁省内高校中仅有四所能够培养影视文学方面的人才，辽宁大学、辽宁师范大学、沈阳音乐学院和沈阳师范大学招收影视专业的人数少，很多学生毕业后因为没有合适的就业岗位而到外地发展。

（五）辽宁民间文艺存在的问题

作为传统文化的重要组成部分，民间文艺普遍存在的问题是传承人年纪偏大、人才队伍建设断档、社会参与度不高、奖励机制不健全等。

对民间文艺传承的宣传教育不够，中小学教育乃至高等教育缺少民间文艺内容。

对人才培养模式的创新度不够。人才评价激励机制方面不健全，展示交流的平台还较少。

（六）辽宁网络文艺存在的问题

辽宁网络文学发展方面，类型化创作趋势明显，创作模式和内容易被模仿，创新能动性不强。网络文学创作受到市场和读者的影响较大，现实题材的网络文学创作还需得到引导。辽宁网络文学在出版、有声、影视游戏动漫改编方面还有待提高。

从网络动画片、网络微短剧、网络电影和网络剧四种类型的备案数量来看，辽宁网络动画片有一定的竞争力。与浙江、广东等网络文艺大省相比，辽宁在网络微短剧、网络电影和网络剧方面发展滞后。

对大数据、云计算、虚拟现实、区块链等技术的广泛应用能力有待提高。辽宁缺少知名度较高的 IP，数字创意产业发展速度较慢。传统文化机构数字化转型有待推进。网络文艺创作人才队伍建设滞后，吸引高端人才的制度环境和人文环境建设基础还很薄弱。辽宁网络文艺的学术组织、研究机构、智库平台等较为欠缺，网络文艺评论人才队伍建设滞后。

（七）辽宁文艺评论存在的问题

辽宁各文艺门类评论发展不平衡。辽宁文学、话剧、芭蕾舞剧等评论势头较好。但是美术、影视、音乐、舞蹈等领域评论较少。

辽宁文艺评论人才的储备不足，缺乏高端人才。辽宁引进外来人才在生活待遇、项目扶持等方面存在较多困难，吸引力不足。辽宁文艺评论人才梯队建设跟不上时代步伐。

辽宁文艺评论人才理论素养还有待提升、阵地建设还有待加强。

文艺评论对文艺创作的引领力不足。文艺评论家在输出路径方面更重视专业报纸和文艺理论刊物，忽视了在新媒体平台的发声。

四 辽宁推进文艺繁荣发展的建议

（一）辽宁文学发展的建议

辽宁作家要紧跟时代潮流，做到不忘本来、吸收外来、面向未来。在创作上积极吸收一切优秀文明成果，从中华优秀传统文化和辽宁地域文化中汲取营养。

长篇小说创作在题材的宽度和主题的深度上进行拓展。要加强对抗战题材、体育题材、民族风情题材、移民题材等的挖掘。

辽宁作家要接受各种艺术门类的滋养，使用多种艺术手法，重视作品的影视化改编。

培养青年评论人才，鼓励省内高校教师参与到辽宁文学发展建设中来。一方面请国内的知名专家学者为辽宁文学发展把脉定向，另一方面重视南北方评论人才的交流与互动。

充分发挥辽宁文学海外传播中心的作用，打通翻译、出版、交流等通道，加强与东北亚、欧盟等国家和地区的文学交流，讲好中国故事、辽宁故事。

（二）辽宁舞台艺术发展的建议

辽宁舞台艺术要坚持百花齐放、百家争鸣的方针，保持京剧、评剧、辽剧等各个剧种的个性化特征，如方言语调、唱腔唱法等，强化辽宁舞台艺术独有的义化标签，打造属于自己的文化 IP。

辽宁应该鼓励舞台艺术创作，提供政策和资金支持。一是加大舞台艺术前期准备的投入力度，二是加强舞台艺术的后期资助。继续推进国有文艺院团的改革，完善保障措施。引导民营文艺团体有序发展。消除体制机制弊端，加强舞台艺术各类人才的培养和高端人才的引进。

辽宁文艺工作者要利用新媒体进行舞台艺术普及，制作小视频，在微信、抖音等平台播出。

辽宁舞台艺术要更加开放，大胆进行新探索、新实验和新尝试。在继承传统的基础上加入新的时代审美元素，对优秀传统剧目进行重新创排。在舞美灯光、音响音效方面汲取现代高科技、舞台设计等优势，实现演出效果最大化。

（三）辽宁造型艺术发展的建议

辽宁美术、书法、摄影等造型艺术应充分体现辽海地域特色，辽宁美术家、书法家和摄影家要有人文情怀，坚持以人民为中心的创作导向，克服浮躁心理，静下心来搞创作。

辽宁美术家、书法家和摄影家不仅要重视技术层面，还要强化对中华优秀传统文化的学习与领悟能力，处理好"技"与"道"的关系。

辽宁要加大对美术、书法和摄影等造型艺术的理论研究力度，善于总结经验，定期举办研讨会和培训。

（四）辽宁影视艺术发展的建议

辽宁要重视影视剧本创作，加大对编剧人才的发掘培养力度，让编剧获得更多话语权和经济回报。

网络影视剧的发展势头迅猛，因网络的快捷性、交互性等特点而吸引了更多年轻群体的注意力。老年人群体依然是电视台播出电视剧的主要收视群体。辽宁影视创作者要考虑收视人群的喜好。既要抓主旋律影视的创作，也要注重地域色彩和幽默娱乐色彩。

在影视人才培养方面，要留得住人才，建立青年人才管理和奖励机制，为他们成长成才创造必要的条件和展示的机会。开展多层次、多渠道、多形式的人才培训。

（五）辽宁民间文艺发展的建议

传承和发展民间文艺是一项系统工程，必须依靠政策引领、市场带动、创新发展、社会支持等多方协作、全社会广泛参与来实现。

在中小学教育和高等教育中加入民间文艺课程，推动编辑出版的辽宁民间文艺教材进校园、进课堂，从小培养青少年对民间文艺的兴趣，吸引更多人关心和参与民间文艺的保护与传承，在全社会营造关心支持民间文艺的浓厚氛围。

政府要为民间文艺提供展示的平台，打造民间文艺产业集群，实现社会效益与经济效益相统一。对于一些濒临灭绝和具有失传风险的民间文艺，要做好抢救性保护。鼓励个人和民间机构从事抢救挖掘工作，培育民间文艺市场。

创新民间文艺人才培养模式，加大奖励力度。利用文化馆、歌舞团等场所和师资力量，建立民间文艺人才培养基地，邀请外省文化名家来辽授课，加强辽宁民间文艺人才与高端人才的交流交往。

（六）辽宁网络文艺发展的建议

在网络文学方面，鼓励网络文学作家形成自己的特色，在与读者的交流互动中保持良好的创作心态，不跟风、不媚俗，保持较高的艺术水准。网络文学要重视影视、游戏、动漫等改编。

在网络文艺方面，要充分利用好新技术，促进数字创意产业均衡发展，以沈阳、大连为中心，形成地区辐射效应，带动周边城市发展。培育文化 IP，要创造良好的营商环境，吸引更多的企业和人才进入文化产业园区。为园区企业发展提供必要的服务和政策支持，帮助企业减少运营成本。传统文化机构要适应新时代发展趋势，积极探索数字化转型。

在数字产业人才培养方面，辽宁应充分利用好省内高校的师资力量，鼓励动漫制作、音乐、舞蹈、计算机等专业人才参与校企合作，采用订单式、到企业实习等培养模式。辽宁省相关部门要制订人才引进计划，为高端人才来辽工作生活提供便利条件。要加强对网络文学评论家的培养，打造学术研究平台和智库平台。

（七）辽宁文艺评论发展的建议

加强对美术、影视、音乐、舞蹈等文艺门类评论人才的培养。

　　加强辽宁文艺评论人才梯队建设。形成老带新、传帮带的优良传统，给予青年人才更多展示自己的机会。

　　辽宁文艺评论人才要有创新意识，要吸收中西方各种人文社会科学理论，提高评论主体的理论素养和艺术感受力，密切关注学术前沿。

　　文艺评论家要有职业精神，保持批评独立性和专业的洞察力。抵制各种不良风气，实事求是做出评价。

　　辽宁文艺评论要弘扬真善美、批驳假恶丑，不为低俗、庸俗、媚俗作品和泛娱乐化等推波助澜。

参考文献

北京市文学艺术界联合会编《2022北京文艺发展报告》，北京出版社，2023。

广东省文学艺术界联合会编《广东文艺发展报告（2017—2022）》，广东人民出版社，2023。

李大博：《辽宁地方戏曲剧种的生存现状调查》，《新世纪剧坛》2023年第6期。

姜玥：《辽宁戏曲研究现状探析》，《乐府新声（沈阳音乐学院学报）》2023年第2期。

牟岚：《辽宁数字创意产业发展对策》，《对外经贸》2023年第9期。

李鹏：《媒体融合时代网络文艺发展的问题与对策》，《传媒》2019年第17期。

郑焕钊：《网络文艺中的广东力量：从产业优势到文化优势》，《粤海风》2022年第6期。

陆欣欣：《用舞蹈之火　燃时代之光——辽宁舞蹈艺术十年概览》，《新世纪剧坛》2022年第5期。

杨竞：《"金菊"绽放"牡丹"盛开"鲁奖"折桂——文艺辽军展现强劲原创实力》，《辽宁日报》2023年1月6日。

杨竞：《"又见大唐"书法学术理论研讨会提出　接续大唐文脉　开创辽宁新书风》，《辽宁日报》2019年12月12日。

B.9

辽宁社区文化服务发展报告

孙路易 *

摘 要: 本报告旨在客观描述辽宁省 2023~2024 年度社区文化服务的新发展、新成就以及存在的突出问题,分析文化发展态势并提出具有前瞻性、建设性的对策建议。报告关注辽宁社区文化服务在文化资源分配、特定群体服务、城乡文化活动质量和频率、人力资源、文化服务的评估与反馈机制等方面存在的问题。特别强调了数字化转型、资源多元化筹集、老龄社区服务、文化服务认知度提升等方面的解决方案。此外,报告突出了社区文化服务与产业的融合问题,强调了对文化产业结构的创新、与其他产业的协同发展以及地方特色产业的深度合作。

关键词: 社区文化服务 数字化转型 辽宁

辽宁社区文化服务是指在辽宁省内,针对居民的文化需求提供的一系列文化活动和服务,旨在丰富居民的精神生活,提升其文化素养,并促进社区的和谐发展。这一概念涵盖了文化普及教育、文化活动的组织、文化传承与创新以及社区参与和自治等多个方面。内涵方面,它不仅包括提供文化知识和艺术培训,还强调在保护地方传统文化的同时鼓励文化创新。外延方面,它涉及文化设施的建设与管理、文化资源的整合、跨部门合作以及动员社会力量参与文化服务的提供。总体来看,辽宁社区文化服务在政府的大力支持下取得了积极的进展,文化设施不断完善,内容日益丰富,数字化技术的应用也使得文化服务更加便捷和高效。然而,辽宁社区文化服务仍面临着基础设施与资源分配不均、特定群体服务不够、城乡文化活

---

* 孙路易,博士,鲁迅美术学院人文学院教师,研究方向为美术学。

动质量和频率不平衡等挑战，这些都是未来工作中需要重点关注和解决的问题。

一 辽宁社区文化服务发展现状分析

（一）基础设施建设情况

2022~2023 年，辽宁省在社区文化服务基础设施建设方面实施了一系列重要举措，取得了显著成效。政府投入资金加大了对文化设施的新建与改造力度，不仅在城市社区建立了配备先进设施的多功能文化中心，还在农村地区推进了"文化大院"和"农家书屋"等项目，有效改善了基层文化服务条件。此外，辽宁省积极拥抱数字化转型，通过建立线上文化服务平台，为居民提供了电子图书、在线课程和虚拟展览等丰富的数字化资源，同时尝试引入 VR 和AR 技术，增强文化体验的沉浸感。为确保文化设施的可持续运营，政府鼓励社会资本参与，采用公私合作模式，并加强对管理人员的专业培训。这些措施不仅提升了文化服务的质量和可达性，也为促进文化事业的全面发展和社区的和谐建设做出了重要贡献。

辽宁社区文化服务基础设施建设虽然取得了一定成效，但也面临一些挑战。从表 1 中我们可以看到，辽宁省在文化站基础设施建设方面取得了一些进展。文化站的实际使用房屋建筑面积在一定程度上反映了该省对文化设施的投入。具体来说，实际使用房屋建筑面积虽然在 2021 年有明显的缩减，但从 2022 年开始又呈上升趋势，这表明了基础设施的硬件建设得到了重视。此外，辖区内社区以及村综合文化服务中心的建设情况，也从侧面反映了文化服务网络的覆盖范围。然而，从数据中也可以看出，辽宁的基础设施建设与庞大的服务需求相比，存在一定的差距。例如，文化站指导的群众业余文艺团队数量和志愿者服务队伍个数表明社区文化活动的组织和参与度有待提升。此外，文化服务惠及人次虽然在一定程度上体现了服务的覆盖面，但与辽宁省庞大的人口基数相比，还需要进一步扩大服务范围和提高服务质量（见表 2）。总体来说，辽宁省社区文化服务基础设施建设取得了一定成效。但为了更好地满足居民的文化需求，需在设施完善、服务质量提升和文化活动丰富等方面进行持续的努力和改进。

表1　2019~2022年辽宁省文化站使用面积基本情况

单位：万平方米

项目	2019 年	2020 年	2021 年	2022 年
实际使用房屋建筑面积	88.24	85.49	82.08	83.00
文化活动用房面积	53.42	51.22	48.05	48.10
产权面积	30.79	31.34	31.43	33.50
辖区内社区综合文化服务中心面积	506.44	792.82	176.17	136.96
辖区内村综合文化服务中心面积	1157.22	1358.32	602.73	678.51

资料来源：历年《中国文化文物和旅游统计年鉴》。

表2　2019~2023年辽宁省文化站文化服务基本情况

项目	2019 年	2020 年	2021 年	2022 年	2023 年
提供文化服务次数（次）	39897	38525	19195	20282	17020
文化服务惠及人次（万人次）	637.64	614.48	300.84	245.82	196.99
群众业余文艺团队数量（支）	9556	9823	8769	8711	—
志愿者服务队伍个数（个）	8626	7985	8698	7927	—
志愿者服务队伍人数（人）	119999	125087	165856	187323	—

资料来源：历年《中国文化文物和旅游统计年鉴》。

（二）人力资源情况

辽宁社区文化服务的人力资源情况是文化服务发展的关键影响因素之一。从表3中我们可以看到，辽宁省在社区文化服务人员配置方面存在一些特点和挑战。数据显示，辽宁省文化站机构数从2019年的1460个减少至2023年的1354个。同时，辽宁省文化站从业人员呈现下降趋势，从2019年的3432人减少至2023年的2519人。此外，专业技术人员的数量也在表3中明确给出，从2019年的708人减少至2023年的524人，人员缩减明显。另有数据显示，在基层公共文化事业单位，如城市社区、乡政府、镇政府、村委会、街道办事处等一级单位的人员数量保持相对稳定，这表明核心文化机构得到了政府一定程度的维护和支持，但在这些基层单位中人力资源的需求依然存在。此外，艺术表演场所和团体数量的减少进一步加剧了专业人才的短缺。为了提升社区文化服务的质量和效果，辽宁省需要关注并投资于文化服务人才的培养和引进，特别是在专业技术和艺术表演领域，以确保文化服务的可持续发展。

表3　2019~2023年辽宁省文化站人才队伍基本情况

单位：个，人

项目	2019年	2020年	2021年	2022年	2023年
机构数	1460	1422	1354	1355	1354
从业人员	3432	3020	2712	2671	2519
专职人员	1892	1714	1549	1588	1446
在编人员	2235	1990	1790	1809	1595
专业技术人员	708	660	593	573	524

资料来源：历年《中国文化文物和旅游统计年鉴》。

（三）资金投入与财政支持情况

辽宁社区文化服务的资金投入与财政支持情况良好是确保服务有效运行和发展的关键。根据历年《中国文化文物和旅游统计年鉴》我们可以看到，辽宁省在文化站的资金投入与财政支持方面有一定的基础，但仍有改善空间。这在辽宁省文化站本年收入合计、财政补贴收入、免费开放资金等方面有所体现。数据显示，辽宁省文化站的中央资金由2019年的6446千元提升至2023年的12250千元，免费开放资金由2019年的11913千元提升至2023年的25218千元，财政补贴收入却由2019年的120525千元缩减至2023年的89108千元（见表4），这些资金是文化站运营的重要保障。具体来看，其中有两个明显现象，其一是2020年的各项数据都出现激增的现象，其二是2019~2023年的本年收入合计与财政补贴收入整体呈下降趋势，明显体现政府调控的手段。免费开放资金用于支持文化活动的顺利开展及扩大受众群体，提升公众参与度。然而，文化站的工资福利支出以及资产总计等指标也表明文化站在资金使用上存在一定的压力，需要更高效的资金管理和更多的财政支持来满足日益增长的文化服务需求。此外，中央资金和业务活动专项经费的投入情况也是影响文化服务发展的重要因素。为了进一步提升辽宁社区文化服务的质量和效果，需要政府增加财政投入，优化资金分配，同时吸引社会资本参与，形成多元化的资金支持体系。通过这些措施，可以为文化服务提供更加稳定和充足的资金保障，推动文化服务的可持续发展和创新。

表4 2019~2023年辽宁省文化站财政收入基本情况

单位：千元

项目	2019年	2020年	2021年	2022年	2023年
本年收入合计	129332	287628	113883	98178	92843
财政补贴收入	120525	254549	110557	95090	89108
免费开放资金	11913	44565	28175	23343	25218
中央资金	6446	8009	10457	12377	12250
业务活动专项经费	37974	181894	20177	25883	25098

资料来源：历年《中国文化文物和旅游统计年鉴》。

（四）固定资产与资产利用情况

辽宁社区文化服务的固定资产与资产利用情况是衡量其能力的重要指标。辽宁省文化站产权面积、实际使用房屋建筑面积等数据直接关联到文化站提供服务的范围和质量。具体来看，2022年辽宁省文化站的产权面积和实际使用房屋建筑面积分别为33.50万平方米和83.00万平方米，这表明了文化站拥有一定的物理空间来开展文化活动和服务。然而，这些面积是否得到了充分利用，以及是否能够满足社区居民的需求，还需要进一步分析。数据还显示，2023年辽宁省文化站藏书843.77万册，拥有计算机7744台（见表5），同往年相比虽然数量上整体呈现减少的现象，但在正常损耗范围，同时也与资金投入成正比关系，体现了投入减少的情况。为了提高资产利用效率，文化站需要优化资产管理策略，提升服务质量，同时也需要探索如何更好地整合和利用现有资源，以满足社区居民多样化的文化需求。此外，文化站的组织结构，包括专职人员、在编人员和专业技术人员的数量，也是影响资产利用效率的因素之一。因此，辽宁社区文化服务在固定资产与资产利用方面需要综合考虑人员配置、服务需求和资金管理等多个方面，以实现资源的最优配置和文化服务的有效提供。

表 5 2019~2023 年辽宁省文化站固定资产基本情况

单位：万册，台

项目	2019 年	2020 年	2021 年	2022 年	2023 年
藏书	941.07	936.67	859.51	874.98	843.77
计算机	8344	11579	8020	7829	7744

资料来源：历年《中国文化文物和旅游统计年鉴》。

（五）特定群体服务情况

首先，文化站提供的文化服务惠及人次可以作为衡量服务覆盖面的一个指标，需要服务特定群体的细分数据，评估这些群体的具体服务效果。其次，文化站的藏书和计算机数量对未成年人和残障人士的文化需求产生影响，存在针对这些群体的服务措施不足的情况。最后，文化站的专职人员和专业技术人员数量决定了服务的专业性。组织文艺活动次数和培训人次间接反映了对特定群体的服务投入，但缺少效果和参与度的调查。为了更好地服务特定群体，需要进一步收集和分析特定群体的服务需求，设计和实施有针对性的服务项目，如为老年人提供的健康养生活动、为未成年人提供的教育性文化活动、为残障人士提供的无障碍文化服务等（见表6）。同时，增加对特定群体服务的资金投入和人力资源配置，提高服务的可达性和适用性，确保文化服务的普及性和普惠性。

表 6 2020~2023 年辽宁省群众文化机构服务特定群体基本情况

单位：场次

项目	2020 年	2021 年	2022 年	2023 年
为老年人组织专场	1484	961	655	529
为未成年人组织专场	610	385	258	215
为残障人士组织专场	145	43	51	41

资料来源：历年《中国文化文物和旅游统计年鉴》。

（六）辽宁社区文化服务成果

辽宁社区文化服务呈现出新的发展趋势，展现了新型文化服务的创新性与活力。首先，社区文化服务在文化创意活动方面取得了新的进展。通过策划和组织一系列具有地方特色的文艺创作，如艺术展览、摄影比赛、大地艺术节等，成功激发了社区居民对文化的浓厚兴趣。这些活动不仅推动了本地文艺创作的繁荣，也为社区居民提供了更为丰富多彩的文化体验。其次，数字化技术在社区文化服务中的应用取得了新的成就。社区通过建设文化服务平台、开设在线文化课程等方式，使得文化服务更具智能性和便捷性。这不仅提高了文化服务的传播效果，还为社区文化服务的创新发展提供了新的方向。特别是在全球数字化浪潮的推动下，社区文化服务通过在线平台拓展了覆盖范围，实现了线上线下互动，更好地适应了居民多样化的文化需求。最后，社区参与度得到了有效提升，形成了新的社区文化服务模式。社区通过设立文化志愿者团队，引导居民参与文化活动的组织和实施，成功建立了一种基层自治的社区文化服务模式。这不仅激发了社区居民的社会参与意识，还使得文化服务更贴近居民的需求，推动了社区文化建设的可持续发展。总体而言，2023年，通过文化创意活动的开展、数字化技术的应用以及社区参与度的提升，辽宁社区文化服务取得了新的进展与成就。这些新成就不仅提升了文化服务的质量，也为未来社区文化建设提供了有益的经验和启示。

例如，2023年9月29日至10月5日，由鲁迅美术学院实验艺术系、辽阳市文圣区东京陵街道、辽阳市文圣区文旅广电局、太子岛村委会共同主办的2023首届太子岛大地艺术节在辽宁省辽阳市文圣区东京陵街道太子岛村中举办。来自北京、天津、重庆、长沙、哈尔滨及辽宁省内的沈阳和辽阳的艺术家、戏剧人、音乐唱作人、手工艺制作人等团队共同参与的生长型大地艺术节，吸引了来自全国各地的众多游客。此次大地艺术节是鲁迅美术学院实验艺术系青年教师、艺术家陈宇飞为回馈家乡，以"敬畏自然、聆听大地、乡约乡见"为主题，本着人与自然和谐共生的原则、面向现实与未来的生态可持续发展理念，依据太子岛和太子岛村的自然、地理、历史、人文、农业和发展等多重特点，以艺术、文学、科技等介入方式，持续累积艺术"乡·见"的实践活动。此次太子岛大地艺术节以大地艺术展为核心，以乡村唤醒音乐会、乡村手工坊和乡村市集为纽带，初步尝试建立了一种"岛+乡村社区"的概念，为辽阳太子岛村和辽宁其他乡村进一步探索美丽乡村建设提供一种参考案例。

1. 文化创意活动

2023年，辽宁省社区文化创意活动蓬勃发展，为社区居民带来了丰富多彩的文化体验。这一时期，社区文化创意活动不仅在数量上有所增加，还在内容和形式上呈现出多元化和创新性。辽宁省社区文化创意活动在艺术表演方面取得了显著的进展。各类音乐会、舞蹈演出、戏剧表演等艺术活动在社区内得到了广泛开展，丰富了居民的文化生活。不仅有专业艺术家的表演，也鼓励社区居民参与其中，展示自己的才华，促进了艺术创作的多元化。文化创意活动通过展览和艺术品市集等形式，为社区居民提供了交流和互动的平台。艺术展览不仅包括传统的绘画、摄影，还涉及当代艺术、数字艺术等多种形式，拉近了居民与前沿艺术的距离。同时，艺术品市集则为本地艺术家提供了展示和销售的机会，推动了当地文化创意产业的发展。一些社区通过举办文学沙龙、艺术座谈等形式的活动，促进了艺术创作和读书交流。社区居民有机会分享自己的艺术作品，与他人一同探讨艺术话题，营造了浓厚的艺术氛围。这些文娱活动不仅丰富了辽宁省社区文化生活，还推动了本地文化创意产业的繁荣，为社区文化服务注入了新的活力。

2. 组织文娱活动

2023年，辽宁省社区涌现出许多新颖而引人注目的文艺创作，为社区文化注入了独特的创意和活力。这一年，社区文艺创作呈现出多元化的表达形式，涵盖了文学创作、视觉艺术、表演艺术等多个领域。文学创作方面，一些社区组织了文学沙龙和创作工作坊，鼓励社区居民积极参与文学创作。通过分享和讨论，居民有机会展示自己的文学才华，从而激发了文学创作的热情。新颖的文学作品涉及各种题材和风格，从传统散文到现代小说，形成了丰富多彩的文学生态。视觉艺术方面，社区涌现出一系列富有创意的艺术作品。一些社区通过组织美术展览、摄影比赛等活动，为居民提供展示艺术才华的平台。新颖的视觉艺术作品涵盖了传统绘画、雕塑，同时也包括了数字艺术、现代艺术等多样化的表达方式，反映了社区居民对艺术的创新追求。表演艺术方面，社区举办了一系列具有特色的演出活动。音乐会、舞蹈演出、话剧表演等丰富多彩的演出形式受到社区居民的热烈欢迎。一些社区还鼓励居民参与编排和表演，形成了富有创意的社区文艺团队，丰富了社区的文艺生活。总体而言，2023年的新颖文艺创作体现了社区居民的文化创意和创造力。这种多元化的文艺创作不仅为社区文化注入了新的活力，也拓展了居民参与的宽度和深度，为社区文化建设带来了新的发展机遇。

3. 新型文化创意产业崛起

2023年，辽宁省社区文化创意产业迎来了崛起的显著时刻，成为地方文化经济发展的引擎。这一崛起得益于多方面因素，包括政策支持、文创园区建设、创意人才培养等多层次的推动力。政策支持促使了社区文化创意产业的兴起。地方政府出台了一系列支持文化创意产业发展的政策，包括财政扶持、税收减免、土地资源倾斜等，为文创企业提供了良好的发展环境。政府的支持不仅为新兴文创企业提供了资金和政策上的支持，也推动了传统企业向文创企业的转型。文创园区建设为社区文化创意产业提供了集聚和协同的平台。各地积极打造文创园区，为文创企业提供创意办公空间、共享资源和交流平台，促使文创产业更好地形成集群效应。这种集聚模式不仅促进了创意资源的共享，也推动了文创产业链的健康发展。创意人才培养也是崛起的重要动力。加大对文化创意人才的培养力度，很多高校为此设立了相关专业课程、举办创意工作坊，激发了更多青年人投身文创产业。优秀的文化创意人才成为推动文创企业创新发展的核心力量，助力了社区文化创意产业的崛起。总之，政策支持、文创园区建设以及创意人才培养的多重助力，使得社区文化创意产业在经济结构中逐渐占据重要地位。其崛起不仅为地方文化产业发展注入了新的动力，也为居民提供了更多元的创新性文化产品和服务，为文创产业的可持续发展奠定了坚实基础。

4. 社区文化服务的创新实践

辽宁社区文化服务通过创新实践展现出了前瞻性和多样性。创新实践主要集中在以下几个方面。首先，社区文化服务在形式上进行了多元化创新。引入了丰富多彩的文艺活动，如文学沙龙、艺术工作坊、戏剧演出等，为社区居民提供了更为多样的文化体验。这些活动既促进了居民之间的交流，又激发了居民的创作热情，推动了文化服务的创新发展。其次，数字化技术在社区文化服务中得到了广泛应用。社区通过建设在线文化平台，提供虚拟展览、在线文学阅读、线上艺术课程等服务，使居民可以随时随地参与文化活动。数字化手段的引入不仅提升了服务的便捷性，也拓展了社区文化服务的传播途径。再次，社区文化服务创新实践中注重社区参与和自治。通过建立文化志愿者团队，吸引居民积极参与文化活动的组织与推动，实现了文化服务的社区自治。这种参与式的文化服务模式不仅使居民更有获得感，也增强了社区凝聚力和共同体意识。最后，社区文化服务借助文化创意产业的发展进行跨界合作。与当地文创企业、艺术家等建立合作关系，推动文化创意产品的开发和推广。这不仅促进了本地文创产业的繁荣，也为社区居民提供了更多富有创意的文化产品选择。总之，辽宁社区文化服务在2023年通过形式多元化创新、数字化技术应用、社区参与和跨界合作等进行了创新实践。这些创新举措使社区文化服务更加贴近居民需求，拓展了社区文化服务的层次和深度，为社区文化建设提供了新的思路和经验。

辽宁社区文化服务积极采用新媒体手段，成功推动社区文化传播，实现了文化服务的更广泛覆盖和更深层次参与。社区文化服务充分利用社交媒体平台，通过建立社区文化官方账号，发布文化活动信息、艺术作品展示、文学创作分享等内容，实现了信息的及时传递。这种互动式的社交媒体传播模式拉近了社区居民与文化服务的距离，提高了文化活动的知晓度和参与度。社区文化服务通过在线直播等新媒体形式，将文化活动推向更广泛的受众。音乐会、艺术展览等文化活动通过网络直播平台传递给更多无法亲临现场的居民，拓展了文化服务的传播范围，同时为文化产业的数字化升级提供了有效支持。社区文化服务通过手机应用、微信小程序等新媒体工具，提供线上文化课程、虚拟艺术体验等服务，实现了文化服务的线上化和数字化。居民可以通过手机随时随地参与文化活动，使文化服务更贴近居民的生活，适应现代人的生活方式。

二 辽宁社区文化服务发展存在的问题

2023年，辽宁社区文化服务在发展过程中面临着一些问题，这些问题既来自社会、经济环境的变化，又与文化服务体系的建设和社区管理的挑战密切相关。尽管在基础设施建设、服务覆盖和资金投入方面取得了一定进展，但仍存在一些挑战。城乡之间在文化资源分配上不均衡，城市地区相对资源丰富，而农村地区则面临资源匮乏的问题。人力资源方面，文化事业机构人员数量的减少和专业技术人员的短缺，限制了服务的质量提升和创新。针对老年人、未成年人、残障人士等特定群体的文化服务尚需加强，以满足他们的特殊需求。此外，固定资产投资的波动性和财政补贴收入的不确定性也会影响服务的稳定性和可持续性。尽管公共管理、社会保障和社会组织领域的投资增长显著，但对于文化服务领域的具体影响还需进一步评估。社区文化服务的评估和反馈机制尚不完善，需要建立更加科学的评估体系来提高服务质量。最后，如何更好地将文化服务融入居民生活，提升居民的参与度和满意度，也是需要关注的问题。为了解决这些问题，辽宁省需要采取综合性措施，包括增加财政投入，优化人才结构，提供针对性服务，建立评估体系，并通过创新模式提升文化服务的整体效能。

（一）文化资源分配不均

在 2023 年，辽宁社区文化服务存在显著的城乡差异，这一差异主要体现在文化设施、文化服务、文化活动覆盖范围等方面。首先，城乡文化设施的差异是突出的。在城市地区，由于经济发展水平较高，文化设施的建设更为集中和完善。城市地区通常拥有丰富的文化设施，如图书馆、文化活动中心、美术馆等，为居民提供了多元化的文化服务选择。相比之下，农村地区的文化设施较少，有些偏远的乡村甚至缺乏基本的文化服务场所，制约了居民的文化参与。其次，城市社区文化服务通常更加专业化、多元化，包括高水平的文艺表演、专业的艺术培训等。在一些农村社区，由于资源有限，文化服务往往相对单一和简化，难以满足居民多样化的文化需求。这导致了城乡居民在文化参与和享受方面存在一定的差异。最后，文化活动覆盖范围的不均衡也是城乡差异的表现。在城市地区，由于人口密集、文化氛围浓厚，各类文化活动的举办更为频繁，社区居民可以更容易地参与到各类艺术展览、演出等活动中。在农村地区，由于交通不便、资源有限，文化活动的开展相对有限，限制了居民的文化参与。综合而言，城乡差异是辽宁社区文化服务面临的一个亟待解决的问题。

从文化站的产权面积和实际使用房屋建筑面积来看，虽然数据显示了一定的基础设施规模，并未直接反映城乡之间的差异，但能从侧面反映出城市文化站拥有更为宽敞和现代化的设施，农村文化站在硬件设施上存在一定的不足，尤其是文化站的藏书和计算机数量是衡量文化服务资源分配的重要指标，其中也有对于已有资产维护和管理欠缺的问题。数据显示，辽宁省文化站在这些方面存在资源分配不均的情况，城市地区因为较高的经济发展水平而拥有更多的藏书和计算机资源，而农村地区由于经济条件限制，资源配置相对较少。再者，文化服务的专职人员和专业技术人员数量也是影响服务水平的关键因素。根据2023年的统计数据，农村文化站从业人员的平均工资福利待遇高于辽宁省整体的平均值，但城市地区因为较好的工作条件和生活待遇，更容易吸引和留住专业人才，而农村地区在招聘时则面临无人问津的情况，甚至人才流失的问题。文化服务的财政补贴收入和免费开放资金的分配情况也是影响资源分配的一个重要方面。虽然数据显示了一定的财政支持，但城乡之间在获得财政支持的额度和方式上存在差异，这会导致文化服务的质量和效果在不同地区之间存在差异。文化站的组织文艺活动次数、培训班班次、展览个数等活动开展情况，也是衡量文化服务资源分配的一个方面。城市文化站因为资源丰富而举办更多的文化活动，农村文化站因为资源有限而活动较少。

（二）特定群体服务不够

辽宁社区文化服务在多个维度上展现出其丰富性，但在为特定群体提供服务方面，现有数据可能不足以全面反映其服务的深度和广度。虽然数据显示文化馆等机构组织了一定数量的专场活动，但这并不能完全代表对老年人、未成年人、残障人士等特定群体的服务状况。这些数据虽然重要，但未能充分揭示服务措施的具体内容和效果。同时，虽然提到了文化服务惠及人次，但数据中缺少对服务如何有针对性地满足不同群体需求的细分说明。关于专业技术人员的数量和结构，现有数据同样未能明确指出是否有足够专业技术人员为特定群体提供定制化服务。在服务项目细分、专业人才配备以及服务设施的无障碍设计等方面面临一定的挑战。

（三）城乡文化活动质量和频率不平衡

1.活动质量的差异

城市社区往往能够提供高质量、多样化的文化活动，如专业艺术团体的演出、国际文化交流活动、现代艺术展览等，这些活动不仅丰富了居民的文化生活，也提升了社区的文化品位。相比之下，农村社区的文化活动质量较低，活动类型单一，以本土传统节目为主，缺乏专业的文艺演出和创新性文化活动，难以满足居民对高质量文化生活的需求。

2.活动频率的不均

在城市社区，文化活动通常较为频繁，居民几乎每个月甚至每周都有机会参与各类文化活动，这种高频率的文化活动有助于营造持续活跃的文化氛围。农村社区的文化活动则较为稀少，由于资金的限制，以及专业人才的缺乏，农村社区长时间内只有少数几次文化活动，导致居民参与文化生活的机会有限。

3.参与度和满意度的不平等

高质量和高频率的文化活动能够吸引更多居民参与，提高他们的满意度和对社区的归属感。城市居民更容易找到自己感兴趣的活动并积极参与其中。农村居民由于活动质量和频率的限制，参与度不足，对文化活动的参与度和满意度不如城市居民，这影响他们对社区文化服务的认可度和参与热情。

（四）人力资源方面缺乏

从文化事业机构数和文化事业人员数的统计数据来看，自2015年至2021年，辽宁省文化事业机构数从11741个减少至7479个，人员数也有所下降，这反映出辽宁省基层文化服务领域正在经历人才流失或招聘困难的问题。这种减少与资金不足、工作条件欠佳、职业发展机会较少或市场竞争力不足等因素有关。再者，文化艺术事业单位数显示，尽管文化馆、艺术馆、公共图书馆和博物馆的数量保持相对稳定，但艺术表演场所和艺术表演团体的数量有所减少，这意味着文化艺术领域的专业人才和组织者面临短缺，影响了文化艺术活动的组织和多样性。专业技术人员的缺乏导致服务质量不高，创新能力有限。对于特定群体的服务，如老年人、未成年人、残障人士等，需要更多具有相关专业知识和技能的人才。文化服务的发展需要一支多技能、跨学科的团队来支持，包括活动策划、市场营销、技术开发等多个方面。现有人员结构单一或缺乏必要的专业技能，难以满足社区文化服务发展的多元化需求。

（五）文化服务的评估与反馈机制欠缺

首先，据实际调查，目前辽宁省基层还没有一个系统的评估框架来定期监测和评价文化服务的性能和效率。其次，还没有一个有效的反馈机制和途径来收集和整合居民的意见和建议，或者说这个途径没有在基层被充分推广，以便不断改进服务内容和形式。再次，文化服务的资金投入和使用效率也是一个评估的关键点。虽然有财政补贴收入和免费开放资金的数据，但没有明确的指标来衡量这些资金的使用效果，包括资金是否被有效使用以及是否达到了预期的服务目标。从次，各项数据中缺少对于文化服务人员的专业发展和培训情况的体现，这是评估文化服务质量的另一个重要方面，专业人员的培训和发展对于提供高质量服务也至关重要。最后，文化服务的创新性和多样性也是评估的重要内容。

三 辽宁社区文化服务问题的成因分析

（一）政策和规划不足

首先，避免缺乏明确的政策指导和规划的情况发生，否则会导致社区文化服务发展缺乏方向性和连贯性，使得社区文化服务项目难以形成长期的、系统的发展战略。这会导致资源配置不合理，无法有效应对居民多样化的文化需求，进而影响服务的质量和效率。其次，政策和规划不足导致社区文化服务在资金、人才、设施等方面的投入不足。需加强财政支持和政策激励，社区文化服务难以吸引和保留专业人才，也难以进行必要的设施升级和技术创新，限制了服务的扩展和提升。再次，政策和规划不足还会导致社区文化服务的监管和评估机制不健全。各级相关部门需要加强有效的监管，否则会导致服务质量参差不齐，居民的合法权益无法得到充分保障。同时，没有科学的评估机制，社区文化服务的成效难以衡量，难以根据反馈进行及时的调整和改进。从次，政策和规划不足还会影响社区文化服务的社会参与度。社区居民和社会组织也会因为缺乏参与渠道和激励机制，而对社区文化服务的规划和实施缺乏积极性，导致社区文化服务的社会支持基础薄弱。最后，政策和规划不足还限制社区文化服务的创新性和多样性。没有政策的引导和支持，社区文化服务将过于依赖传统的模式和内容，难以引入新的理念和方法，也难以满足居民日益增长的个性化和多元化需求。

（二）社会资本参与不足

首先，社会资本的参与能够为社区文化服务提供额外的资金支持和资源补充。如果社会资本参与不足，会导致文化服务资金短缺，限制服务的扩展和质量的提升。社区文化活动和项目的创新性及多样性会因资金限制而受到影响。其次，社会资本的参与还能带来新的视角和创意，有助于丰富社区文化服务的内容和形式。企业、非营利组织和个人可以通过合作提供多样化的文化产品和服务，满足社区居民不同的文化需求。缺乏这种参与会导致文化服务内容单一，缺乏吸引力。再次，社会资本的参与可以提高社区文化服务的效率和效果。社会组织和企业通常具有专业的管理和运营经验，它们的参与还可以帮助优化服务流程，提高服务标准，从而提升居民的参与度和满意度。从次，社会资本的参与还能促进社区文化服务的可持续发展。通过政府和社会资本合作模式（PPP），建立长期稳定的合作关系，确保文化服务项目的连续性和发展动力。最后，社会资本的参与有助于形成社区文化服务的良好声誉和品牌形象。成功的合作项目和积极的社会影响力可以提高社区文化服务的社会认可度，吸引更多的居民参与和支持。

（三）服务宣传不足

首先，宣传不足会导致社区居民对可用的文化服务和活动缺乏足够的了解，从而降低参与度。居民不知道何时何地有文化活动，或者不了解这些活动的具体内容和价值，导致他们错过或忽视了这些机会。其次，宣传不足也会影响社区文化服务的知名度和吸引力。在竞争激烈的媒体环境中，如果社区文化服务没有得到有效的宣传和推广，很容易被其他信息所淹没，难以吸引新参与者和潜在支持者。再次，宣传不足会限制社区文化服务的资源动员能力。社会资本和志愿者的参与往往依赖于对服务的认知和了解，宣传不到位就难以激发社会各界的参与热情，从而错失了多元化资源的注入。从次，宣传不足还影响社区文化服务的创新和发展。社区文化服务的创新往往需要居民的反馈和建议，如果居民对服务缺乏了解，就难以收集到宝贵的意见，从而阻碍服务的改进和创新。最后，宣传不足还影响社区文化服务的品牌建设和形象塑造。一个服务项目如果没有得到有效的宣传，就难以树立起良好的品牌形象，这对于长期的社区文化建设和社会影响力构建是不利的。

（四）特定群体需求识别不足

首先，需求识别不足会导致服务设计缺乏针对性。当社区文化服务未能准确识别老年人、未成年人、残障人士等特定群体的需求时，无法有效满足这些群体的特殊需求。例如，老年人需要更容易理解和参与的活动，而残障人士需要无障碍设施和服务。其次，需求识别不足会导致资源分配不合理。社区文化服务将资源平均分配给所有活动，而不是根据特定群体的实际需求进行分配，从而导致资源浪费或服务效率低下。再次，需求识别不足还会削弱社区文化服务的社会包容性。如果特定群体感到他们的需求被忽视，他们会感到边缘化，从而削弱参与社区活动的积极性，影响社区的凝聚力与和谐。从次，需求识别不足还会限制社区文化服务的创新和发展。了解特定群体的需求是创新服务的基础，如果缺乏这方面的了解，社区文化服务会缺乏创新动力，难以提供多样化和个性化的服务。最后，需求识别不足还会导致社区文化服务的评估与反馈机制失效。

（五）技术和创新不足

首先，技术的落后会限制社区文化服务的效率和覆盖范围。在数字化时代，居民期望通过在线平台获取服务信息、参与活动和接受服务。如果社区文化服务未能充分利用信息技术，如移动互联网、社交媒体和在线服务系统，将难以满足居民的便捷性需求，导致服务参与度降低。创新的缺乏会导致社区文化服务内容和形式单一，缺乏吸引力。随着居民文化需求的多样化，创新的服务项目和活动能够更好地激发居民的兴趣和参与热情。如果社区文化服务缺乏创新，还会使服务显得过时，难以满足居民对新鲜事物的追求。其次，技术和创新的不足还会影响社区文化服务的个性化和定制化。现代技术，如大数据分析和人工智能，可以帮助社区文化服务更好地了解居民的需求和偏好，提供个性化推荐和服务。如果社区文化服务未能应用这些技术，就无法提供精准的个性化服务。再次，技术和创新的不足还会限制社区文化服务的可持续发展。技术创新可以提高服务的可及性和可持续性，例如，通过在线教育和远程服务，可以突破地理限制，为更广泛的居民群体提供服务。最后，技术和创新的不足还会影响社区文化服务的品牌形象和竞争力。在信息时代，技术的先进性和服务的创新性是社区文化服务品牌形象的重要组成部分。

四　辽宁社区文化服务发展建议

习近平总书记在辽宁考察时强调，中国式现代化是物质文明和精神文明相协调的现代化，要弘扬中华优秀传统文化，用好红色文化，发展社会主义先进文化，丰富人民精神文化生活。[①] 党中央高度重视东北振兴。要加强社区文化服务，提升服务功能。社区要积极开展各种公益性课外实践活动，促进未成年人身体健康、心理健康。要加强社区基层党组织建设，加强和改进社区工作，推动更多资源向社区倾斜，让老百姓体会到我们党是全心全意为人民服务的，党始终在人民群众身边。

（一）加强合作和协同发展

1. 促进跨部门合作的机制建设

辽宁社区文化服务在促进跨部门合作方面，需要建立一套高效而协同的机制，以确保不同部门之间的信息共享、资源整合、协同作战，进而推动社区文化服务的全面发展。首先，建立跨部门合作的协调机制。设立社区文化服务协调委员会或联席会议，由相关文化、教育、社区、城建等部门的代表组成，负责协调社区文化服务的规划、执行和评估。这样的机构可以提供一个平台，促使不同部门之间加强沟通、达成共识，共同推动社区文化服务事业的发展。建立信息共享平台。通过建设数字化的社区文化服务管理系统，实现各部门信息

---

① 《在新时代大力弘扬红色文化》，人民网，2024 年 4 月 10 日，http：//gd. people. com. cn/ n2/2024/0410/c123932-40805116. html。

的共享和集成。这包括社区文化资源的数据库、活动信息的共享、居民需求的反馈等，以提高决策的准确性和协同效率。其次，建立跨部门的项目合作机制。通过联合申报、协同策划等形式，推动社区文化服务项目的跨部门合作。例如，文化和教育部门可以共同开展文化进校园活动，社区和城建部门可以协同推动社区文化设施的规划与建设，实现资源优势互补，形成合力。再次，建立联席工作组。根据不同项目或任务设立具体的联席工作组，由各相关部门的代表组成，负责具体事务的协调和推动。这样的小组可以更灵活地应对具体问题，提高决策的执行效率。最后，建立绩效考核和激励机制。建立跨部门的社区文化服务工作绩效评估机制，根据各部门的贡献和成效进行绩效评估，并以此为基础进行激励。这可以激发各部门积极性，推动跨部门合作的机制顺利运作。

2. 社区文化服务与经济社会协同发展

辽宁社区文化服务与经济社会发展密切相关，通过文化服务质量的全面提升，不仅可以促进社会的文明进步，还可以为经济社会的可持续发展提供积极助力。社区文化服务作为一种软实力，对于提升社区形象和凝聚力具有显著作用。通过文艺演出、艺术展览、文化活动等形式，社区能够展现独特的文化氛围，吸引更多居民和游客，从而提升社区的知名度和吸引力。这有助于推动文化旅游产业发展，促进当地经济的繁荣。此外，社区文化服务能够推动文化创意产业的发展。通过支持文创企业，推动传统文化与现代产业的融合，社区文化服务可以成为文化创意产业的孵化器，为文创企业提供平台和资源支持。这将推动文化创意产业结构的优化，为经济增长注入新动力。社区文化服务还能够培养和吸引优秀人才。通过文化活动、培训课程等，社区为居民提供丰富的学习和艺术交流机会，吸引了更多具有创造力和创新精神的人才加入社区。这有助于形成人才集聚效应，为当地产业发展提供智力支持。社区文化服务与经济社会协同发展还体现在社会治理的层面。通过开展文化活动等，社区可以加强居民之间的沟通与交流，促进社区居民提升凝聚力和达成共识，有利于构建和谐社会，提高社区治理的效果。辽宁社区文化服务与经济社会发展密不可分。通过注重文化服务质量的提升，社区能够在文明、经济、社会治理等方面形成良性互动，推动整体发展水平的提高。

（二）建立健全基层文化服务评估模型和反馈渠道

一个科学的评估模型能够全面衡量文化服务的各个方面，包括服务的覆盖率、居民满意度、活动参与度、服务效率和创新性等，从而为服务提供者和决策者提供准确的服务现状和效果信息。通过定期的评估，可以及时发现服务中存在的问题和不足，为改进和优化服务提供依据。此外，一个有效的反馈渠道能够促进居民和服务提供者之间的沟通，使居民能够直接表达他们的需求和建议，提升服务的透明度和居民的参与度。居民的反馈是评估模型的重要组成部分，它能够确保服务更加贴近居民的实际需求。为了实现这些优势，建议辽宁省采取以下措施：一是建立一个包含定量和定性指标的评估体系，如服务使用率、居民满意度、服务响应时间等；二是开发和应用信息技术，如在线调查、移动应用反馈等，以便于收集和分析数据；三是定期发布评估报告，公开透明地展示服务的成效和需要改进的地方；四是建立多元化的反馈机制，包括意见箱、社区论坛、社交媒体互动等，鼓励居民参与；五是将评估结果和居民反馈纳入服务改进计划，形成持续改进的服务文化。通过这些措施，辽宁社区文化服务能够更加精准地满足居民需求，提高效率和质量，增强居民幸福感，从而促进社区的和谐与可持续发展。

（三）加强跨部门合作

加强跨部门合作对于提升辽宁社区文化服务质量具有显著的优势。首先，跨部门合作能够整合不同部门的资源和优势，形成合力，更有效地解决社区文化服务中的问题。例如，文化部门可以提供专业的文化指导，教育部门可以参与文化教育项目的实施，而民政部门则可以提供社区组织和志愿者的支持。这种资源整合可以提高服务的多样性并扩大覆盖面，满足不同群体的文化需求。其次，跨部门合作有助于提高决策的质量和效率。通过建立协调机制，如联席会议或协调委员会，不同部门可以共享信息，共同讨论和解决社区文化服务中的重大问题。这不仅能够促进创新思维的产生，还能够加快决策进程，提高执行力。最后，跨部门合作还能够提升社区文化服务的社会影响力。通过联合举办文化活动，不同部门可以共同提升社区文化的知名度和吸引力，增强社区的凝聚力和文化认同感。为了加强跨部门合作，建议辽宁省采取以下措施：一是建立跨部门合作平台，明确各参与部门的职责和合作方式；二是建立合作框架和制定长期规划，确保合作的持续性和稳定性；三是完善信息共享和沟通机制，确保各部门能够及时交流和反馈；四是鼓励创新和试验，允许各部门在合作中尝试新的服务模式和方法；五是定期评估合作成效，根据评估结果调整合作策略，确保合作目标的实现。通过这些措施，辽宁省可以充分发挥跨部门合作的优势，提升社区文化服务的整体质量和效果，更好地满足居民的文化需求，促进社区的和谐发展。

（四）打造辽宁社区文化服务品牌

打造社区文化服务品牌对于提升辽宁社区文化服务质量具有多重优势。首先，一个知名的社区文化服务品牌能够提升服务的识别度和影响力，吸引更多的居民关注和参与，从而提高服务的覆盖率和参与度。其次，品牌建设有助于提升服务的专业性和标准化水平，通过统一的服务标准和质量控制，确保居民无论身在哪个社区，都能享受到同等水平的文化服务。最后，品牌效应还能够吸引更多的社会资本和专业人才，为社区文化服务注入新的活力和创意。为了打造和推广社区文化服务品牌，建议辽宁省采取以下措施：一是挖掘和利用地方文化特色，打造具有地域特色的文化服务品牌；二是加强品牌宣传和市场营销，通过各种渠道提高品牌知名度；三是提升品牌忠诚度，通过提供高质量的服务和良好的用户体验，提升居民的品牌忠诚度；四是鼓励社区文化服务的创新，不断推出新的服务项目和活动，以适应居民不断变化的文化需求；五是加强品牌管理和保护，确保服务质量，维护品牌形象。通过这些努力，辽宁社区文化服务不仅能够提升质量，满足居民的文化需求，还能够在激烈的竞争中脱颖而出，成为推动社区发展和文化繁荣的重要力量。

（五）促进社会资本有效参与

促进社会资本参与辽宁社区文化服务对于提升服务质量具有显著的优势。首先，社会资本的参与能够为社区文化服务带来资金支持和资源补充，缓解公共财政压力，增强服务的可持续性和稳定性。其次，社会资本的介入有助于引入市场化运作机制，提高服务效率和创新性，通过竞争和合作激发服务的活力。最后，社会资本的参与还可以带来新的管理理念和运营模式，提升服务的专业化水平，满足居民多样化和个性化的文化需求。为了促进社会资本有效参与，建议辽宁省采取以下措施：一是制定优惠政策，如税收减免、财政补贴、土地使用优惠等，激励社会资本投入社区文化服务领域；二是建立公开透明的合作机制，明确社会资本参与的条件、方式和程序，保障合作双方的权益；三是搭建合作平台，如举办文化服务项目推介会、建立项目数据库等，为社会资本与社区文化服务项目提供对接机会；四是强化监管和评估，确保社会资本参与的项目能够达到预期的服务标准和质量要求；五是加强宣传和引导，提高社会资本对社区文化服务重要性的认识。通过这些措施，辽宁省不仅能够吸引更多的社会资本参与社区文化服务，还能够形成政府、市场和社会三方共同参与的服务格局，共同推动社区文化服务的繁荣发展。

（六）基层文化服务融入思政教育

1. 强化社会主义核心价值观的传播

引导社区居民形成符合社会主义核心价值观的思想观念，强化社会凝聚力，推动文化服务更好地服务于社会稳定和全面发展。通过文艺作品的精心选择和推广，将社会主义核心价值观融入文化创意活动中。组织文艺演出、书画展览、影视播放等活动时，注重选择反映社会主义核心价值观的作品，通过艺术的表达方式传递正能量，引导社区居民树立正确的世界观、人生观、价值观。加强对传统文化的挖掘与传承，将社会主义核心价值观融入传统文化的再创造过程中。通过对辽宁本土传统文化的研究和传承，注重发掘其中体现社会主义核心价值观的元素，并通过现代手段进行传播，使传统文化焕发新的生机，成为社区居民的思想引导力量。建立以社会主义核心价值观为指导思想的社区教育体系，包括开展主题教育、开设培训课程，以及引导社区居民参与志愿服务等形式，通过教育引导营造积极向上的社区文化氛围。借助新媒体与传媒手段，强化社会主义核心价值观的传播。通过社区广播、社交媒体等平台，推送融入社会主义核心价值观的信息，强化对居民的思想引导，使社区文化建设更好地反映国家意识形态的导向。

2. 文化服务与社会主义核心价值观相统一

文化服务的内容和形式紧密围绕社会主义核心价值观展开。通过组织文艺演出、展览、讲座等多样化的文化活动，注重选材和创作具有社会主义核心价值观的作品，弘扬正能量，引导社区居民树立正确的世界观、人生观和价值观。首先，在文化服务中强调爱国主义和集体主义。通过纪念活动、主题教育等形式，弘扬爱国主义情怀，激发社区居民对祖国的热爱和对集体的认同感。文化服务要通过具体活动，将社会主义核心价值观中的爱国主义、集体主义等要素融入社区文化建设的方方面面。其次，文化服务还注重家庭伦理和社会责任的传播。通过举办家庭文化节、亲子活动等，强调家庭和社区的重要性，培养居民的家庭观念和社会责任感。社区文化服务要在细微之处传递社会主义核心价值观，引导居民在日常生活中践行这些价值观。最后，文化服务的媒介和传播途径也要符合社会主义核心价值观的导向。通过社区广播、社交媒体等平台，推送符合社会主义核心价值观的信息，借助新媒体手段将这些价值观深入传递给社区居民，使之在日常生活中自觉践行。

（七）提高数字化技术的利用率

应充分利用科技手段推动社区文化服务升级，实现更高效、更智能、更个性化的服务模式。这一升级涉及多个方面，包括数字化平台、人工智能、大数据分析、VR 和 AR 等科技应用的融合。首先，数字化平台将成为社区文化服务升级的核心。建设更先进、更友好的数字化平台，包括网站、移动应用等，使居民能够更便捷地了解和参与社区文化活动。这种平台的建设将推动社区文化服务向线上拓展，打破地域限制，实现社区文化服务的全时全地覆盖。其次，人工智能将应用于社区文化服务的个性化推荐和优化。通过分析居民的文化兴趣、参与历史等数据，智能算法能够为每位居民提供更符合其口味的文化活动推荐，提升居民参与的精准性和满意度。人工智能还能在服务过程中进行实时调整，更好地适应居民的需求变化。再次，大数据分析将为决策提供更科学的支持。通过收集和分析社区文化服务的大量数据，包括参与人数、活动类型、居民反馈等，决策者能够更好地了解社区文化服务的运行状况和居民需求，从而制定更科学、更有针对性的服务策略。最后，VR 和 AR 也有望应用于社区文化服务的创新。通过虚拟展览、在线艺术品欣赏等方式，居民可以在家中体验到更丰富多彩的文化活动，尤其是针对行动不便的特殊人群，提高服务的体验感和趣味性。然而，实现科技推动社区文化服务升级还需解决一系列问题，包括信息安全、隐私保护、数字鸿沟等。因此，未来的发展需要在技术创新的同时，完善法律法规和管理机制。

（八）针对特定群体定制个性化服务方案

辽宁省基层文化服务的特定群体服务方案应该根据社会多元化和不同群体的文化需求，设计有针对性的服务策略，确保每个群体都能享受到平等、丰富、有益的文化体验。首先，应重点关注老年人群体。随着人口老龄化趋势的加剧，未来社区文化服务应设计适合老年人的文化活动，如文艺演出、手工艺制作、书法绘画等，提供专门的老年文化学堂，开展健康舞蹈、养生讲座等，促使老年人积极参与社区文化生活。其次，关注青少年和儿童群体。通过建设青少年文化活动中心、开办儿童艺术培训班等，组织各类富有创意和启发性的文化活动，如青少年文学创作比赛、艺术展览、科普活动等，以满足不同年龄段青少年、儿童的学习和娱乐需求。最后，要特别关注残障人士。社区文化服务应设置无障碍设施，提供容易接近和适应的文化活动场所，开展无障碍艺术培训、音乐疗法等服务，通过文化活动促进残障人士的社交互动和心理康复。

（九）促进基层文化服务与相关产业的合作

首先，可以推动文化产业向数字化、创意和科技领域拓展，引入更多新兴的文创企业，以更好地适应当代社区居民的多样化文化需求。其次，建议促进文化与其他产业的深度融合，如与旅游、科技、教育等产业形成协同，创造更多跨界合作的机会。这有助于提升社区文化服务的适用性和吸引力。再次，鼓励社区文化服务与地方特色产业进行深度合作，挖掘本土文化资源，打造具有本地特色的文化服务项目。例如，可以将当地传统手工艺与文化活动相结合，促进传统文化的传承与发展。最后，建议建立起社区文化服务产业发展的监测和评估机制，及时了解产业结构的动态变化，从而及时调整政策和引导措施，确保社区文化服务与产业的融合发展更为顺畅和可持续。

辽宁社区文化服务与现代产业的融合方案应致力于在传承传统文化的基础上，将其与现代产业有机融合，实现文化价值传承与创新的有机统一。首先，要重视传统文化的挖掘与保护。通过深入挖掘辽宁省本土的传统文化元素，包括传统工艺、民俗、节庆等，建立翔实的档案和数据库，确保这些传统文化得以系统保存。这为后续融合提供了充足的素材和基础。其次，推动传统文化与文创产业的融合。通过支持文创企业与传统工艺、艺术等传统文化领域的合作，推动传统文化元素融入现代设计、制造，创造具有市场竞争力的文创产品。鼓励社区内的手工艺人和设计师进行合作，打造具有本土文化特色的文创作品。再次，注重数字化与科技的整合。通过数字化手段，将传统文化内容呈现在现代平台上，如建设数字博物馆、推动虚拟实境文化体验等，以吸引更多年轻人关注和参与。利用大数据分析、人工智能等技术，为传统文化注入新的活力，增强文化服务的现代感和便捷性。从次，发展以传统文化为主题的文旅产业。通过策划文化旅游线路，推动社区内的传统文化场所向游客开放，打造有特色的文旅产品。同时，将传统文化元素融入酒店、餐饮等服务业，提供更加丰富的文化体验。最后，加强文化教育和培训。通过开设文化学堂、传统工艺培训班等，传承传统技艺，培养更多的传统文化传承者。并在学校、社区开展传统文化的普及教育，提高居民对传统文化的认知和参与度。

（十）制订专业人才培养与引进计划

辽宁社区文化服务的专业人才培养与引进计划应该立足于提升社区文化服务的专业化水平和创新能力，吸引并培养一批具备文化、技术、管理等多方面素养的优秀人才，推动社区文化服务的发展。人才培养应建立系统的培训体系，设立社区文化服务培训基地，组织专业人才和从业人员参与培训课程，涵盖文化管理、创意设计、数字化技术等多个领域，提高他们的综合素养。与高校、文化专业机构合作，开设相关专业和课程，为社区文化服务培养更多的专业人才。加强青年人才培养。设立青年文化创意人才培养项目，鼓励青年从业者参与社区文化服务工作，并提供实习机会、导师指导、项目支持等，以培养一批有活力、有创意的文化服务新生力量。在引进方面，建立吸引人才的政策体系。制定优惠政策，如提供住房补贴、税收优惠等，吸引具备相关专业背景和经验的文化服务人才加盟社区。通过招聘会、专业博览会等途径，广泛宣传社区文化服务的发展前景，吸引更多优秀人才的加入。要注重引入高科技领域的人才。与科研机构、高科技企业合作，吸引具备数字技术、VR、人工智能等专业背景的人才参与社区文化服务的数字化转型，推动社区文化服务与现代科技的深度融合。要加强与其他国家和地区的人才交流。建立人才交流平台，与其他文化服务发达国家和地区进行经验分享和合作，引进国内外优秀的文化服务专业人才，促进社区文化服务的国际化发展。

参考文献

王雷：《社区文化建设理论与实践》，中国文联出版社，2019。

李婷：《上海文旅以高质量公共文化服务满足人民新期待》，《文汇报》2024 年 1 月 23 日。

梁爽：《社区博物馆：社区与城市文化建设的新途径》，《住宅与房地产》2024 年第 1 期。

杨佳佳、李惠男：《积极老龄化视角下城市社区文化养老服务体系建设研究》，《哈尔滨学院学报》2024 年第 1 期。

史宏成：《城市社区公共文化服务研究》，《文化产业》2023 年第 7 期。

B.10
辽宁文化传播能力建设发展报告

舒　波*

摘　要： 　辽宁文化是辽宁社会经济发展的重要资源，有效传播辽宁文化是保障中华文明赓续繁荣发展的重要动力。当前，辽宁文化传播能力建设取得阶段性成效，但仍面临传而不广、传而不响和传而不入的现实问题，在总览研判国际、国内和省内文化传播能力建设形势的基础上，本报告从宏观层面建立新时代辽宁文化传播战略体系、中观层面营造新时代辽宁文化传播语境、微观层面创新辽宁文化传播方式3个方面9项具体内容给出辽宁文化传播能力建设的路径思考，进一步从坚定传播立场、彰显传播价值、依托前沿媒介技术3个方面提出辽宁文化传播能力建设的对策建议。

关键词： 　文化传播　传播语境　叙事体系　辽宁

一　辽宁文化传播能力建设成果

2023年是全面贯彻落实党的二十大精神的开局之年，是全面建设社会主义现代化国家开局起步的重要一年，是实施全面振兴新突破三年行动的首战之年。辽宁省各级党委（党组）和宣传思想文化战线高举习近平新时代中国特色社会主义思想伟大旗帜，自觉担负起新的文化传播使命，围绕贯彻党的二十大关于文化传播能力建设的战略部署，辽宁在思想理论、主流舆论、地域文化、产业融合、国际传播和传播能级六个方面文化传播能力建设取得新进展和新成效，为党和国家文化传播能力发展做出辽宁贡献。

---

* 舒波，辽宁社会科学院城市发展研究所副研究员，研究方向为城市文化传播、战略管理等。

（一）思想理论传播：高举思想旗帜，凝心铸魂

高举思想旗帜，强化理论武装，坚持不懈用习近平新时代中国特色社会主义思想凝心铸魂。牢牢把握深入学习贯彻习近平新时代中国特色社会主义思想这一主题主线和根本任务，加强思想引领、研究阐释和宣传宣讲，把学习贯彻习近平新时代中国特色社会主义思想同习近平总书记关于东北、辽宁振兴发展的重要讲话和指示精神结合起来，切实把党的创新理论武装融入日常、抓在经常，让党的创新理论飞入寻常百姓家，确保习近平总书记重要讲话精神在辽宁落地生根、开花结果。一是强化思想引领，保持先进性。全面学习《习近平新时代中国特色社会主义思想学习纲要》《习近平新时代中国特色社会主义思想三十讲》等理论著作，确保辽宁党员的思想理论学习覆盖率在全国名列前茅。二是深化研究阐释，注重质量与价值。推出《马克思主义经典文献传播通考》（100卷）和《马克思主义经典文献世界传播通考》（前20卷）等重要著作，持续为深化党的创新理论研究提供坚实的学理基础；在全省高校广泛开设"习近平新时代中国特色社会主义思想概论"等相关课程，推动党的创新理论更加深入人心。三是加大宣传宣讲力度，确保入脑入心。全省充分利用五级理论宣讲体系，灵活运用"互联网+""文艺融合""红色元素+"等多种创新形式，如朝阳市的"乡村振兴火种计划"、铁岭县的"炕头学堂"、丹东市的"理想邮递员"等项目，深入基层开展有针对性、分众化、互动式的宣讲活动，使宣传宣讲在接地气的多种形式中入脑入心；同时，全省各级各类媒体纷纷开设专栏专题，精心制作推出一系列新媒体产品，以百姓喜闻乐见的方式，让党的声音更加贴近群众、深入人心。

（二）主流舆论传播：提振发展信心，凝聚精神力量

全省在守正创新中不断强化奋进新时代的主流舆论传播。一是高扬主旋律，传递正能量。围绕各类主题活动，采取多种形式，全方位、多角度地做好辽宁主流舆论的传播工作。通过推出系列深度报道、文艺精品和融媒体产品，以及举办系列成就展、文艺演出和主题活动等方式，全省成功开展了庆祝改革开放40周年、庆祝中华人民共和国成立70周年、庆祝中国共产党成立100周年以及决胜全面小康决战脱贫攻坚等重大主题活动的主流舆论传播。二是用心

讲述辽宁故事，用情传播辽宁好声音。在内宣方面，全省持续深化新时代辽宁全面振兴全方位振兴的主题宣传，通过大型主题采访活动（如"开放合作看辽宁""振兴发展看辽宁"等）和系列新闻发布会（"开启'十四五'迈向新征程""优化营商环境"等），生动展现了辽宁振兴发展的壮丽画卷。围绕全面振兴新突破三年行动的主题，成功举办了多场新闻发布会，省内各级各类媒体也开设了"三年行动首战之年"等专题专栏，充分展示了全省上下推动振兴发展的生动实践。同时，聚焦省委经济工作会议、辽宁省与央企深化合作座谈会等重要会议，以及中沙精细化工及原材料工程项目开工等重大活动，中央媒体和省直主要媒体纷纷推出相关报道，深入剖析变化、原因和走势，提振了底气、士气，展示了辽宁经济发展的良好态势。在外宣方面，开展了中外媒体"高质量发展看辽宁"采访活动，邀请了包括新华社、美国《纽约时报》在内的多家中外媒体来辽实地采访，大力宣传了辽宁"三年行动首战之年"的新进展和新成效。通过中国国际装备制造业博览会、辽宁国际投资贸易洽谈会、全球辽商大会、全球工业互联网大会等的实时宣传报道，持续向外界展示辽宁发展的强劲势头。三是全媒体传播体系建设不断加强。出台了加快推进媒体深度融合发展的若干措施，扎实推进省直媒体的进一步深度融合。截至2023年，全省已有41个县级融媒体中心挂牌运行。组织以"全省地市级媒体加快融合"为主题的现场推进会，推动构建了省、市、县三级联动的融媒体传播矩阵。

（三）地域文化传播：厚植辽宁文化沃土，赓续中华文脉

辽宁是文化大省，地域文化独具特色，历史底蕴深厚。辽宁文化传播始终坚持以人民为中心，厚植辽宁文化沃土；以改革创新激发文化活力，赓续中华文脉；以有效供给满足人民群众精神文化生活新期待，传承文明薪火。一是对地域文化传承进行新的战略部署。通过召开全省性的文化座谈会，精心安排和部署文化传承与发展的具体工作；举办"文化传承发展 探源中华文明"新时代大讲堂，进一步提升"红山文化"的知名度；制定中长期规划，稳步推进古籍的整理与出版，彰显辽宁文化的责任与担当。二是实施文化惠民工程。辽宁实施了文化惠民工程，极大地丰富了民众的精神文化生活。从群众文化艺术节，到全民读书节，再到"我们的中国梦"文化进万家、文化科技卫生"三下乡"以及"大河之澜"演出季的惠民演出，各类群众性文化活动广泛开

展。同时，增加农村公益电影放映、农家书屋延伸服务等文化供给，确保公共文化服务的全面覆盖。县、乡、村三级公共文化设施完善，公共图书馆、文化馆（站）全部免费开放，博物馆、纪念馆也根据公众需求延长开放时间。随着公共文化服务体系的不断完善，辽宁民众的文化获得感和幸福感显著提升。三是深入实施"名牌、名品、名人"工程，推动文艺精品的创作与生产。广大文艺工作者深情讴歌人民、抒写时代，涌现出一批批优秀的文艺作品。其中，6集电视纪录片《热血河山》在央视播出，全面展现了辽宁百年的红色传承，深刻诠释了"六地"的丰富内涵与时代价值。辽宁的多部作品如芭蕾舞剧《铁人》、广播剧《有事找彪哥》等荣获中宣部精神文明建设"五个一工程"奖；电影《钢铁意志》入选中宣部迎接党的二十大重点影片；舞蹈《散乐图》荣获第十三届中国舞蹈"荷花奖"。辽宁省博物馆推出了"又见大唐""又见红山""山高水长——唐宋八大家"等特色主题展，其中"和合中国——'和'文化主题文物展"更是荣获第二十届全国博物馆十大陈列展览精品奖。

（四）产业融合传播：文体旅融合发展，叫响辽宁品牌

辽宁省持续推动文化、体育和旅游深度融合发展，推动全省文体旅市场"火"下去、产业"强"起来、经济"旺"起来。为此，辽宁省精心策划了包括东北抗联文化、抗美援朝精神在内的10条红色旅游经典线路和30条精品旅游线路，旨在满足不同游客群体的多样化需求。在竞技体育方面，辽宁健儿在北京冬奥会和冬残奥会上屡获佳绩，男篮也再次夺得CBA联赛总冠军，这些辉煌成就充分展示了新时代辽宁的卓越风采。为进一步推动文旅产业发展，辽宁省成功举办了全省文旅产业振兴发展大会及系列推介活动，并发布了具有标志性的辽宁旅游宣传口号。在大会期间的集中签约仪式上，成功签约金额高达383亿元。此外，辽宁省还积极组织重点文化企业参与深圳文博会和香港"维园庆回归"主题展，成功举办了文化产业招商洽谈会和文化旅游招商推介会，共达成了66个现场签约合作项目，签约总额122.1亿元。① 辽宁省在推动文化、体育与旅游融合发展方面取得了显著成效，不仅丰富了旅游产品线，还提升了地区品牌形象，为经济社会发展注入了新的活力。

---

① 关艳玲：《凝聚奋进力量　奏响振兴强音》，《辽宁日报》2023年11月13日。

（五）国际传播：创新发展，展示辽宁形象

辽宁省在对外宣传方面不断创新，建立了高效的联席会议机制，以深化合作交流，不断扩大国际"朋友圈"。近年来，辽宁省成功策划并举办了一系列具有影响力的外宣活动，如中埃新春云歌会、"中孟情"文艺展演、"四海同心一起过节"以及"中华文化书架"等，这些活动有效提升了辽宁的国际知名度。此外，辽宁省还精心组织了"珍奇辽味"——2023东北亚民间美食文化交流周，以及"感知中国·纪录辽宁——（蒙古国）百日展播"等活动，通过美食和文化的交流，进一步加深了国际社会对辽宁的认识和了解。在多媒体传播方面，辽宁省推出了《国宝在辽宁》等一系列双语短视频，以及《渔夫与海》等纪录片和动画片，并在共建"一带一路"国家广泛播出。这些作品以生动的形式讲述中国故事，展示了辽宁的独特魅力和良好形象。辽宁省在对外宣传方面取得了显著成效，不仅创新了宣传方式，还通过一系列丰富多彩的活动和多媒体作品，成功地将辽宁的文化和故事传递给国际社会，进一步提升了辽宁的国际影响力和美誉度。

（六）传播能级：不断提升，发展趋势持续向好

辽宁出台了一系列文件（见表1），对辽宁文化传播能力建设提出具体要求，引领辽宁文化传播能力通过艺术演出、博物馆、公共图书馆、群众文化机构文化服务、广播电视节目、对外文化交流活动项目等不断提升，发展趋势持续向好。

表1　国家和辽宁省对文化传播能力建设提出相关要求的系列文件/会议精神

时间	文件/会议	发文/会议单位	主要要求和部署
2022年10月16日	党的二十大报告	中国共产党第二十次全国代表大会	增强中华文明传播力影响力；加强全媒体传播体系建设,塑造主流舆论新格局；加强国际传播能力建设,全面提升国际传播效能,形成同我国综合国力和国际地位相匹配的国际话语权
2023年10月7日	全国宣传思想文化工作会议	全国宣传思想文化工作会议	着力提升新闻舆论传播力引导力影响力公信力

续表

时间	文件/会议	发文/会议单位	主要要求和部署
2023年 9月17日	辽宁省支持文旅产业高质量发展若干政策措施	辽宁省人民政府办公厅	建立多级联动推广机制,深化与主流媒体合作,充分利用新媒体平台,打造文旅宣传矩阵
2023年 5月4日	辽宁省文旅产业高质量发展行动方案(2023—2025年)	辽宁省文化和旅游发展领导小组	构建媒体传播矩阵,全方位放大宣传效果,提升辽宁文旅品牌影响力
2015年 12月31日	中共辽宁省委关于推进辽宁文艺繁荣发展的实施意见	中共辽宁省委办公厅	焕发辽宁文艺"走出去"活力。实施辽宁文艺走出去工程,运用文艺形式讲好中国故事、辽宁故事,展现中国魅力、辽宁活力。依托辽宁地域文化,挖掘博大精深的传统文化、多姿多彩的民族文化、昂扬向上的红色文化、充满生机的当代文化,创作生产符合对外传播规律、易于国外受众接受的影视、文学、民间文艺等优秀作品,进行多语种翻译、发行和展示。制定交流合作专项计划,推动杂技、芭蕾、京剧、音乐等艺术精品参与国际节展赛事、进入国际文化市场,支持话剧、歌剧、评剧、歌舞等表演团体境内外巡演,组织木偶、皮影、秧歌、高跷、剪纸、书法、美术、摄影等艺术形式参与境内外重要展演展示活动
2013年 12月23日	关于培育和践行社会主义核心价值观的意见	中共中央办公厅	建设社会主义核心价值观的网上传播阵地。适应互联网快速发展形势,善于运用网络传播规律,把社会主义核心价值观体现到网络宣传、网络文化、网络服务中,用正面声音和先进文化占领网络阵地。做大做强重点新闻网站,发挥主要商业网站建设性作用,形成良好的网上舆论环境,集聚网上舆论引导合力。做好重大信息网上发布,回应网民关切,主动有效进行网上引导。推动中华优秀传统文化和当代文化精品网络化传播,创作适于新兴媒体传播、格调健康的网络文化作品。依法加强网络社会管理,加强对网络新技术新应用的管理,推进网络法制建设,规范网上信息传播秩序,整治网络淫秽色情和低俗信息,打击网络谣言和违法犯罪,使网络空间清朗起来

资料来源:笔者根据政府官网整理得出。

二 辽宁文化传播能力建设面临的现实问题

辽宁文化传播能力尽管在建设发展中取得了新的进展和成绩，但与发达地区相比还存在一定的差距，仍面临传而不广、传而不响和传而不入的现实问题。

（一）传而不广：传播渠道不畅，平台建设不力

传播渠道与传播平台作为传播媒介，在提升文化传播能力中具有重要作用。传播内容的内涵价值需要通过传播渠道与传播平台的精准有效传播来实现，如果内容与渠道不匹配、不相融，那么内容的传播效果及价值意义就会大打折扣。当前，辽宁文化传播存在主流媒体自主平台建设水平尚需进一步提升，未能整合短视频平台、社交媒体、聚合型信息平台等多维渠道资源，未能发挥多维渠道应有的优势，数字化传播平台尚需加快建设的问题，导致传而不广。

（二）传而不响：传播模式传统，受众意识欠缺

新时代文化传播要求变传统单向线性传播模式为双向互动精准传播模式，这需要以数字化、网络化和智能化的传播技术为支撑，需要观照受众主体性、互动性。辽宁文化在传播模式的转型过程中仍存在传统单向线性传播模式路径依赖明显、双向互动精准传播不到位的现象。可能的原因在于客观上数字化传播技术赋能不足，缺少数据分析和社交传播式分发，往往使得受众活跃性低、积极参与性差；主观上对受众主体性和互动性重视程度不够，缺少对用户心理和喜好的深入研究与探讨，在内容生产方面持续创新乏力，传播力无法实现瓶颈突破，导致传而不响。

（三）传而不入：传播主体固化，叙事体系非大众化

新时代文化传播主体呈现多元化、大众化特征，多元化的民众既是文化传播主体，又是传播受众，青睐于将日常生活的形象、故事通过视觉化、大众化叙事体系自主创作为多样化文化传播内容，贴近大众日常生活的文化传播内容

更加生动、形象，更具感召力、说服力和引导力，在满足大众心理诉求的过程中，让文化传播内容入脑入心，有效发挥价值引领和精神提升的作用。总之，仍存在传播主体固化，叙事体系非大众化的现象，传统主流媒体主导性叙事体系缺乏对多元化受众差异化心理诉求的满足，产生距离感，共情不足，导致传而不入。

三 辽宁文化传播能力建设形势分析

（一）国际形势

从国际看，新一代数字技术的高速发展和新冠疫情加速了世界百年未有之大变局的发展和演变，全球政治经济文化体系面临消解与重构，世界局势进入破与立的动荡期，中国式现代化视域下以中华文化为载体的国际传播迈入破旧局开新局的关键发展阶段。在大变局的深刻演变中，中国文化国际传播将迎来历史性发展机遇，要充分运用更为广阔的传播场域讲好中国故事、传播好中国声音，让世界各国人民在交流互鉴中了解中华文明，了解中华民族精神，不断加深对当今中国的认知和理解，营造良好国际舆论氛围，为中国和平发展创造条件，为人类文明进步贡献中国思想、中国力量。同时，受地缘政治局势紧张、逆全球化思潮抬头、保护主义明显上升等因素影响，国际传播环境趋于复杂化、传播效能不稳定性和不确定性增强，为文化国际传播发展带来诸多挑战。

（二）国内形势

面对云谲波诡的国际政治经济环境和繁重艰巨的改革发展稳定任务，我国宣传思想文化战线自觉担负起新的文化使命，围绕贯彻党的二十大关于文化传播的战略部署，强化文化思想引领，在推进理论研究和拓展传播方式中不断守正创新；赓续中华文脉，在文化遗产保护、数字技术赋能活化利用和博物馆开展多样化活动中推动创新发展；注重主流舆论正面导向，在展示经济发展生动实践、讲述榜样事迹、展现英模品格和推出文艺精品力作中提振发展信心，凝聚精神力量；深化文明互鉴，在展现中国文化内涵和精神力量中增进民心相通，推动中华文明国际传播力影响力不断提升。中国文化通过有效地对内对外传播，为党和国家事业发展提供了坚强的思想保证和强大的精神力量。同时，我国还处于经济恢复和产业升级的关键期，受国内市场需求不足、大宗商品价格下行、内生动力不强、企业利润下降等影响，文化传播能力建设仍面临诸多困难与考验。

（三）省内形势

辽宁大力加强文化传播能力建设，强化习近平新时代中国特色社会主义思想理论传播，以守正为创新凝心铸魂，以创新为守正注入活力；强化主流舆论传播，全景展示全省上下打好打赢新时代东北振兴、辽宁振兴的"辽沈战役"的生动实践；强化地域文化赓续传播，依托数字技术活化地域特色文化资源，赋予其新时代生机与活力，为人民群众提供充分的文化滋养；强化产业融合传播，推动文体旅资源优势转化为辽宁文化传播优势；强化国际传播，致力于生动讲好辽宁故事、传播好辽宁声音，全面塑造辽宁良好形象。同时，辽宁文化传播能力建设还面临着一系列现实问题，如互联网思维意识不强、文化传播体制改革不到位、全媒体文化传播人才队伍不完备等制约着辽宁文化传播能力发展，这对辽宁文化传播能力建设提出了新要求，需进一步顺应新时代文化传播规律、瞄准群众差异化需求、依托数字技术创新发展、壮大文化传播人才队伍，这样才能推动辽宁文化传播力影响力不断提升。

四　辽宁文化传播能力建设的路径思考

（一）宏观层面：建立新时代辽宁文化传播战略体系

一是顶层设计，构建新时代辽宁文化传播图景。文化传播是一个涉及众多层面的复杂过程，它不仅涉及文化资源的展示和传播，还包括文化体验的形式创新、新兴传播载体的应用、文娱产业新业态的探索、人工智能生成内容的赋能、公共文化服务水平的提升以及文化内容的国内外传播等，新时代文化传播以数字化、网络化和智能化为主要特征，需要宏观引领构建新时代全媒体发展的辽宁文化传播图景，以传播辽宁优秀文化为价值导向，融通多媒体资源，综合运用各类载体传播优势，推动辽宁文化全景呈现与传播成果全民共享。二是业态创新，加快辽宁文化传播业态转型升级。推动科技赋能，以科技创新、数字变革推动信息科技在辽宁文化传播领域的广泛应用，加快发展数字出版、数字演播、数字印刷、数字展览、数字演艺、数字旅游等传播新业态。三是机制保障，建立资金支持、人才支撑和市场监管的保障机制。以机制创新为动力，建立"财政资金+多种经济主体投融资"相结合的资金支持保障机制、"引进+培养"相结合的全媒体文化传播人才支撑机制、"监督+调控"相结合的市场监管保障机制，为辽宁文化传播能力建设奠定宏观基础。

（二）中观层面：营造新时代辽宁文化传播语境

一是明确新时代文化传播语境"碎片化"和"大众化"特征。"碎片化"是指社会转型带来的各社会阶层之间的生活方式、话语方式、审美取向、价值观念、消费方式的"差异"日渐增大，产生差异化诉求，因而整个社会逐渐由"整体的"变成"碎片的"，"碎片化"成为主要的文化传播语境特征之一。文化传播语境另一个特征"大众化"是指传播主体包括大众，传播对象面向大众，同时要发挥大众文化的作用，其中大众文化是由大众传播媒介传输、按市场规律运作、旨在使大量民众获得感官娱乐的日常文化形态，包括通俗诗、报刊连载小说、畅销书、流行音乐、电视剧、电影和广告等。大众文化更加符合大众的审美需求，具有轻松和易接受的特点，它的范围之广、内容之丰富是其他文化形态不能比拟的。二是以数字技术发展为依托，实现辽宁文化数字化传播。数字化传播以全程、全员、全息、全效的特征重塑传播新形态。以大数据、云计算、人工智能、物联网、区块链等数字技术发展为依托，搭建辽宁文化数字基础设施和数字服务平台，推动辽宁全媒体传播体系建设和媒体深度融合发展；加强辽宁文化传播内容供给侧结构性改革，创新辽宁文化传播的叙事结构和话语方式，展现辽宁地域特色文化如博物馆、非遗的时代魅力；发展数字化文化消费新场景和线上线下一体化的数字化文化新体验，通过流程再造和价值链重构来探索辽宁文化传播产业多元化的盈利模式。三是根据国内外不同受众需求，构建新时代辽宁文化传播叙事体系。辽宁文化传播能力提升策略要遵循新时代传播语境特征和数字化传播发展规律，根据国内外不同受众的差异化需求，变传统单一传播为多样化传播，将传统主流化宏观叙事与新时代大众化微观叙事相结合，构建多元化、多层次的新时代辽宁文化传播叙事体系，促进官方对话、民间对话协同开展，相互联动、互相支撑。整合活用辽宁地域特色文化资源，加大以视觉化、大众化为主导的文化产品的开发力度，将辽宁文化打造成国内外人民生活中经常接触到的视觉形象，潜移默化地融入国内外人民的日常生活；以大众文化产品为载体，采用平民视角柔性叙述，将普通人的命运与辽宁乃至国家整体发展相结合，代入感更强，更加形象、生动、感人，通过同感共鸣来满足国内外不同受众心理需求，不断提升辽宁文化传播力影响力。

（三）微观层面：创新辽宁文化传播方式

一是多维渠道，搭建文化内容传播的多维度平台与空间。一个协同高效、差异互补的文化传播矩阵对于提升辽宁文化传播力影响力具有十分关键的作用。不同渠道媒介具有不同的特质，如短视频平台（抖音、快手等），具有"通过短、平、快的视频满足受众即时视觉需求"的特质；社交媒体（微博）具有"通过简短的图文类信息传播带动受众互动行为"的特质；聚合型信息平台（微信、今日头条等），具有"以高质量的图文资讯满足受众深度阅读需求"的特质。辽宁文化传播应将主流媒体与多维传播渠道相融合，充分运用不同渠道媒介特质，实现渠道定位的差异互补，不断提高辽宁文化传播力影响力。二是多元主体，鼓励多元主体参与文化内容的创作和传播。在人人都是辽宁故事创作者和辽宁声音传播者的新时代，提升辽宁文化传播能力应充分发挥辽宁多元主体的文化内容创作和传播优势，如辽宁文化传播媒体的主导者优势、辽宁文化市场企业的代表者优势、辽宁文化产业产品的传承者优势以及辽宁民众的文化书写者优势，实现多元传播主体的优势互补，不断提高辽宁文化传播力影响力。三是多样内容，保证文化内容的多样性，满足不同受众的需求。在传播辽宁文化故事的过程中，不仅需要多元主体，而且需要多样内容，包括讲好辽宁地域特色传统文化故事，历史底蕴深厚的辽宁地域特色传统文化是当代辽宁发展进步的"根"；讲好辽宁红色文化故事，辽宁英模、"六地"、东北抗联文化、抗美援朝精神等红色基因强大、红色资源富集，用心用情讲好党的故事、革命的故事、英雄的故事是当代辽宁发展进步的"魂"；讲好辽宁人民奋斗的故事，紧扣实施全面振兴新突破三年行动以来取得的显著成效和发生的巨大变化，紧扣新时代"六地"目标，全省上下打好打赢新时代东北振兴、辽宁振兴的"辽沈战役"的生动实践是当代辽宁发展进步的"精气神"，保证辽宁文化传播内容的多样性，满足不同受众的需求，是提升辽宁文化传播能力的关键。

五 辽宁文化传播能力建设的对策建议

（一）坚定辽宁文化传播立场

辽宁文化是中华文化的重要组成部分，坚定辽宁文化传播立场即在以中国式现代化全面推进中华民族伟大复兴的征程上，始终坚持马克思主义在意识形态领域的指导地位，坚持"把马克思主义思想精髓同中华优秀传统文化精华贯通起来、同人民群众日用而不觉的共同价值观念融通起来"，不断谱写马克思主义中国化时代化的新篇章，是当代中国共产党人的庄严历史责任，更是辽宁文化传播的历史责任。我们只有坚持加强对习近平新时代中国特色社会主义思想的传播，通过深刻把握蕴含其中的世界观和方法论，坚持好、运用好贯穿其中的立场观点和方法，才能不断夯实马克思主义中国化时代化的历史基础和群众基础，使先进的思想文化牢牢根植于中国大地，孕育在辽宁沃土。通过加强辽宁文化传播的全局性谋划，着力增强辽宁文化传播的系统性、整体性和协同性，实现辽宁文化对内传播和对外传播相统筹、问题导向和实现目标相统一，综合运用主流传播、大众传播、群体传播、人际传播等多种方式展示辽宁文化视域下的中华文化魅力，构建全方位、全领域、全要素的辽宁文化传播体系，以辽宁文化传播能力的不断提升助推中国文化传播力影响力的提升。

（二）彰显辽宁文化传播价值

特色文化彰显传播价值，唯有体现个性、独具特色的文化传播才能构建中国话语和中国叙事体系，从而增强传播效能。辽宁文化底蕴深厚，独具地域特色，深入挖掘辽宁文化民族特性、时代特征和人民特质等特色，方能彰显辽宁文化在传播中的价值。一是挖掘辽宁多民族融合文化特性。辽宁以"大杂居、小聚居"的形式会聚了56个民族，其中少数民族人口共计642.18万人，占全省人口总数的 15.1%，居全国第 6 位（2020 年第七次全国人口普查统计）。① 辽宁少数民族中有 5 个世居少数民族（满族、蒙古族、回族、朝鲜族和锡伯族）与汉族共同融合发展塑造了辽宁多民族融合文化特性，赓续中华民族文化血脉，辽宁文化传播应深入挖掘辽宁多民族融合文化特性，推动文化自觉走向文化自强。二是把握辽宁全面振兴发展时代文化特征。文化传播紧扣时代发展脉搏，才能为经济社会持续健康发展提供昂扬向上的精神动力。中国特色社会主义蓬勃发展创造出人类文明新形态，党和国家事业取得历史性成就、发生历史性变革正是作为精神探索和智慧结晶的文化价值的时代体现，是主流价值观的广泛传播与人类文明价值尺度的普遍性表达，辽宁全面振兴发展的时代文化融入其中，更是其中的重要组成部分，辽宁文化传播应把握辽宁全面振兴发展时代文化特征，彰显激励辽宁人民奋勇拼搏的文化时代价值。三是凸显辽宁人民文化自信特质。人民是文化的创造者，也是文化自信的主体。辽宁文化传播应以辽宁人民为主体、为受众，在观照人民生活、表达人民心声、体现人民愿望中，满足辽宁人民群众多样化的文化需求，凸显辽宁人民文化自信特质，增强辽宁人民群众对美好生活向往、追求与奋斗的精神动力。

（三）依托前沿媒介技术赋能辽宁文化传播

媒介技术的创新发展推动着人类传播活动在深度、广度和水平上的巨大发展，是提升传播质效的重要手段。应依托互联网、数字化和智能化等前沿媒介技术赋能传统媒体与新媒体深度融合发展，为辽宁构建全媒体传播体系提供全面技术支撑与保障。一是赋能新型主流媒体。通过前沿媒介技术赋能优化流程、再造平台，整合辽宁文化媒体传播媒介资源，在内容信息、技术应用、平台终端和管理方式等方面实现共融互通，有效提升辽宁文化传播新型主流媒体的影响力竞争力。二是赋能媒体融合。充分利用国内外互联网媒介信息空间优势、平台媒介视觉化形象化优势，将新媒体与辽宁传统媒体技术优势互补、融合发展，提升辽宁文化传播能级，拓展辽宁文化国内外传播范围，让"辽宁文化信息无处不在、辽宁文化传播触手可及、辽宁文化影响无时不有"从蓝图变为现实。三是赋能精准正面传播。依托人工智能技术探索细分受众，实现

---

① 《人口与民族》，辽宁省人民政府网站，https：//www. ln. gov. cn/web/zjln/rkymz/index. shtml。

辽宁文化精准化传播，探索以主流价值导向驾驭"算法"，实现海量文化信息与辽宁人民群众的差异化文化需求相匹配，探索移动传播平台、互联网平台等商业化社会化治理，让辽宁文化传播的正能量与主旋律深入人心。

参考文献

罗昕：《数字化传播：激活中华文化时代魅力》，《传媒论坛》2023 年第 8 期。

卜彦芳、唐嘉楠：《渠道协同：全媒体传播矩阵的运营优化机制》，《中国广播》2022 年第 2 期。

王巍、戈兆一：《语言传播和语言出版的体用关系及优化策略》，《中国出版》2023 年第 5 期。

方亮、王奇：《深入学习贯彻习近平文化思想　推动全省宣传思想文化事业高质量发展　在奋力谱写中国式现代化辽宁新篇章中更好担负起新的文化使命》，《辽宁日报》2023 年 11 月 14 日。

关艳玲：《建设文化强省　凝聚振兴力量》，《辽宁日报》2022 年 9 月 2 日。

关艳玲：《凝聚奋进力量　奏响振兴强音》，《辽宁日报》2023 年 11 月 13 日。

《如何理解作为整体的"宣传思想文化工作"及它们之间的内在逻辑关系？》，《学习时报》2023 年 12 月 4 日。

于小植：《新媒体时代中国文化传播的资源活用与方式变革》，《艺术广角》2022 年第 5 期。

张爱军、王三敏：《百年未有之大变局中我国国际政治传播的新发展》，《云南行政学院学报》2023 年第 4 期。

曹月娟：《强化深度融合思维提升主流媒体传播力》，《新传播》2023 年第 5 期。

张北坪：《不断提高文化传播能力和水平》，《重庆日报》2023 年 2 月 13 日。

刘华鲁：《主流媒体如何掌控传播制高点？》，《通信世界》2019 年第 4 期。

B.11
辽宁网络文化建设发展报告

周 蓬*

摘 要: 党的十八大以来,网络文化迎来了迅猛发展的新时期。各网站及有关部门积极响应创新、协调、绿色、开放、共享新发展理念,不断加大网络文化的培育与监管力度,大力推动网络文化创作和活动蓬勃发展。本报告从新型媒体矩阵、学生团体的网络文化传播,以及网络意识形态安全的管理入手,深入剖析辽宁省网络文化建设发展阶段,阐述辽宁网络文化建设目前所具备的优势,明确发展方向,综合分析出辽宁网络文化建设发展存在的不足:网络文化传播的深度、广度不够;在全媒体与高校相结合上仍存在一定不足;现有体制和人才建设仍有欠缺;创收和技术发展上存在重要短板。本报告通过深入辽宁各市县调研、座谈、分析研讨,总结出辽宁网络文化建设发展坚持优秀内容供给、提高网络文化传播效能、构建网络文化服务机制、加强网络文化治理等相关切实可行的建议。

关键词: 网络文化 文化建设 全媒体

一 辽宁网络文化建设发展现状

(一)全国网络文化建设发展现状

1.互联网文化产品越来越丰富,传播方式日益多元化

党的十八大以来,各地积极挖掘博大精深的中华文化,将其作为网络文化

---

* 周蓬,辽宁社会科学院科研成果推广转化中心编辑、副研究员,研究方向为马克思主义意识形态、文化产业。

建设的重要资源，大力推进传统文化与当代文化的数字化、网络化传播，打造了一系列杰出成果。在线图书馆、在线博物馆、网络剧场等项目的推广，为互联网空间构筑了丰富多彩的精神栖息地。据统计，全国范围内已建立了超过10万个文化信息资源共享中心和服务站点。截至2023年，国家数字图书馆工程已在全国30个省级图书馆和52个市级图书馆基本形成数字化规模，且地方数字图书馆的建设亦呈现出蓬勃发展的态势。

马克思主义中国化的最新理论成果在网络上得到了广泛的传播与普及。中国共产党新闻网的报道范围广泛，影响力日益扩大，同时，《求是》《党的建设》等理论刊物也在网络上实现了同步出版。微博平台通过设立"暖"标签，联合百余家媒体实施暖新闻计划，并在沈阳成功举办了吸引亿万名网友关注的中国报业新媒体（客户端）发展大会，在此期间涌现出大量主题突出、风格积极、形式多样的优秀网络文化作品。

网络文化产业呈现出快速发展的趋势，网络游戏、网络动漫、网络音乐、网络影视等细分领域均实现了快速增长，显著提升了网络文化产业的整体实力。网络文学、网络音乐、网络广播、网络影视等领域均展现出强劲的发展动力。网络文化消费规模的持续扩大，不仅催生了一系列新兴产业，还直接带动了电信业务收入的增长。

2. 加强网络文化管理

党的十八大以来，党和政府积极探索依法科学有效管理网络文化的方式方法，打造具有中国特色的网络综合治理体系。我国的互联网法律法规框架已初步构建完成，涵盖了超过30部的相关法律、行政法规、司法解释及专项规定。这一体系将专门立法与其他相关法律法规相融合，形成了一个多层次、宽领域的互联网法律体系，有效覆盖了互联网管理的主要范畴和核心方面。最高人民法院、最高人民检察院发布了《关于办理利用互联网、移动通讯终端、声讯台制作、复制、出版、贩卖、传播淫秽电子信息刑事案件具体应用法律若干问题的解释》，为新形势下依法规范互联网活动提供了坚实的法律支撑。

推动网络文明建设，深化网络文化环境的净化工作，已成为广泛的社会共识，深入人心并符合民众期待，引领着网络文明的新风尚。中宣部、工业和信息化部、公安部等部门在全国范围内持续推进"扫黄打非"等一系列专项整治行动。互联网和移动媒体，纠正低俗网络言论，遏制网络暴力行为，整治违法网络公关活动,严禁发布性用品、毒品等违法信息。构建文明网站、倡导文明上网行为、传播文明言论、营造健康网络环境,已成为互联网行业及广大网民的共同心声。针对网络空间内个人散布虚假信息的行为,国家互联网信息办公室网络新闻宣传办公室负责人发表声明,呼吁社会各界坚决抵制虚假信息与网络谣言的传播。该声明得到网站支持,网络媒体亦加强自我约束,共同致力于构建一个健康、和谐的网络生态。

(二)辽宁网络媒体文化建设发展现状

1.辽宁融媒体发展概况

辽宁从 2018 年开始推动县级媒体融合发展,推出引导群众、服务群众的重要举措。辽宁在县级融媒体中心建设中,始终坚持对照标准、规范推进,同时,坚持因地制宜、整合资源、节约实用,推进媒体融合发展从简单相加向深度融合转变,加快构建融为一体、务实管用的全媒体传播格局。全省一共推进建设了 41 家省委宣传部认定的县级融媒体中心。

2019 年 5 月 17 日,辽宁省北方广电网络公司在第十五届深圳文博会上与华为技术有限公司签署战略合作协议,标志着辽宁的媒体融合发展得到了进一步深化。尤其是和华为技术有限公司的战略合作,可以解决融媒体发展过程中的技术难题。

2019 年 9 月 15 日,北斗云暨辽宁县级融媒体中心省级技术平台建设完成。2019 年 9 月 30 日,辽宁省 41 家县级融媒体中心入驻北斗云,41 个县的客户端有一个共同的后台,即省级技术平台,党建服务、政务服务和公共服务等各方面的数据资源实现全面互联互通。省级技术平台内设立调度指挥中心,可以做到多方同时在线,都能看到现场的实际情况并且做出调度指挥,实现快速反应,第一时间对舆情的控制引导,等等。2019 年 11 月 11 日,中共中央政治局委员、中宣部部长黄坤明视察北斗云,对此给出高度肯定。

截至 2023 年,北斗融媒发稿量达到日均 300 条,直播活动每周约 3 场。新冠疫情防控期间,北斗融媒策划的辽宁医疗队驰援湖北的近 20 场"云送机、云接机"系列直播,广受关注,观看总人数超过 500 万人。北斗融媒联合辽宁省支援湖北前方指挥部推出的大型融媒体特别节目《你的样子》,请 2054 名援鄂医疗队员摘下口罩现真容。视频总量超过 2000 条,平均单条点击量超过

1.5 万次。短视频、直播、活动，已经日渐成为北斗融媒的三大特色，体现出了融媒体品牌的创意、行动力和传播效果。北斗融媒其他平台官方账户的关注度也在日渐提升，截至 2020 年 10 月底，今日头条和抖音粉丝 40 万人、微博粉丝 55 万人、微信公众号粉丝 30 万人、快手粉丝 20 万人，快手、抖音等视频周均播放量过亿次。

2. 辽宁融媒体县域级中心发展情况（以彰武县、康平县、大石桥市融媒为例）

（1）制定标准，彰武县严把基础建设与推广

"三个强化"统筹推进媒体融合。一是强化组织保障。成立以县委书记和县长任组长，县委常委、宣传部部长统筹推进的领导小组，实施监督指导机制，确保每日调度、每周总结、每月汇报，全力推动工作落实。二是强化整合互融。2018 年 8 月 31 日，整合县电视台、县广播电台、县信息发布中心，成立彰武县融媒体中心，明确为全额拨款事业单位，编制 58 名，内设指挥、采编、播发、行政、技术和策划 6 个分中心。将电视台与信息发布中心两类记者整合互融，实现采编人员"一专多能"。三是强化制度和资金保障。依据上级规范，参照一类平台标准，结合本地实际，制定了《彰武县融媒体中心建设实施方案》。省、市、县对融媒体中心建设大力支持，分别给予 1/3 费用进行补助。

"三个打造"加快媒体融合步伐。一是打造技术平台。积极依托省级技术平台资源，结合本地平台优势，实现集本地内容生产、审核、发布于一体，真正做到所有媒体新闻"一次采集、多种生成、全媒传播"。二是打造发布平台。利用"报、刊、台、网、微、端、屏"，打造全媒体矩阵发布平台，实现分众化、差异化传播，推动传播效果最大化。三是打造服务平台。在彰武融媒客户端开设新闻、生态文明等 12 个栏目，以及文明实践、行政服务、在线融媒等功能模块，致力于打造一个集媒体服务、党务服务、行政服务、便民服务及增值服务于一体的综合性服务平台。

"五大融合"凸显彰武融媒特色。创新探索"五大融合"，实现平台统一，打造媒体融合发展"加速器"。一是与全国应急广播技术系统建设相融合。作为全省县级应急广播体系建设试点，统筹推进与县级融媒体中心建设高效衔接，实现资源整合、安全运行、基层全覆盖。二是与新时代文明

实践中心建设相融合。研发功能模块，设置信息发布、志愿服务、活动招募、群众点单等功能，实现文明实践线上线下同步推进。三是与智慧党建相融合。利用 App 平台发布主题教育资料、学习培训信息、党建成就及党员互动信箱等内容，探索党建工作的新路径。四是与"部校共建"相融合。启动彰武"融媒大讲堂"，邀请专家讲授理论培训、设计编辑等课程，全面提升从业人员能力。与辽宁工程技术大学新闻学院、辽宁出版集团联手，建立大学生社会实践与创新创业孵化基地。五是与 5G 基站建设相融合。将 5G 基站建设融入融媒体中心，应用 5G 技术和设备，为融媒体实践注入新的活力。

（2）打通群众工作"最后一公里"，康平县充分发挥"新闻+政务+服务"功能全面引导群众、服务群众

进一步提高正面宣传质量，多推出适合移动传播、社交传播的融媒产品。坚持以习近平新时代中国特色社会主义思想为指导，深入学习贯彻党的二十大精神，发挥好舆论阵地的作用，全力做好全年新闻宣传工作，不断推出接地气、内涵多、形式新、质量优的宣传成果。一是做好党的二十大宣传。充分发挥主流媒体作用，开设专题专栏，通过传统媒体和新媒体平台同步发力，全方位、深层次宣传报道全县党员干部群众学习宣传贯彻党的二十大精神的生动实践，营造良好舆论氛围。二是做好主流舆论引导。围绕县委、县政府中心工作，针对老旧小区、排水管网、交通道路等重点民生问题，精心策划报道，传递权威声音，及时回应社会关切，保障舆论导向正确。同时加大对中央、省、市媒体平台的供稿力度，进一步打响康平品牌、树立康平形象。三是做好各个季度宣传。围绕"振兴新突破　我要当先锋"专项行动、"爱国卫生月"、"世界地球日"、"防汛抗旱"、"共同富裕"、"乡村振兴"等主题活动进行重点宣传。

发挥网络引导舆论、反映民意作用，强化担当意识和战斗意识，加强意识形态工作的舆论宣传和引导。一是通过电视广播和新媒体平台，大力宣传意识形态工作，做好政策解读，引导舆论的正确走向。二是组织中心职工认真学习领会习近平总书记关于意识形态、综治维稳等方面的论述。同时，高度重视网络安全，进一步提升网络舆论引导水平。三是不断改进和强化宣传思想工作，以问卷、访谈等多种方式多层次开展职工思想状况调查，对重大

事件、重要情况、重要民意中的倾向性苗头性问题，有针对性进行引导，并将职工反映的热点难点问题及时提交中心班子研究解决，使意识形态建设成为化解矛盾、帮助职工协调解决困难和问题的有效方式，充分发挥基层党组织战斗堡垒作用。

全面加强网络安全保障体系和能力建设。为保证网络安全工作顺利开展，保障播出安全，中心购置了网络防火墙、网闸、网盾等物理安全防控设备及360三件套（卫士、杀毒软件、浏览器）等软件。对采、录、编、播等各个环节进行网络安全防护，确保安全播出无事故。同时建立了网络安全工作的各项信息管理制度。人员管理、机房管理、计算机及信息系统管理、网络安全监督检查、责任考核与奖惩等基本制度均在上述管理制度中有所涉及。同时，加强网络安全教育、宣传，增强责任意识。

做大做强网络平台，确保用户"引得来"。一是整合域内媒介资源。将广播、电视、微信公众号等媒介资源及"阳光三务""文明实践""文化旅游""智慧医疗"等客户端引流到康平融媒App，做到对内统一管理、对外统一发声。设立"县域动态"板块，形成各地区各单位负责发布信息、融媒体中心负责审核的技术管理模式，积极宣传家乡、推介康平。截至2023年，全县86家单位已全部入驻康平融媒App。二是设立民生板块。开设"智慧社区""助农商城""吃喝玩乐购"板块，满足群众多样化消费需求。增加"查违章"等便民服务19项、"公积金"等政务服务43项，打造面向基层群众提供多元信息和公共服务、方便群众生产生活的综合服务平台。开通"百姓台"直播，吸引群众下载和使用康平融媒App，主要数据始终保持全省前列，下载量12万余次，下载率50.8%，综合排名第一。

多推出适合移动传播、社交传播的融媒产品。综合运用全媒体方式、大众化语言、艺术化形式制作融媒产品，加大音视频内容供给力度，成立海报工作室、视频工作室、网红孵化工作室，以海报图片、H5、短视频、微电影、动画短片、公益广告等形式，生产出"冒着热气""沾着泥土"的融媒产品，吸引数万名受众和粉丝。康平融媒客户端、抖音号、视频号、快手号已从零粉丝分别增长到现在的约13万人、4万人、3万人、2万人，全平台浏览量最高达100余万次、点赞30余万次。康平融媒App是全县最大的区域综合智慧网络平台。

构建灵活的人才管理机制，激发创新创造活力。制定《康平县融媒体中心管理及绩效考核办法（试行）》，坚持"分类实施、多劳多得、奖罚分明、公平公正"原则，实现"有奖有罚、奖优罚劣"，初步解决了"干多干少一个样、干与不干一个样、新闻作品优秀与否一个样"等问题，激发了优秀人才创新创造积极性。实施适合新时代融媒发展的人才引进与晋升制度，不拘一格选人用人。实施作品月评审、季评奖制度，所有人员定期集中研究讨论融媒作品生产制作过程中出现的问题，集思广益，群策群力，提高融媒作品质量。

整合域内媒介资源，更好地服务群众。在及时性、权威性、准确性、思想性上下功夫，发布防汛防灾、疫情防控等群众关心关注的信息，对于社会上出现的不实信息及时请权威部门辟谣。

（3）破瓶颈、补短板、夯基筑垒，大石桥市融媒体全面创新，迎来发展新高潮

大石桥市融媒体中心举全中心之力，在巩固传统媒体阵地，致力"精、深、活"的同时，全力加强新媒体建设。大石桥市融媒体中心培育精品意识，创建品牌栏目，凸显本土特色；坚持内容为王和新闻立台、立报理念，创办特色栏目和节目，努力打造具有鲜明特色的融媒体平台。

全面加强智慧融媒建设，构建"网红+"生态体系。积极拓展第三产业，抓住一切商机，不断寻求新的经济增长点。将融媒体中心播音员、主持人打造包装成网红，让"网红+新闻宣传"、"网红+品牌推介"、"网红+市场销售"、"网红+演艺培训"和"网红+婚庆策划"等网红经济成为新兴盈利模式，同时在全市2个开发区、3个街道办事处、12个镇区及相关企业，创建共计42个"融媒之声"直播电商孵化创业基地。

全面加强队伍建设，坚持团队树人、规矩管人。实行素养提升工程、人才培养工程，加强人才队伍建设，先后购置126本国学书、报告文学优秀合集等，强化学习培训，要求记者人人会航拍、人人能做抖音、人人会拍短视频，打造能够适应新时代要求的全能型融媒体工作队伍。

3.辽宁网络直播建设发展情况

（1）北斗融媒直播工作概况

直播特点鲜明，它拥有其他大部分新闻报道形式永远无法超越的实时性和

互动性，作为融媒体发展必不可少的一个重要工具，现在是北斗融媒日常生产的拳头产品。在过去几年中，北斗融媒直播数量不断攀升。2019年刚刚起步时，全年直播36场；2020年直播数量直接提高到了128场，几乎是前一年的4倍；2021年直播数量达到214场；2022年是266场；2023年北斗融媒的直播数量超过400场。

在这些直播中，有呈现辽宁驰援湖北医疗队凯旋的《快看，英雄回家啦!》，有同康平、长海、凤城联合制作的《"北斗看丰收"省县联动丰收节直播》等获得辽宁新闻奖的作品，更有《八千里路英雄情——一堂跨越时空的思政课》这样获得国家广播电视总局广播电视创新创优大奖的作品。直播组还负责在辽台融媒体大厅进行大量录制工作，这个数量大概是每年200场。"400场直播+200场录制"，直播组已经告别连休两天的周末。由于直播种类很多，当遇到大型直播的时候，直播组的4个人显然就不够用了，这个时候，采访部其他同事就会补充进入直播团队，担任出镜记者或者摄像；在遇到更大型直播的时候，中心内部的编辑部等其他部门的同事也会加入直播团队，集全中心之力去攻坚克难，最典型的案例就是2023年3月的《牢记嘱托做雷锋传人》大型直播。

除了中心内部的相互支援外，同县融进行了大量合作。2023年策划了《"乡约"猴哥看希望的田野》直播，这个系列又分为春耕、夏作、秋收、冬忙4个子系列，现在已经播出18场，在贯穿全年的直播中，"乡约"同样得到了多家县融的大力支持，凤城、凌海、铁岭、新民都以各自的方式参与其中。

（2）常见的四种直播模式

模式一：拉流直播。拉流直播是一种最简单的直播模式。如果把直播按来源分类，它属于外来直播，相对应的就是自主直播。北斗融媒拉流直播的主要内容包括总局布置的直播工作、重大时政节目、在辽台大屏播出的各类节目、同兄弟媒体联动直播的一些活动。拉流直播的硬件要求最简单，只需要一台电脑、一个相对稳定的网络，软件只需要最基础的OBS。

模式二：单点位手机直播。从模式二开始之后的三种模式都属于自主直播。单点位手机直播的硬件要求，只比上一种模式多了一部手机，在这部手机上需要安装推流软件，北斗矩阵现在用的是芯象。它的应用场景是：当出现突发事件，或者对拍摄设备要求不高的直播时，就可以采用这种模式。从信号线路上看，前方记者在手机上推流、拍摄，后方导播按照模式一的方式拉流，再推流到播出平台，这种直播模式就实现了。可以说，它非常简单、高效，这是最容易上手的一种自主直播模式。在单点位手机直播的基础之上，为了实现更好的直播效果，可以做设备升级。比如，可以给手机配上稳定器，可以挂载跟手机相匹配的麦克风，甚至可以抛弃手机改用摄像机或者单反相机，配合使用聚合推流设备，从而完成单点位直播。这都是现在比较常见的一种直播模式，其对设备的种类、数量，甚至是性能，要求都比较低。

模式三：单点位多机位直播。这种模式设备就比较复杂了，根据直播的不同要求，设备可多可少，但是无论设备多少，大致都需要以下五个种类的设备：导播台、推流设备、摄像机、通话系统、各种连接设备。当然，还需要一个不可或缺的要素，那就是直播团队。相比传统大屏直播团队，融媒体直播团队最大的不同点就是，这个团队的每个人都要有两种技能。一种技能是直播制作的技能，包括需要会拍摄、会导播，以及要掌握摄像机的拍摄技巧、要有足够高的审美；另一种技能是融媒体直播的技术技能，要会推流、懂拉流，要熟悉网络、会用电脑的一些特殊设置，要知道音频怎么连，甚至还要多多少少明白一些灯光。随着直播的要求越来越高，直播团队的成员是需要相对固定的，因为只有成员相对固定，才能逐渐培养出成员之间的默契。

模式四：多点位接力直播。这种模式可以理解成多个第二种和第三种模式的组合直播。它可以是按照点位前后顺序依次播出的串联式直播，也可以是设置中心会场或者演播室，其他点位依次播出的并联式直播。无论哪种直播，它对于各点位的设备要求几乎没有变化，难点在于调控和指挥。

（三）辽宁校园网络文化建设发展现状

1.辽宁已构建新型的思想教育网络阵地

辽宁共青团高度重视校园文化信息网站建设，科学运用信息网络资源，全力打造富有时代气息的共青团网络平台，旨在以正确思想引领校园思想文化发展。在享受网络信息传播的便捷之时，也致力于提升师生的政治敏感度和鉴别力，引导青少年学生树立正确的世界观、人生观、价值观，塑造全新的思想认知体系。

（1）创建主题教育网站，把握主流舆论导向

校园网络文化的健康发展离不开高质量的校园网站及 App 等网络传播媒介。校园网络不仅是实现"人机交互"的平台，也是师生沟通、互动的主要渠道。网络文化建设应充分利用互联网的交互性、开放性、即时性等优势，鼓励师生相互提问、解答、探讨、分析，实现虚拟与现实的深度融合，与生活真正融为一体。互联网已经走进教师和学生的生活，在学习、工作、生活中，发挥着凝聚人心、传播文明的作用。辽宁共青团正积极构建学校团委、院系团委、团支部三级网站，精心策划网站内容，旨在更好地弘扬校园网络文化，形成具有影响力的网络文化品牌，真正将辽宁共青团网站打造成为学生之间、教师之间以及学生与学校之间的纽带。

（2）完善素质发展认证网络，提高大学生综合素质

为了贯彻执行中共中央、国务院《关于深化教育改革全面推进素质教育的决定》和共青团中央、教育部、全国学联《关于实施"大学生素质拓展计划"的意见》的文件精神，更好地开展"大学生素质拓展计划"，高校共青团已经建立健全大学生素质发展认证网络。通过素质发展认证网络，为学生规划职业路径，设计学生素质发展证书，组织涵盖思想政治修养提升、社会实践与志愿服务参与、科技创新探索、创业实践尝试以及体育竞技与艺术欣赏等多元化活动。此外，还积极在线上开展以身心健康促进、社团活动风采展示、社会工作实践经验分享、专业技能培训为主题的校园文化活动。

2. 加强辽宁校园网络文化工作队伍建设

建设一支坚强的网络文化工作队伍，是网络文化向更深层次、更高层次发展的关键支撑。这支队伍应包括网络技术专家、网络教育专家、高校思想政治工作者、宣传思想工作者、科学家和人文专家。校园网络文化强调思想性、艺术性、热情性、教育性、引领性。辽宁共青团已经积极参与专职网络文化工作队伍建设，不仅直接策划并参与网络文化活动，还密切关注并反馈学生的思想动态，致力于网络文化的健康发展。在网络文化的思想政治教育传播工作中，共青团有效利用各校学生会及学生社团的中坚力量，组建起一支兼职网络文化工作队伍，巧妙融合其专业特长与学生群体的独特优势，实现资源的优化配置，充分发挥其双重优势。

3. 举办丰富多彩的校园网络文化活动

多样且有益的校园网络文化活动将对大学生产生潜移默化的影响，能有效增强其集体荣誉感和责任感，是实施大学生网络文化教育的有效途径。学校应当持续丰富校园网络文化的内容，举办一系列高质量的校园网络文化活动，以深化大学生对互联网的认知，引导他们发掘互联网资源并融入专业学习，促使网络文化与校园文化深度融合，在校园内营造一种积极、健康、向上的网络文化氛围。

高校共青团应有效发挥网络文化在信息集中领域的优势，通过开展一系列多样化的网络文化活动，努力倡导网络文明，推动绿色网络文化环境建设。首先，通过组织思想引领类活动，如构建网络团委平台、设立在线兴趣社群、定期举办网络教育论坛等，利用共青团官方网站进行社会热点讨论、意见发表及网络辩论，以明辨是非、传播正能量。其次，融合音乐与美术元素，举办诗歌朗诵、散文品鉴等富有艺术气息的活动，旨在激发大学生的生活热情与审美鉴赏力。再次，开展创意类竞赛，如网络商业策划赛、网页设计大赛等，以激发学生的创新思维，并强化他们对互联网的兴趣，提升其职业素养。最后，提供网络服务类活动，如设立在线心理咨询平台解决学生心理困扰，以及提供就业咨询、英语水平指导、计算机水平模拟考试、网上辅导等材料及各种信息。

（四）辽宁网络文化建设法律法规

随着百年未有之大变局的深入发展，全球数字化、网络化博弈掀起了新一轮浪潮，数字文化的跨国竞争日益激烈，国家数字化转型全面提速，面临新的网络文化产业生态，因此要健全网络文化法治体系，在《国家安全法》《网络安全法》《刑法》等法律基础上，逐步制定对网络文化安全的相关法律，完善网络文化安全审查制度，对网络文化内容、信息等方面进行全方位保护和审查，同时建立与网络文化数据安全相协调的网络文化公共数据资源开发制度，既保障本国网络特色文化发展，又促进网络文化公共数据资源开放，在推动技术创新的基础上实现文化创新。在国家立法外，还有相应的行政法规、部门规章和规范性文件，遵守分级管理、安全可控原则，加强对网络文化全生命周期的安全管理，有效填补网络文化法律空白，使网络文化发展有法可循、有法可依。

二 辽宁网络文化建设发展存在的不足

（一）网络文化传播的深度、广度不够

数字化时代文化传播成为文化建设不可忽略的部分，只有掌握信息流通和传播主动权，才能增强文化的辐射能力。目前辽宁省虽然已形成线上线下的互动，实现了网络文化环境的基础建设及确定了未来建设方向，但是辽宁省在科技的创新、信息的整合、数据的处理等方面仍有短板，全媒体要求的高科技与线下的互动仍有不足。网络文化传播的深度仍不够。深挖文化资源力度不够，仍有"数字鸿沟"，技术壁垒没有突破。在将优秀传统文化利用技术和平台传播至海外、营造健康的网络文化环境等方面，仍有较大发展空间。

（二）在全媒体与高校相结合上仍存在一定不足

社会主义核心价值观融入高校网络文化建设仍需加强。一是社会主义核心价值观在网络传播中的吸引力尚显不足。很多学校对于"融入"工作的投入与保障不够充分，导致工作人员难以深入探究师生的实际需求，缺乏原创素材与深度整合，且未能采用符合现代大学生语言习惯的表达方式来传播社会主义核心价值观，进而降低了其对此类网络内容的关注度与兴趣。二是以学校官网和新媒体平台为枢纽的网络体系尚未健全。除宣传部管理的学校官网和新媒体平台外，学生处、团委、网络中心等职能部门及二级学院的官网和新媒体平台虽对学生产生一定影响，但彼此间缺乏有效沟通与协作，导致社会主义核心价值观的宣传力度不统一、内容重复率高，整体效果未能充分增强。三是线上线下互动及职能部门联动的协调机制尚未形成。许多高校的网络互动性不强，学生难以通过网络正当渠道有效表达与满足自身需求。同时，部分职能部门网络工作意识薄弱，未将日常教育管理服务与网络文化建设相结合，存在"网络知行割裂""网上网下割裂""网络部门割裂"等问题，导致网络工作联动协调体系尚未建立。

（三）现有体制和人才建设仍有欠缺

一是人才结构亟须调整。根据走访多家融媒体中心调研结果，大部分县级融媒体中心近几年整合融媒体后，地方事业编制管理人员远多于实际技术人才，技术人才在后期补足后，只能以企业合同招聘。技术人才因为工资或福利待遇问题而出现跳槽或主动离职现象。

二是人员结构有事业编制、工人编制、企业合同编制等，相对复杂，绩效难以落实。辽宁县级融媒体中心为公益性事业单位，由财政全额拨款支持运营。但在具体实践中，工作性质与其他工作岗位不同造成工作懈怠。目前根据各县级融媒体中心运营情况分析，事业、工人编制加班情况时有发生，想实行奖励机制但无明确的文件依据，如果执行甚至会视同违规发放津贴，影响了编采人员的工作积极性和创造性，队伍活力不足。企业合同编制人员同样在加班的情况下，不能得到相应的待遇，更加导致用人难、难用人的情况发生。

三是人才培训方向尚不明确，急需技术指导和指导性标准。随着媒体融合发展的逐步深入，对采编队伍的整体素质要求越来越高，对复合型人才的需求越来越多，对媒体融合发展急需技术指导的呼声越来越高。由于没有现成的模式可以借鉴，同时存在缺人才、缺资金、缺技术等困难，对媒体融合发展的主要考核（标准化）指标尚不明确。

（四）创收和技术发展上存在重要短板

创收问题是融媒体中心发展的最大瓶颈。由于各县（市、区）财力紧张，资金投入受限，陈旧设备更新受到影响，融媒 App 各项功能没有彻底发挥出来。整合之后，由于改革不完善，"造血"能力缺失，这是目前融媒体中心所面临的最大问题。同时找不到足以支撑其自身可持续发展的运营模式。其中"社会效益第一"毋庸置疑，但怎么能真正发挥出主流媒体的作用，怎么能解决融媒体中心运营资金缺口问题，如何从事经营性活动，在制度上有待明确，需要破解问题的方法。最后，全县政务服务单位多数只有公众号，没有网站，而客户端只能进行网站链接，个别便民缴费服务暂时还不能在融媒客户端上实现。

三 辽宁网络文化建设发展建议

（一）坚持以社会主义核心价值观为引领，加强网络文化建设

1. 坚持优秀内容供给

网络文化的构建始于供给环节。要坚持以社会主义核心价值观为引领，增加网络文化内容供给。一是加大对优质网络文化产品的开发力度，推动"互联网+文化"相关产业的繁荣，确保社会主义核心价值观在网络文化及广播影视全媒体创作中得以体现。鼓励创作更多传递社会主义核心价值观的网络文化作品，利用网络文学、网络剧、网络动漫、网络音乐等多样化的媒体形式，丰富革命文化、红色文化、社会主义先进文化等优质内容，打造具有影响力的网络文艺和网络文化品牌。二是促进中华优秀传统文化的数字化转型。精心策划并执行中华文化新媒体传播、非物质文化遗产网络传播等工程。结合重要纪念日、民族传统节日等契机，深入阐释中华优秀传统文化中的思想观念、人文精神、道德准则，积极弘扬中华民族的文化精神。三是提升对网络文化生产中优秀实践的认知水平。引导网络平台自觉践行社会主义核心价值观，坚持经济效益与社会效益并重，坚决抵制利用夸大标题、低俗内容吸引点击和关注的行为，自觉消除网络文化中的粗俗言论和不良行为，共同营造更加健康、向上的网络文化氛围。

2. 提高网络文化传播效能

只有自觉将社会主义核心价值观融入网络文化传播中，才能让广大网民认同中国特色社会主义网络文化。一是拓展网络文化传播的"宽度"。加大互联网基础设施的建设投入力度，进一步投资"宽带中国""智慧中国"等工程项目，致力于移动互联网、广播电视网、卫星网络的普及，特别是要确保革命老区、民族地区、边疆地区的群众能够享受到便捷、经济、实用的网络服务，从而有效缩小"数字鸿沟"。二是拓展网络文化传播的"深度"。支持传统媒体与新媒体深度融合发展，在融合中体现社会主义核心价值观。积极发挥社会主义核心价值观引领作用，凝聚共识，牵头组建一批竞争力强的新型主流媒体和综合媒体集团，提升它们对社会主义核心价值观的传播力、引导力和影响力，

同时增强主流媒体的公信力和权威性。三是提升网络文化传播的"高度"。利用新媒体应用支撑国际传播能力建设，讲述好中国故事，传播好中国声音。可以打造线上与线下相结合的海外中华文化展示平台，鼓励中国文化企业与各国特别是"一带一路"共建国家有影响力的媒体进行合作，共同弘扬中华优秀传统文化。

3. 构建网络文化服务机制

网络文化的发展离不开网络文化服务，服务本身即为网络文化建设的重要一环。为了构建以社会主义核心价值观为核心的网络文化服务机制，应当着重关注公共文化服务、网络舆论导向以及网络道德规范。一是推进公共文化服务的数字化转型。辽宁省需统筹推进文化信息资源共享项目和数字博物馆的建设，构建一个标准统一、相互连接的数字文化服务网络。通过向公众开放公共文化资源，鼓励网络文化的共同创作与分享，并利用大数据、云计算、人工智能等前沿技术，进一步扩大公共数字文化的覆盖范围。二是坚持正确的网络舆论导向。辽宁省应该牢牢把握网络文化传播规律，提高网络舆情领导能力和水平。坚持传播正面舆论，广泛宣传习近平新时代中国特色社会主义思想，引导网民以科学的视角认识世界和国家的发展形势，不断坚定中国特色社会主义的道路自信、理论自信、制度自信、文化自信。同时，持续宣扬和阐释社会主义核心价值观，推动网民对其欣赏、认同与自觉践行。

4. 加强网络文化治理

一是纳入立法程序。辽宁省应该深入分析社会主义核心价值观引领网络文化建设的立法需求，积极推动互联网相关法律的制定，确保互联网管理法规能更有效地体现国家价值导向、社会价值取向及公民价值准则。二是加强法律方面的修订和引导。加强《网络安全法》等的宣传教育，持续弘扬法治精神，不断增强法治意识，营造捍卫法律、遵守法律、维护法治、保障法律实施的良好氛围。加强行业自律，充分发挥社会组织作用，打造"网络文化季""网络社区大会"等网络文化品牌，营造全民守法的网络文化环境。

（二）强化技术，加强网络文化建设发展

不断完善平台功能，打造让网络用户深度体验的文化旅程。大数据、云计算、人工智能等技术提供了更加精准的用户画像和场景化的信息建设发展

需求，利用人工智能等技术实现精确投放大大提高了传播效率和效果。随着移动互联网逐渐向智能互联网演进，传播效果的监测将发挥更加重要的作用。因此，主流媒体矩阵必须投入更多精力改进传播效果监测技术和方法，不能简单满足于点击、重定向等"流量思维"。比如，一些好的内容短期内可能不会获得很多的点击和转发，但一两年后人们仍会阅读。这个长期效果也必须考虑在内，否则很难说是"全面效果"。如果你只收集一天或者一周的流量，短时间内追随流量中的"大牌"，你就会养成越来越短视、浮夸、不注重内涵的坏习惯。先进的监测手段不仅要用于评估传播效果，更要用于指导信息生产。特别是要积极"探索人工智能在新闻采集、生产、发布、接收、反馈等方面的应用"，全面提高舆论引导能力。实现充分有效的媒体目标的另一个重要方面是打造生态媒体聚合平台。所谓"生态平面"，是指它不仅是媒体本身传播信息的真面目，而且是一个包含各种"生物"即内容的大森林，而不是空中森林。由于全媒体时代用户的需求往往较为复杂，信息服务与社交网络、政务、商业服务等其他服务的界限日益模糊。平台只有"功能齐全"，才能真正做到"高效"，才能根据用户复杂的信息需求进行细分营销，实现"无所不能"。只有这样，主流价值观的影响力才会扩大。

（三）推动全媒体链接，加速传播融合

无论是传统媒体还是新媒体，对新闻时效性的追求均始终如一。而且，随着时代的发展、传播技术的日新月异，现在"人人都是自媒体"。能否及时捕捉重大事件的声音，快速、准确、主动地传播大学应有的"好声音"，决定着每一所大学能否把自己建设成为有实力、有影响力的大学。面对校园重大事件、热点事件、突发事件，学校层面各大媒体平台要坚持顶层协同沟通。同时，建议辽宁省相关部门积极打造校园实时社交媒体沟通平台，以便一旦发生事件，能够迅速启动对话机制，充分利用各大媒体平台的独特优势，快速、理性、客观地报道事件，向师生、校友及公众展现真实情况，传递正能量。

目前，高校各级各类媒体平台在信息预测、监测、研究分析方面仍依赖较为基础的手工素材采集。校园媒体的受众群体特征鲜明，主要包括师生、校友

及学生家长，且校园内的大型热点及突发事件多发生于上述人群及校园周边，具有较强的可预测性和科学研判性。因此，在媒体融合发展的趋势下，高校应加速推进校园大数据及媒体大数据的管理与创新，不断提升媒体管理水平和工作团队专业素养及大数据分析管理能力。通过科学捕捉校园媒体受众的心理特征和使用习惯，从根本上提升校园媒体传播的质量与效果。

（四）加强全媒体的顶层设计

制定符合媒体融合特点的战略规划。要学习贯彻习近平总书记关于媒体融合的重要讲话精神，充分发挥各媒体优势特点，统筹布局，提出省级顶层建议，做出战略安排。一是高瞻远瞩，宏观谋略，统筹谋划，全面组织，不断完善实践过程。二是在实施重点和路径上要因地制宜。根据各传媒公司原有特点和基础，进行梯度发展。三是各传媒公司必须在组织架构、技术平台、制度标准、人员管理等方面采取相应的配套措施。制定配套媒体融合发展实施方案，支持新旧媒体由相加阶段向深度融合阶段转变。

（五）强化政务沟通，打造规模化用户平台

用户平台的建设将成为区域性媒体平台发展的核心要点。智慧政务平台的构建为传统媒体提供了一个吸引大规模用户群体的有利契机。作为政府持续运营的一部分，相关部门已累积了大量用户数据，并建立了相应的数据库。相较于新媒体，传统媒体在线下资源整合方面更具优势，且与地方政府的关系更为紧密。若辽宁本土的传统媒体能够积极参与到智慧政务的建设中，并与政府实现协同合作，将传统媒体的发展与智慧政务的建设有机融合，这将为聚集用户资源、构建用户平台带来前所未有的新机遇。

（六）资本整合：政府支持与社会资本吸引相结合

在辽宁省发展良好的综合性传媒项目，可争取省市文化产业专项资金支持。同时，建议大力为新兴传媒企业提供多元化的融资渠道支持，借助社会资本的力量，推动其实现杠杆式增长。部分具备竞争优势的综合传媒企业可能会借助社会资本的力量进行跨行业整合。近年来，《新京报》《北京青年报》等报纸媒体充分利用自身在资本、品牌、人力资源等方面的优势，进行跨界整

合。特别是《北京青年报》旗下的社区媒体，已经成功在资本市场完成了 A 轮和 B 轮融资，这充分显示了投资者对其业务的认可。

（七）构建"人才网络"，避免人才流失

近年来，辽宁传统媒体面临严重的人才流失问题，尤其是平面媒体领域。与此同时，融合媒体的发展对互联网技术人才和新媒体运营管理人才的需求越发迫切，但受限于体制和薪酬等因素，这些关键人才难以被有效吸引和保留。因此，辽宁传媒业的协调发展亟须构建一个开放的"人才网络"。

媒体在数字化转型的过程中，除了整合内容与服务外，还需充分利用内外部的人力资源，以增强内容生产力和适应移动消费的能力。步入新媒体时代，建立灵活的薪酬体系，吸引并整合优质的内容创作资源变得尤为重要。

加大对数字人才的招募和培养力度，积极吸纳数字人才，提升其在传统媒体团队中的占比。传统媒体机构需制定并执行针对数字人才的优惠培养、引进及使用政策，不断扩充数字人才库。同时，构建完善的创新激励机制，从物质和精神两个层面满足人才的基本需求，激发其创造力和积极性。此外，还应积极搭建产学研一体化平台，深化高校与传统媒体之间的合作，共同培养适应新媒体时代需求的人才。

参考文献

文魁：《一场关系发展全局的深刻变革——析创新、协调、绿色、开放、共享的发展理念的内在联系》，《北京日报》2015 年 11 月 30 日。

《坚定中国特色社会主义道路自信——庆祝中华人民共和国成立 68 周年》，求是网，2017 年 9 月 30 日，http：//www. qstheory. cn/dukan/qs/2017-09/30/c_ 1121731826. htm。

《新媒体时代公民新闻传播发展探究》，人民网，2019 年 4 月 9 日，http：//media. people. com. cn/n1/2019/0409/c426316-31020102. html。

文化产业篇

B.12
辽宁文化产业发展报告

李松石*

摘　要：　辽宁文化产业经过多年的发展，取得了长足的进步，尤其是在出版、文旅等方面，成绩斐然。2023 年，辽宁省所提出的文体旅融合发展思路得到充分贯彻和执行，走出了一条有自身特色的区域文化产业发展之路。尤其是在"十五冬"的契机下，冰雪经济持续发力。但辽宁省文化产业的发展也存在规模化程度不够、城市文化 IP 辨识度还需进一步提升、数字化赋能文化产业有待加强等问题。辽宁要从"人文经济学""文化记忆"等理论视角出发，积极发展新质生产力，积极培养、引进文化产业相关人才，促进产业融合，使辽宁省文化产业的发展迈上新的台阶。

关键词：　文化产业　文化产品　辽宁

　　2023 年是"十四五"规划承上启下之年，也是深入贯彻党的二十大精神的开局之年，面对复杂的国际形势，积极推进扩大内需的途径之一便是大力发

---

* 李松石，文学博士，鲁迅美术学院副教授，研究方向为传统文化及文化产业。

展文化产业,使其成为提振经济的重要工具。随着新冠疫情防控平稳并逐渐恢复正常,各级市场逐渐打开,中国的文化产业发展迅速升温,各地文旅产业蓬勃发展。中央财经大学文化经济研究院发布的《中国文化产业高质量发展指数(2023)》回顾总结了2019~2023年我国各省份文化产业的发展情况,指数研究体系包括2个一级指标、8个二级指标和32个三级指标。数据显示,全国各省份文化产业发展总体格局较为稳定,东部地区省份"头部"优势明显;中部地区省份排名差距略微扩大;西部地区省份仍具有较大发展空间;东北地区省份整体质量有所提升。2023年,中国文化产业尤其是文旅产业发展形势喜人,上半年"有淄有味",下半年"滨至如归","淄博赶烤""南方小土豆"一度成为网络热词,各地文博机构的巡展,国产电视电影作品令人惊叹的收视率及票房,娱乐演艺、体育赛事的逐渐恢复,使市场呈现出一派欣欣向荣的景象。文化产业呈现出迅速回暖的现象,探求其中原因固然很多,但疫情防控平稳后释放的消费热情、国内文旅性价比大幅提升是其重要原因。尤其是随着数字化、AI的介入,科技赋能文旅为中国的文化发展提供了新动能。

一 辽宁文化产业发展总体现状

(一)辽宁文化产业在全国的位置

2023年全国文化产业较前两年有巨大提升和发展,随着数字技术的不断发展和普及,越来越多的文化企业开始加速数字化转型,推动文化产业与数字技术的深度融合,提升文化产业的创新能力和市场竞争力。随着人们生活水平的提高和消费观念的转变,文化消费逐渐成为人们生活的重要组成部分。2023年,政府出台了一系列政策措施,推动文化消费升级,满足人民群众日益增长的精神文化需求。创意产业是文化产业的重要组成部分,包括设计、广告、传媒等领域。随着经济的发展和社会的进步,创意产业逐渐成为文化产业的重要增长点。随着信息技术和数字技术的发展,文化产业与其他产业的融合趋势越来越明显,如文化与科技、旅游、金融等产业的融合,推动了文化产业的发展和升级。各地区根据自身资源优势和文化特色,推动区域文化产业的协同发展。例如,京津冀地区推动文化产业的协同发展,打造文化创意产业集群。随着中国经济的崛起和文化自信的提升,中国文化产业的国际化发展步伐不断加快,越来多的中国文化企业开始走出国门，参与国际市场竞争。

总的来说，2023年中国文化产业发展呈现出多元化、创新化、市场化、区域协调化、国际化的特点。2023年前三季度全国规模以上文化及相关产业企业相关指标情况如表1所示。

表1 2023年前三季度全国规模以上文化及相关产业企业相关指标情况

单位：亿元，%

	绝对值	比上年同期增长	所占比重
一、营业收入	91619	7.7	100.0
其中：文化新业态	36870	15.2	40.2
按产业类型分			
文化制造业	29007	-1.0	31.7
文化批发和零售业	15024	5.3	16.4
文化服务业	47588	14.6	51.9
按领域分			
文化核心领域	59507	12.4	65.0
文化相关领域	32112	-0.1	35.0
按行业类别分			
新闻信息服务	12203	14.9	13.3
内容创作生产	19857	10.3	21.7
创意设计服务	14973	9.6	16.3
文化传播渠道	10712	12.4	11.7
文化投资运营	473	27.7	0.5
文化娱乐休闲服务	1289	67.2	1.4
文化辅助生产和中介服务	10894	-1.5	11.9
文化装备生产	4443	-4.3	4.8
文化消费终端生产	16775	2.1	18.3
按区域分			
东部地区	71959	8.1	78.5
中部地区	10600	1.9	11.6
西部地区	8196	12.2	8.9
东北地区	864	7.0	0.9
二、利润总额	7508	31.4	—
三、资产总计（期末）	192849	6.7	—

注：表中增速均为未扣除价格因素的名义增速；表中部分数据因四舍五入，存在总计与分项合计不等的情况。

资料来源：《2023年前三季度全国规模以上文化及相关产业企业营业收入增长7.7%》，国家统计局网站，2023年10月30日，https：//www.stats.gov.cn/sj/zxfb/202310/t20231030_1944007.html。

根据国家统计局统计数据来看，2023 年前三季度东部地区实现营业收入 71959 亿元，比上年同期增长 8.1%；中部地区 10600 亿元，增长 1.9%；西部地区 8196 亿元，增长 12.2%；东北地区 864 亿元，增长 7.0%。

辽宁省统计局发布数据显示，全年全省服务业增加值比上年增长 5.5%。其中，批发和零售业、住宿和餐饮业增加值分别增长 5.9%、17.1%。全省货运量 18.0 亿吨，同比增长 8.1%；客运量 2.9 亿人次，同比增长 61.8%；邮政业务总量 270.1 亿元，同比增长 19.6%。现代服务业增长较快，2023 年 1~11 月份规模以上互联网和相关服务业、文化体育和娱乐业、软件和信息技术服务业营业收入同比分别增长 36.7%、20.3%、12.4%。① 综合国家统计局发布的 2023 年前三季度数据情况，结合辽宁自身情况，管中窥豹，基本可以得到一个趋势性结论：可以看出辽宁文化产业在全国的位置——虽然稳步向前，但依然任重道远或者说有较大的提升空间。

（二）辽宁文化产业发展取得的成就和具有的特色

辽宁作为文化大省，文化产业起步较早，政府上下极为重视。近年来，辽宁文化产业规模持续扩大，规上文化及相关产业企业无论从数量还是从营业收入方面看，都呈现逐渐增长的态势。尤其是 2023 年，辽宁全省文旅产业振兴发展大会召开。对全省文旅产业振兴发展做出全面部署，动员全省上下以更大的决心和更实的举措，发挥比较优势，推动融合发展，打好打赢新时代"辽沈战役"文旅攻坚战，各市也相应制定了以文旅为主的文化产业发展规划，如沈阳市制定了《沈阳市旅游业三年"倍增"行动方案（2023—2025 年）》，各市利用其自身优势，抢抓机遇，文化产业发展欣欣向荣。辽宁省文旅厅发布数据显示，辽宁旅游市场运行持续向好，文旅产业渐入佳境、活力迸发。2023 年接待游客 5.7 亿人次，同比增长 172%；旅游收入 5000 亿元，同比增长 165%。总的来说，各项指标增幅有望创历史新高。在项目投资上，全省共签约投资项目 186 个，总签约额 1192 亿元。其中，30 个重点文旅产业招商项目成功签约，额度 383 亿元，目前已开工项目 17 个，到位资金 17 亿元。全省汇

---

① 《2023 年全省经济运行情况》，辽宁省统计局网站，2024 年 1 月 19 日，https://tjj.ln.gov.cn/tjj/tjsj/sjfb/sqzx/20240119153658556711/index.shtml。

总融资项目 124 个，项目总融资需求 63 亿元。新建项目近几年首次超过续建项目，一批央企、国企加入辽宁文旅产业振兴攻坚队伍，标志着企业对文旅项目投资的积极性正在恢复。2023 年进入冬季以来，围绕打造高品质文体旅融合发展示范地，全省冰雪项目数量增长迅速，投资规模不断扩大，投资金额为 5.7 亿元。成功申办"十五冬"，冰雪市场活力迸发，冰雪旅游产业蓬勃发展，迎来天时、地利、人和。

以辽宁省沈阳市为例，2023 年，沈阳文旅坚持招商推介与服务落地相结合，充分开发利用各种平台，全面推行沈阳文旅项目，在文旅产业振兴发展大会期间取得了可喜成绩：签约 18 个项目，计划总投资 161.8 亿元。2023 年上半年，沈阳累计促成文旅领域签约项目 38 个，计划总投资 517.6 亿元；推动在建项目 95 个，累计实现投资 40.2 亿元。①

沈阳市坚持文旅结合，利用其深厚的文化底蕴，打造文旅名城。截至 2023 年，沈阳市已建成城市书房 25 座、城市书屋 109 间。分布在城市不同角落的城市书房，已成为市民"触手可及"的"诗和远方"。启动实施小剧场建设工程，共新建、改建、提升小剧场 38 个，投入运营的小剧场带来多样化、个性化的演出形式，构筑起充满温度和活力的文化演艺新场景。② 继续加强休闲街区、文化产业园区建设，继 2022 年沈阳中街入选第一批国家级旅游休闲街区后，沈阳老北市 2023 年获评国家级旅游休闲街区，沈阳红梅文创园获评省级旅游休闲街区，沈阳工业博物馆获评国家级工业旅游示范基地，沈飞航空博览园、沈阳铁路陈列馆成为省级工业旅游示范基地。

值得一提的是，沈阳大力加强体育及全民健身与文化相关产业的融合，以文体旅等产业融合为主线，举办国际博物馆日、中国旅游日、第九届沈阳非物质文化遗产博览会等多彩文旅系列活动，筹备举办沈阳国际旅游节、东北亚文化旅游创意博览会、沈阳马拉松、沈阳国际赛艇公开赛等活动，做活会展赛事经济。推动沈阳现代化都市圈七市一区旅游品牌形象互建、旅游线路互联、文旅节会互动、营销推广互宣、文博馆藏互展，沈阳作为中心城市的影响力和辐

---

① 《沈阳 推动文化旅游业高质量发展》，辽宁省人民政府网站，2023 年 7 月 6 日，https://www.ln.gov.cn/web/ywdt/zymtkln/20230706609212344705/。
② 《沈阳 推动文化旅游业高质量发展》，辽宁省人民政府网站，2023 年 7 月 6 日，https://www.ln.gov.cn/web/ywdt/zymtkln/20230706609212344705/。

射力不断提升。端午假期三天，沈阳全市共接待游客 310.2 万人次，同比增长 284.2%，实现国内旅游收入 21.3 亿元，同比增长 416.9%。①

辽宁省的文化产业经过几十年的发展，稳步前进，成绩可观。2023 年，辽宁省文化产业发展可谓迅速，其提出的文体旅融合发展思路得到充分贯彻和执行，走出了一条有自身特色的区域文化产业发展之路。其发展的成就和特色，总结为以下几点。

第一，辽宁省文化资源颇为丰富，历史资源与自然资源禀赋好。辽山辽水孕育出的文明与文化，在几千年的传承中，形成了独具特色的辽宁文化。溯源中华文明，有红山文化遗存遗迹；回首历史，有燕、唐、宋、辽、金、清等历史遗迹。有抗日战争起始地、解放战争转折地、新中国国歌素材地、抗美援朝出征地、共和国工业奠基地、雷锋精神发祥地的红色标识。红色"六地"文化已经成为辽沈地区重要的文化资源。

第二，辽宁省文化产业发展前景广阔，提升空间大，尤其是文体旅融合主题思路的提出意义重大。从目前实践来看，文体旅融合已经成为辽宁文化产业发展的一大特色。其相关产业链与产业集群效应已初步显现。以文促旅、以旅彰文，融入体育元素，融合全民参与。推进"旅游+"和"+旅游"，培育文体旅、文商旅等融合发展的新型业态，打造"跟着赛事去旅行""寻味美食去旅行""'嬉冰雪、泡温泉，到辽宁、过大年'体验旅行""乡约辽宁""海上游辽宁""游购辽宁"品牌项目。推动文化旅游业区域协调发展，进一步推动关联文化旅游带（走廊）、长城国家文化公园等辽宁节点、段落建设。以筹办"十五冬"为契机，引导文化体育场所完善旅游休闲服务功能，加强省级、国家级滑雪旅游度假区建设。以上举措，有效地发挥了辽宁文化上、地域上的优势，取得了可喜成绩。

第三，辽宁作为文化大省，在新中国成立之初就已得到全国认可。认可度极高的工业精神、雷锋精神、劳模精神早已家喻户晓，辽宁人艺、辽芭等演出团体创作的一系列文艺精品，在全国拿得出、叫得响，精品图书出版在全国也占有一席之地。但进入 20 世纪 80 年代后期，在诸多因素的影响下，辽宁的文

---

① 《沈阳 推动文化旅游业高质量发展》，辽宁省人民政府网站，2023 年 7 月 6 日，https://www.ln.gov.cn/web/ywdt/zymtkln/20230706092123447 05/。

艺创作一度遇到困境。近年来，辽宁省在出版、演艺等领域积极进行体制改革和创新，市场活力得到大幅提升，着力提高艺术创作生产演出水平，坚持文化铸魂赋能，推出更多增强人民精神力量的优秀作品。与此同时，辽宁省统筹谋划，加大健全现代公共文化服务体系力度，大力推进城乡公共文化服务体系一体化建设，在艺术乡建、艺术助农方面做得颇有起色，"四季村晚"等品牌活动得到群众认可。作为文物大省，辽宁省积极强化文物保护管理与活化利用，提升非遗保护传承水平，辽宁省博物馆、辽宁省图书馆、沈阳故宫等一批文博机构，不断"出圈"，其知名度和访客度大幅提升，其文创产品大受热捧。他无我有，发挥优势，与其一味追随模仿，不如找到自身优势，深耕文化自留地，在这方面，辽宁走出了自己的一条路子，明确了自我发展的方向。

（三）辽宁文化产业取得进步的经验总结

2023年，辽宁省文化产业尤其是文体旅产业取得了较大进步，在全国范围内的影响进一步凸显，从"五一"预热到"十一"火爆，令人欣喜，究其原因，有国家政策层面的引导、中央级媒体宣传的推动，更重要的是辽宁自身的不懈努力。"走出去"——宣传、学习，"迎进来"——热情、盛待。"山海有情，天辽地宁"的文旅口号在全国叫响。

根据辽宁省统计局统计，2023年，全省地区生产总值30209.4亿元，按不变价格计算，比上年增长5.3%，比全国高0.1个百分点。其中，第一产业增加值2651.0亿元，同比增长4.7%；第二产业增加值11734.5亿元，同比增长5.0%；第三产业增加值15823.9亿元，同比增长5.5%。批发和零售业、住宿和餐饮业增加值同比分别增长5.9%、17.1%。① 从辽宁经济整体情况可以看出，2023年是辽宁文化产业尤其是辽宁文旅产业迅速发展的一年，总结经验，无外乎以下两点。

一是抓住机遇，不断深化改革。2023年，国际国内政治经济形势变化多端，积极扩大对外文化交流与扩大内需已经成为国内文化产业发展的业内首肯

---

① 《2023年全省地区生产总值突破3万亿元 比上年增长5.3%》，辽宁省人民政府网站，2024年1月20日，https://www.ln.gov.cn/web/qmzx/wzjjjbp/ywdt/20240130093240288896/index.shtml。

一致意见。辽宁省在扩大内需方面，积极有为，不再闭门等而是出门迎，甚至是出门接或出门请。这些在 2023 年的辽宁省文旅数据中得到了真实的体现，巨大的旅客数量增长，已经证明了辽宁省在抓住机遇、顺势而为方面做出的努力得到了回报。在深化改革方面，尤其在出版、演艺、广播电视、电影行业，辽宁省也在积极改革创新。在上市融资、市场占有份额方面，也均有建树，限于篇幅，不再赘述。

二是开门办文旅，区域共发展。所谓开门办文旅，指的是两个打开。第一个打开是省内各市的门户打开，以沈阳、大连为龙头，分别形成沈阳文旅圈与大连文旅圈，如以沈阳市为中心，辐射鞍山、抚顺、本溪、辽阳、铁岭、阜新、沈抚示范区。搭建都市旅游圈高能级文旅产业发展平台，推动沈阳建设东北亚旅游集散中心、区域性文化创意中心，重点发展都市旅游圈的历史文化游、冰雪温泉游、工业体验游、体育赛事游、演艺娱乐游、乡村休闲游等业态。在地域、线路、风俗、美食层面，以市场为导向，加强政策引导，逐步形成辽宁沿陆与沿海两大文旅圈，改变过去单打独斗的局面，防止因同质化竞争而导致的市场混乱，以大带小，以特色补不足，逐步实现区域文旅产业协调发展，进而促进区域文化产业的协调发展，实现区域经济共同发展与进步。第二个打开是抱着学习的态度，学习省外先进的文旅经验，取长补短；同时积极对外宣传辽宁文化资源、文旅资源，展现辽宁文化自信的一面，树立辽宁良好形象。从一年多的实践来看，辽宁的文旅形象在国内大为改观，2023 年"五一""十一"假期，沈阳、大连等地文旅人数较以前大幅提升，这是开门办文旅的最好体现。

二 辽宁文化产业发展存在的问题

辽宁省文化产业建设与发展，在全国范围内来看，并不是成绩突出者，地域、经济发展速度等因素同样制约着辽宁省文化产业的发展。要承认自身差距，加强区域协作，突出自身优势，努力寻求适合自身的发展模式，坚持政府引导、市场为主的政策方针，相信未来，辽宁文化产业尤其是文体旅的发展，一定会在全国占有一席之地。

从整体上看，辽宁文化产业发展在"振兴东北"政策的鼓励与支持下，取得了成绩，全省各市都在积极寻求进一步推动文化产业发展的新型之路，收到了良好的效果。积极总结经验、看到成绩的同时，也要面对辽宁文化产业发展存在的问题。综合考量全省文化产业发展情况，笔者认为，辽宁文化产业发展还存在以下问题。

（一）发展不均衡，规模化程度不够

文旅表现突出，而其他行业依旧低迷。2023年，文旅融合发展在辽宁全省取得了令人欣喜的成绩，但文化产业不仅仅是文旅产业，文旅产业的相对繁荣发展，很容易给人以文化产业整体繁荣发展的假象，根据国家统计局颁布的《文化及相关产业分类（2018）》，文化及相关产业是指"为社会公众提供文化产品和文化相关产品的生产活动的集合"。其中，以文化为核心内容，为直接满足人们的精神需要而进行的创作、制造、传播、展示文化产品（包括货物和服务）的生产活动，称为文化核心领域，是文化产业的主体部分；为实现文化产品生产所需的文化辅助生产和中介服务、文化装备生产、文化消费终端生产（包括制造和销售）活动，称为文化相关领域，是文化产业的补充部分。根据《文化及相关产业分类（2018）》，文化产业具体包括新闻信息服务、内容创作生产、创意设计服务、文化传播渠道、文化投资运营、文化娱乐休闲服务、文化辅助生产和中介服务、文化装备生产、文化消费终端生产等9个大类。2018年分类标准除了将传统文化业态如新闻出版、广播电影电视、娱乐休闲等行业活动悉数涵盖，还将互联网文化娱乐平台、数字动漫游戏、智能文化设备制造等文化新业态纳入统计范围。从现实情况来看，辽宁文化产业的发展虽然在新闻出版改革改制等方面走在全国前列，文旅行业与自身比较来看，有所发展和提高，但从全国范围来看，依然有较大提升空间，其他行业发展较慢。有着优秀传统的诸如辽宁话剧、芭蕾、杂技、非遗以及影视、图书、动漫等优秀文化品牌及产品应加快提升质量、产业转化、"走出去"的步伐。截至2023年，辽宁省内文化产业企业规模较小，且比较分散，规模以上企业屈指可数，尤其是该领域的民营企业数量、质量与文化产业发达省份相比，逊色不少。文旅龙头骨干企业数量不多。

（二）城市文化 IP 辨识度还需进一步提升

文化 IP 就是具有共同精神价值和生活方式的集体人格的知识产权。敦煌飞天、秦始皇陵兵马俑、北京故宫……目前，一系列文化 IP 在我国已经形成，大唐不夜城等沉浸式体验项目持续火爆，说明了文化 IP 的重要性。从目前情况来看，辽宁的历史文化、红色文化、工业文化等早已被人们认可、接受，但其文化 IP 却未真正形成。要想成功打造 IP，提升其辨识度，需要深入思考，避开误区，多方努力。举例来说，辽宁大力提倡冰雪文旅的原因是在地域上具有优势，冬季雪量大，气温相对适合户外游玩。但这里存在一些问题，首先，冰雪文旅有较强的季节性，且游玩体验相对单一，要想形成 IP，相对来说比较困难。其次，辽宁与吉林、黑龙江在冰雪项目上存在同质化竞争问题或同质化发展现象。如何避免同质化，做成做好文化 IP 或者辽宁城市文化 IP，这是值得思考的问题。总之，IP 打造需要下一番功夫，一旦成功，其文化溢出效应与经济效应回报较大，但同时，文化 IP 倾向于模仿或者容易被模仿，敦煌飞天、大唐不夜城也一直在被模仿，其结果就是模仿者成了同质化的牺牲品，白白浪费人力物力，受众也没有太多新鲜感。在各类文化 IP 中，地域文化 IP 是相对较为独立且鲜明的。打造地域文化 IP，也是避免被模仿和产生同质化倾向的较好途径。

（三）数字化赋能文化产业有待加强

数字经济为文化产业高质量发展带来新的驱动力，数字化转型成为文化产业高质量发展的新引擎。2020 年，文化和旅游部《关于推动数字文化产业高质量发展的意见》提出，支持文化文物单位、景区景点等运用文化资源开发沉浸式体验项目。2021 年，文化和旅游部提出要在"十四五"期间完成"100个沉浸式体验项目"的目标。2022 年，文化和旅游部力推文化 IP 数字化开发和转化。随着国家文化数字化战略的深入实施，文化产业和旅游产业数字化转型步伐不断加快，科技与文旅融合发展成为新的行业趋势。重视大数据、元宇宙、人工智能等新技术，积极开展数字文博、云展览、云演播、网络直播等服务，推动线上线下融合创新发展，激活文旅新业态。疫情防控期间，数字化赋能文化领域，得到广泛应用，但在很多人眼里，数字化等同于"线上"，属于不得已而为之的权宜之计，尽管全球、全国在大力推进数字化建设、数字化赋能文化产业，但除了经济发达、文化产业繁荣的个别城市，其余城市数字化赋能文化产业均有待加强，这一点在辽宁表现得尤为突出。2023年，以ChatGPT作为引领的人工智能浪潮席卷全球，伴随元宇宙概念的出现，数字化赋能一定是未来的发展趋势，在数字化赋能方面，线上线下结合，线上文旅售票、讲解等，已经成为普遍现象，但在数字化纵深领域，尤其是沉浸式文旅、传统文化、文物数字化方面，辽宁还需要进一步加强。

三 促进辽宁文化产业发展的对策

（一）以习近平新时代中国特色社会主义思想为指导

以习近平新时代中国特色社会主义思想为指导，深入学习领悟习近平文化思想、习近平经济思想，深入贯彻落实习近平总书记关于东北、辽宁全面振兴发展的重要讲话和指示批示精神，完整、准确、全面贯彻新发展理念，主动服务构建新发展格局，着力推动高质量发展，统筹质的有效提升和量的合理增长，突出变革重塑、创新驱动，按照省委、省政府全面振兴新突破三年行动安排部署，锚定省"十四五"旅游业发展规划目标，充分发挥重大文旅产业项目带动作用，把文旅产业培育成现代服务业发展新引擎、国民经济战略性支柱产业，全面建设旅游强省、文化强省。

文化产业在我国发展之初，便具有中国特色，我们在强调文化产业经济效益的同时，也注重其社会价值和社会效益。我国的文化产业发展，并不是一味地追求以经济效益为中心。发展好文化产业，必须处理好文化与经济、社会效益与经济效益之间的关系。在人类历史发展过程中，文化与经济从来都是相辅相成、相互作用的。经济发展为文化发展提供了物质基础，文化发展则赋予经济发展较高的人文价值。围绕高质量发展这一全面建设社会主义现代化国家的首要任务，2023年3月5日，习近平总书记在参加十四届全国人大一次会议江苏代表团审议时强调："必须以满足人民日益增长的美好生活需要为出发点和落脚点，把发展成果不断转化为生活品质，不断增强人民群众的获得感、幸福感、安全感。"① 为此，习近平总书记称赞苏州："上有天堂下有苏杭，苏杭都是在经济发展上走在前列的城市。文化很发达的地方，经济照样走在前面。可以研究一下这里面的人文经济学。"② 2023 年 7月 6 日，习近平总书记在苏州考察时指出："苏州在传统与现代的结合上做得很好，这里不仅有历史文化的传承，而且有高科技创新和高质量发展，代表未来的发展方向。"③ 何谓人文经济学？实际上，早在 2006 年 10 月 30 日，时任浙江省委书记的习近平同志在《浙江日报》"之江新语"专栏刊发的《"文化经济"点亮浙江经济》一文中就富有远见地提出："所谓文化经济是对文化经济化和经济文化化的统称，其实质是文化与经济的交融互动、融合发展。"④ 习近平总书记提出的人文经济学以及关于文化与经济融合发展的重要论述，立意高远，内涵丰富，思想深刻，我们要深入学习、研究、贯彻，真正理解好文化经济化和经济文化化。辽宁省具有深厚的人文底蕴，将人文底蕴诸如传统文化、地域文化、工业文化、农业文化等更好地赋能文化产业发展，学习并实践人文经济学十分必要。

目前国内学术界尤其是文化产业和经济学界正在积极研究人文经济学，关于人文经济学的学理研究目前基本达成一致，人文经济学体现了"以人为本"，尤其是在当下，强调科技、经济效益等因素，忽略了人的因素，造成了"异化现象"，经济发展必须以人的核心利益为根本，这和我们强调的"全心全意为人民服务""一切为了人民"是一致的。再者，人文经济学也强调人文因素在经济发展中的作用，人文，就是人类文化中的先进部分和核心部分，即先进的价值观及规范。其集中体现是：重视人，尊重人，关心人，爱护人。简而言之，人文，即重视人的文化。人文，是一个动态的概念。文

---

① 《必须以满足人民日益增长的美好生活需要为出发点和落脚点》，教育部网站，2023 年 3 月 10 日，http：//www.moe.gov.cn/jyb_xwfb/xw_zt/moe_357/2023/2023_zt02/pl/202303/t20230310_1050110.html。

② 《【理论圆桌会】拓展文化经济研究的广度和深度》，人民网，2023 年 9 月 4 日，http：//theory.people.com.cn/n1/2023/0904/c40531-40070170.html。

③ 《全文 | 新时代人文经济学》，新华网，2023 年 12 月 3 日，http：//www.news.cn/2023-12/03/c_1130006373.htm。

④ 《新时代人文经济学的丰富内涵与生动实践》，中工网，2023 年 12 月 4 日，https：//www.workercn.cn/c/2023 12-04/8067717.shtml。

化是人类或者一个民族、一个人群共同具有的符号、价值观及规范。符号是文化的基础，价值观是文化的核心，而规范（包括习惯规范、道德规范和法律规范）则是文化的主要内容。辽宁省人文底蕴深厚，自然山水见证着辽沈大地的历史变迁，可以说，人文因素在辽宁大地处处存在，自然是人文的自然，人文从地域文化中孕育并且具有极高的辨识度和唯一性，在强调科技、数字化赋能文化产业的今天，在文化产业的创意、文旅方面，如果能够更多地注重人文因素，从人文的角度去关注文化产业的发展，这或许是辽宁省文化产业进一步发展的一条有效途径。

（二）推进业态升级，进一步加强文体旅深度融合

文化新业态的发展重要的基础是努力挖掘中华优秀传统文化，目前辽宁省持续推进中华文明探源工程和"考古中国"重大项目取得重大进展。重点推进"北方长城地带文明进程研究"和"红山社会文明化进程研究"两个重大课题，推进牛河梁及其周边地区红山文化考古调查、勘探、发掘和考古资料整理与科学研究，证实辽宁在中华文明发展进程中的重要地位。同时，辽宁省在文物资源数字化保护、展示和利用，创新博物馆文物立体式、全景式、多元化、活态化、智慧化陈列展示方式等方面一直在努力，推出一批具有国际影响力的主题展览、以博物馆为主体的文化创意开发以及长城文化 IP，基本建成长城国家文化公园（辽宁段）。辽宁省各地的民族、历史文化记忆资源丰富，重视文化记忆，可以加速文化 IP 形成，甚至实现文化 IP 的迁延，最终形成区域化明显的地域、城市 IP，这对文化产业的发展有良好的推动作用。挖掘文化资源并对其进行开发利用。辽宁省历史悠久，拥有红山文化、三燕文化、辽金文化、满族文化等，拥有鲜明的红色文化底色；文化资源与非物质文化遗产同样丰厚，拥有岫岩玉雕、满族刺绣、辽宁鼓乐、沈阳故宫、牛河梁遗址等资源。应该对这些文化资源加以宣传并开发利用，推进业态升级。

（三）发展新质生产力，持续推进产业转型

《辽宁省"十四五"文化和旅游发展规划》提出，"实施文化产业数字化

战略，加快发展新型文化企业、文化业态、文化消费模式"。① 辽宁省要想实现文化产业的可持续发展，必须持续推进产业转型，将新质生产力融入文化产业发展过程中。新质生产力是在技术革命性突破、生产要素创新性配置以及产业深度转型下产生的先进生产力质态，有利于推进文化产业技术进步、生产要素优化配置。统筹数字化时代文化产业发展的可行路径。近年来，以人工智能、大数据、区块链、VR 等为代表的数字技术为文化产业发展提供了更多可行道路，如 VR 技术可以应用于辽宁省博物馆、沈阳市博物馆等地，加深人们对文物的认识；辽宁卫视可以在挖掘本地优秀传统文化的同时，学习河南卫视《唐宫夜宴》等节目利用数字科技的具体实例，为辽宁省打造既不落后于时代又具有历史传承意义的节目。

（四）培养文化产业人才，深化国有文旅企业改革创新

重视文化产业人才培养和文化企事业单位发展。人才是国家创新力的根本源泉，是实现民族振兴、赢得国际竞争优势的战略资源。辽宁省应积极培育文化管理人才、文化创意人才、文化科技人才等，重点扶持拥有文化产业专业的高校，以校企联合培养等方式使人才得到学习与锻炼，拥有优秀人才才能更好地促进文化企事业单位的发展。

推进文化产业"引进来"和"走出去"相结合。辽宁省内具有带头作用的头部优秀文化企业可以定期开展文化交流互助活动，主动邀请其他省份或常在省内居住的有影响力的外国友人参与，这样能够更好地向外地、外国推介本地区的文化。也可以积极参与到不同地区举办的文化活动中或利用各种公共媒介宣传本地区文化，以期能够吸引更多人了解辽宁省文化。同时，大力吸引外来资源，加强与央企、民企全方位战略合作，积极引入战略投资者，实现股权多元化和经营机制多样化，放大国有资本功能，提高国有资本配置和运行效率。市场化推进优质旅游资源跨区域跨层级战略性重组和专业化整合，优存量，引增量，打造省级旅游产业优势品牌和核心 IP 产品。持续推进国有旅游景区所有权、管理权和经营权相分离，建立现代企业制度，创新股权激励机

---

① 《辽宁省文化和旅游厅关于印发〈辽宁省"十四五"文化和旅游发展规划〉的通知》，辽宁省人民政府网站，2021 年 8 月 31 日，https：//www.ln.gov.cn/web/zwgkx/lnsrmzfgb/2021n/zk/zk12/bmwj/A0BBC5608D294AE488087DAC3639B017/。

制，推动国有 A 级旅游景区专业化运营。按照"一企一策"原则，支持各地妥善处理国有文旅企业历史遗留问题，盘活国有文旅存量资产，用活用好文旅地方专项债、开发性金融工具，培优省属旅游集团企业，整合市、县文旅集团企业。同时吸引国内外有实力的企业来辽投资，参与辽宁省文旅企业改制、改组、改造。支持民营旅游企业发展壮大，培育文旅龙头骨干企业和"专精特新"旅游企业。引导中小微旅游企业定制化、特色化、专业化、精细化发展。

参考文献

《2023 年前三季度全国规模以上文化及相关产业企业营业收入增长 7.7%》，国家统计局网站，2023 年 10 月 30 日，https：//www. stats. gov. cn/sj/zxfb/202310/t20231030_1944007. html。

《2023 年全省经济运行情况》，辽宁省统计局网站，2024 年 1 月 19 日，https：//tjj. ln. gov. cn/tjj/tjsj/sjfb/sqzx/2024011915365855671/index. shtml。

《辽宁省文化和旅游厅关于印发〈辽宁省"十四五"文化和旅游发展规划〉的通知》，辽宁省人民政府网站，2021 年 8 月 31 日，https：//www. ln. gov. cn/web/zwgkx/lnsrmzfgb/2021n/zk/zk12/bmwj/A0BBC5608D294AE488087DAC3639B017/。

《关于印发〈辽宁省文旅产业高质量发展行动方案（2023—2025 年）〉的通知》，辽宁省人民政府网站，2023 年 5 月 4 日，https：//www. ln. gov. cn/web/zwgkx/lnsrmzfgb/2023n/zk/zk8/bmwj/2023080116124521201/。

《全文 | 新时代人文经济学》，新华网，2023 年 12 月 3 日，http：//www. news. cn/2023-12/03/c_1130006373. htm。

〔德〕扬·阿斯曼：《文化记忆：早期高级文化中的文字、回忆和政治身份》，金寿福、黄晓晨译，北京大学出版社，2015。

《以中国式现代化沈阳实践推动全面振兴取得新突破——〈沈阳市全面振兴新突破三年行动方案（2023—2025 年）〉概览》，东北新闻网，2023 年 2 月 24 日，http：//liaoning. nen. com. cn/network/liaoningnews/lnshizhengnews/2023/02/24/483515205259628714. shtml。

《独家！中国文化产业高质量发展指数（2023）》，搜狐网，2023 年 12 月 22 日，https：//www. sohu. com/a/746563329_152615。

B.13
辽宁文化品牌发展报告

李晓南*

摘　要：　近年来，辽宁省不断挖掘利用地域性文化资源，发展文化产业新业态，逐步形成具有辽宁特色的文化新名片，向文化强省迈进。当然，辽宁文化品牌发展在多个方面还需进一步完善。需加快释放文化资源发展潜力，梳理提炼优势文化元素，做精做强文化 IP，精耕细作提升服务质量，加快"文化+"产业深度融合和科技赋能，多管齐下推动辽宁文化品牌建设，打赢新时代"辽沈战役"文化攻坚战，助力辽宁全面振兴。

关键词：　文化品牌　文化遗产　文旅融合　辽宁

近年来，辽宁省深入贯彻落实习近平总书记关于加强社会主义文化建设的重要论述，聚焦建设文化强省、旅游强省目标，挖掘辽宁特有的地域性文化资源，发展文化产业新业态，逐步形成具有辽宁特色的文化新名片，使辽宁从文化大省逐渐迈向文化强省。

一　辽宁文化品牌发展现状

（一）文化艺术繁荣发展，"辽字号"精品佳作频出

2022 年以来，伴随着东北振兴的不断深入，辽宁广大文艺工作者以坚持社会主义核心价值观为生命线，以提高质量为文艺创作的重要追求，继续用心用情用功抒写伟大时代，文艺创作呈现一派欣欣向荣的景象。2022 年，辽宁

---

* 李晓南，辽宁社会科学院社会学研究所研究员，研究方向为文化遗产、文化产业、品牌学。

实施了"辽宁省新时代现实题材创作工程"，确定 40 部重点选题作品，组织专家针对每部作品从剧本开始进行规划与指导，促进全省艺术创作质量显著提升。话剧《人间晴雨》《寻找王成》、京剧《忠魂》、音乐剧《风刃》、评剧《魏凤英》、海城喇叭戏《玉石沟》、铁岭秧歌戏《不了情》……一系列富有时代内涵的"辽字号"文化产品、文化精品应运而生。① 此外，辽宁文艺名家辈出，拥有文艺人才富矿。多年来，在党的领导下，辽宁文艺界涌现了一大批德艺双馨的文艺名家、名人、明星，造就了一支有广泛社会影响力的艺术家队伍。文艺院团历史悠久，实力雄厚。鲁迅美术学院、沈阳音乐学院等知名高等艺术学府，传承延安鲁艺精神，为东北乃至全国培育输送了大批文艺人才。多年来，辽宁芭蕾舞团、辽宁人民艺术剧院、辽宁歌剧院、辽宁歌舞团等四大院团已成为我国著名文化品牌。

近年来，辽宁省从政策、资金等方面积极支持戏曲发展，实施"中华优秀传统艺术传承发展计划"，落实文化和旅游部戏曲振兴工程，扶持地方戏曲剧种传承发展。一系列文化盛典在辽沈大地上多彩绽放。2022 年，包括评剧、辽剧、二人转，以及阜新、凌源地方戏等在内的辽宁地方戏曲持续增强全国传播影响力。大连瓦房店的复州鼓乐团受邀参加中央电视台《乡村大舞台》节目。凌源影调戏《百合芬芳》参加第七届辽吉黑蒙四省区地方戏曲优秀剧目展演。2023 年春节期间，辽宁省文化和旅游厅、辽宁省公共文化服务中心共同主办了《菊苑流芳——2023 辽宁省新春戏曲晚会》。这也是辽宁省首次举办新春戏曲晚会，此次晚会名家云集，尽显国粹风采。晚会演出的所有节目参演院团和演员全部来自辽宁，是目前辽宁省所有戏曲剧种的一次集中展示。② 2024 年春节，辽宁省新春戏曲晚会在阜新举行，晚会共有 12 个节目，由沈阳、大连、鞍山、本溪等市的 17 家戏曲院团献上涵盖阜新蒙古剧、凌源影调戏等辽宁省所有戏曲剧种的精彩演出，晚会还进行了现场直播，增强辽宁地方戏的影响力。③

影视精品不断涌现。由中共辽宁省委宣传部联合辽宁省总工会、鞍钢集团有限公司、中共鞍山市委宣传部、中共本溪市委宣传部等单位摄制，由北方联

① 葛鑫：《辽宁文艺创作：沾泥土、带露珠、冒热气》，《中国文化报》2023 年 9 月 8 日。
② 辽宁省文化和旅游厅网站。
③ 阜新市文化旅游和广播电视局网站。

合影视集团有限公司等多家公司联合出品的工业题材电影《钢铁意志》，立足基本史实、艺术再现新中国第一炉铁水诞生及新中国钢铁工业发展的历程，被中宣部列入迎接党的二十大两部重点影片之一，被全国总工会列为迎接党的二十大系列主题活动重点推荐影片。[①] 阜新市民政局出品的《厚道阜新·心中有你》在第十届亚洲微电影艺术节上荣获"金海棠奖"，是辽宁省唯一一个获奖作品。《辽视春晚》2023 年收视率位列省级卫视春晚收视率第一，市场占有率、关注度一骑绝尘，被称赞为"卫视春晚天花板"。2024 年，《辽视春晚》以"龙腾盛世中国年"为主题，兼具辽宁特色和国际视野，欢乐诙谐，既有年味，又有力量，获得海内外观众的高度认可。[②] 历经近 40 年的精心锻造，《辽视春晚》早已成为传播辽宁文化的金名片。

近年来，辽宁文学繁荣发展，创作队伍梯队合理，高峰渐成，多个领域成绩不俗，辽沈文学在全国影响力显著增强。辽宁文学的标识性强、辨识度高，具有鲜明的地方性和厚重的历史积淀。书写工业题材的"铁西三剑客"，已经成为影响华语文坛的文学现象。以工匠精神为主题的长篇小说《铜行里》和现实主义题材长篇儿童小说《桦皮船》，荣获中宣部第十六届精神文明建设"五个一工程"奖。"辽字号"文学品牌效应越发明显。

（二）公共文化服务改善，文化惠民广受好评

2022 年以来，辽宁不断加大公共文化服务投入力度，推进城乡公共文化服务体系一体化建设，组织开展舞台艺术、展览展示、文博非遗、群众文化、文艺评论等系列文化惠民活动，持续打造"四季村晚"等品牌活动，持续为人民群众奉上文化盛宴。2023 年元旦春节期间，辽宁推出民族音乐会《春满辽河》、儿童剧《大栓的小尾巴》、电声音乐会《影视金曲——流金岁月》、"非遗专场展演"、"群众文艺作品展演"、对外文化交流项目等十余项活动，

---

① 《工业题材影片的成功探索——电影〈钢铁意志〉研讨会在京举行》，网易网，2023 年 4 月 22 日，https://www.163.com/dy/article/I2UL2H480530QRMB.html。
② 《2024〈辽视春晚〉再交亮眼答卷 为发展奏响攻坚序曲》，光明网，2024 年 2 月 18 日，https://e.gmw.cn/2024-02/18/content_37150455.html。

获得广泛关注与好评。① 大连、本溪、朝阳作为 2023 年的全国"村晚"示范展示点，参与度和关注度创新高。辽宁省公共文化服务中心推陈出新，组织"玉兔迎春"文化展、"福兔贺岁闹元宵、辽图迎春猜灯谜"、非遗年货节、"一元复始"油画作品展等。2023 年全年，全省各地专业艺术院团开展丰富多彩的演出活动，推出了一批有广度、有深度、有影响力、群众喜闻乐见的文化活动，包括"大河之澜"系列剧目、"辽宁大剧院优秀剧（节）目演出季"、"中国芭蕾力量——辽芭经典"演出季、"倾听辽河"巡演等。组织"继往开来，国韵书香——古籍保护与传承特展""东北工业题材美术作品国内巡展""流动图书馆""流动博物馆""流动青年宫""红色文艺轻骑兵"等文化惠民活动，形成月月有主题、周周有活动的良好文化氛围。辽宁大连嘉之会文化空间充分发挥徽派庭院的风格优势，自 2023 年 8 月以来，推出了嘉之会·《红楼梦》古装古韵文化系列活动，以分主题的方式呈现《红楼梦》的文化精神和文创产品，将文化传播与文化消费紧密融合。②

"辽宁文化云"发挥数字资源优势和平台优势，开展剧目展播、直播"村晚"演出，以及在文化共享频道播出以"祥兔送春来 文化进万家"为主题的专题片等，为基层群众提供"一站式"数字文化服务，广受欢迎。各地公共文化云平台、微信公众号、本地文化网站等线上资源，让百姓随时随地尊享饕餮盛宴，也扩大了辽宁文化影响力和传播力。

2022 年以来，全省公共图书馆持续强化服务功能，多样化提供公共文化产品。各地图书馆在 2023 年春节期间举办文化活动 400 余场次，受众 15 万余人。2023 年 10 月至 12 月，辽宁省图书馆学会承办了"传诵红色经典 品读辽宁文化"全省公共图书馆主题阅读活动，这项活动包括四大主题百余场阅读推广文化活动，全省近 20 万名读者参与其中。该活动是辽宁省传承弘扬红色文化的重要举措，旨在通过阅读推广，让更多人深刻了解辽宁的历史和文化，也是对辽宁文化底蕴的弘扬和传承。活动期间，来自大专院校和社科院系统的专家巡讲团，为省内近万名读者开展辽宁"六地"红色文化巡讲。除巡

---

① 《辽宁省公共文化服务中心开展系列文化惠民活动》，网易网，2023 年 2 月 25 日，https：//www. 163. com/dy/article/HUES4N6D0530QRMB. html。

② 王伟杰：《让群众感受"文化+"的别样魅力》，《中国文化报》2024 年 1 月 11 日。

讲活动外，还面向全省 10 个城市进行了"最可爱的人——文学作品里的抗美援朝精神"图文巡展，面向全省 3~12 岁少年儿童读者举办了"阅读新时代，书香伴成长"辽宁省首届少儿讲故事作品征集活动。[①]

多年来，辽宁广大人民群众满怀激情地投身文化、创造文化，从艺术惠民"双百万"工程到"辽宁群众文化艺术节"，打造了一系列群众文化活动品牌，群众文化建设风生水起，成为凝聚人心的精神纽带。2023 年，辽宁群众文化活动开展得更加如火如荼。9 月，辽宁省第十二届艺术节在大连成功举办。该届艺术节历时 16 天，以丰富多彩的各类活动，集中展现了当前辽宁文化艺术界的成就。其中，有 30 部作品在大连市集中演出 60 余场，用旋律凝聚振兴力量，用舞姿传递温情暖意，用戏剧描绘幸福美好，展示了近年来全省舞台艺术繁荣发展的最新成果，推出了一批优秀作品和艺术人才。同时，在全省各地举办的群众文化展演和非遗展示、旅游歌曲演唱、美术作品展览等活动，起到了很好的示范作用，营造了浓厚的艺术氛围，受到广大群众好评，充分体现了"艺术的盛会，人民的节日"的办节宗旨。[②]

近年来，国内外社会、经济、人文环境深刻变革，人民群众精神文化需求日益多样化，都对博物馆事业提出了更高要求。辽宁省博物馆系统充分利用馆藏文物资源，展览不断"上新"，发展模式持续多元化创新化，传承历史文化、维系民族精神、服务文化强国建设的作用不断增强，社会影响力不断提升。2023 年，全省备案博物馆累计接待观众 274.6 万人次，较 2022 年增长 179.2%。以辽宁省博物馆为例，2023 年以来，辽博不论是在展览主题上，还是在展陈方式上，都可谓精彩纷呈、可圈可点。其中，既有展示中华优秀传统文化的"合规同矩——辽宁省博物馆藏正体书法精品展""箫韶九成——中国古代音乐文物展""清音悠远——古琴文化展"等，也有展示辽宁厚重地域历史文化的"光影有声——走进皮影的世界"展、"何处寻琉璃——海城黄瓦窑荣达的历史与文物"展等，还有弘扬社会主义核心价值观的"永恒的雷锋"展等。观众的观展热情也达到高潮，参观人数创下历史新高。据统计，2023 年来自世界各地的观众猛增至 167.2 万人次。作为东北地区文博行业的引领者，不断发

---

① 张宁:《"传诵红色经典 品读辽宁文化"全省公共图书馆阅读成果展演在辽图举办》,《沈阳晚报》2023 年 12 月 12 日。

② 辽宁省文化和旅游厅网站。

挥区域龙头引领作用，在省内"大馆带小馆"，分期分批联合省内各地市级博物馆，策划"辽宁地域历史与文化"系列展览，让全省博物馆"全面开花"。推出一系列公共文化服务，开设夜场，举办线上文化讲堂，线下文化体验互动……还将历史文化传播的触角延伸至全省基层，将"千年文脉展"、"永恒的雷锋"展等展览送到全省各大中小学校以及社区、乡村，全年累计完成流动送展服务 44 次，9.2 万人次的基层观众直接获益。① 同时，辽博的文创研发也进入了快车道。2023 年，辽博文创产品已增至近 300 个品类，与文物有机融合的文创产品深深地吸引了众多消费者。"去辽博买文创""来辽博看文创"已经成为当下年轻人文化消费的又一新时尚。博物馆的"外墙"在不断地尝试与探索中得到无限延伸，文明与文化的感染力也在不断放大。

（三）文旅融合渐入佳境，辽宁文旅强势"破圈"

近年来，辽宁省委、省政府大力推进辽宁文化强省、旅游强省建设。辽宁文旅加强优势资源整合，实施重大项目带动战略，持续提升文化和旅游产品供给能力和服务质量，辽宁文旅的品牌美誉度、影响力显著提升。2021 年以来，辽宁省制定出台《辽宁省"十四五"旅游业发展规划》《辽宁省"十四五"文化和旅游发展规划》，统筹推进文化事业、文旅产业高质量发展，对辽宁文旅融合做出规划部署。2023 年，全省累计发放助企惠民旅游消费券 5300 余万元，组建沈阳都市圈旅游联盟。2023 年 6 月，辽宁省文旅产业振兴发展大会在沈阳召开，省文化和旅游工作领导小组制定《辽宁省文旅产业高质量发展行动方案（2023—2025 年）》，进一步明确发展定位。一系列举措推进文旅深度融合，助力辽宁文旅强势复苏。2023 年，全省接待游客 5.1 亿人次，同比增长 142.9%，旅游收入 5022.6 亿元，同比增长 166.0%，各项指标增幅均创历史新高。中秋国庆双节表现亮眼，以辽宁为旅游目的地热度涨幅居全国第 8 位，全省旅游总接待人次在全国居第 10 位，文旅消费规模在全国居第 12 位，日均文旅消费规模同比增长 3.6 倍。辽宁全新的旅游宣传口号"山海有情 天辽地宁"内涵丰富、特色鲜明、朗朗上口，充分体现了新时代的辽宁形象，

---

① 朱忠鹤：《现象级大展实力圈粉》，《辽宁日报》2024 年 1 月 17 日。

极大地提升了辽宁文旅的吸引力和品牌传播力，也激发了全国人民来辽旅游的热忱。① 2024 年春节期间，辽宁文旅深度融合成效初显，"嬉冰雪、泡温泉，到辽宁、过大年"热度飙升。春节假期全省共接待游客 4086.6 万人次，同比增长 299.6%；实现旅游综合收入 412.7 亿元，同比增长 572.7%，按可比口径较 2019 年同期增长 149.4%，人均消费过千元。②

目前，依托特色文旅资源和场景，辽宁形成了红色旅游、冰雪旅游、工业旅游、"古韵"遗产游和都市休闲游等多种文旅品牌。全省有 40 余条线路入选国家级红色旅游、乡村旅游、冰雪旅游等精品线路，数量位居全国前列。

以"六地"标识为代表的辽宁红色文化资源在全国红色文化遗产体系中具有唯一性和独特价值。为把辽宁建设成国内重要的红色旅游目的地、东北地区红色旅游首选地，辽宁省编制实施了《辽宁省红色旅游发展规划（2022—2030 年）》，完善红色旅游产品供给体系。当前，"六地"红色旅游景区成为许多游客出行的首选目的地，2023 年"五一"假期期间，沈阳鸭绿江断桥景区、锦州辽沈战役纪念馆等经典景区都达到人流控制极限，总接待游客 35.8 万人次，比 2019 年增长 38.9%。③

作为"共和国工业奠基地"，辽宁工业遗产种类多样、数量可观，工业文化底蕴深厚。伴随旅游业的发展，辽宁大地上众多沉睡的"工业遗产"焕发生机，工业旅游逐渐成为传承辽宁精神与展现历史文化积淀的重要载体。2022年，鞍钢红色钢铁之旅工业旅游基地、沈阳工业博物馆成功获评国家工业旅游示范基地。到沈阳中国工业博物馆接受"铁与火"的洗礼，去铁岭市调兵山体验铁煤蒸汽机车旅游专列，在 1905 文创园、红梅文创园欣赏乐队和小剧场话剧的现场演出，逛逛文创市集，在奉天工场文创园看一场露天电影，在时代文仓城市书房安静地阅读……这些"工业+文化"开发出的新业态、新模式、新场景，不但吸引着远道而来的旅客慕名打卡，也成为市民日常休闲娱乐的一

---

① 辽宁省文化和旅游厅网站。

② 《春节假期辽宁实现旅游综合收入 412.7 亿元　同比增长 572.7%》，中国新闻网，2024 年 2 月 18 日，https://www.chinanews.com/cj/2024/02-18/10165076.shtml。

③ 《看非遗、逛夜市……辽宁文旅市场迎五年来最旺季》，东北新闻网，2023 年 5 月 4 日，http://finance.nen.com.cn/network/finance/caijingkuaixun/2023/05/04/508631468918968950.shtml。

部分。

"冰天雪地也是金山银山",漫长冬季的千里冰封、林海雪原孕育了辽宁的"冰嬉"传统和冰雪文化。拥有中国最北端的海岸线,"山海有情"在冬日里化作山岚烟雪、海冰起伏。先民的"冬捕",如今已成为浪漫有趣的沉浸式文娱体验,辽河冬鱼的鲜美,为"辽菜"品牌再添一笔精彩。截至 2023 年,辽宁有超过 200 处室内外冰雪活动场所,节庆活动 300 余项,冰雪体育赛事活动 400 余项。气候、交通、温泉优势和多样的环境、深厚的历史文化,奠定了辽宁大众冰雪旅游的基础;冰雪与温泉等结合的新场景新娱乐休闲方式赋予辽宁大众冰雪品牌更多内涵。2023 年,辽宁各市举办冬季冰雪温泉体验活动 160 余场,推出以省级以上滑雪旅游度假地为代表的优惠活动项目 56 个,多个国家级滑雪旅游度假地正在创建。以文化赋能"冰雪经济",推动文体旅高质量融合发展的道路日渐清晰。[1]

此外,近年来辽宁文旅坚持推动消费业态集聚发展,下大力气抓好"微改造""精提升",积极培育文旅消费场景,做强做优一批国家级旅游休闲街区、夜间文化和旅游消费集聚区,打造提升新型文旅融合旅游景区。沈阳的中街、西塔、老北市、小河沿早市、彩电塔夜市,大连的海昌·东方水城等旅游目的地,都成为 2023 年旅游消费爆款,强势"出圈"。截至 2023 年,全省已有全域旅游示范区、旅游休闲街区、乡村旅游重点村、夜间文旅消费集聚区、文化和旅游消费试点城市、滑雪旅游度假地等国家级试点示范等重点品牌 60 多个。[2]

(四)文化遗产底蕴深厚,文化类型异彩纷呈

辽宁文化具有鲜明的早发性和多元化特点,红山文化、三燕文化、辽金文化、长城文化、清前文化厚重灿烂,工业文化、英模文化、河海文化璀璨夺目。近年来,辽宁逐步建立完善城乡历史文化保护传承体系,充分挖掘、阐释辽宁优秀文化精髓,保护利用传承好历史文化遗产。文物资源保护管理制度不断完善,实施完成文化遗产保护工程 300 余项。长城国家文化公园(辽宁

---

[1] 刘伟才:《辽宁:以文化赋能 化冰雪为金》,《中国文化报》2024 年 1 月 15 日。
[2] 辽宁省文化和旅游厅网站。

段）、国家级文物保护示范区和革命文物保护片区等重大建设工程有序推进。2023 年 12 月，国家文物局发布"中华文明探源工程"最新研究成果，辽宁的牛河梁遗址新发现把中华文明起源的时间线又推进了五六百年。6 处世界文化遗产地开发利用步伐加快，文化遗产旅游"让文物活起来"。全省博物馆每年推出精品展 200 个以上，2021 年底的"和合中国"展成为轰动全国的现象级展览。

辽宁拥有 76 个国家级非物质文化遗产项目、294 个省级非物质文化遗产项目。近年来，辽宁十分重视非物质文化遗产的传承和保护，健全完善非遗传承机制、整体性保护和生产性保护体系，建成各级非遗传习基地（所）、非遗展示馆共计 670 个。建设两个省级文化生态保护区，建立省级传统工艺振兴目录项目 30 个。近年来，辽宁非遗保护工作"传承"与"发展"并重，在非遗进校园、进社区的基础上，大胆创新，在公益性非遗展演中以小节目、小专场为基础，不断尝试将更多元的非遗元素和更先进的舞台技术手段融合起来，创编形成具有辽宁地域文化特色的非遗品牌节目。

二 辽宁文化品牌发展现存问题分析

（一）文化资源潜力还有待深挖

辽宁是文化大省，拥有历史地域文化、民族民俗文化、红色文化、工业文化以及自然风光等多方面资源优势，但辽宁还不是文化和旅游强省。在挖掘利用文化遗产资源及运营资源方面，对比积累较好的南方省份，还有距离。以工业文化产业开发为例，作为传统工业大省，辽宁拥有数量极其可观的工业遗产及工业遗存，并广泛分布在省内 14 个市。各市之间、城市内部各区域之间，工业文旅产品存在同质化现象，很多产品缺少特色，对工业文旅资源和地方文化内涵未能深入挖掘，宣传策划能力也不足。需要继续对本地优秀文化遗产资源进行有效的开发与利用。再以冰雪经济为例，2024 年元旦哈尔滨冰雪旅游火爆全网，基于哈尔滨、黑龙江文化及自然资源的各种文旅展演、体验项目异彩纷呈，令人眼花缭乱，对游客产生强大吸引力。而同在东北的辽宁要如何摆脱与黑龙江、吉林等地的同质化倾向，独树一帜发展冰雪产业，是亟须解决的问题。

（二）文旅消费与服务还有待加强

虽然 2023 年辽宁文旅产业逐渐复苏回暖，但对比上海、江苏、浙江等省份，在文旅产业成熟度、文旅服务质量、文旅融合发展程度等方面，仍有差距。2023 年以来，海南、江苏等传统文旅强省文旅业回暖反弹的速度也更快。一是在区域旅游形象、文化传播度方面还有差距，需要继续着重提升辽宁文旅国内外影响力。二是文旅消费还有待加强。近年来，辽宁文旅产业克服疫情反复，积极发展夜间经济，不断打造特色文化品牌。但对比文旅强省，在夜间经济和文旅消费活跃度等方面，仍有所不及。从第二批入选的国家级夜间文化和旅游消费集聚区来看，沈阳入选老北市 1 个项目，节假日期间，老北市夜间文旅游玩虽然也设置了展览、儿童游乐、灯光秀、演艺展演、小吃街等内容，但对比上海入选的 6 个项目，不仅规模小、数量少，在文旅消费供给端的样态和内涵上也显单调和重复。比如，小吃品种跟市内其他夜市小吃类似，亲子游乐和展演项目少，跟周边街区、商家互动少，集聚区整体对文化内核的深度挖掘还不充分，商业、餐饮、旅游、娱乐等服务业态融合发展程度还不高，在打造完整且多样态夜间经济产业链等方面还有较大提升空间。三是文旅服务质量还有待提升。2024 年新年伊始，各地文旅"花式整活""花式营销"，都显示出真诚的服务意识、强大的服务能力才是文旅产业保持长期繁荣的基石。

（三）数字化文旅发展有待整体升级

2023 年，辽宁虽然上线了"游辽宁"App 和微信小程序，数字文旅、智慧文旅迈出了重要一步，但更多的是景点景区、酒店介绍、文旅资讯等功能，从顶层设计来说在智慧决策、智慧管理与智慧服务功能集成体系搭建上还存在不足。而上海、南京等较早开始数字化转型的城市，甚至包括郑州等因受疫情影响近年来加快数字化转型的城市，它们的文旅产业数字化框架，都既完成了基本的数据底座建设，又能向上支撑各类应用场景的文旅智慧"大脑"，实现内外部管理数据互联互通，整合线上线下资源，起到面向游客端的"一站式"文旅服务门户功能。相比之下，辽宁文旅数字化发展，需要整体性转变与全方位赋能。

三 辽宁文化品牌发展政策依据

（一）《辽宁省"十四五"文化和旅游发展规划》

为进一步推进辽宁省文化事业、文化产业和旅游业繁荣发展，2021年8月，辽宁省文化和旅游厅印发《辽宁省"十四五"文化和旅游发展规划》，作为指导全省文化和旅游系统"十四五"工作的总体规划。该规划系统谋划了"十四五"时期全省文化和旅游发展的总体要求、具体目标、主要任务、重点工程和保障措施，并提出，到2025年，辽宁文化影响力进一步提升，旅游带动作用全面凸显，初步形成东北亚休闲旅游目的地，向世界知名生态休闲旅游目的地迈进。

（二）《辽宁省"十四五"非物质文化遗产保护规划》

为贯彻落实中共中央办公厅、国务院办公厅印发的《关于进一步加强非物质文化遗产保护工作的意见》，进一步推进全省非物质文化遗产保护传承工作，2021年12月29日辽宁省文化和旅游厅印发了《辽宁省"十四五"非物质文化遗产保护规划》。

（三）《辽宁省"十四五"旅游业发展规划》

为促进辽宁省旅游业高质量发展、建设旅游强省，2022年1月4日，辽宁省人民政府办公厅印发《辽宁省"十四五"旅游业发展规划》。该规划提出，"十四五"时期，辽宁省要全力建设东北亚旅游目的地，推动旅游业高质量发展。到2025年，努力实现旅游业增加值占GDP比重达到5%，将旅游业培育成国民经济战略性支柱产业。

（四）《关于推进博物馆改革发展的实施方案》

为贯彻落实中央宣传部等九部委《关于推进博物馆改革发展的指导意见》，推进新时代辽宁博物馆事业高质量发展，中共辽宁省委宣传部等十部门于2023年1月联合印发了《关于推进博物馆改革发展的实施方案》。该方案提出，到 2025 年，力争全省备案博物馆总数达到 150 家以上，形成布局合理、结构优化、特色鲜明、体制完善、功能完备的全省博物馆事业发展格局，博物馆服务质量显著提升。

（五）《辽宁省文旅产业高质量发展行动方案（2023—2025年）》

2023 年 6 月 10 日，辽宁省文旅产业振兴发展大会召开并发布了《辽宁省文旅产业高质量发展行动方案（2023—2025 年）》。该方案提出，将充分整合利用全省丰富文旅资源，重点打造"六地"红色旅游新高地、培育中国北方生态旅居胜地、建设大众冰雪旅游最佳体验地、构建现代旅游消费集散地。到2025 年，辽宁省文旅产业项目投资额和旅游总收入以 2022 年为基点实现双倍增长，接待游客人数增长 2 倍，旅游及相关产业增加值占地区生产总值比重达到 5%，现代文旅产业体系进一步健全，产业综合竞争力和治理能力进一步提升。

（六）《辽宁省支持文旅产业高质量发展若干政策措施》

为全面贯彻落实辽宁省文旅产业振兴发展大会精神，进一步完善和规范辽宁文旅全面振兴发展政策措施，2023 年 9 月 17 日，辽宁省人民政府办公厅发布《辽宁省支持文旅产业高质量发展若干政策措施》。文件提出了 6 个方面 24 项措施，通过以培育壮大市场主体、推进重点项目建设、加大品牌创建力度、提升公共服务水平等方面措施为引导，营造文旅产业高质量发展的氛围，推动全省文旅产业提质升级。

四 辽宁文化品牌发展趋势分析及对策建议

党的二十大报告对推进文化自信自强、铸就社会主义文化新辉煌做出了重要论述，指明了新时代文化发展的方向。辽宁省委十三届六次全会提出"打造高品质文体旅融合发展示范地"，其是贯彻落实习近平文化思想、增强文化自信、践行"以人民为中心"、满足人民群众对美好生活的需要的重要举措。为促进辽宁文化品牌健康发展、打赢新时代"辽沈战役"文化攻坚战，需在以下方面重点发力，久久为功。

（一）"文化+"，精耕细作，挖掘释放文化资源发展潜力

一是守正创新，坚持社会效益优先的文化资源保护传承工作。建立家底数据"一张网"。从自然资源、旅游环境、文化遗迹、民俗文化、工业遗产、乡村振兴等比较优势维度入手，串联文化和旅游资源普查等工作，利用2年左右时间，全面梳理辽宁文化，摸清省域内文化现象、文化元素的基本分布及概况，将散落在文物、非遗、戏曲、建筑、文学等不同领域的文化元素在统一标准下进行采集调查，建立家底数据账本。形成优势元素"一张表"。突出重点，梳理省内最具优势及代表性、文化内涵丰富、传承活力显著的文化元素清单，形成优势元素"一张表"，并对其开展文化基因解码，找到优势文化基因的内生动力和打动人心的独特魅力。以充分保护辽宁历史文化资源、合理利用自然区位资源和现代产业资源为基准，充分把握森林、湿地、冰雪等自然资源优势，少数民族、建筑遗产、文物遗产、民风民俗等文化资源优势，将地域特色、文化内核注入文化产业建设，扩充文化品牌发展的优势项目，提升品牌发展的核心文化价值与独特竞争优势。探索文艺与各类文旅展演、沉浸式演出项目等合作模式，创演辽宁区域内的历史、民族民俗、红色文化剧目等，打造彰显辽宁文化魅力的常态化、商业化演出。推动各类优秀原创剧目形式的丰富与转化，利用电视晚会、抖音、B站等多种渠道，对剧目、演艺机构、表演者等进行推广，提升辽宁文艺创演品牌的社会知名度与辐射力。

二是实事求是，加强以市场为导向的文化产业统计和评估工作，加强规范文化及相关产业统计工作。从评价标准、调查能力等方面切实确保数据的真实可靠、应统尽统。同时根据市场需求，进行顾客满意度调查、信用评级、品牌价值评价等工作，拓展对消费需求了解的深度和广度，以市场为导向，精准施策。要以现代消费市场、消费主体人群、主流消费模式为主导，制定个性化文化品牌发展策略，开发以"生态、康养、文化、科技"等为主题的文化产品，推进文化产品创新发展。

（二）"品牌+"，提档升级，推进文化事业、文化产业高质量发展

一是做强IP。依托文化基因解码转化和文化标识建设成果，打造多元而独特的文化IP。例如，可深度挖掘运用辽芭、辽歌等高水平文艺团体和群众

文化活动资源，构建文艺展演 IP；运用众多艺术门派名人名家资源，构建名人 IP；运用鲁迅美术学院、沈阳音乐学院等知名文艺院校，构建文化慕课 IP；运用独特的文化文物遗产资源，构建文博 IP；等等。一个优秀的文化 IP 必然有多重解读空间，来自不同时空背景的游客对其理解也各有不同。近年来辽宁文旅致力于打造节庆品牌、四季全域旅游品牌，特别是春节期间推出"嬉冰雪、泡温泉，到辽宁、过大年"等传统中国年活动。除冰雪、温泉以外，应更加深入挖掘辽宁文化元素。如吉林省在长白山 IP 的建构上，除修建滑雪场、度假小镇，营造冬季滑雪度假胜地氛围外，还联动国内知名文学 IP《盗墓笔记》，举办长白山稻米节等文化活动，极大地拓展了长白山 IP 的外延并提升了网络热度。而在哈尔滨中央大街的文化展演上，黑龙江的鄂伦春族、达斡尔族、赫哲族、蒙古族、朝鲜族、满族等少数民族非遗传承人轮番亮相，直接点燃了全国人民南北联动的热情，各地文旅纷纷派出"精兵强将"奔赴哈尔滨共襄盛举，使"哈尔滨"这个城市作为一个文化 IP 的新鲜度、关注度与内涵丰富度达到前所未有的程度。相比之下，辽宁的冬季冰雪旅游季，也可以联动如辽金历史传说、满韵民俗、民国风情等文化遗产，在相似的"东北"背景下，在把握住人民群众需求的基础上，打造风格迥异且能够被消费的文化 IP 系统。将这些文化内容附着、体现在可以被消费的旅游产品商品、旅游项目上，通过各种文化展演、节庆活动、主题民宿、博物馆和文旅小镇，以及缤纷的旅游商品等形成立体的 IP 生态网络，使辽宁的"年味"能够显著有别于"尔滨"年味、"秦淮"年味、"长安"年味。

二是坚持品质。从需求侧和供给侧两端发力，构建旅游景区、演艺场馆、星级饭店、旅行社、餐饮场所、公共交通、智慧文化服务质量提质升级体系，扎实推进文化事业、文化产业高质量发展。从中短期来看，随着疫情影响逐渐消散，人们的文旅休闲娱乐演出等文化需求在短时间内呈现"报复性"增长，但从长期来看，人们对文化生活的安全、卫生、便利要求将会继续提升，在文旅休闲娱乐等方面的消费将会继续升级，高等级景区、文旅消费场景数量也在不断增加，全国各地无论是公共文化服务领域还是文化市场领域竞争的门槛都随之水涨船高。因此，辽宁文化建设的提档升级工作就显得十分迫切，亟须形成与国家标准、行业标准衔接的标准化体系和高品质市场环境，以品牌立身、以品质说话。

三是做优服务。2024 年开年的文旅盛况表明，精益求精和热情真诚的服务态度、不断突破的服务标准与能力，才是确保"泼天富贵"不变"昙花一现"的定海神针。通过符合市场需求的、高效实际的文化服务改革，那些被"看见"的、抓住了"流量"的文化盛景，才能成为长盛不衰的文化品牌。因此，辽宁应继续完善文化服务基础设施和附属设施建设。目前，全省在道路交通、文化场所集散中心、停车场、公厕等基础设施和附属设施建设等方面仍存在短板，一些城市近郊景区周围吃住行娱购等服务体系尚不完善，文娱便利度和目的地可达度较低，严重影响了群众文化体验。因此，应尽快优化省内文体旅交通体系，加快开通文体旅专线、专列，特别是不易到达的目的地之间的公交和旅游专线、骑行慢道网络，提高运输、组织游客的能力，加强集散功能。联合吉林、黑龙江、蒙东地区打造国家级主题精品旅游线路、发售东北旅游套票，加快东北地区文旅产业一体化发展。尽快完善全省旅游硬件建设，在公路及旅游线路沿线配套建设旅游服务区、观景台等设施，并向复合型服务区升级；依据旅游产品规划，配套建设停车场、骑行营地，搭建个性化、多层级的旅游集散体系；普及指向清晰、舒适便捷的旅游标识系统。

（三）"科技+"，数字赋能，加快文化服务数字化建设

后疫情时代，我国文化服务数字化建设又上新台阶，全国各地加快智慧文旅建设，发展多元化业务业态，推动文化产业转型升级，提高风险抵御能力。目前，在辽宁文化服务数字化应用上还有碎片化发展现象，重复建设产生了很多信息孤岛；在政府管理和行业运营上，决策更依赖经验模式而不是大数据，运营方式和服务对象也更多依赖人工。

应大力推进辽宁文化服务从数字化向网络化与智能化发展，向更高水平、更精细、更智慧拓展，在实现普及性基础上强化交互性与独特性。

一是不断加强文化服务数字化，持续打造资源池。对全省各类文化资源、培训资源以及群众文化活动实现数字化全覆盖，建立共享公共文化资源库，并形成文化培训教学资源。同时，运用数字化设备设施实现公共文化服务空间环境的数字化，持续完善虚拟场馆空间的构建与运行管理。

二是不断加强文化服务数据化，持续打造用户池和数据池。对公共文化服务用户进行统一管理。对群众文化馆、公共图书馆、博物馆等系统汇聚的数据

进行深度挖掘分析，为各级各类公共文化服务部门提供决策支持，为用户提供优化服务和个性化推荐，帮助用户实现在平台上的成长，提升服务水平和效能。

三是全面提升数字化文体旅管理、服务、营销等水平。加强 5G、3D、VR、AR 等技术应用。善用"跨界"，提高辽宁文化服务的灵活性与群众获得感。积极与上下游企业合作，强化在线服务和危机应对能力。如在线销售、智能导览、人流监测、安全预警、物流供应等多方面技术能力。从而满足游客在活动全周期对智能化应用的个性化要求。加快创新在线新业态、新模式，开展多元化业务。"文旅+科技"的融合，为品牌的"出圈"提供了更多可能性，拓展了文化体验的深度与广度。疫情防控期间，云旅游、云直播、云娱乐成为文体旅产业主要的应对模式。疫情过后，"科技+文体旅"催生的新体验、新生态将会进一步发展，辽宁只有顺势而为方能适者生存。

（四）"产业+"，跨界融合，推动文体旅产业与其他产业深度融合发展

"十四五"时期，文体旅品牌高质量发展的核心动能在于拓宽产业融合路径，推动文化、体育、旅游产业与其他产业深度融合发展，促进产业结构转型升级，实现多维度、可持续的业态融合发展。一是文化和旅游深度融合，完善富有地域特色的文创产业链，以文化赋能旅游。二是推动旅游与健康产业融合，在积极应对老龄化趋势背景下，以市场需求为导向开发旅游产品与服务，着重发展养老休闲与康养旅游。三是推动体育和旅游融合发展，利用体育赛事特别是大型赛事资源的宣传契机，带动体育休闲和体育旅游消费。四是充分发展研学旅游，引领人们在旅途中增长知识、开阔视野、感知文化，使旅游成为传播科学知识和先进文化的重要阵地，实现文旅助推素质教育发展。五是调动社会力量参与积极性，加强文化及相关产业链建设。目前，文化遗产跨界的市场认可度较高，"文化+"为许多"新字号"注入了新的内涵，辽宁应广泛调动社会力量参与积极性，以民营博物馆、高端民宿、文创工坊、"文化书房"、跨界联合等项目为重点，发展特色创意设计、度假旅游、户外运动、文化体验、研学培训、康养医疗、动漫、出版、特色文化产品市场等文创业态及产业，鼓励文化创意类孵化器、创客空间等载体，扶持建设民营博物馆、24 小

时书吧、特色文化产品市场等现代文创产业。通过政策帮扶、平台搭建等措施，激发民营资本注资活力，发挥龙头企业带动作用，围绕文化及相关产业上下游加快补链、延链、强链，打造特色优势产业集群。

（五）"人才+"，兴贤育才，培养适应新时代文化品牌发展需求的人才

人才培养是事关长远发展的大计，具有基础性、先导性、引领性地位和作用。要着眼优化文化品牌建设人才结构，从行业发展需要出发、从人才队伍实际出发，既要重点培养造就高水平领军人才、抓住"关键少数"，又要悉心发现培育优秀青年才俊、蓄好"源头活水"，让既懂文化又懂品牌的优秀复合型人才竞相涌现。进一步加强政策支持，鼓励人才政策创新，在摸清文化品牌建设人才现状、人才需求基础上，推出针对性政策举措，建立健全覆盖全面、结构合理、科学规范、务实有效的人才政策体系。用足用活现有政策，充分释放政策红利。办好学校教育、职业教育，优化文化品牌建设相关专业设置、推动专业升级。推进产学研用深度融合，探索构建文化相关行政部门、高等院校、科研机构、市场主体、行业社会组织等多渠道、一体化的人才培养模式，加强重点领域、创新领域、急需紧缺领域全链条人才培养。

参考文献

葛鑫：《辽宁文艺创作：沾泥土、带露珠、冒热气》，《中国文化报》2023年9月8日。

《工业题材影片的成功探索——电影〈钢铁意志〉研讨会在京举行》，网易网，2023年4月22日，https://www.163.com/dy/article/I2UL2H480530QRMB.html。

《看非遗、逛夜市……辽宁文旅市场迎五年来最旺季》，东北新闻网，2023年5月4日，http://finance.nen.com.cn/network/finance/caijingkuaixun/2023/05/04/508631468918968950.shtml。

《春节假期辽宁实现旅游综合收入412.7亿元　同比增长572.7%》，中国新闻网，2024年2月18日，https://www.chinanews.com/cj/2024/02-18/10165076.shtml。

《辽宁省公共文化服务中心开展系列文化惠民活动》，网易网，2023年2月25日，https://www.163.com/dy/article/HUES4N6D0530QRMB.html。

刘伟才:《辽宁:以文化赋能 化冰雪为金》,《中国文化报》2024年1月15日。

王伟杰:《让群众感受"文化+"的别样魅力》,《中国文化报》2024年1月11日。

张宁:《"传诵红色经典 品读辽宁文化"全省公共图书馆阅读成果展演在辽图举办》,《沈阳晚报》2023年12月12日。

《2024〈辽视春晚〉再交亮眼答卷 为发展奏响攻坚序曲》,光明网,2024年2月18日,https://e.gmw.cn/2024-02/18/content_37150455.html。

朱忠鹤:《现象级大展实力圈粉》,《辽宁日报》2024年1月17日。

B.14
辽宁文化创意产业发展报告

刘艳菊*

摘 要: 辽宁省作为中国的老工业基地,近年来在东北振兴战略的指引下,积极探索文化创意产业的发展道路,取得了显著的成效。产业规模持续扩大、产业结构不断优化、产业融合与创新成果显著、文化创意产业园区(基地)集群化优势突出、文化创意产业新业态精彩纷呈。然而,随着近年来我国文化产业的快速发展,辽宁文化创意产业在其发展过程中,也显露出一些亟待解决的问题。比如,创意源头单一、产业链不完善、技术支撑不足、创意人才缺乏、市场化程度不高、创新能力不足、互联网思维尚需进一步加强、区域发展不平衡等问题,主要是由发展观念相对落后、资金限制与融资渠道狭窄、合作与协调机制及平台不完善、品牌建设与推广不足、人才储备与培养体系不完善等原因造成的。因此,本报告提出了要加强顶层设计、加大政策支持力度、加强产业融合、加强人才培养和引进、深入挖掘文化资源、加强品牌建设和推广等建议,旨在通过这些措施,推动辽宁实现文化创意产业的高质量发展。

关键词: 文化创意产业 高质量发展 辽宁

在全球化与信息化浪潮的推动下,文化创意产业作为新时代的重要支柱产业,正以其独特的魅力和无限的潜力,成为推动经济增长、提升城市形象、传承文化精髓的重要力量。辽宁文化创意产业正以其独特的魅力,吸引着越来越多的目光。无论是辽宁深厚的历史文化底蕴,还是其独特的地理位置和资源优势,都为文化创意产业的发展提供了得天独厚的条件。近年来,辽宁省政府高

---

* 刘艳菊,辽宁社会科学院哲学研究所研究员,研究方向为马克思主义价值观和文化产业发展。

度重视文化创意产业的发展，出台了一系列政策措施，为产业的快速发展提供了有力保障。

一 国家级辽宁"十四五"规划中涉及文化创意产业方面的内容与要求

辽宁"十四五"规划对文化创意产业提出了明确的总体要求，旨在推动文化创意产业高质量发展，提升辽宁文化软实力，满足人民日益增长的精神文化需求。文化和旅游部发布的《"十四五"文化和旅游发展规划》，对未来5年文化和旅游发展进行了谋篇布局，描绘了文旅产业发展的工作蓝图。其中涉及文化创意产业的内容主要集中在以下几个方面。

一是重视数字创意产业的发展。数字创意产业是现代信息技术与文化创意产业相融合而产生的一种新型文化业态，与传统文化创意产业以实体为载体进行艺术创作的方式不同，数字创意产业注重科技、文化、创意的有机融合与协同发展，通过数字技术赋能，以数字技术、创意设计和产业化相结合的方式进行数字内容开发、设计和创意服务等。作为我国战略性新兴产业之一，数字创意产业不仅极大地促进了文化产业的高质量发展，还有力地推动了经济社会的发展。国家十分重视数字创意产业的发展，"十四五"规划提出，要实施文化产业数字化战略，加快发展新型文化企业、文化业态、文化消费模式，壮大数字创意、网络视听、数字出版、数字娱乐、线上演播等产业。地方也很重视数字创意产业的发展，各地的"十四五"规划中也都提出要大力发展数字创意产业，建设数字创意产业集群等。辽宁文旅"十四五"规划也提出了要推动数字文化产业加快发展，发展数字创意、数字娱乐、网络视听、线上演播、数字艺术展示、沉浸式体验等新业态，丰富个性化、定制化、品质化的数字文化产品供给。要提升创意设计、动漫、游戏、工艺美术等文化产业品质和整体实力。积极推进文化创意和设计服务与装备制造业、消费品工业等实体经济、现代生产生活、消费需求对接。

二是积极发展创意文旅产业，推动文化创意产品开发与旅游商品营销相结合。创意文旅产业是近年来文旅产业发展的新方向、新业态，具有广阔的发展空间和巨大的发展潜力。实践充分证明，文化创意与文旅产业的融合发展，发挥了"1+1>2"的效果。文化创意为文旅产业赋予了丰富的具有高附加值的内容，助力了文旅产业的产品升级，促进了文旅产业的高质量发展。如今，创意和科技，越来越成为现代文旅产品开发的"魔法棒"。文化创意也早已成为实现旅游消费价值和文化价值的驱动力量。国家旅游数据显示，2023年国内游客的旅游消费观念正在逐渐发生转变。观文品史、场景体验、深度参与并充分感受和品味旅游目的地文化的旅游方式，正在成为越来越多游客的首要选择。文旅行业也早已从过去的"观光游"向现代的"文化体验游"迭代，"圈景收钱"的"门票经济"也已式微。"文化+创意+旅游"深度融合发展趋势愈加显著。为此，各地文旅产业积极响应市场需求，推出各种举措来加快开发更有文化深度、更具辨识度和创意特色的旅游产品，致力从"旅游+文化创意"中寻找新的文旅消费增长点。辽宁文旅"十四五"规划也提出要打造文化旅游精品线路，推动文化创意产品开发与旅游商品营销相结合。大力发展红色文化创意、红色培训、红色动漫等业态产品。打造红色文化产业联盟，创建一批红色旅游景区，培育一批红色旅游融合发展示范项目。创意开发文化遗产旅游产品。培育以红山文化、三燕文化、辽金文化、清前文化、非遗代表性项目为核心的系列化文化旅游产品。开发特色鲜明的文化街区旅游产品。依托历史建筑群，打造一批历史文化小镇、历史文化街区、非遗传习场所、都市观光购物街区、文创园区。同时，升级乡村聚落旅游产品。推广乡村旅游重点村的建设经验，利用城乡差异引导乡村旅游创意产品设计，让"乡愁"成为游客"可带走的记忆"。推动"景区依托型"乡村旅游连点成线、连线成片，实现乡村旅游产业化、差异化发展。推动乡村旅游精品民宿建设，引领乡村旅游产品转型升级。支持文旅企业高水平创意，高质量建设，上市融资，培育形成一批具有品牌影响力的文旅龙头企业。

三是强调加强古籍文化创意产品的开发。古籍是中华民族重要的文化遗产，承载着中华文明的文化基因，是中华民族宝贵的精神财富。古籍保护工作意义重大。古籍保护是一个系统性的工程，它不仅是指对那些珍贵、经典的传世文献进行保护、收藏、整理、研究、出版和发行，还包含对古籍的普及与推广。而能在古籍的普及与推广中推陈出新更是尤为重要。因为保护古籍的意义不仅在于使其"重获新生"和"保存完好"，更在于传承其所承载的文化与文明。也就是说，让古籍走出"藏书阁"，使其从高阁中的"展品"变成群众喜闻乐见的"传世作品",从而发挥出其最大的价值,才是古籍保护的根本意义所在。因此,辽宁文旅"十四五"规划提出要"开展古籍推广活动,加强古籍创意产品开发"。紧密结合时代发展的、好的文化创意有助于古籍"走出深闺",有助于古籍"出圈破圈",走进大众视野,使其获得群众的喜爱。比如,国家图书馆以馆藏《山海经》古籍版本为基础开发的《云游山海》文创日历就备受大众喜爱。

二 辽宁文化创意产业发展的现状与成绩

在全球化与信息化的大背景下,文化创意产业作为新兴的产业形态,已经成为推动经济发展的重要力量。辽宁省,作为中国的老工业基地,近年来在东北振兴战略的指引下,积极探索文化创意产业的发展道路,取得了显著的成效。

(一)产业规模持续扩大

辽宁省文化创意产业近年来得到了快速发展,产业规模持续扩大,企业数量不断增加,产业集聚效应日益明显。统计数据显示,辽宁省的文化产业总产值在东北地区处于领先地位,尤其是文化创意产业规模较大,为当地经济注入了新的活力。"近三年来,我省文化产业规模持续扩大,规上文化企业数量年均增长5.6%,规上企业营收数年均增长6.7%,文化产业增加值占比全国排名连续提升三位,全省文化产业发展呈现出良好态势。"①

产业投资大数据网站资料显示,"辽宁省文化产业规模评分为51.7分,在全国27个省级行政单位中排名第14名,超越全国其他13个省级行政单位,其中河北省、江西省、内蒙古自治区、陕西省、海南省、黑龙江省、宁夏回族自治区、吉林省、湖南省、广西壮族自治区与辽宁省的文化产业规模较为接近""构成文化产业规模的6个指标中,辽宁省在艺术表演团体国内演出观众人次、艺术表演场馆观众人次、博物馆参观人次、规模以上文化制造业企业营

---

① 赵静、陈博雅:《科技引领 辽宁文化产业迸发新活力——我省参展第十九届中国(深圳)国际文化产业博览交易会综述》,《辽宁日报》2023年6月12日。

业收入、限额以上文化批发和零售业企业营业收入和规模以上文化服务业企业营业收入指标上位列第一"。[1]

辽宁省策划了"十四五"时期建设的文化和旅游重点项目 385 个，预计总投资达到 5000 亿元。这些项目中不乏与文化创意产业相关的内容，如文化创意产业园区、数字内容创作基地等，为文化创意产业的发展提供了有力支持。在投资方面，辽宁省的文化创意产业也呈现出持续增长的趋势。"预计2024 年，全省将接待游客 6.27 亿人次、同比增长 23%，旅游收入 5600 亿元、同比增长 12%，文旅投资项目数 600 个、投资金额 280 亿元、同比增长18%。"[2] 这些数据表明，辽宁省在文化创意产业领域的投资力度也正在加大，为产业的发展与壮大提供了坚实的资金保障。

目前，辽宁省已经形成了以沈阳、大连等城市为中心的文化创意产业集聚区，涵盖了动漫、游戏、影视、数字内容、创意设计等多个领域。这些集聚区不仅为辽宁省的文化创意产业发展提供了有力的支撑，也为全国的文化创意产业发展做出了积极的贡献。此外，辽宁省还规划了文化产业的发展方向和具体任务，确立了文化创意、新闻出版、文化旅游、动漫游戏等十大重点产业，并基本形成了以演艺娱乐、动漫游戏、文化会展和工艺美术四大主导产业为支撑的现代文化产业发展体系。近年来，四大主导产业实现了 20% 左右的增长，带动全省文化产业体系建设稳步前进。

总之，辽宁文化创意产业的发展规模正在不断扩大，重点产业和主导产业持续增长，投资力度加大。未来随着政策扶持和市场需求的不断增加，辽宁文化创意产业的发展前景将更加广阔。

（二）产业结构不断优化

在产业规模持续扩大的同时，辽宁省文化创意产业结构也在不断优化。从产业结构来看，一方面，传统的新闻出版、广播影视等产业以及其他传统的文

---

① 《辽宁省文化产业规模综合分析评估报告》，产业投资大数据网站，https://d.ocn.com.cn/analyse/liaoning/liaoningsheng-hj1600.shtml。
② 《攻堡垒 破难关 奋力夺取攻坚之年文旅攻坚之战全面胜利》，辽宁省文化和旅游厅网站，2024 年 3 月 12 日，https://whly.ln.gov.cn/whly/wlzt/qmzxxtp/gzdt/2024032713300319086/。

化制造业逐渐转型升级，向文化创意和设计服务领域延伸，并通过技术创新和模式创新，焕发出新的生机；另一方面，数字文化、动漫游戏、创意设计等新兴文化产业也呈现出快速发展的态势。这种产业结构的优化不仅提高了辽宁省文化创意产业的附加值和竞争力，也为辽宁省的经济社会发展注入了新的活力。

从区域发展来看，文化创意产业的区域分布也逐步优化。辽宁创意经济以沈阳和大连为发展两极，形成了辽宁中部城市群文化产业综合示范区、辽东半岛沿海沿江文化创意产业先导区、辽西特色文化产业区的三大区域发展格局。沈阳和大连作为辽宁文化创意产业发展的领军城市，不仅具有强大的产业实力，还积极引领着其他地区的文化创意产业发展。鞍山、本溪、盘锦、阜新等其他地区也在稳步推进文化创意产业的发展，展现出良好的发展势头。这种区域分布的优化有助于实现文化创意产业的均衡发展，提高整体竞争力。

从行业分布来看，辽宁文化创意产业涵盖了软件网络、出版印刷、广播影视、演艺娱乐、动漫游戏、文化旅游、工艺美术、文化会展等多个领域。这些行业中，软件业、动漫业、旅游业发展势头强劲，新闻出版业、广播影视业、文化演艺业等也有长足发展。大连等地还形成了文化创意产业集群、广播影视产业集群、数字内容产业集群、旅游文化产业集群、广告会议会展产业集群等五大文化产业集群，这些产业集群的形成进一步推动了创意经济的产业集聚。

（三）产业融合与创新成果显著

辽宁省在推动文化创意产业融合与创新方面取得了显著成绩。通过加强科技、旅游、制造业等领域的融合以及创新驱动发展、培育新型业态、拓展国际市场等措施的实施，辽宁省文化创意产业呈现出蓬勃发展的态势。

一是文化创意与科技相融合。辽宁省在文化产业发展战略规划中，注重将科技元素和创新要素引向文化发展的各环节，健全文化科技创新系统，提升文化科技的自主创新能力。近年来，辽宁省强化文化领域与高新生产力技术的融合锻造能力，文化创意与科技相融合对新兴创意业态的发展贡献显著。例如，大连博涛文化科技股份有限公司带来的大型"机甲龙王"，不仅体现了中华优秀传统文化的元素，还融入了现代科技智慧，实现了文化创意与科技的完美结合。

二是文化创意与旅游相融合。辽宁省拥有丰富的自然和人文资源，为文化创意与旅游相融合提供了得天独厚的条件。例如，康平辽金文体特色小镇规划中提出生态、文态、形态、人态"四态"合一，将旅游、体育、文化等元素有机结合，形成了独具特色的旅游目的地。这种融合不仅丰富了旅游产品的文化内涵，也促进了文化创意产业的发展。

三是文化创意与制造业相融合。辽宁省作为全国重要的老工业基地，拥有雄厚的制造业基础。近年来，辽宁省加快推进文化创意和设计服务与制造业融合发展，取得了显著成效。通过引入创意设计元素，提升制造业产品的附加值和竞争力，推动了制造业的转型升级。

辽宁省在推动文化创意产业融合的同时，还十分注重发挥创新驱动的作用。在创新方面，辽宁省充分利用现代科技手段推动文化创意产业的发展。例如，通过数字化、网络化等手段拓展文化创意产业的传播渠道和受众范围；利用 VR、AR 等先进技术增加文化创意产品的创意和表现力。这些创新举措为文化创意产业的发展注入了新的活力。同时还通过加强知识产权保护和运用，鼓励企业加大研发投入力度，推动新技术、新工艺、新材料的应用，提升了文化创意产业的创新能力和核心竞争力。

（四）文化创意产业园区（基地）集群化优势突出

辽宁文化创意产业园区（基地）在近年来的发展中取得了显著的成就。目前辽宁省拥有 1 个国家级文化产业示范园区、10 个国家级文化产业示范基地、1 个国家级文化（美术）产业示范园区和 2 个国家级动漫游戏产业基地。除国家级园区（基地）外，辽宁还建设了 1 个省级文化产业示范园区和多个省级文化产业示范基地。辽宁省通过建设多个文化产业示范园区（基地），形成集群化优势和地方特色。

首先，注重与地方历史文化资源开发利用、旧城改造和城市产业结构优化升级相结合，形成了具有地方特色的文化创意产业集群。例如，大连在软件与信息服务业方面异军突起，形成了独特的海洋创意产业。为文化创意产业集群化发展奠定了基础。

其次，注重园区规划布局，以打造具有地方特色的文化创意产业聚集地为目标。通过整合优势资源，吸引文化创意企业和相关机构入驻，形成了集创意研发、设计制作、展示交易、教育培训等功能于一体的综合性文化创意产业园区。这些园区不仅为文化创意产业的发展提供了良好的载体和平台，也有效推动了当地经济的转型升级。

再次，注重产业链的构建和完善。通过引进和培育一批具有竞争力的文化创意企业，形成了涵盖创意设计、数字内容、动漫游戏、文化旅游等多个领域的文化创意产业集群。这些集群的形成不仅提高了文化创意产业的集聚度和竞争力，也促进了产业间的协同创新和发展。

最后，在品牌建设方面，辽宁文化创意产业园区也取得了显著的成绩。通过举办文化创意产业展览、论坛、节庆等活动，展示了辽宁文化创意产业的魅力和实力，提高了园区和企业的知名度和影响力。同时，一些园区还积极开展对外交流与合作，引进国内外优质资源，提升了园区的国际化水平和竞争力。

（五）文化创意产业新业态精彩纷呈

近年来，辽宁省在文化创意产业领域取得了显著的进步，新业态的涌现成为推动产业发展的重要力量。新业态，是指顺应多样化、个性化的产品或服务需求，依托技术创新和应用，从现有产业和领域中衍生叠加出的新环节、新链条、新活动形态。在文化创意产业中，新业态表现为对传统文化资源的创新性开发利用，结合现代科技手段，形成具有独特竞争力和市场吸引力的新型产业形态。

在政策支持和市场需求的双重推动下，辽宁省文化创意产业新业态不断涌现。例如，数字内容产业、动漫游戏产业、网络文化产业等成为新的增长点。这些新业态不仅丰富了文化市场供给，也满足了人民群众多样化的文化需求。在新业态中，内容创意成为产业的核心竞争力。辽宁省通过挖掘和整合传统文化资源，结合现代审美和市场需求，创作出许多具有地方特色的文化创意产品。

一是老工业基地再利用新业态。辽宁作为老工业基地，拥有丰富的工业遗产和历史文化资源。近年来，辽宁积极探索老工业基地再利用的新业态模式，如将老厂房、老车间等工业遗产改造成文化创意产业园区、艺术街区等公共空间。将工业文化与创意设计、旅游等产业相结合，打造具有地方特色的文旅融合项目。比如1905文化创意园，该园区前身为沈阳重型机器厂，园区内保留了工业历史元素，同时融入现代文化创意产业。再比如，红梅文创园，位于辽宁省沈阳市铁西区，由红梅味精厂的老厂房改造而成。文创园以"用文化致敬城市，用产业赋能未来"为价值主张，在重新规划时维持原有的厂区布局，保留建筑风貌的同时也留住了城市对于红梅味精厂的记忆，目前已成为独具特色的国家 3A 级旅游景区、国家级夜间和文化旅游消费集聚区。园区引进文创品牌、手作店、机车俱乐部等文创业态，规划红梅教育产业园，引进沈阳网红咖啡、临街餐饮商街等，文化创意娱乐设施项目和游览面积占比超过 60%，成为沈阳铁西老工业园区向现代化国际文化创意园区转型升级的标杆之作。此外还有中国工业博物馆、大连三十七相文创园等，这些园区不仅承载着辽宁的工业历史和文化记忆，还通过现代文化创意产业的注入，焕发出新的生机和活力。

二是利用数字技术创造、生产和分发文化内容的新业态。在辽宁，这一业态已经取得显著进展，如通过数字技术修复和保护传统文化遗产，将历史文献、艺术作品等转化为数字形式，方便公众访问和欣赏等。其中，辽宁省博物馆数字文创较为突出。辽宁省博物馆通过数字化手段，将馆藏文物进行数字化再现，推出了一系列数字文创产品。比如，通过数字技术让游客在手机或 VR 眼镜中欣赏到文物的三维立体效果，或者将文物图案应用于数字壁纸、表情包中，使传统文化元素与现代数字技术相结合。再比如，辽宁省图书馆项目，即辽宁省图书馆的两个项目"数字盲道——智慧助残文化"项目和"男孩屋 女孩屋少儿阅读智慧成长空间"入选了智慧图书馆创新应用案例名单。其中，"数字盲道——智慧助残文化"项目为特殊群体提供了便捷的文化服务，而"男孩屋 女孩屋少儿阅读智慧成长空间"项目则是一个面向少年儿童的沉浸式智能阅读空间。总之，辽宁在数字文创领域已经取得了一系列成果，包括数字文创平台与项目、智慧图书馆创新应用、数字文创大赛与活动、数字文创产业规划以及具体的数字文创产品案例。这些成果不仅推动了辽宁文创产业的数字化，也为传统文化注入了新的活力。

三是文创产品新业态。辽宁文创产业在近年来取得了显著的发展，特别是在文创产品的设计和推广方面。辽宁以丰富的历史文化和地方特色为灵感来源，设计出了一系列具有独特风格的文创产品。例如，辽宁省博物馆的文创产品"簪花灯"和"簪花"系列手作饰品，均以其馆藏文物《簪花仕女图》为灵感，将传统文化与现代审美相结合，以其独特的创意和品质，逐渐获得了市场的认可和喜爱。辽宁文创产业在推动文创产品创新和发展的同时，也注重传统文化的传承和弘扬。通过文创产品，将传统文化元素与现代设计理念相结合，让传统文化以更加生动、有趣的方式呈现在观众面前。同时，也积极推广和普及传统文化知识，增进公众对传统文化的认识和了解。此外，还有一些地域特色文创产品，如冰雪主题文创"凤凰楼铜书签""大政殿冰箱贴开瓶器"等，以沈阳故宫标志性建筑和冰雪元素为设计主题。再如辽阳市推出的不老莓系列饮品、辽阳有礼系列产品等，都展现了辽阳的历史文化元素。辽宁文创产品还包括对传统工艺技术的传承和创新，如将传统剪纸、刺绣等手工艺与现代设计相结合，开发出具有艺术价值和实用价值的文创产品等。辽宁文创产品新业态在数字化、跨界合作、文化创新、市场化运作和年轻化、时尚化等方面均有所体现。这些新业态的发展为辽宁文创产业注入了新的活力，也为推动辽宁文创产业的高质量发展提供了有力支撑。

四是网络文化产业新业态。随着互联网的普及和发展，网络文化产业在辽宁也呈现出蓬勃发展的态势。这一业态涵盖了网络视频、网络直播、网络社交等领域，为公众提供了丰富多样的文化产品和服务。辽宁的网络文化产业在内容创新、技术应用等方面取得了显著成果，如推出了一批具有地方特色的网络文化产品和活动，吸引了大量用户的关注和参与。

五是文旅融合新业态。辽宁在文旅融合方面也探索出了新的业态模式。例如，利用历史文化遗产和自然景观资源，开发具有地方特色的文化旅游产品；将文化创意元素融入旅游产品和服务中，提升旅游的文化内涵和附加值。文旅融合新业态不仅丰富了旅游市场的供给，也促进了文化创意产业的发展。在辽宁，一些历史文化名城和风景名胜区已经成为文旅融合新业态的重要载体和展示窗口。

这些新业态不仅丰富了文化市场的供给，也满足了人民群众多样化的文化需求。辽宁文化创意产业新业态在技术创新、跨界融合、内容创意等方面展现出强大的生命力和活力。未来，随着政策的支持和市场的推动，新业态将继续蓬勃发展，为辽宁省文化创意产业的转型升级和高质量发展注入新的动力。

三　辽宁文化创意产业发展中存在的问题

文化创意产业作为 21 世纪的新兴产业，已经逐渐成为全球经济的重要增长点。辽宁作为中国的老工业基地，近年来也在积极推动文化创意产业的发展，并取得了一定的成效。然而，随着近年来我国文化产业的快速发展，辽宁文化创意产业在其发展过程中，也显露出一些亟待解决的问题。

（一）创意源头单一

创意源头单一，是当前文化创意产业面临的一个重要挑战。在多元化的市场需求下，创意的多样性和新颖性显得尤为重要。然而，当前文化创意产业在创意源头方面往往呈现出单一化的趋势，这在一定程度上限制了产业的发展空间和市场竞争力。

许多文化创意企业将传统的艺术形式和文化遗产作为创意的来源，缺乏对于新兴领域和跨界融合的探索。这使得创意缺乏多样性和新颖性，难以满足市场日益增长的多元化需求。创意源头单一的问题不仅影响了文化创意产业的创新能力和市场竞争力，也限制了产业的长远发展。

（二）产业链不完善

文化创意产业链涉及多个环节，包括设计、生产、销售等。然而，在辽宁，这些环节之间的衔接不够紧密，缺乏高效的协作机制，导致整个产业链的效率和效益不高。

首先，在文化创意产业链中，上游的创意设计、研发等环节与下游的市场营销、品牌运营等环节之间存在明显的不平衡。上游环节往往投入大、风险高，而下游环节则相对容易实现盈利，这导致产业结构失衡，影响整个产业的健康发展。

其次，在文化创意产业链中，部分环节存在缺失或不足，如知识产权保护、投融资服务等。这些环节的缺失或不足使得整个产业链难以形成完整的闭环，影响产业链的顺畅运作。

最后，产业链协同不足。在产业链的不同环节之间，缺乏有效的协同和配合。各环节之间信息不畅、沟通不足，导致资源浪费和效率降低。

（三）技术支撑不足

首先，数字化水平相对较低。虽然近年来辽宁省在推动文化创意产业数字化转型方面有所进展，但整体上数字化水平仍然相对较低。许多文化企业和创意机构在利用数字技术进行内容创作、传播和管理方面的能力有限，制约了产业的创新发展。

其次，技术应用范围有限。尽管近年来互联网等新技术在其他领域得到了广泛应用，但在辽宁文化创意产业中的应用仍然有限，许多新技术尚未得到广泛应用。这不仅限制了文化产品的表现形式和传播渠道，也影响了产业的转型升级。

最后，由于一些企业对于新技术的接受程度不高，或者缺乏将新技术与产业融合的能力，技术资源未能得到充分利用。还有一些企业虽然引入了新技术，但由于缺乏相应的培训和指导，员工无法熟练掌握和应用新技术，也影响了技术的有效应用。

（四）创意人才缺乏

人才是文化创意产业的核心竞争力，但辽宁文化创意产业在人才方面存在明显的短板。

首先，人才数量不足。与发达地区相比，辽宁文化创意产业在创意人才的数量上存在明显差距。辽宁省内从事文化创意产业的专业人才数量相对较少，难以满足产业快速发展的需求。

其次，人才质量不高。文化创意产业需要大量的高端人才，如创意设计师、营销策划师等。然而，当前这些领域的高端人才仍然稀缺，多数从业者缺乏创新能力和实践经验，难以支撑产业的深度发展。另外，由于人才流动不畅，一些地区或企业缺乏吸引力或政策支持不足，难以留住高端人才，人才流失严重。

最后，人才结构不合理。当前，辽宁文化创意产业的人才结构呈现出"金字塔"形，即基层从业者众多，而中高端人才短缺，这种结构使得产业发展受到一定程度的制约。

（五）市场化程度不高

首先，从市场规模与增长速度来看，虽然辽宁省的文化产业市场规模在近年来呈现出持续扩大的趋势，但在文化创意产业这一细分领域，其市场规模相对较小，增长速度也相对较慢。一方面，产业总产值相对较低，与发达地区相比，辽宁省的文化创意产业总产值仍有较大差距。这一差距不仅体现在绝对数值上，也体现在增长速度上。另一方面，就业人员数量相对不足，规模以上文化及相关产业就业人员数量在文化投资运营领域虽有所波动，但整体而言，辽宁省文化创意产业的就业人员数量相对较少，难以满足产业的快速发展需求。

其次，从市场竞争格局来看，在辽宁省的文化创意产业市场中，国有企业和大型文化集团占据主导地位，而民营企业和中小企业则相对较少。这种竞争格局在一定程度上限制了市场化程度的提高。由于国有企业和大型文化集团的强势地位，民营企业和中小企业在市场上的参与度相对较低，难以形成充分的市场竞争力。

（六）创新能力不足

首先，创新成果较少。尽管辽宁省在文化创意产业领域有一定的投入，但原创性、高附加值的创新成果相对较少。这表现在缺乏具有广泛市场影响力和竞争力的文化创意产品，难以形成独特的品牌效应。

其次，创新能力不足。目前，许多企业缺乏自主研发能力，只能依赖外部技术或模仿他人，导致产品缺乏核心竞争力。

最后，创新动力不足。由于技术创新投入大、周期长、风险高，一些企业往往选择保守策略，满足于现有技术水平，缺乏进一步创新的动力。

（七）互联网思维尚需进一步加强

现在互联网文化企业快速发展，互联网消费模式正在逐渐成为文化消费的重要战场，但是辽宁文化创意产业仍然过于依赖传统文化制造业和传统行业。虽然很多文化创意企业看好互联网应用，但是仍采用传统的生产、流通、分配模式，在网络上的应用仅仅局限于采用网上销售的方式，不能够做到充分利用互联网平台进行跨领域融合经营发展。适应互联网消费的文化创意产品开发十分滞后，难以适应和满足现代消费者的网络精神生活追求。

（八）区域发展不平衡

首先，地域差异明显。辽宁省文化创意产业发展不平衡的状况，与辽宁省区域经济发展不均衡的状况基本相同。辽宁省的文化创意产业主要集中在沈阳、大连等经济较为发达的城市，而一些经济相对落后的地区则发展相对滞后。沈阳、大连等大城市的文化创意产业发展较为迅速，拥有较为完善的产业链和丰富的文化资源。这些城市凭借其经济、科技、文化等多方面的优势，吸引了大量的文化创意人才和项目，形成了产业集聚效应。相比之下，一些中小城市及农村地区由于地理位置偏远、基础设施落后、文化资源匮乏，文化创意产业发展相对滞后，难以形成有效的产业集聚。

其次，政策扶持力度存在差异。辽宁省政府在推动文化创意产业发展方面出台了一系列政策，但在具体实施过程中，政策扶持力度存在明显的地区差异。一些大城市由于其经济实力和影响力较强，往往能够获得更多的政策扶持和资源倾斜，从而加速了文化创意产业的发展。而一些中小城市则由于政策扶持力度不足，难以充分发挥其文化资源和产业优势，文化创意产业发展缓慢。

四 对辽宁文化创意产业发展中存在的问题的分析

（一）发展观念相对落后

首先，传统观念存在局限。辽宁作为中国的老工业基地，其经济发展模式长期以重工业为主，这种背景导致了文化创意产业在发展过程中受到传统观念的束缚。传统观念认为文化创意产业是"软性"的，无法与传统重工业相提并论，这种观念在一定程度上限制了文化创意产业的投资和发展。在辽宁乃至整个中国，传统观念长期占据主导地位，人们普遍重视物质生产和对经济利益的追求，而相对忽视文化创新和精神层面的价值。这种传统观念导致了对文化创意产业的误解和忽视，认为其无法直接转化为经济效益，因此不愿意投入过多的资源和精力进行发展。

其次，行业认知存在偏差。由于历史原因和传统观念的影响，辽宁地区的一些人对文化创意产业存在认知偏差。他们可能认为文化创意产业只是娱乐和休闲产业的一部分，与经济发展无直接关联。这种认知偏差导致了对文化创意产业的忽视和低估，从而限制了其发展潜力。

最后，思维模式固化。长期形成的思维模式固化也是制约文化创意产业发展的一个重要因素。思维模式固化在辽宁地区尤为显著，这不仅是历史遗留下来的印记，也是社会发展和文化积淀共同作用的结果。在这种固化的思维模式下，许多人倾向于坚持传统的经营模式，对新技术、新模式的接纳度明显不高。辽宁这个老工业基地，长期以来，重工业的发展模式为当地经济发展注入了强大的动力，也塑造了人们对于产业发展和经济运行的固定认知。在这种背景下，文化创意产业作为一个新兴产业，其轻资产、高创意、高风险的特点往往让人难以接受。人们可能认为，传统的做法和经验已经足够可靠和有效，没有必要去冒险尝试新的思路和方法。他们担心新技术、新模式可能带来的不确定性，害怕失败和损失。这种心态在一定程度上限制了文化创意产业的创新和发展，使其难以在辽宁地区获得应有的重视和支持。

然而，随着时代的变迁和社会的进步，新技术、新模式不断涌现，为文化创意产业提供了更多的发展机遇和空间。如果我们仍然固守传统的思维模式和经营模式，就会错失这些机遇，让文化创意产业在辽宁地区的发展陷入困境。

（二）资金限制与融资渠道狭窄

首先，资金来源单一。辽宁文化创意产业的资金来源目前仍以政府投入为主，这种单一的资金来源模式在产业发展初期能够发挥重要作用，但从长期来看，随着产业的不断发展壮大，其局限性也日益凸显。一方面，政府资金的投入规模有限，难以满足产业日益增长的资金需求。另一方面，过度依赖政府资金可能导致市场机制的扭曲。由于缺乏市场机制的引导，难以形成持续、稳定的资金来源，资金缺口较大，难以满足产业发展的需求。

其次，融资渠道受阻。究其原因，一方面是金融机构对文化创意产业的认知不足。由于文化创意产业具有高风险、高投入、高回报的特点，金融机构在评估文化创意产业项目时往往存在疑虑，使融资难度增加。另一方面是担保机制不完善。文化创意产业项目往往缺乏传统的抵押物，如土地、房产等，这使得文化创意企业在寻求贷款时难以获得有效的担保支持。

最后，资本市场参与度低。资本市场参与度低的问题在辽宁文化创意产业的发展中确实是一个显著的挑战。辽宁地区的资本市场发展相对滞后，对于文化创意产业的支持力度有限，缺乏针对文化创意产业的专门融资渠道和金融产品。融资规模也相对较小，与发达地区相比存在明显差距。这极大地限制了产业的快速发展和规模扩张。

（三）合作与协调机制及平台不完善

首先，合作与协调机制不完善。一方面，机制缺乏系统性。辽宁文化创意产业在合作机制的建设上缺乏系统性规划，各部门、各企业之间缺乏有效的协调与沟通机制，导致合作效率低下。例如，在文旅融合项目中，文旅部门与相关部门之间的合作机制不完善，往往导致项目推进缓慢，甚至出现重复建设、资源浪费的情况。另一方面，协调机制不完善。辽宁文化创意产业在产业链整合方面存在不足的主要原因在于上下游企业之间的合作不够紧密，缺乏有效的协调机制。这导致产业内部资源无法得到充分利用，限制了产业的创新能力和市场竞争力。

其次，缺乏有效的合作平台，现有合作平台功能单一，服务能力有限。辽宁文化创意产业缺乏有效的合作平台，使得企业之间难以进行有效的信息交流、资源共享和合作开发。这极大地限制了产业的创新能力和市场竞争力，同时也影响了企业的成长和发展。现有的合作平台存在一定问题。一是现有的合作平台功能较为单一，主要停留在信息发布、项目对接等初级阶段，缺乏深度合作的功能。例如，文化创意产业与科技产业的合作平台主要提供信息发布和项目对接服务，但对于技术研发、成果转化等深度合作方面的支持不足。二是平台覆盖范围有限，主要局限于本地区或本行业内部，缺乏跨地区、跨行业的合作平台。例如，在辽宁地区，文化创意产业与旅游产业的合作平台较多，但与科技产业、金融产业等其他产业的合作平台相对较少。三是合作平台的服务质量参差不齐，部分平台存在服务不及时、不专业等问题，影响用户体验和合作效果。例如，在部分文化创意产业合作平台上，用户反馈的问题得不到及时解决，导致用户对平台的信任度降低。

（四）品牌建设与推广不足

首先，品牌建设意识不足。一方面，辽宁文化创意产业在品牌建设上往往缺乏长远的规划和战略思考，导致品牌发展方向不明确，难以形成持续的品牌影响力。另一方面，在资金、人才等资源投入上，对品牌建设的重视程度不够，导致品牌建设进度缓慢，难以在市场中形成竞争优势。

其次，品牌特色不明显。一是对文化元素挖掘不够深入。辽宁拥有丰富的历史文化和工业遗产等资源，但在文化创意产业品牌建设中，对这些文化元素的挖掘和利用不够深入，导致品牌特色不明显。二是产品同质化现象严重。当前各地市场上文化创意产品同质化现象较为严重，缺乏独特性和创新性，难以形成各自独特的品牌风格和辨识度。

再次，品牌宣传和推广力度不足。一是宣传渠道略显有限。辽宁文化创意产业在品牌宣传和推广上，往往局限于传统的宣传渠道，如广告、展会等，缺乏多元化的宣传手段，导致品牌知名度和影响力有限。二是营销手段较为单一。在品牌营销上，缺乏创新性的营销策略和手段，难以吸引消费者的关注和兴趣，影响品牌的市场竞争力。

最后，品牌管理和保护机制不完善。在品牌管理方面，由于缺乏系统的品牌管理制度和规范，品牌形象不稳定，容易受到负面事件的影响。此外，对品牌的保护意识也不强，由于缺乏有效的知识产权保护措施，品牌权益容易受到侵害。

（五）人才储备与培养体系不完善

首先，人才结构失衡，高端人才储备不足，导致产业领军人才缺乏。辽宁文化创意产业人才结构呈现出明显的失衡现象，即传统领域人才过剩，而新兴领域如数字创意、新媒体、跨界融合等领域的人才却严重不足。这种结构失衡制约了产业的创新发展和转型升级。而高端创意人才和复合型人才储备不足，导致在产品开发、市场策划、品牌推广等关键环节缺乏竞争力。

其次，人才流动性大，稳定性差。由于文化创意产业的特点，人才流动性较大，但辽宁省在吸引和留住人才方面存在不足。许多优秀的人才可能因为缺乏良好的工作环境、发展机会和福利待遇而选择离开。人才流失不仅削弱了本地的文化创意产业实力，还可能导致技术和创意的流失，对产业发展造成不利影响。

再次，人才激励机制不完善。辽宁省在文化创意产业人才激励方面存在不足，缺乏有效的激励机制和评价体系。这导致许多人才在工作中缺乏动力，难以发挥出其最大的潜力。同时，由于激励机制不完善，人才也可能在职业发展上受到限制，难以实现其职业目标。

最后，人才培养机制滞后于市场需求。当前辽宁省的文化创意产业人才培养机制相对滞后，无法及时跟上市场变化和技术发展的步伐。这导致培养出来的人才难以适应市场需求，无法为产业发展提供有力支持。需要加强产学研合作，建立与市场需求紧密对接的人才培养机制，确保培养出来的人才具备市场竞争力。

五 对辽宁文化创意产业发展的建议

（一）加强顶层设计，明确发展方向

辽宁省政府应加强对文化创意产业的顶层设计，明确发展方向和重点任务。要紧密结合国家文化产业发展战略和辽宁省实际情况，制定具有针对性的发展规划和政策措施，推动文化创意产业实现高质量发展。同时，要加强政策间的协同和衔接，形成政策合力。

首先，要明确主导产业，突出地方特色。要根据辽宁省的实际情况和依托现有文化资源，明确文化创意、新闻出版、文化旅游、动漫游戏等十大重点产业，并以其为引领，推动全省文化创意产业的整体发展。同时要注意突出地方特色。结合辽宁的历史文化、工业遗产等独特的文化资源，打造具有辽宁特色的文化创意产业品牌，提升市场竞争力。

其次，要结合国家文化产业发展战略，制定辽宁省文化创意产业的中长期发展规划，明确发展目标、重点任务和保障措施。并设定具体目标，在发展规划中，设定具体的产业规模、增速、创新能力、品牌影响力等量化指标，确保发展目标的可衡量性和可达成性。

（二）加大政策支持力度，优化发展环境

辽宁省政府应进一步加大政策支持力度，优化文化创意产业发展环境。要

加大对文化创意企业的财政支持力度，降低企业运营成本；加大知识产权保护力度，维护市场秩序；完善人才政策，吸引和留住高端创意人才和复合型人才。同时，要加强基础设施建设，提高公共服务水平，为文化创意产业发展提供有力保障。

首先，要实施财政支持政策。一是为文化创意产业设立专项资金，支持重大项目研发、平台建设、人才培养等关键领域。专项资金的使用应遵循"公平、公正、公开"的原则，确保资金的有效使用。二是逐年增加对文化创意产业的财政投入，提高其在政府财政支出中的比重。同时，鼓励社会资本进入文化创意产业，形成多元化的投资格局。

其次，要实行税收优惠政策。一是减免企业税收。对文化创意企业实行一定期限的税收减免政策，降低企业运营成本，激发企业创新活力。二是实行税收优惠政策。对符合条件的文化创意产品和服务，实行增值税、企业所得税等税收优惠政策，减轻企业税收负担。

最后，要制定市场支持政策。一是注重拓展市场渠道，支持文化创意企业参加国内外各类展览、比赛等活动，拓展市场渠道和提升品牌影响力。同时，加强与国内外市场的对接合作，推动文化产品和服务的出口。二是优化市场环境，加大市场监管和执法力度，打击侵权盗版等违法行为，维护公平竞争的市场环境。同时，完善市场服务体系，为企业提供便捷高效的市场服务。

（三）加强产业融合，拓展发展空间

辽宁省应积极推动文化创意产业与其他产业的融合发展，拓展发展空间。

首先，要加强文化创意产业与旅游、科技、金融等其他产业的深度融合与发展，打造具有地方特色的文化创意产业链和产业集群。文化创意产业具有很强的渗透性和融合性，可以与旅游业、制造业、传媒业等多个产业进行深度融合。例如，可以结合辽宁的历史文化遗产和民俗文化，开发具有地方特色的文化旅游产品；可以与制造业结合，推出具有文化创意元素的消费品；可以与传媒业合作，通过影视作品、网络文学等形式展示辽宁的文化魅力。因此，要结合辽宁丰富的历史文化和旅游资源，继续深入开发具有地方特色的文化旅游产品，如红色旅游、温泉旅游、生态旅游等，注重提升旅游产品的文化内涵和附加值。要利用现代科技手段，如数字技术、网络技术等，推动文化创意产品的创新和发展。例如，通过 VR、AR 等技术，为游客提供沉浸式的文化体验等。

其次，要优化产业布局，打造辽宁文化创意产业集群。充分利用和发挥好沈阳、大连等城市的文化资源优势，继续打造和完善文化创意产业集群，集中资金、人才和技术优势，形成规模效应和集聚效应。同时注重推动区域合作，加强与其他省份的文化创意产业合作，共同打造跨区域的文化创意产业链和产业集群，拓展市场空间和提升影响力。

最后，要加大力度深入拓展市场空间。在国内市场上，要加强品牌建设和营销推广，提高文化创意产品的知名度和美誉度，吸引更多消费者。在国际市场上，要鼓励和支持文化创意企业"走出去"，参与国际竞争，拓展海外市场。同时，加强与国际市场的对接合作，引进国际先进的理念和技术，提升辽宁文化创意产业的国际竞争力。

（四）加强人才培养和引进，提升产业创新能力

首先，要建立多层次、多渠道的人才培养体系，包括高等教育、职业教育、企业培训等，培养具有创新精神和实践能力的高素质人才，为产业发展提供源源不断的智力支持。一方面，要积极引进国内外优秀人才和团队。提升文化创意产业的创新能力和竞争力。要制定优惠政策，吸引国内外高层次文化创意人才来辽宁发展。对引进的高层次人才，提供住房、子女教育等方面的便利条件。另一方面，要培养本地人才。支持高校、培训机构开展文化创意产业相关专业教育和培训，提高本地人才的综合素质和专业能力。同时，鼓励企业加强内部培训，提升员工的专业技能和创新能力。

其次，要加强高校、科研院所与企业之间的合作，形成产学研一体化的创新体系。通过合作开展技术研发、人才培养等活动，促进科技创新成果的转化和应用。要鼓励企业增加研发投入，支持高校、科研院所开展前沿技术研究，推动文化创意产业技术创新和升级。同时，要建立科技成果转化机制，推动科技成果向现实生产力转化。通过设立科技成果转化基金、举办科技成果对接会等方式，促进产学研之间的合作与交流。

最后，要制定实施创新激励政策，培育创新型企业。一方面，鼓励企业进行科技创新，支持文化创意企业开展科技创新活动，对符合条件的创新项目给予资金扶持和政策支持。同时，加强知识产权保护，保护企业的创新成果。另

一方面，推广好的创新模式，鼓励企业探索新的商业模式、服务模式等创新模式，提高产业市场竞争力。对具有示范效应的创新模式给予表彰和奖励。

（五）深入挖掘文化资源，推动产业创新发展

文化创意产业作为现代化经济体系中的新兴产业，其核心在于深入挖掘和利用文化资源，通过创新和创意的注入，推动产业向更高层次发展。在辽宁这片文化底蕴深厚的土地上，深入挖掘文化资源，推动产业创新发展，对于促进文化创意产业的繁荣具有重要意义。

辽宁拥有丰富的历史文化遗产和独特的民俗文化，这些都是文化创意产业宝贵的资源。要深入挖掘和利用辽宁丰富的历史文化资源和工业遗产资源，推动文化创意产业的创新发展。首先，要加强文化资源的普查和研究，对各类文化资源进行系统的梳理和分类。同时，要注重保护和传承，确保文化资源的完整性和可持续性。其次，要将其与现代科技和设计理念相结合，开发出具有地方特色和时代价值的文化创意产品。最后，还可以通过举办文化节、艺术展览等活动，展示辽宁省的文化魅力，提升文化软实力。

在挖掘文化资源的基础上，推动创新发展是文化创意产业繁荣的关键。因此，要鼓励创新思维和创意实践，推动辽宁文化创意产业向更高层次发展。在推动创新发展的同时，也要注重文化创意产业的可持续发展。要加强环境保护和资源节约，推动绿色发展和循环发展。同时，要加强文化创意产业的品牌建设，提高产品的附加值和竞争力。

（六）加强品牌建设和推广，提升产业影响力

首先，要鼓励和支持企业打造具有自主知识产权和核心竞争力的文化品牌。一是利用大数据，结合深入的市场调研，了解目标受众的需求和偏好，为品牌定位提供数据支持。二是根据文化资源的特色和优势，明确品牌的核心价值和差异化特点。三是加强品牌内容创作与传播，深入挖掘文化资源的内涵和价值，创作具有创意和吸引力的品牌内容，如故事、视频、音频等。利用新媒体平台，如社交媒体、短视频等，加强品牌内容的传播和互动，提高品牌的知名度和影响力。四是举办具有特色的文化活动、展览、演出等，吸引目标受众参与和体验，提升品牌的感知度和黏性。

其次，要加强与国际知名品牌的交流与合作，提升辽宁文化创意产业的国际影响力。要关注国际文化市场，调整和优化品牌的国际化战略。加强与国际文化创意产业的交流与合作，引进国际先进的品牌理念和经验，提升品牌的国际竞争力。

再次，要加大对文化创意产业的宣传力度，提高公众对文化创意产业的认知度和参与度。要制定多元化的品牌传播策略，强化品牌传播与推广。要利用新媒体平台，包括广告、公关、社交媒体等多种渠道，加强品牌与消费者的互动和沟通，提高品牌的知名度和影响力。

最后，要建立健全知识产权保护体系，保护品牌的商标、专利、著作权等知识产权。要加大市场监管和维权力度，打击侵权和假冒行为，维护品牌的声誉和形象。要加大执法力度，加大对侵权盗版等违法行为的打击力度，维护公平竞争的市场环境。

参考文献

郭艳：《数字赋能文化创意产业高质量发展》，《决策咨询》2024 年第 1 期。

闫云莉：《文化创意产业对区域经济发展的影响》，《文化创新比较研究》2024 年第 1 期。

徐飞、陈思熠、孔嘉：《我国文化创意产业研究现状分析——基于 CNKI（2003-2021）数据》，《西南民族大学学报》（人文社会科学版）2023 年第 10 期。

方昤璇、马榕、孙国军：《地域文化视角下文化创意产业发展路径研究》，《甘肃政协》2023 年第 4 期。

赵静、陈博雅：《科技引领 辽宁文化产业迸发新活力——我省参展第十九届中国（深圳）国际文化产业博览交易会综述》，《辽宁日报》2023 年 6 月 12 日。

融合发展篇

B.15

辽宁文体旅融合发展报告

邓丽 胡今*

摘　要： 《东北地区旅游业发展规划》是当前和今后一个时期指导东北地区旅游业高质量发展的纲领性文件，为辽宁省文旅产业进一步融入国家战略提供政策遵循和推进保障。辽宁省多个文体旅融合项目入选国家优秀案例、试点单位等。辽宁坚持以人为本的发展思想推进文体旅融合发展，坚持大融合观，深化理念融合、场景融合和业态融合，打造"体育+"、"旅游+"和"文化+"等，把握"高品质"内涵实质，提升旅游业新质生产力。辽宁全力推动文体旅全业态产业链提质升级，采取多种举措，推动冰雪经济高质量发展，发挥红色旅游资源优势，向打造高品质文体旅融合发展示范地的目标迈进。

关键词： 文体旅融合　高质量发展　辽宁

2023年，文化和旅游部、国家发展改革委联合印发《东北地区旅游业发

---

* 邓丽，辽宁社会科学院文学文化学研究所副研究员，研究方向为城市文化；胡今，辽宁社会科学院城市发展研究所助理研究员，研究方向为文化产业。

展规划》，其涵盖发展背景、总体要求、旅游交通网络建设、优质旅游产品供给、特色旅游产业集群培育、旅游消费体系构建等内容。该规划是当前和今后一个时期指导东北地区旅游业高质量发展的纲领性文件，为辽宁省文旅产业进一步融入国家战略提供政策遵循和推进保障。2024年，东北三省一区人大常委会开展旅游协同立法，共同制定出台《关于促进东北三省一区旅游业协同发展的决定》，推动东北三省一区旅游业高质量发展。东北地区跨区域旅游一体化发展格局初步形成。

中共辽宁省委十三届六次全会审议通过《中共辽宁省委关于深入贯彻落实习近平总书记在新时代推动东北全面振兴座谈会上重要讲话精神 奋力谱写中国式现代化辽宁新篇章的意见》，明确打造新时代"六地"目标定位，其中包括打造高品质文体旅融合发展示范地。辽宁把文体旅产业作为支柱性产业来抓，把资源优势转化为发展胜势，加快培育发展文体旅新质生产力，探索有辽宁特色的文体旅融合发展路径。

一 辽宁推进文体旅融合发展的现状及成就

近年来，辽宁省多个项目入选全国智慧旅游沉浸式体验新空间培育试点名单、国家文化和旅游赋能乡村振兴优秀案例、文化产业和旅游产业融合发展示范区建设单位、交通运输与旅游融合发展典型案例、国家级夜间文化和旅游消费集聚区、国家工业旅游示范基地、国家级旅游休闲街区、全国文明旅游宣传引导十佳案例、全国文化和旅游装备技术提升优秀案例等；多条旅游线路入选2023~2024年全国十大冰雪旅游精品线路、全国乡村旅游精品线路、2024年春节假期体育旅游精品线路等。沈阳市入选2023年游客满意十佳城市。

辽宁全省现有旅游资源3.5万余处、文化资源99万余处，现有滑雪场38处、戏雪乐园98处、室内外滑冰场60余处、温泉度假场所137家、高品质度假民宿300余家、节庆活动300余个、特色民俗大集51处、大众冰雪体育赛事活动400余个。建成国家级滑雪旅游度假地1个、省级滑雪旅游度假地6个，以及国家五星级温泉10个。

辽宁省现有国家级体育产业示范基地2个、国家级体育产业示范项目2个、国家级运动休闲特色小镇试点单位3个。沈阳市及大连市瓦房店市、本溪市本溪满族自治县入选国家体育总局群众体育司公布的第二批全民运动健身模范市（区）和全民运动健身模范县（市、区）创建名单。大连市入选全国旅游市场服务质量评价体系建设试点；沈阳市、大连市入选国家体育消费试点城市。

（一）坚持以人为本的发展思想推进文体旅融合发展

辽宁文体旅坚持以人为本的发展思想，发展大众旅游，增加优质产品和服务供给，构建健康和谐的旅游消费人际关系，不断增强旅游者的获得感、幸福感和安全感。沈阳文旅部门在线解决问题，解决了小河沿早市设立行李寄存处、西塔商业街春节不打烊、沈阳故宫免费发放姜糖水和暖贴、辽宁省博物馆增加休息座椅、沈阳站地铁站名回归等热点问题，主打"听劝"服务品牌。

1. 坚持以人为本的发展思想，以满足人民群众的精神需求为根本，坚持旅游为民，让利于民

2024年春节期间，辽宁举办"祥龙迎春 全民GO"促消费活动。全省部分景区推出假期门票优惠活动，以及套票、年票、"早鸟票"等。

沈阳市文化旅游和广播电视局发布"5·19中国旅游日"住宿餐饮、景区景点和旅游线路等多项惠民举措。发布"畅游辽宁"惠民旅游年卡和季卡，附带"文化场馆100+"、"星级饭店100+"和"旅游购物店100+"等优惠政策。

2024年春节，辽宁省推出沈阳市浑南区祝家街道祝家村"村晚"等，还利用庙会、舞龙、高跷、秧歌等老百姓喜爱的乡土特色文化艺术形式，开展多样的文化惠民活动。

辽宁省从规范经营主体经营行为、规范导游执业行为、整治市场突出问题三方面加大监管力度，维护文旅市场秩序。沈阳文旅部门梳理网络留言和12345-9热线反映的突出问题，清单化督检整改。推出文旅服务驿站、旅游直通车等服务举措。

2. 坚持以人为本的发展思想，在旅游设计上为旅游者营造一种和谐的体验环境，实现人与自然、人与社会、人与人和谐发展

践行"绿水青山就是金山银山"和"冰天雪地也是金山银山"的理念，让人们在欣赏优美的自然风景的同时也会珍惜和爱护环境；旅游从业者和旅游者是一种共赢关系，相互尊重、相互理解；全体人民共享社会发展的成果，把旅游者

303

对美好生活的向往转化为实践。2023 年 12 月辽宁省文化和旅游厅印发《省文化和旅游厅 2024 年生态环境保护工作计划》，切实履行生态环境保护职责。

2023 年辽宁省文化和旅游厅组织制定《温泉旅游服务规范》《生态旅游服务规范》《乡村旅游服务规范》《旅游露营地建设与服务规范》四项特色旅游地方标准，旨在提升旅游行业的服务质量和水平。倡导"人人都是旅游形象，个个都是旅游名片"服务理念。引导经营单位树立"诚信经营、遵法守礼"意识，真实客观披露商品和服务信息，自觉遵循公平公正、诚信规范原则，坚决反对消费欺诈和恶意降价、恶性竞争，坚持依法合规正当经营。加强信用建设，主动承担社会责任，认真受理游客投诉，自愿做出"品质保证、诚信保证"承诺，自觉接受行业管理部门、新闻媒体和社会监督。尊重消费者意见，重视消费者诉求。

3. 坚持以人为本的发展思想，给予从业者轻松愉快的工作环境，重视教育与培训，创造更多的发展机会和晋升空间

2023 年以来，辽宁省举办县域文旅品牌打造及服务质量提升培训班、全省文旅产业文化创意能力提升培训班、全省旅游统计分析培训班、全省互联网文化单位及剧本娱乐经营场所内容自审人员线上培训班、全省文化和旅游系统政务新媒体宣传培训班、全省文化市场综合执法集中办案培训班；大连市文化和旅游局召开 2023 年度大连市旅游发展专项资金申报工作培训会等。辽宁省文化和旅游厅还组织各市旅游从业者参与文化和旅游部市场管理司面向旅行社管理人员和持证导游开展的在线培训。

引导文化和旅游行业会员单位注重职业人才教育培养，加强从业人员职业技能培训，开展重点景区、星级饭店、旅行社、文博场馆等服务员、导游员、讲解员专题培训，组织开展岗位练兵活动，选拔一批行业标兵。督导从业人员严格遵守国家法律法规，熟悉业务、持证上岗、规范着装、文明用语、规范讲解服务，不得辱骂游客、强迫购物，落实行业服务规范，弘扬社会主义核心价值观和"游客为本、服务至诚"行业核心价值观。

为了给群众提供更多体育服务，让更多的群众享受社会进步和体育发展的成果，增强全民体育健身意识，2023 年以来，盘锦举办全国健身气功国家级社会体育指导员晋级培训班（北部区），葫芦岛举办辽宁省农村女性社会体育指导员培训班，北票举办北票市社会体育指导员培训班，沈阳举办中华全国体

育基金会—香港赛马会中国职工乒乓球指导员培训班等。

4. 坚持以人为本的发展思想，充分考虑旅游者的经济承受能力和消费心理，提供便捷优质的旅游产品

辽宁加强对《文化和旅游部关于加强旅游服务质量监管　提升旅游服务质量的指导意见》《文化和旅游市场信用管理规定》《文化和旅游部　公安部　住房和城乡建设部　应急管理部　市场监管总局关于加强剧本娱乐经营场所管理的通知》《辽宁省质量强省建设纲要》等政策文件的宣传解读工作，切实增进经营单位对政策文件的理解。引导和带动文旅行业会员单位以提升消费者满意度为出发点，坚持质量为先，着力提供高质量的文化和旅游产品，更好满足大众旅游时代人民群众对旅游服务及旅游体验的新期待、新需求，推动全省文旅行业服务供给扩容提质。

辽宁绘制发布旅游精品线路，推出了长城旅游、乡村旅游、工业旅游、冰雪旅游四大主题旅游线路手册，策划优质线路 66 条。线路贯穿 14 个市，487个旅游景区、景点。手册图文并茂，对主要景点、特色美食、行程规划、最佳旅游时间及交通方式做了详细介绍，极大地便利游客出行。

为满足旅客多样性出行需求，中国铁路沈阳局集团有限公司（以下简称"沈阳局集团公司"）于 2024 年 5 月推出"沈阳+丹东+大连"高铁旅游计次票，使用期限为自首次乘车之日起 9 天。沈阳局集团公司还推出"旅游计次票+酒店""旅游计次票+景区"等优惠举措。

（二）辽宁在文化、体育和旅游融合发展上持续发力

"文体旅融合本质上是在技术进步、市场需求等因素驱动下，文化、体育、旅游产业相互促进、协同共生、向高附加值推升的动态过程。"[①] 辽宁坚持大融合观，深化理念融合、场景融合和业态融合。

1. "体育+"

（1）"体育+城市品牌"

辽宁将"一市一品"体育名城建设写入省政府工作报告，努力打造赛艇

[①] 尹宏、王苹：《文化、体育、旅游产业融合：理论、经验和路径》，《党政研究》2019 年第2 期。

之都沈阳、足球城大连、乒乓之城鞍山、冰雪之都抚顺、毽球城丹东、帆船之城锦州、篮球城阜新等。沈阳创建一区一品牌，包括铁西区的泵道世锦赛、沈河区和沈北新区的半程马拉松、辽中区的摩托车越野赛、新民市的马术比赛等。大连推动各地开展一县（市、区）多品创建活动，中山区的气排球，西岗区、沙河口区的柔力球和健身球操，西岗区、甘井子区和瓦房店市的足球，甘井子区、瓦房店市、沙河口区和庄河市的羽毛球都很有特点。

2024年辽宁省开展攀登辽宁、舞动辽宁、奔跑辽宁、徒步辽宁、骑行辽宁、寻迹辽宁、起动辽宁、扬帆辽宁和冰雪辽宁等九大全民健身品牌活动。2023年辽宁举办冰雪赛事活动200余场，省级以上专业体育赛事1200余次，群众性体育赛事活动近3000场次，参与人数超1000万人。

（2）"体育+旅游"

辽宁在体育赛事与文旅融合、体育场馆设施与文旅融合两方面发力。

辽宁贯彻落实《国务院办公厅关于加快发展体育竞赛表演产业的指导意见》，巩固发展CBA联赛辽宁男篮、中国排球超级联赛辽宁男排、中甲辽宁沈阳城市足球队等体育竞赛表演业，发挥职业赛事的社会影响力。CBA联赛辽宁男篮主场当天，带动周边吃住行玩各行业消费。

盘锦红海滩马拉松、辽河湿地万人徒步大会、鞍山千山景区定向越野挑战赛等赛事，将赛道设置在当地最有特色的景区或景点，向参赛者展示特色美食和土特产，实现了体育与旅游的融合。

辽宁锦州将帆船训练基地改造为旅游景区，大连启动石灰石矿区改造项目，建设水上运动中心、马术俱乐部等。

辽宁利用体育场馆举办演唱会等活动。2024年刘若英、黄绮珊巡回演唱会—沈阳站等在辽宁体育馆举办，蔡依林、张信哲、张惠妹巡回演唱会—沈阳站及周深沈阳演唱会在沈阳奥林匹克体育中心体育场举办。

（3）"体育+乡村振兴"

沈阳体育学院在阜新市彰武县开展体育助力乡村振兴活动。在彰武县2024年"村BA"球王争霸赛开幕式中，沈阳体育学院开展辽宁体育精神宣讲、体育趣味游戏体验、飞盘项目推广、体育运动义诊服务等活动。

"体农优品"项目是沈阳体育学院运动训练学院团委重点打造的彰武县苇子沟乡"体育+"振兴小站中的子项目，是推进校地资源整合，开展体育助

"三农"的实践活动，运动训练学院团委依托彰武县电子商务公共服务中心资源优势，支持"挑战杯"创新创业落地项目——"体农优品"直播带货，对接健康中国建设目标，打造"体育+放心农产品"，引领健康生活方式，在销售产品的同时提供科学配餐和运动指导一体化的减脂训练新模式。

（4）"体育+文化"

为了弘扬和传承中华优秀传统体育文化，挖掘和整理中华优秀传统体育文化节庆项目、民俗民间项目、民族项目，更好地推进中华优秀传统体育文化的保护、推广和创新发展，中国体育文化博览会和中国体育旅游博览会自2020年举办中华体育文化优秀项目推介活动。

辽宁万人太极拳展演，大连长山群岛国际海钓节，满族传统项目珍珠球、狩猎、赛威呼、地秧歌被授予"中华体育文化优秀项目"称号。

沈阳市铁西区打造产业工人品牌赛事——"厂BA"，将篮球竞技、篮球文化和工业文化相结合。

2024中国·辽阳体育文化艺术展演在文圣区举办，展演将体育艺术、非物质文化遗产与奥运文化融为一体。

2．"旅游+"

（1）"旅游+文化遗产"

辽宁有世界文化遗产6处，分别是沈阳故宫、桓仁五女山山城、沈阳清福陵、沈阳清昭陵、抚顺清永陵和葫芦岛九门口长城。辽宁加大对世界文化遗产价值的挖掘力度，推进牛河梁红山文化遗产申遗工作，加强义县奉国寺、兴城城墙世界文化遗产预备项目培育工作。2024年，辽宁出台《关于推进非物质文化遗产与旅游深度融合发展的实施方案》，依托7项重点任务推进非遗与旅游在更广范围、更深层次、更高水平上实现融合，推动中华优秀传统文化创造性转化、创新性发展。围绕非遗保护与传承、文旅融合、乡村全面振兴等方面，通过活态传承、动态展演、静态展示、沉浸式体验等方式，开展非遗宣传展示活动。

（2）"旅游+气象"

"避暑旅游目的地""中国天然氧吧""中国气候宜居城市"等是国家气候标志品牌，对推动发展生态旅游、健康旅游，将气候生态资源优势转化为产业优势起到积极作用。辽宁充分利用国家气候标志品牌，大力发展避暑游。桓仁满族自治县、北票市、西丰县、弓长岭区获得"中国天然氧吧"称号。西丰县荣获"避暑旅游目的地"称号。辽阳市弓长岭区和丹东市获得"中国气候宜居城市"称号。本溪市桓仁满族自治县、朝阳市喀喇沁左翼蒙古族自治县和辽阳市弓长岭区入选第一批、第二批国家全域旅游示范区。2024年，辽宁省气象局与省文旅厅签订合作协议，围绕服务保障旅游安全、景区气候生态产品价值转化等，共推旅游气象服务保障和融合发展，助力全省文旅产业高质量发展。

（3）"旅游+音乐""旅游+美食"

文化和旅游部组织开展2024年全国文化和旅游消费促进活动，全国各地在暑期文化和旅游消费季推出"跟着演出去旅行""寻味美食去旅行""避暑消夏好去处"等活动。

工作之余看演出、为了一场演出奔赴一座城市已经成为一种消费趋势。2023年沈阳首个全自主原创音乐节品牌——向上音乐节在沈阳皇姑体育场举办、2024"夏至音乐日"在沈阳K11六楼雕塑公园举办。沈阳还举办花海音乐节、玫瑰音乐节、郎朗钢琴广场演出季等。

2023年，辽宁举办辽阳第四届襄平美食文化节、沈阳首届国潮灯笼美食节、营口首届消夏啤酒美食节、中国（沈阳）韩国周美食节、沈阳农业大学春季美食节、新宾乡村美食节等；2024年，辽宁举办盘锦台湾美食节、第六届辽宁（沈阳）美食节、辽宁省东北亚美食文化旅游周、市民走进大连夏季达沃斯论坛文化晚宴音乐美食节等。

（4）"旅游+康养"

辽宁地区医疗医药资源富集，便于打造中药养生、温泉养生等健康旅游品牌，建立大健康旅游产业链。

按照《关于开展辽宁省中医药健康旅游基地建设工作的通知》要求，推动中医药和健康旅游的融合，发展中医药健康旅游新业态，大连神谷中医医院、大连索恒中草药集团有限公司、辽宁参中堂健康产业股份有限公司、参仙源参业股份有限公司、北镇大朝阳文化旅游发展有限公司、盘锦鼎信百草园有限公司被认定为2023年辽宁省中医药健康旅游基地。

3."文化+"

辽宁是抗日战争起始地、解放战争转折地、新中国国歌素材地、抗美援朝出征地、共和国工业奠基地、雷锋精神发祥地。辽宁充分利用"六地"文化资源，大力发展红色旅游、工业旅游等。

（1）红色旅游

辽宁省共有含红色旅游资源的 A 级旅游景区 34 家，其中 4A 级旅游景区 12 家，3A 级及以下旅游景区 22 家。辽宁省内分布着大量的革命遗迹、遗址和纪念物。已公布第一批不可移动革命文物名录 575 处，其中国家级文物保护单位 10 处，省级文物保护单位 82 处。辽宁现有 22 个国家级爱国主义教育示范基地。

辽宁共有 12 处全国红色旅游经典景区，具体如表 1 所示。辽宁有 5 条线路入选建党百年红色旅游百条精品线路，分别是"不忘国耻·英勇抗战""辽沈枪声·解放号角""抗美援朝·保家卫国""共和国长子·新时代工业""兴边富民·辽吉风光"。

表 1　辽宁 12 处全国红色旅游经典景区

序号	项目名称
1	沈阳市红色旅游系列景区（"九·一八"历史博物馆、抗美援朝烈士陵园、中共满洲省委旧址纪念馆）
2	抚顺市红色旅游系列景区（抚顺平顶山惨案遗址纪念馆、抚顺战犯管理所旧址陈列馆）
3	丹东市抗美援朝纪念馆、鸭绿江断桥景区
4	锦州市红色旅游系列景区（辽沈战役纪念馆、黑山阻击战纪念馆）
5	葫芦岛市塔山阻击战纪念馆
6	大连市关向应故居纪念馆
7	抚顺市雷锋纪念馆
8	朝阳市赵尚志纪念馆
9	本溪市东北抗联史实陈列馆
10	东北老工业基地转型发展系列景区（本溪市本溪湖中国近代煤矿工业遗址园、阜新市海州露天矿国家矿山公园、抚顺煤矿陈列馆）
11	沈阳二战盟军战俘营旧址陈列馆
12	阜新"万人坑"死难矿工纪念馆

资料来源：国家发展和改革委员会网站。

辽宁推动"科技+创意"赋能辽宁红色文化，鼓励数字技术与红色文化相结合，运用新媒体、新技术讲好党的故事、革命的故事和英烈的故事。制作数字电影《又见雷锋》，深度还原雷锋形象和人物特征，让雷锋重回军营，与昔日战友见面。

2023 年，大连市文化和旅游局挖掘关向应故居、大连中华工学会旧址等红色文化资源，推出"红色文化资源+工业遗产游""红色文化资源+军事研学游"等 10 个主题，将大连市代表性红色文化资源与城市历史、城市风貌、自然景观、美丽乡村、康养生态等旅游资源进行整合，涵盖全市主要革命纪念场馆、爱国主义教育基地和经典旅游景区（点）。既有短线一日游，也有长线多日游，多条线路适合主题教育、党日活动、研学旅游等。

（2）工业旅游

辽宁工业遗产资源丰富，分布广、价值较高。辽宁现有 12 处国家工业遗产（见表 2），工业遗产类文物遗存 269 处。辽宁工业旅游以游览、科普教育为主，展示辽宁工业发展的历史价值、社会价值和艺术价值。享有"东方鲁尔"之称的沈阳，策划了以休闲娱乐为主题的工业文化观光游。辽宁的中国工业博物馆、红梅文创园、1905 文创园、时代文仓城市书房、大连冰山慧谷等充分利用废旧厂房，维持原有的厂区布局，融入创意设计、时尚餐饮、艺术展演、创意集市等文化消费业态。

表 2 辽宁 12 处国家工业遗产

序号	批次	项目名称	地址
1	第一批	鞍山钢铁厂	鞍山市铁西区
2	第一批	旅顺船坞	大连市旅顺口区
3	第一批	本溪湖煤铁公司	本溪市溪湖区
4	第二批	沈阳铸造厂	沈阳市铁西区
5	第二批	国营庆阳化工厂	辽阳市文圣区
6	第三批	抚顺西露天矿	抚顺市望花区
7	第三批	营口造纸厂	营口市站前区
8	第三批	大连冷冻机厂铸造工厂	大连市沙河口区
9	第四批	老龙口酒厂	沈阳市大东区
10	第四批	大连造船厂修船南坞	大连市西岗区
11	第四批	阜新煤炭工业遗产群	阜新市海州区、新邱区
12	第五批	沈阳造币厂	沈阳市大东区

资料来源：工业和信息化部网站。

（3）冰雪文化与冰雪旅游

冰雪文化是一个地区多民族在严寒自然条件下为生存发展所创造的物质文化和精神文化的总和，是中华优秀传统文化的重要组成部分。早在400多年前，辽阳太子河流域就有冰嬉运动。辽宁全面振兴新突破三年行动提出要深挖冰雪文化，发展冰雪产业，推动冰雪经济发展。

从资源禀赋来看，辽宁与吉林长白山、河北张家口等处于国际公认的世界冰雪黄金带，具备开展冰雪运动与旅游的气候条件。辽宁冰雪元素丰富，雪质具有"暖雪暖冰"的特征，具备打造冰雪运动训练基地和休闲康养度假区的环境。在顶层设计方面，辽宁省发展改革委、辽宁省文旅厅和辽宁省体育局印发《辽宁省冰雪经济高质量发展实施方案》。

中国旅游研究院发布的《中国冰雪旅游发展报告（2024）》指出，2022~2023年冰雪季我国冰雪休闲旅游人数为3.12亿人次，冰雪休闲旅游收入3490亿元。冰雪旅游市场需求结构持续优化，自由行增长迅猛、团队游小团化和碎片化、近悦远来、南客北上、以冰雪观光休闲为主、冰雪度假崛起成为重要趋势。根据携程预订数据，沈阳和大连是2023年我国冰雪旅游客源地前十位城市。

（4）研学旅游

辽宁依托独特的人文资源，大力开发研学旅游产品，开展具有东北特色的"避暑+研学""冰雪+研学""文化+研学"等。辽宁全省博物馆、图书馆、文化馆等举办各种线上线下活动，推进教育和旅游融合发展。辽宁省博物馆的"山海路行远：辽西走廊上的葫芦岛"主题展以及各类社教活动吸引了游客打卡参与。沈阳张学良旧居陈列馆举办"海贸遗珍——清代广州外销艺术品展"。辽阳博物馆启动"文博专家陪你逛博物馆"活动，为游客提供免费讲解服务。朝阳鸟化石国家地质公园推出"探古寻今"研学旅游主题产品。沈抚示范区皇家海洋乐园推出海洋研学快乐营、"打卡海洋·赢徽章"活动，给游客提供亲近海洋的机会，增强保护海洋生态环境的意识。

（三）把握"高品质"内涵实质，提升旅游业新质生产力

1.利用数字技术打造文体旅融合新业态

辽宁聚焦高水平科技自立自强，实施创新驱动发展战略。人工智能等数智

技术将推动沉浸式演艺、智能演艺装备制造、智慧景区等文体旅融合新业态发展。

2023年，大连博涛文化科技股份有限公司和大连理工大学、东北大学共建的大型仿生演艺装备文化和旅游部技术创新中心入选首批文化和旅游部技术创新中心建设名单。沈阳和大连人工智能计算中心获评第一批国家新一代人工智能公共算力开放创新平台。

2023年，由旅顺博物馆、雅昌文化集团、大连鼎泰文化产业公司共同搭建的"红楼·幻境"红楼梦主题数字展馆，采用VR等手段为内容赋能。

依托云计算、可视化、5G网络，辽宁智慧文旅平台"游辽宁"App和小程序为游客提供全新的旅行智能体验，打通"游前—游中—游后"全服务流程，集信息查询、线上导览、在线预订和公共服务于一体，提升游客的出游体验感和满意度。辽宁省文旅部门开设微信公众号"美好辽宁文旅之声"、抖音账号"辽宁文旅"、头条号和小红书账号"文旅辽宁"、B站账号"辽宁—文旅"。

2. 文体旅新产品适配新消费

随着文旅消费市场的升温，体验化、沉浸式、参与感等文旅需求增长，倒逼文旅产品个性化、差异化、品质化。

辽宁景区景点、文化场馆注重在游客体验中加入审美要素，提高文体旅产品的质量和品位。沈阳故宫的大正殿系列、八旗系列、永福系列文创产品，辽宁省博物馆的"簪花"系列手作饰品非常受游客欢迎。

辽宁省博物馆与辽宁歌舞团创排"国宝辽宁"系列舞蹈作品《洛神篇》《瑞鹤篇》，沈阳歌舞团创排的古典舞《簪花仕女》用跨界融合的方法，用舞蹈语言讲述文物故事。

为满足游客多样化、个性化、高品质的旅游需求，省文化和旅游厅整合优质资源，指导各地围绕春季旅游特别是"五一"假期开展丰富多彩的文体旅活动。省文化和旅游厅策划推出"春到辽宁　必游之路"东、中、西3条线路攻略，赏花观鸟、探古寻今、品风怡情尽在其中。征集筛选一线贯通14个市和沈抚示范区最受大众欢迎的游辽宁线路方案，每地推出必游景点一个，同时设计包括游览、美食、娱乐、购物、住宿等在内的诸多游玩方案，游客可自由选择组合形成辽宁三日游、五日游、七日游线路。

3. 激发文体旅人才创造活力

辽宁积极培育领军人才、名家名师、骨干人才等不同层次文旅人才梯队，开展具有行业特色的引才育才聚才项目，加大文体旅人才引进与培养力度，激发文体旅人才创造活力。

辽宁深入实施"兴辽英才"计划，省委组织部会同教育、科技、工信等部门，组织开展"兴辽英才"遴选工作，出台《进一步优化"兴辽英才"等高层次人才生活待遇服务保障具体措施》及8项具体操作细则，推行人才住房安居、子女就学、医疗服务、便捷出行等优惠政策，全面关注人才"关键小事"，解决人才后顾之忧。

辽宁出台《辽宁省竞技体育人才培养办法》等政策文件，将体育人才纳入辽宁省文化名家暨"四个一批"人才计划。

总投资约40亿元的"中国国际文化体育产业人才交流中心项目"作为中国物流集团与辽宁体育集团合作的项目落户辽宁。该项目致力于打造成为体育人才交流、数字文化传媒、体育文化体验与高端商业综合体融合的高品质文体旅融合发展示范地项目。

2024年5月由辽宁省文化和旅游厅、辽宁省体育局、大连市人民政府主办，大连市文化和旅游局、大连市体育局承办，马蜂窝组织的"辽宁省新时代文体旅主理人招引会"在大连举行。会上发布《大连市鼓励3C主理人发展生态培育十条举措》，大连市文旅局与马蜂窝签署三年战略协议，将共同启动"大连城市主理人培育计划"，完成50个大连主理人文体旅重点项目签约。

二　辽宁推进文体旅融合发展的目标

2024年，辽宁全力推动文体旅全业态产业链提质升级。目标是着力推动文体旅深度融合发展，加强旅游品牌建设；推进"旅游+"和"+旅游"，培育文体旅、文商旅等融合发展的新业态，打造"跟着赛事去旅行""寻味美食去旅行""'嬉冰雪、泡温泉，到辽宁、过大年'体验旅行""乡约辽宁""海上游辽宁""游购辽宁"品牌项目；推动旅游业区域协调发展，进一步推动关联文化旅游带（走廊）、长城国家文化公园等辽宁节点和段落建设；以筹办"十五冬"为契机，引导文化体育场所完善旅游休闲服务功能，加强省级、国家级滑雪旅游度假地建设；大力发展夜间经济、首店经济和演艺经济，推进国家文化和旅游消费示范城市、国家级夜间文化和旅游消费集聚区建设；发展"六地"红色旅游，推进全国红色旅游融合发展示范区、重点区和工业旅游试点建设；做大做强文旅市场主体，吸引国内外有实力的企业来辽投资，参与辽宁省文旅企业改制、改组、改造，支持民营旅游企业发展壮大，培育文旅龙头骨干企业和"专精特新"旅游企业，引导中小微旅游企业向定制化、特色化、专业化、精细化发展。

到 2025 年，辽宁省冰雪经济高质量发展的目标如下。

至少建成 1 个冰雪运动文旅产业带、2 个高品质冰雪主题小镇和 3 个冰雪温泉度假村。全省滑雪场馆将达到 40 个，滑冰场馆 100 个，培育 3 个大型品牌赛事和活动，培育 3 家冰雪产业龙头企业。冰雪经济增速要高于地区生产总值增速，冰雪经济成为辽宁经济发展的新亮点。冰雪装备制造被列为辽宁打造冰雪经济的重点培育产业，辽宁即将建成 2 个省级以上冰雪装备制造研发基地，培育 3 家年营业收入超亿元的冰雪骨干企业，全省冰雪装备制造业产值达到 50 亿元以上。

到 2025 年，辽宁红色旅游资源得到有效保护，接待客流大幅度增长，重点景区提质升级。新培育 12 家经典红色旅游景区，推动 1~2 家全国红色经典旅游景区创建国家 5A 级旅游景区。主推 5 条国家级红色旅游精品线路，重点培育 10 条省级线路。初步推进建设红色旅游融合发展示范项目 2~3 个、红色旅游村落 10~15 个。

三 辽宁推进文体旅融合发展存在的不足及建议

（一）辽宁推进文体旅融合发展存在的不足

1. 缺少政策合力，缺少配套措施和实施细则

辽宁文体旅融合发展处于起步阶段，配套措施和实施细则从制定到落实还需逐步推进。辽宁现有关于文化、体育和旅游的规划方案及政策照搬上级的现象较明显，文体旅融合发展中政策的实际效力还有待检验。

文体旅融合发展不仅需要文旅厅和体育局之间协调沟通，还需要交通运输厅、

商务厅、教育厅、科技厅等多个部门协调推进各项规划和实施方案。相关部门重视程度不一，彼此间缺乏有效沟通，容易造成政策脱节或者生搬硬套等问题。

2. 文体旅融合度不高

体育与文化旅游融合是一个很新的课题，目前一些地区只是简单地将体育资源叠加到文化旅游产品之中，或者在文旅产品中加一些体育元素，这种简单叠加没有改变体育产业和文旅产业的属性，发挥不了"1+1>2"的作用。

文体旅在产业链、服务链、价值链等方面的互动不足，难以在原产业中延伸出新的功能，难以创造新的价值。

辽宁传统体育和现代体育文化宣传不足。辽宁满族地秧歌、珍珠球等项目入选中华体育文化优秀项目，但是省内外对此了解很少。从三大球的发展来看，沈阳和大连为中国足球福地，辽宁篮球队、排球队为国家输送大量人才，体育品牌打造稍显滞后。鞍山与保定、宁波、哈尔滨、七台河被授予"奥运冠军之城"称号。鞍山文旅建设缺乏对"奥运冠军之城"品牌的推广和宣传。

3. 优质旅游产品供给不足

辽宁的冰雪旅游、避暑旅游、自驾游、边境游、乡村旅游、红色旅游、工业旅游等品牌意识不强，博物馆等文创开发能力较弱，不能满足人民群众对美好生活的新期待。

辽宁作为旅游大省，国家5A级旅游景区数量较少，部分景区已不适应新时代发展要求。

4. 旅游服务质量和水平有待提升

2021年，《文化和旅游部关于加强旅游服务质量监管 提升旅游服务质量的指导意见》发布，提出到2025年解决旅游服务质量意识不强、管理水平不高、品牌知名度和美誉度不高等影响旅游服务质量的突出问题。

根据《2023年全国游客满意度调查报告》数据，辽宁2023年全国游客满意度综合指数80.04，继续保持在"满意"区间。中小城市/城镇因为没有接待大规模游客的经验，接待能力不足，暴露了服务的短板。一些餐饮企业缺斤少两、市场宰客等暴露出辽宁部分地区、部分行业旅游服务质量和水平不高等问题。一些旅游景区、景点对美团、大众点评网上的低分评价不理不睬，没有回应，不能及时整改，造成游客体验不佳。

5. 旅游基础设施和配套建设还不够完善

旅游基础设施建设包括交通、住宿、卫生、通信等一系列设施的建设和改善，对于提升旅游体验、促进旅游经济发展具有重要意义。

辽宁公路、铁路、民航等客运量呈现逐年上升的趋势，但是在公路、高铁和机场建设方面与广东、安徽、山东、江苏等省份相比还比较落后。

从住宿来看，辽宁五星级旅游饭店数量虽然排名比较靠前，但是与广东、浙江、江苏、北京、上海等相比差距很大。目前全国共有 31 家甲级民宿和 27 家乙级民宿，辽宁只有安步精品复古民宿入选乙级民宿。

每年"五一""十一"等假期，辽宁省内各市、县高速公路等公共卫生间数量不能满足游客需求，停车难问题突出。新型智慧城市和数字乡村建设还需加大投入力度。

6. 文体旅融合的专业人才不足

首先，辽宁省内开设旅游、体育相关专业的院校人才培养模式和市场需求有较大差距。辽宁省内东北财经大学、辽宁科技大学、辽宁师范大学、沈阳师范大学等多所院校开设旅游管理专业，毕业生多到北京、上海、广州、深圳和省内的沈阳、大连等地就业。

其次，体育专业人才培养目标远远不能满足时代发展需要。沈阳体育学院、沈阳师范大学、辽宁师范大学、沈阳大学、大连大学等开设体育教育专业。辽宁省内高校开设课程在体育旅游、冰雪运动、中华优秀传统体育文化等人才培养上存在短板。"人民群众对合理锻炼、科学健身提出了越来越高的要求。但我国的现状是体育指导员缺乏相关的医卫知识，不能有效地对民众的身体机能状况、健康水平等个体差异与需求提供安全有效的健身指导。"[1] 体旅融合、体医融合、体卫融合的人才培养机制还不完善。

最后，辽宁目前实施吸引高端人才战略，多倾向战略科技人才、产业高端人才等，对文体旅产业人才的支持力度还不够，在人才评价机制、奖励激励措施等方面还需完善。

7. 新兴科技在文体旅中的应用不够广泛

大数据、人工智能、区块链、物联网等新兴科技在文体旅中的应用还不够

---

① 胡杨：《从体医分离到体医结合——对全民健身与全民健康深度融合的思考》，《体育科学》2018 年第 7 期。

广泛。很多地区的数字基础设施建设相对比较落后，创新能力不足。

伴随着互联网、大数据和 VR 等技术的发展，"沉浸式"被广泛应用于各种场景，沉浸式艺术展览、沉浸式演出、沉浸式主题公园、沉浸式剧本杀等成为旅游热门方式。沈阳市曾出台《沈阳市推进沉浸式文化产业发展行动方案（2021—2023 年）》，2023 年全国暑期文化和旅游消费季主场活动中，沈阳中街获评全国 20 个沉浸式文旅新业态示范案例之一。但是因为各市、县经济社会发展水平不均衡，沉浸式作为一种创新的旅游体验方式还没有得到足够的重视。

2024 年辽宁省政府工作报告提出，建设一批文体旅融合发展综合体，实施旅游景区和旅游线路质量提升行动，打造高品质文体旅融合发展示范地，吸引更多游客畅游辽宁、乐享辽宁。

（二）辽宁推进文体旅融合发展的建议

1. 加强顶层制度的设计，保障文体旅融合发展政策快速落地实施

辽宁应深入学习贯彻文化和旅游部、国家体育总局、国家发展改革委、工业和信息化部等印发的关于文化、体育和旅游融合发展的政策，结合本地区实际情况和优势，编制适合本地区发展的系统配套方案和实施细则，确保政策快速落地。

加强文旅厅、体育局等部门的协调和沟通，完善协调机制，优化营商环境，维持旅游市场的稳定和谐。

2. 提升体育与文旅融合度

各地区要深入分析文体旅产业发展的优势和特色，制定中短期和长期发展目标，发掘具有当地特色的文体旅产品。

整合文体旅资源，建设少数民族传统体育场、体育博物馆等，完善现有比赛场馆，在旅游产品中突出体育文化内容，保护传承发展体育文化，激发体育产业活力。

在文旅推介活动中加大对体育品牌的宣传力度，促进"体育+文旅""体育+中医药养生"等融合发展。

3. 增加优质旅游产品供给

辽宁红色旅游、工业旅游、冰雪旅游等要加强品牌建设，不仅要与吉林、黑龙江等省份打造差异化文体旅品牌，各市、县也要突出重点旅游资源，避免

同质化恶性竞争。

通过国家级夜间文化和旅游消费集聚区、国家工业旅游示范基地、国家级旅游休闲街区、国家 5A 级旅游景区等项目的申报，提供更多质优价廉的旅游产品。

打破体制机制的制约，鼓励博物馆、文化馆等进行文创产品开发。

4. 提高旅游服务质量和水平

受旅游市场下沉和消费降级等因素的影响，游客对目的地公共服务和旅游产品等提出了更高的要求。"五一""十一"等假期游客的大规模涌入，考验辽宁各市的旅游接待能力和服务水平。

辽宁文旅部门要继续用真诚和有品质的服务给游客提供情绪和情感价值。在文旅发展中讲好辽宁故事，发挥旅游产品的故事性、情感性和想象力等审美作用。

对文体旅企业和从业人员、小商小贩都要进行宣传和一定范围的培训，营造良好的营商环境，向外地游客传递温暖和善意。

5. 加强旅游基础设施和配套设施建设

辽宁应在交通网络、食宿接待设施、游览娱乐设施和旅游购物设施等的建设方面加大投资力度，逐步缩小城乡和地区间差距。

完善旅游集散中心和服务中心，建设游客服务驿站，为游客提供便利的旅游服务。

加快智慧旅游平台建设，各市开发文旅 App，以及微信、支付宝等小程序，提供人性化、智能化的旅游服务。鼓励网络大 V、旅游博主发布辽宁知名景区、景点的推介视频。

加快辽宁乡镇农家乐提质升级，建设具有东北地域特色的精品民宿。解决旅游旺季城乡停车难、上厕所难等问题。

6. 培育文体旅融合的专业人才

在人才培育上，可以开展校企合作，结合需求开设有针对性的课程，鼓励相关专业学生到沈阳、大连等相关企业实习。

在吸引高端人才方面，将符合条件的高端人才纳入"兴辽英才"计划，实施领军人才培养和引进计划，加强与国内外知名旅游院校、知名旅游集团的合作。

加大对体旅融合、体医融合和体卫融合人才的培养力度。适应市场需要，适应人民群众对运动健身、保健康健的需求。

7. 加强新兴技术在文体旅融合中的应用

将物联网、云计算、大数据、人工智能等技术渗透到文体旅产业，通过携程、马蜂窝、途牛、美团、大众点评等平台宣传体育主题公园、体育运动休闲小镇等，实现线上线下融合。

运用 VR 等技术展示传统民族体育项目，通过微信公众号、抖音、快手、小红书、微博等提升文体旅产品的知名度，提升城市文化影响力。

参考文献

王恒：《文体旅融合背景下辽宁省冰雪旅游发展研究》，经济科学出版社，2024。

刘宏、胡立琴、叶艳：《文旅体产业融合发展——以成都市文旅体产业生态圈为例》，经济管理出版社，2022。

程金龙等：《文旅文创融合发展——理论诠释与实践探索》，社会科学文献出版社，2023。

张大春、张微、滕延峰主编《冰雪体育旅游产业——东北地区协同发展的机制与创新》，社会科学文献出版社，2021。

舒伯阳、张乐婷、喻春艳编著《文旅时代的 IP 智造》，旅游教育出版社，2021。

刘锋：《刘锋讲旅游》，旅游教育出版社，2013。

潘怡、曹胡丹、封慧：《新时代我国体文旅产业融合发展：逻辑、模式、问题与路径》，《山东体育学院学报》2024 年第 1 期。

李梦桐：《体医融合视阈下体育专业人才培养的改革方略》，《武术研究》2024 年第 2 期。

王金伟等：《东北三省滑雪场时空格局演变及其影响因素》，《经济地理》2023 年第 8 期。

鲁小波等：《海洋强省背景下辽宁海洋旅游高质量发展路径研究》，《决策咨询》2023 年第 2 期。

林章林：《我国体育旅游的发展历程、现实困境与对策建议》，《体育科研》2023 年第 6 期。

《把握文旅新质生产力的六新要求》，光明网，2024 年 5 月 22 日，https：//culture. gmw. cn/2024-05/22/content_ 37337214. htm。

B.16
辽宁文化与金融融合发展报告

张兆丰 潘乔 孙永文*

摘　要：　本报告全面分析了辽宁文化与金融融合发展状况，指出文化产业持续发展并形成多元体系，金融业为文化产业创新与发展提供了有力支持。然而，仍面临文化产业发展水平不高、政策体系尚不成熟等问题。针对这些问题，本报告建议政府加大对文化产业的支持力度，组建辽宁省文化产业投资平台，完善文化金融的融资体系，完善文化资产交易的配套体系，支持在各重点领域打造文化金融产业园区，以区域合作推进文化产业的集群化发展，创建国家文化与金融合作示范区，加大文化金融复合型人才培养力度与产业用地支持力度。

关键词：　文化产业　金融业　辽宁

一　辽宁文化与金融融合发展状况

（一）辽宁文化产业发展状况

1.文化及相关产业增加值情况

近年来，全国文化产业快速发展，2021年，全国文化及相关产业增加值为52385亿元，比上年增长16.55%，占GDP比重为4.56%（见图1）。2021年，辽宁省文化及相关产业增加值为730亿元，比上年增长13.53%，占GDP比重为2.65%（见图2）。在不考虑国家统计局2004年、2012年、2018年对文化及相关产业分类影响的情况下，近年来，辽宁文化及相关产业增加值占GDP比重整体呈现出一种在波动中缓慢增长的趋势。

---

* 张兆丰，辽宁博鸿投资有限公司副总经理；潘乔，辽宁博鸿投资有限公司投资总监；孙永文，辽宁博鸿投资有限公司投资经理。

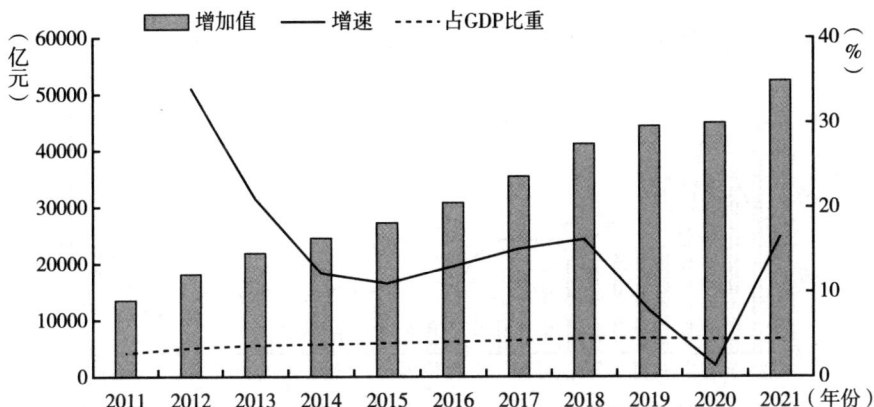

图1 2011～2021年全国文化及相关产业增加值及其增速、占GDP比重

资料来源：历年《中国文化及相关产业统计年鉴》，经整理得出。

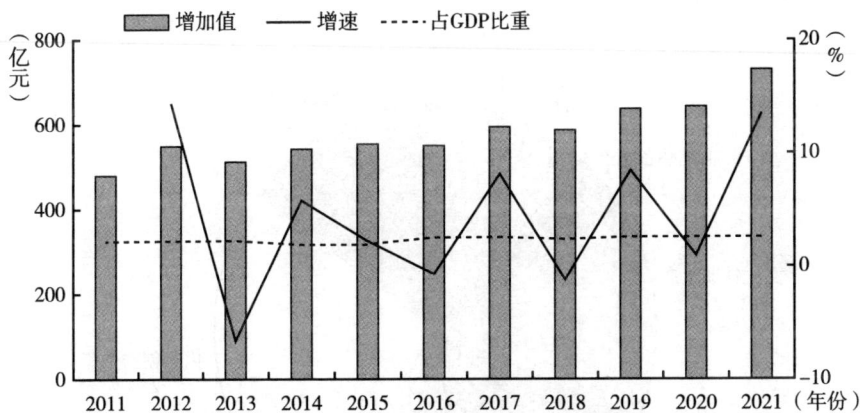

图2 2011～2021年辽宁文化及相关产业增加值及其增速、占GDP比重

资料来源：《辽宁文化产业统计概览》及历年《中国文化及相关产业统计年鉴》，经整理得出。

总体来说，我国文化及相关产业增加值近年来持续稳定增长，其占GDP比重整体也呈上升趋势。2021年全国文化及相关产业增加值占GDP比重为4.56%。与全国其他30个省份相比，2021年辽宁省文化及相关产业增加值排在第18位，占GDP比重排在第20位，距离头部省份仍具有一定的追赶空间（见图3）。

2021年辽宁按类别分文化及相关产业增加值构成如图4所示。

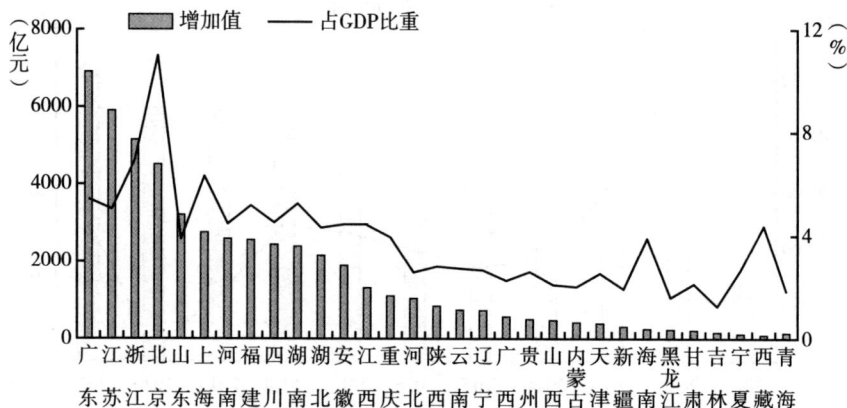

图3 2021年31个省份文化及相关产业增加值及其占GDP比重

资料来源：《辽宁文化产业统计概览》及《中国文化及相关产业统计年鉴2022》，经整理得出。

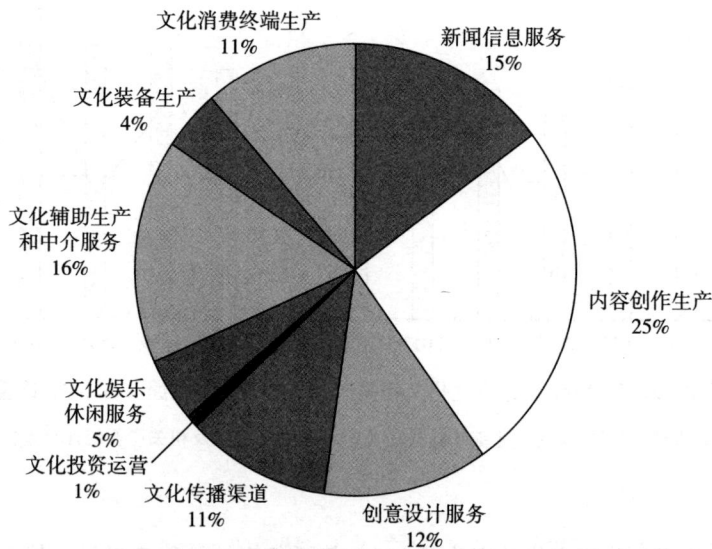

图4 2021年辽宁按类别分文化及相关产业增加值构成

资料来源：《辽宁文化产业统计概览》及《中国文化及相关产业统计年鉴2022》，经整理得出。

2. 文化财政支出情况

国家公共文化支出、补充国家资本金、文化产业发展专项资金等均属于文化及相关产业的财政支出和投入，其中国家对于文化及相关产业的支持最主要的就是财政在公共文化领域的支出。财政在公共文化领域的支出主要用于发展我国社会文化事业，包括传播科学知识、发展文化艺术活动以及丰富国民精神生活，起到为文化产业良好发展发挥基础性的资源配置作用。2022年辽宁地方一般公共预算文化旅游体育与传媒支出为89.06亿元，居全国第19位（见图5）。

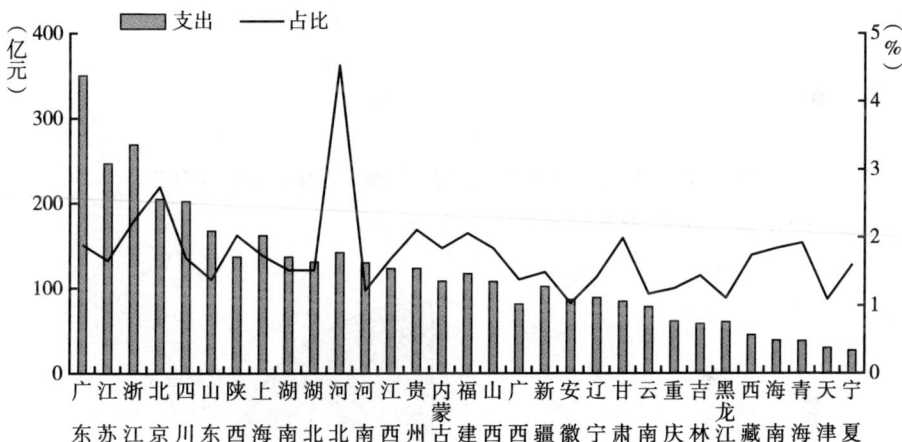

图5　2022年31个省份地方一般公共预算文化旅游体育与传媒支出及其占比

资料来源：《辽宁文化产业统计概览》及《中国文化及相关产业统计年鉴2023》，经整理得出。

3. 文化产业企业情况

截至2021年末，辽宁省规模以上文化及相关产业法人单位813家，营业收入778亿元。其中，文化制造业138家，营业收入244亿元；文化批发和零售业157家，营业收入155亿元；文化服务业518家，营业收入379亿元（见图6、图7）。

4. 文化产业投入情况

近年来，辽宁省全社会固定资产投资增速相对2014年以前减缓（见图8），而根据对《辽宁统计年鉴》整理分析，可以得到省内文化产业方面的固定资产投资占全省全社会固定资产投资比重仍不足1%。具体而言，2021年辽宁省

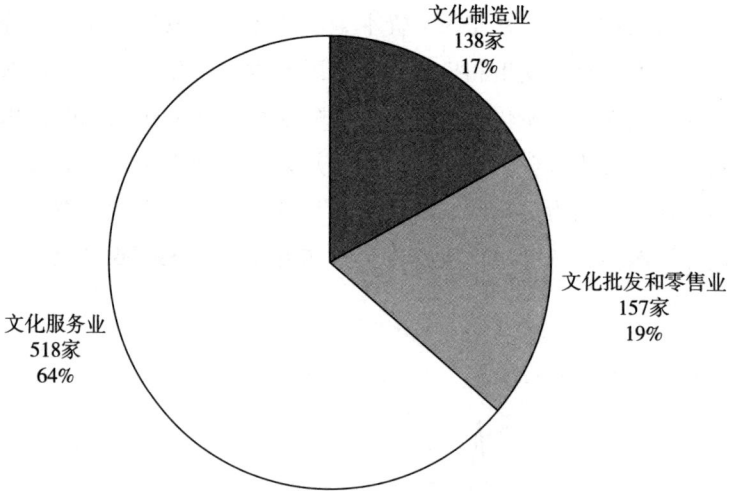

图6 2021年辽宁省规模以上文化及相关产业法人单位构成

资料来源:《辽宁文化产业统计概览》,经整理得出。

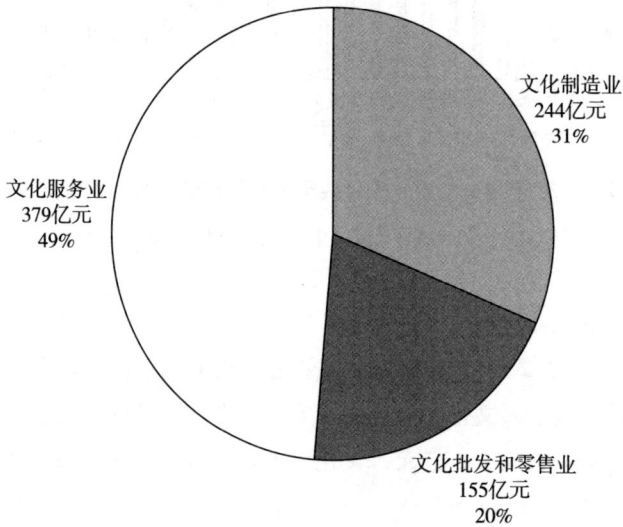

图7 2021年辽宁省规模以上文化及相关产业营业收入构成

资料来源:《辽宁文化产业统计概览》,经整理得出。

全社会固定资产投资为 7304.31 亿元，其中在文化、体育和娱乐业领域的固定资产投资为 50.29 亿元，占全社会固投比重为 0.69%，而全国文化、体育和娱乐业领域的固定资产投资为 1.28 万亿元，辽宁省约占 0.39%，可见辽宁的文化产业投入仍具有较大进步空间。

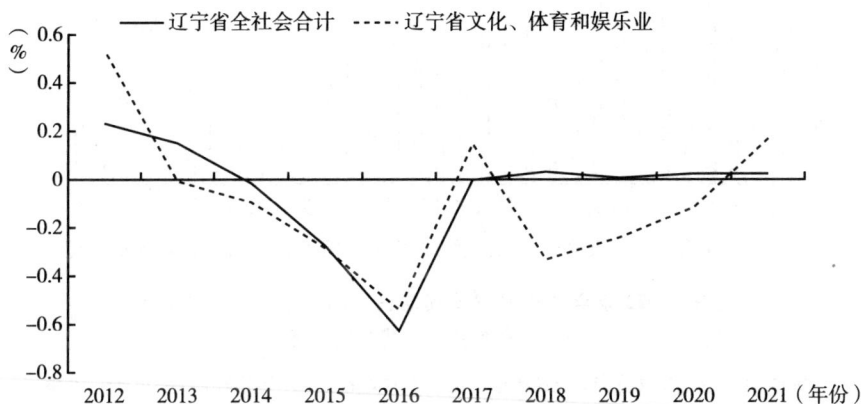

图 8 2012~2021 年辽宁省固定资产投资增速情况

资料来源：历年《辽宁统计年鉴》，经整理得出。

5. 文化领域消费情况

近年来，辽宁居民人均在文化娱乐消费方面的支出水平普遍高于全国平均水平。2022 年全国居民人均文化娱乐消费支出为 590.6 元，其中全国城镇居民、农村居民人均文化娱乐消费支出分别为 814.2 元、288.7 元。相比之下，辽宁居民人均文化娱乐消费支出为 602.1 元，其中辽宁城镇居民、农村居民人均文化娱乐消费支出分别为 777.8 元、242.8 元。可见，辽宁省居民对文化及相关产业的消费需求旺盛、消费能力相对较强，但文化及相关产业的供给和投入较少，需要加大供给和投入力度（见图 9、图 10、图 11）。

6. 文化机构情况

2021 年，全国公共图书馆 3215 个，辽宁省 129 个，居全国第 9 位；全国文化馆 43531 个，辽宁省 1478 个，居全国第 12 位；全国博物馆 5772 个，辽宁省 65 个，居全国第 27 位；全国艺术表演团体 18370 个，辽宁省 184 个，居全国第 21 位；全国艺术表演场馆 3093 个，辽宁省 85 个，居全国第 14 位。辽宁

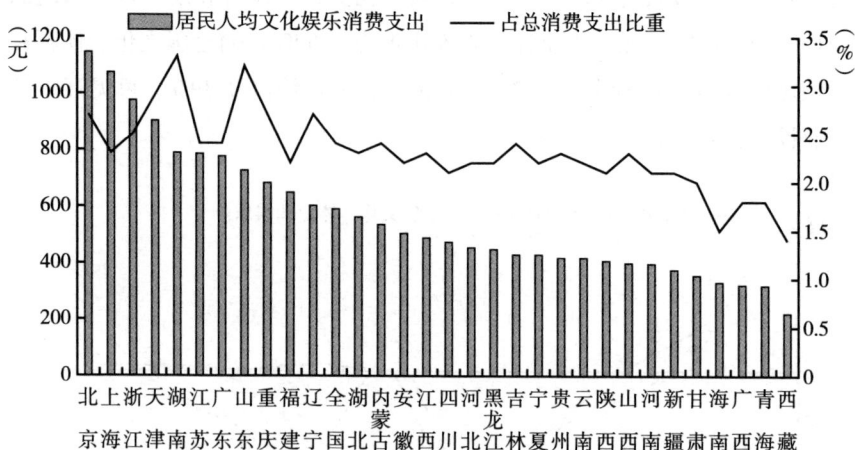

**图9 2022年全国及31个省份居民人均文化娱乐消费支出
及其占总消费支出比重**

资料来源:《辽宁文化产业统计概览》及《中国文化及相关产业统计年鉴2023》,经整理
得出。

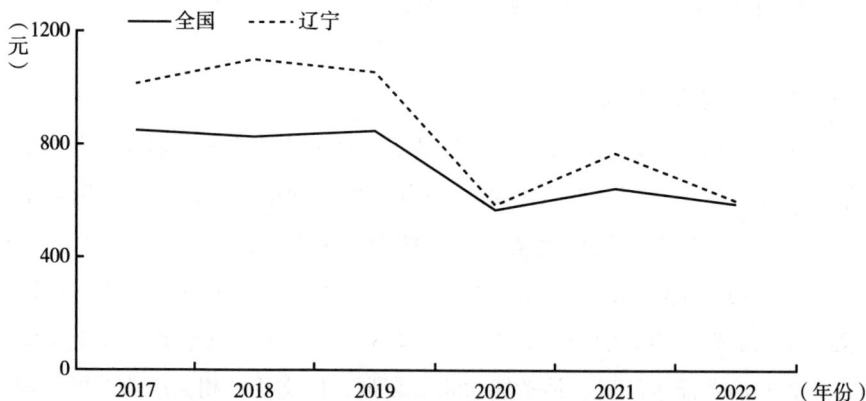

图10 2017~2022年全国及辽宁居民人均文化娱乐消费支出

资料来源:《辽宁文化产业统计概览》及历年《中国文化及相关产业统计年鉴》,经整理
得出。

省文化资源丰富,但文化机构数量有待进一步增加,其中博物馆、艺术表演团
体数量排名靠后。

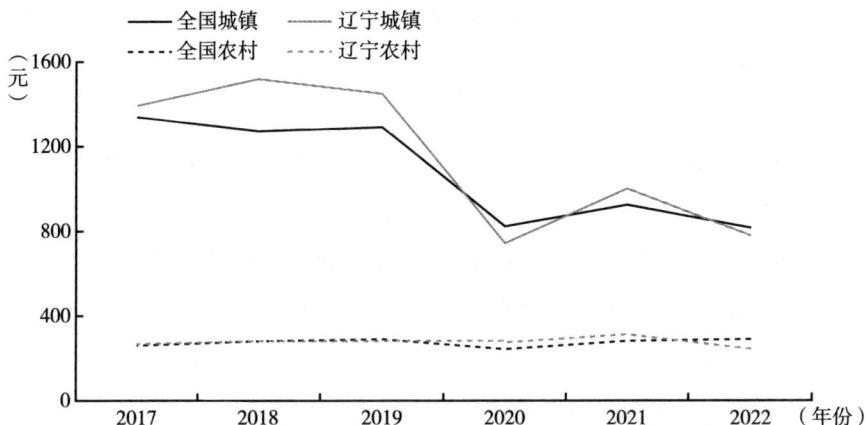

图11　2017~2022年全国及辽宁城镇、农村居民人均文化娱乐消费支出

资料来源：《辽宁文化产业统计概览》及历年《中国文化及相关产业统计年鉴》，经整理得出。

（二）辽宁文化金融产业发展状况

金融业的发展使得各行各业的企业都有了更加便捷的融资方式和融资渠道，文化及相关产业的发展同样离不开金融业的支持。金融使得文化产业的资金可以在市场中有效运转，通过建立投资项目、引导资金流向、建立风险规避机制等投融资手段提高了资本的配置效率，使得文化企业能够专注于日常经营以及产品和服务专业化分工，为技术创新提供金融支持，促进产业快速成长。金融业的这种作用机制包括以银行信贷为代表的间接金融支持、以证券及股权投资基金为代表的直接金融支持和以文化交易市场平台为代表的支持。

1.债权市场

文化产业债权市场主要由信贷市场和债券市场两部分构成。

（1）信贷市场

由于文化产业多无形资产、少固定资产的轻资产属性以及体量小、信息不对称、风险高等特征，银行的谨慎原则和风险控制制度，加之其易受到意识形态影响、国内文化企业政策调整等原因，文化企业的信用贷款相比其他行业企业更为困难，因此省内文化企业信贷规模一直较小。为破解辽宁省中小文化企业融资难、融资贵的问题，2023年中共辽宁省委宣传部在全省推出"辽宁文

327

企贷"优惠信贷产品,为文化企业提供了一个更加安全、更加便捷、更加优惠的融资服务平台。

(2)债券市场

《文化金融蓝皮书:中国文化金融发展报告(2023)》显示,2022年我国文化产业债券市场共发行64只债券,发行总额589.14亿元,发行数量同比下降15.79%,发行总额同比上升6.91%。但是文化产业债券市场发行总额所占比例仍然较低,而辽宁省内文化企业通过发行债券融资的案例也较少。①

2.股权市场

文化及相关产业的股权类融资主要包括以下几种渠道。

(1)直接上市

根据申银万国行业分类标准2021修订版,国内A股主板、中小板、创业板、科创板上市的文化类企业共计133家,其中辽宁企业3家,分别为北方联合出版传媒(集团)股份有限公司、天娱数字科技(大连)集团股份有限公司以及文投控股股份有限公司,其中由于文投控股股份有限公司实际控制人为北京文资控股有限公司,故暂不考虑(见表1)。

表1 辽宁省文化行业主板等上市公司

公司名称	主要关联方(实控或前实控)	股票简称和代码	上市时间	公司类型	上市板块	目前市值
北方联合出版传媒(集团)股份有限公司	辽宁出版集团有限公司	出版传媒601999	2007年12月	出版发行	上证A股	33.55亿元
天娱数字科技(大连)集团股份有限公司	朱晔	天娱数科002354	2014年7月	游戏互联网	深中小板	79.92亿元

资料来源:根据公开数据整理。

(2)并购重组

辽宁本土的文化及相关产业企业并购及被其他上市公司收并购的案例较少,并购重组并不是辽宁文化类企业发展的主战场。

---

① 杨涛、金巍主编《文化金融蓝皮书:中国文化金融发展报告(2023)》,社会科学文献出版社,2023。

天娱数科（曾用名"天神娱乐"）作为一家互联网游戏公司在收购方面特别激进，尤其赶上 2013~2016 年中国游戏市场快速发展、资本市场崛起，天神娱乐疯狂对外收购，不仅通过上市公司定向增发的形式，还巧妙利用并购基金参与（见表2、表3）。据统计，天神娱乐 2015~2017 年通过上市公司定向增发对外收购 9 起，共涉及金额 68.28 亿元，其中现金支付 50.25 亿元，股份支付 18.03 亿元。

表2　天神娱乐对外直接收购事件

公司名称	被收购企业名称(份额)	被收购企业类型	首次公告年份	是否成功收购	备注
* ST 天娱	德国 Avazu(100%)	全案互联网广告	2015	是	对价 20.80 亿元
* ST 天娱	麦橙网络 (100%)	数字营销	2015	是	对价 1000.00 万元
* ST 天娱	妙趣横生 (95%)	仙侠类游戏研发	2015	是	对价 5.89 亿元
* ST 天娱	雷尚科技 (100%)	休闲类游戏研发	2015	是	对价 8.80 亿元
* ST 天娱	爱普信息 (100%)	移动游戏、应用、广告发行	2015	是	对价 6.00 亿元
* ST 天娱	一花科技 (100%)	棋牌类游戏研发及运营	2016	是	对价 9.86 亿元
* ST 天娱	嘉兴乐玩 (45%)	棋牌类游戏研发及运营	2017	是	对价 5.69 亿元
* ST 天娱	幻想悦游 (93.5%)	海外游戏发行	2017	是	对价 34.17 亿元
* ST 天娱	合润传媒 (96.4%)	品牌内容广告营销	2017	是	对价 7.42 亿元

资料来源：根据公开数据整理。

表3　天神娱乐通过并购基金收购事件

基金名称	投资项目(份额)	投资项目类型	首次公告年份	是否成功收购	备注
乾坤问道并购基金	工夫影业 (15%)	影视	2016	是	对价 2.70 亿元
深圳泰悦并购基金	口袋科技 (51%)	棋牌休闲游戏研发运营	2016	是	对价 10.67 亿元

续表

基金名称	投资项目 （份额）	投资项目类型	首次公告年份	是否成功收购	备注
天神中慧 并购基金	微影时代 （3.43%）	影视	2016	是	对价 4.00 亿元
深圳浦睿 并购基金	嗨乐影视 （32%）	影视	2017	是	对价 3.84 亿元

资料来源：根据公开数据整理。

在总共 13 起并购案中天神娱乐及其基金共消耗"现金+股份"89.49 亿元，但是由于资本市场的周期、国家对游戏市场监管从严、天神娱乐自身经营恶化、被并购公司业绩恶化等原因叠加，天神娱乐在 2018 年度、2019 年度连续两个会计年度经审计的归属于上市公司股东的净利润为负值，该公司因巨额亏损，被深圳证券交易所采取了"退市风险警示"的特殊交易处理措施。大连天神娱乐股份有限公司股票简称更为"*ST 天娱"股票，于 2020 年进行重组。2020 年 12 月 9 日，辽宁省大连市中级人民法院裁定《大连天神娱乐股份有限公司重整计划》执行完毕，并经审计公司 2020 年归属于上市公司股东的净利润为 1.5 亿元，净资产为 27.8 亿元，于 2021 年 5 月由深圳证券交易所撤销"退市风险警示"。

（3）新三板

截至 2024 年 1 月 11 日，全国在新三板挂牌的企业一共 6250 家，辽宁省在新三板挂牌的企业约 134 家，根据《文化及相关产业分类（2018）》，与文化及相关产业相关的新三板挂牌企业共计 11 家，其中已退市 6 家，剩余 5 家（见表 4）。

表 4　辽宁省文化行业新三板挂牌企业

公司名称	类型	行业代码	挂牌时间
辽宁金印文化传媒股份有限公司	书、报刊印刷	2311	2017 年 5 月
参仙源参业股份有限公司	森林公园管理	7861	2014 年 12 月
大连博涛文化科技股份有限公司	动漫、游戏数字内容服务	6572	2015 年 3 月
大连圣锋物联科技股份有限公司	包装装潢及其他印刷	2319	2015 年 4 月
辽宁今世界文化发展股份有限公司	电影放映	8760	2017 年 3 月

资料来源：根据公开数据整理。

（4）新四板

辽宁区域性股权交易场所——辽宁股权交易中心（新四板）目前挂牌企业 2552 家，其中文化、体育和娱乐直接相关企业约 54 家，占总挂牌企业的 2%。区域性股权交易场所加强了对实体经济薄弱环节的支持，促进了辽宁文化企业股权交易和融资，为企业健康成长、规范经营、走向资本市场提供了更多支持和保障。

（5）文化产业基金

根据中国证券投资基金业协会的数据，截至 2022 年 2 月，在该协会系统中备案的文化类专业基金约 1500 只，其中影视和电影类专业基金 317 只，文化和旅游类专业基金 321 只。辽宁省共计 7 只文化产业基金，分别为辽宁新兴文化创业投资基金合伙企业（有限合伙）、辽宁新兴（二期）文化创业投资基金合伙企业（有限合伙）、辽宁博鸿文化产业创业投资基金管理中心（有限合伙）、沈阳中和文化创意产业创业投资基金（有限合伙）、大连乐利文旅企业管理中心（有限合伙）、营口渤海明珠文体旅游发展投资中心（有限合伙）、辽宁盛京新创文旅投资合伙企业（有限合伙）。此外，为扶持辽宁省文化产业发展，2023 年由中共辽宁省委宣传部牵头设立辽宁省文化和数字产业投资基金（以下简称"省文投基金"）。部分基金简介如下。

辽宁报刊传媒集团（辽宁日报社）控股的新三板上市公司辽宁北国文化投资股份有限公司联合华盖资本于 2016 年共同打造了辽宁新兴文化创业投资基金合伙企业（有限合伙），首期规模 1.9 亿元，获得了辽宁省引导基金的投入，目前已经累计投资了 10 多家互联网、教育、阅读、实景娱乐等领域的成长型企业，如所投资的视觉像素、向日葵教育、明镜科技等企业发展迅速，实现了较好的投资回报；辽宁报刊传媒集团（辽宁日报社）与华盖资本于 2020 年 7 月设立了二期基金，即辽宁新兴（二期）文化创业投资基金合伙企业（有限合伙），已投资了上海赛连信息科技公司、江苏美科太阳能科技公司、北京中科闻歌科技公司等文化科技类企业，并作为 LP 通过农兴旭盈（嘉兴）股权投资合伙企业（有限合伙）和共青城航瓴昇和投资合伙企业（有限合伙）投资文化科技类企业。

由辽宁出版集团有限公司旗下上市公司出版传媒联合全国大型综合券商国泰君安于 2016 年共同打造了辽宁省内第一只国有文化产业创业投资基金——

辽宁博鸿文化产业创业投资基金管理中心（有限合伙），首期规模 5 亿元，与国泰君安采用双 GP 的管理模式，基金目前投资规模为 5000 万元，投资了生物医药高科技项目，目前正处于退出期。

沈阳中和文化创意产业创业投资基金（有限合伙）规模为 2 亿元，由沈阳萃华金银珠宝股份有限公司、沈阳财盛投资基金有限公司、辽宁基金投资有限公司等合伙成立，主要投资于沈阳市的文化创意产业、国家大力扶持的高新技术产业，以及这些领域内采用新型商业模式的企业，尤其关注并支持处于初创及成长期的创新型和高成长性企业，当前正处于投资回收阶段。

3. 文化交易市场

（1）北方国家版权交易中心

该中心是北方地区唯一一家国家级版权交易中心，由辽宁省人民政府申请、国家版权局批复、国家工商总局核名，于 2018 年在大连金普新区注册成立，由辽宁出版集团有限公司旗下上市公司出版传媒控股、大连德泰控股有限公司参股共同打造。该中心以版权及知识产权的登记、交易、监测、维权、开发等业务为主，是北方地区的版权及知识产权聚集地。

近期，该中心拟推出版权作品权益交易这一文化金融融合产品，版权拥有方将其版权作品指定运营机构运营，未来运营产生的部分（百分比）收益权通过中心进行公开挂牌，并由看好该版权作品未来潜力的机构投资方进行摘牌。通过此模式，版权拥有方和运营机构获得融资用于文化产品开发、扩大产能，投资机构获得优质投资标的部分未来收益权，各利益相关方形成闭环，这是省内文化金融融合发展领域新突破。

（2）中销文化艺术品交易中心

该中心由大连市人民政府批准设立，由大连再生资源交易所有限公司与长三角商品交易投资控股管理有限公司共同注资，是隶属于中国供销集团旗下的综合性文化艺术品交易平台。该平台坚持文化产业发展与金融创新相结合的理念，利用"交易所平台+电商平台+物流平台+技术平台+研发平台"的聚合优势，为企业提供快速便捷的"电子商务+物流配送+信息服务"相结合的"一站式"综合服务平台。

（3）辽宁沈阳文化产权交易中心

沈阳联合产权交易所有限公司下设辽宁沈阳文化产权交易中心，其是主要以股权、物权、债权等文化产权以及专利权、商标权、科技成果等各类知识产权为交易对象的专业化、权益性资本市场平台，是文化领域多层次市场的重要组成部分，也是中共辽宁省委宣传部、中共沈阳市委宣传部支持的政府授权交易平台。2011年沈阳文交所进行了股份制改造，实现了国有控股，股权结构多元化。沈阳文交所主要经营范围：为文化创意、影视制作、出版发行、印刷复制、广告、演艺娱乐、文化会展、数字内容和动漫等文化领域资产所有权、经营权、收益权及相关权利转让，以及专利权、著作权等知识产权转让提供政策咨询、信息发布、组织交易、产权鉴证、资金结算交割等综合配套服务。

（4）辽宁当代艺术品产权交易中心

辽宁当代艺术品产权交易中心于2011年经辽宁省人民政府批准设立，中共辽宁省委宣传部和辽宁省人民政府清理整顿小组审批通过，由大型国有传媒集团辽宁报刊传媒集团全资子公司北国文化与文化金融品类的开创者北京文交联合共同持股。该中心以创新资本运作繁荣文化艺术品市场，推动规范化、规模化、国际化发展，涵盖文化产权交易、企业孵化、信息发布，通过金融创新挖掘提升影视衍生品等的文化价值。

（三）2023年辽宁省推动文化与金融融合发展重点举措

2023年，为推动文化与金融深度合作，加快建设文化强省，全力实施全面振兴新突破三年行动，由中共辽宁省委宣传部牵头发起设立辽宁省文化和数字产业投资基金及推出"辽宁文企贷"优惠信贷产品，用金融手段赋能辽宁省文化产业高质量发展。

1. 辽宁省文化和数字产业投资基金

2023年，为贯彻落实国家文化数字化战略和重大文化产业项目带动战略，进一步推动辽宁省文化产业高质量发展，助力全面振兴新突破三年行动，根据《关于推动国有文化企业把社会效益放在首位、实现社会效益与经济效益相统一的指导意见》《关于推动全省文化产业高质量发展的若干意见》《辽宁省国有文化企业深化改革加快发展行动方案》等文件精神，由中共辽宁省委宣传部牵头，辽宁出版集团有限公司等作为发起人，设立辽宁省文化和数字产业投资基金。

（1）目标任务

省文投基金围绕省委、省政府文化产业发展有关战略部署，紧扣辽宁振兴发展目标，聚焦重点领域、扶持优质项目，充分发挥文化产业基金的作用和放大效应，推动发展新型文化业态，为全省文化产业高质量发展提供有力资金保障。

（2）基本原则

战略性原则。一是基金要充分落实国家对文化产业的总体规划，积极吸引社会资本，从战略高度推动全省文化产业转型升级、提质增效；二是基金注重文化产业的长远发展，从吸引社会资本支持文化产业发展的角度，向社会资本适度让利；三是基金注重对文化产业载体和创新平台的打造，从资本层面优化文化产业发展环境，为文化产业长远发展奠定坚实基础。

市场化原则。一是基金管理市场化，遴选市场募资能力强、专业水平高、业内投资业绩优异、有丰富项目资源的管理团队来管理基金；二是收益分配市场化，充分考虑到不同渠道资金在出资额度、出资方式、收益要求方面的差异，按市场化规则采取灵活的分配方式；三是退出市场化，采用市场通行的退出方式，确保社会投资人的合理收益。

规范性原则。一是基金的设立严格按照《证券投资基金法》的相关规定进行；二是基金委托专业化管理团队进行管理，管理团队负责投资和退出等全过程管理；三是在基金章程和委托协议中对基金的投资方向、决策程序、重大项目的资金保障等予以明确。

（3）基本情况

基金规模：基金总规模25亿元，一期10亿元，二期15亿元。

基金投向：基金根据科技驱动文化、文化赋能消费的产业逻辑，聚焦文化、科技、消费等投资领域。

基金管理模式：基金采用双GP运作模式，其中一方为辽宁出版集团有限公司子公司辽宁博鸿投资有限公司；另一方拟在全国范围内公开选聘，并作为省文投基金管理人。

基金存续期：省文投基金存续期为8年，其中投资期5年，退出期3年。

基金投资方式：直接股权投资。

2."辽宁文企贷"

2023年，为推动文化金融深度合作，用金融手段赋能辽宁省文化产业高质量发展，加快建设文化强省，全力实施全面振兴新突破三年行动，破解辽宁省中小文化企业融资难、融资贵的问题，为文化企业提供一个更加安全、更加便捷、更加优惠的融资服务平台，根据《关于推动全省文化产业高质量发展的若干意见》等文件精神，中共辽宁省委宣传部决定在全省推出"辽宁文企贷"优惠信贷产品。

"辽宁文企贷"是辽宁省首款专门针对文化企业开发的金融信贷产品。主要内容为，省委宣传部等部门筹措资金，形成风险补偿资金池，合作银行向具备一定条件的文化企业发放贷款，用于文化产业生产经营，担保机构、银行、资金池共同进行贷款风险分担，鼓励和引导省内金融机构（主要为各商业银行）加大对文化企业的贷款支持力度，为辽宁省文化企业提供一个更加安全、更加便捷、更加优惠的融资服务平台，破解中小文化企业融资难、融资贵的问题。

鼓励省内各市、县，国家级和省级开发区、文化产业园区（基地）试点设立风险补偿资金，以共同出资方式加入资金池。在贷款额度分配上优先满足试点地区的企业，并在贷款融资成本补助方面给予重点倾斜。

（1）运营模式

主要采用"担保+银行+资金池"模式。由省担保集团牵头对文化类企业担保增信，形成风险补偿资金池，资金存入合作银行，合作银行按不低于资金池资金30倍额度向企业贷款。担保机构主要采用"普惠小微批量担保模式"提供担保服务，担保机构与再担保机构按约定比例对担保进行风险再分担。重点支持符合《文化及相关产业分类（2018）》《中小企业划型标准规定》规定的小微文化企业。采用"先贷后保"的批量操作方式，由合作银行按照贷款评审要求和程序自主完成贷款审批和放款后，定期批量向资金池和担保机构备案。此类贷款原则上采用信用担保方式，不要求企业提供抵（质）押物。

合作银行也可与担保机构采取项目单体担保模式，通过抵（质）押等担保方式，向符合条件的文化企业贷款。符合条件的文化企业可获得来自省文化产业发展专项资金一定比例的贴息支持，同时也可享受担保费补助等融资成本补助。

（2）贷款风险分担补偿

省级风险补偿资金对合作金融机构为文化企业提供融资服务所产生的本金风险，以其在合作协议中承诺的资金和分担比例承担有限补偿责任。

（3）已签约合作银行

目前"辽宁文企贷"合作银行有中国银行股份有限公司辽宁省分行、中国银行股份有限公司大连市分行、中国农业银行股份有限公司辽宁省分行、中国建设银行股份有限公司辽宁省分行、中国工商银行股份有限公司辽宁省分行、中国工商银行股份有限公司大连市分行、交通银行股份有限公司辽宁省分行、盛京银行股份有限公司、大连银行股份有限公司。

（四）辽宁省推动文化与金融融合发展的相关政策

文化产业是经济社会发展的内容和魂魄，是塑造国家形象、促进社会和谐发展的重要环节，是地方推动创新驱动和调整产业结构的重要领域，而金融业的支持和资本市场的构建能够极大地促进文化产业发展，文化与金融融合发展的成功已经在国内各地陆续得到验证。辽宁作为文化大省，发展文化产业有自身的特点和实际情况，近年来辽宁省陆续出台了多份政策文件（见表5、表6），强调金融业在文化产业发展过程中的关键作用，加大金融业向文化产业的倾斜力度，促进文化与金融融合发展以及产品创新。

表 5　辽宁省文化产业相关政策

出台年份	政策名称	政策主要内容总结概括
2021	《辽宁省国民经济和社会发展第十四个五年规划和二〇三五年远景目标纲要》	深化文化体制改革，强化社会效益与经济效益相统一，推进文化事业与国企、文艺院团改革。加快文化产业数字化，建设文化大数据平台，推动印刷业绿色发展，增强文化与科技融合创新能力
2021	《辽宁省"十四五"文化和旅游发展规划》	加大金融信贷及债券市场支持文旅发展力度，鼓励文旅企业优化股权、上市融资及再融资，开展并购重组；探索经营权、门票收入权质押等贷款业务，支持A、B、M级纳税信用企业通过"银税互动"获取信贷
2021	《辽宁省"十四五"公共文化服务体系建设规划》	建立健全权责明确的公共文化服务财政保障机制，将经费纳入本级预算，支持边疆、农村基层公共文化服务体系建设，并鼓励社会资本参与，共同推动公共文化服务发展
2022	《辽宁省文化产业发展专项资金管理暂行办法》	专项资金由省财政预算安排，重点用于支持社会效益和经济效益突出的文化产业重点行业、重点企业、重点项目、重点园区（基地）发展

出台年份	政策名称	政策主要内容总结概括
2022	《辽宁省红色旅游发展规划(2022—2030年)》	统筹资金渠道,引导社会资金投入红色旅游建设,包括道路、营地、环境整治等。鼓励银行支持非公益性项目,创新金融产品。促进社会资本、公益基金参与保护维修。建立项目库,推动社会资本与重大项目对接
2023	《辽宁省文化和旅游系统优化营商环境提升服务质量若干措施》	涵盖优化政务服务、提升公共服务、规范经营行为、创作精品力作、加强综合执法、优化旅游品牌宣传等六方面,旨在打造高效、文明、诚信、安全、愉悦的文旅发展环境
2023	《辽宁省文旅产业高质量发展行动方案(2023—2025年)》	健全财政金融政策体系,用好省旅游发展资金,支持旅游形象推广、品牌创建、设施建设及市场拓展。鼓励市县设立专项资金,支持旅游业发展。探索设立文旅产业基金、金融服务中心,创新融资产品,加强企业融资服务,完善金融扶持政策
2023	《辽宁省支持文旅产业高质量发展若干政策措施》	为实施辽宁振兴行动,推动文旅产业高质量发展,制定政策措施,涵盖培育市场主体、推进重点项目建设、加强品牌创建、扩大消费、加强公共服务、加强要素保障等方面,旨在加快建设文化强省、旅游强省
2023	《辽宁全面振兴新突破三年行动方案(2023—2025年)》	以人民为中心,增进民生福祉,全面打好文明城市创建战,加快解决民生问题,满足人民对美好生活的向往,致力于建设文化体育强省,实现生活品质新突破

资料来源:根据政府公开政策整理。

表6 沈阳市文化产业相关政策

出台年份	政策名称	政策主要内容总结概括
2021	《沈阳市"十四五"文化旅游业发展规划》	优化财政专项资金使用,加大对重点项目的扶持力度;鼓励社会资本参与文旅基建,落实民企、小微等扶持政策;银行加大对文旅企业信贷投入力度,鼓励债券融资及无形资产质押,提升文旅企业融资能力
2021	《沈阳市建设区域性文化创意中心行动方案(2021—2025年)》	推进发展金融文创,推动金融机构设立文化分行、支行以及文化金融事业部等服务机构,开发形式多样的文化金融产品,满足文化企业融资需求
2023	《沈阳市全面振兴新突破三年行动方案(2023—2025年)》	擦亮文明城市品牌,建设全国文明典范城市,提升城市形象品质,扩大文化惠民覆盖面,文化产业年营收增速达10%,文化及相关产业占GDP比重达5%

出台年份	政策名称	政策主要内容总结概括
2023	《浑南区促进文化产业发展10条新政》	浑南区设立文化产业发展基金,支持比例不超过20%。对中小微文化企业贷款100万元以下部分,每年补贴50%利息,最多补贴3年
2023	《沈阳市旅游业三年"倍增"行动方案(2023—2025年)》《沈阳市2023年文化产业振兴行动计划》	至2025年,沈阳旅游及相关产业增加值占比达5%以上,旅游综合收入及项目投资额倍增,全面提升文化影响力、旅游吸引力、产品供给力及产业竞争力
2023	《铁西区(经开区、中德园)文化旅游业发展行动方案(2023—2025年)》	设立文旅引导基金,引导社会资本投资文化产业,推动文化企业直接融资,支持中小文化企业通过多种方式扩大融资,金融机构设立文化服务部门,开发文化金融产品,探索投贷联动,分散文化产业风险

资料来源：根据政府公开政策整理。

二 辽宁文化与金融融合发展存在的问题

(一)辽宁文化产业发展水平不高

通过对全国以及辽宁省文化产业发展状况的分析可知,近年来辽宁省的文化及相关产业增加值等一系列指标仍然较低。其中的原因不仅包括辽宁省整体经济发展较慢,对文化产业财政支出较少,政府对文化产业的扶持力度小于南方省份;也包括辽宁省的产业结构向来以工业和现代制造业为主,产业资源、政策资源、金融资源等多向重资产领域倾斜,即使想加大对文化产业等轻资产行业的扶持力度,产业结构调整也步履维艰;还包括辽宁省市场主体仍缺乏活力,优秀的文化领域人才流失,众多优秀文化的资源优势没有转化为产业优势,无法反哺地区经济,难以形成产业闭环。

但与此同时,辽宁省也是文化娱乐消费大省,每年居民在文化娱乐领域的消费水平在全国排名靠前。可见,辽宁省居民对文化及相关产业的消费需求旺盛、消费能力相对较强,但文化及相关产业的供给和投入较少,需求和供给的不平衡问题在辽宁省较为突出。

（二）政策体系尚不成熟

目前，辽宁省在文化与金融融合发展方面缺乏顶层设计和足够的配套政策，统筹协调的管理机制尚未形成，虽然《辽宁省"十四五"文化和旅游发展规划》等政府文件中有明确要求，但相关政策较为笼统、缺少实施细则和落地方案，而且大多数政策是借鉴南方文化大省过往经验，缺少创新性和本地化特色，难以真正为省内文化企业提供专项支持。

另外，在政策的实施过程中，省内文化领域国有企业和民营企业体制僵化、管理手段落后、思维开放性不足、缺乏进取意识等导致政策落实受阻，好的政策难以落地。

但在 2023 年，由中共辽宁省委宣传部牵头，通过借鉴其他省份文化与金融融合发展的成功经验，设立辽宁省文化和数字产业投资基金和推出"辽宁文企贷"优惠信贷产品，逐步完善文化金融产业的顶层设计，这成为辽宁省文化与金融快速融合发展的里程碑。

（三）金融支持文化产业发展的应用实践仍存在较大空缺

文化企业融资难是全国各省份均存在的普遍现象，文化产业由于其多无形资产、少固定资产的轻资产属性以及体量小、信息不对称、风险高等特征，难以获得以银行信贷为代表的间接金融支持，另外，由于文化企业创始人一般对资本市场不了解、文化企业 IPO 政策调整以及资本市场各类投资机构大多对文化产业和文化企业认知不足等，文化企业也难以获得以证券及股权基金为代表的直接金融支持。上述原因使得文化企业的融资渠道不畅通，融资困难的情况经常发生。

1. 财政支持难以满足文化产业资金需求

近年来，辽宁省较少的财政投入、固定资产投资和过小的扶持覆盖面难以满足省内文化产业在各阶段的资金需求，每年省内文化企业、文化项目申请省资金补贴名额更是千军万马过独木桥；另外，在新的税收制度下，针对中小文化企业的税收优惠被取消，而新增的部分优惠税收政策并不适用于中小文化企业。综上，税种的增加和税率的调整增加了中小文化企业的资金负担，内源性资金的不足使得企业更依赖于资本市场的外源性融资。

2. 商业银行的风险规避性使得中小文化企业难以获得贷款支持

企业的第一资金来源一般是自身日常经营所获利润以及结转的留存收益，而中小文化企业由于经营规模不大、成本高等，无法产生足够的利润以保障企业扩大经营所需要的资金，其需要通过外源性的资本市场来获取资金，其中最主要的为银行贷款。但由于银行的谨慎原则和风险控制制度，多无形资产、少固定资产的中小文化企业若无足额抵押资产则难以申请到银行信贷，而银行信贷正是中小文化企业最主要的资金来源，属于短期融资的银行信贷融资不畅通造成了中小文化企业无法扩大经营、向大型企业发展和转变，从而不利于辽宁省文化产业形成文化金融闭环。

另外，国有文化企业拥有政府支撑，且可以通过统一控制人下的相关企业提供担保，担保机构和银行均认为其有较高的财务偿还能力。据数据统计，国有文化企业与民营文化企业相比，贷款审批相对较为容易，且可以获得更低的贷款利率。

3. 投资市场欠发达难以满足文化企业的直接融资需求

近年来，许多省份通过股权投资基金或投资公司填补了中小文化企业的部分融资需求缺口，但大多数文化企业无法获得股权投资基金或投资公司的青睐，而专注于投资早期企业的天使投资、风险投资的分散化、粗放投后管理的特点也决定了其在满足中小文化企业资金需求方面的局限性。另外，由于辽宁省资本市场欠发达，省内暂未有省级的文化产业股权投资基金或文化产业创业投资基金落地，项目投资所考虑的行业政策、意识形态以及亏损导致的"国有资产流失问题"也是省级基金面临的重大挑战；而目前仅有的3只非省级文化产业基金因其本身逐利性质，真正能获得投资的企业少之又少，许多早期拥有优秀商业模式文化的中小企业或项目因规模、财务、资金等问题在省内无法融资从而搬迁至省外，造成了辽宁省优秀文化企业的流失。

4. 资本市场对文化企业融资存在诸多限制

目前我国已经建立了较为成熟的多层次资本市场，最主要的为债券市场和股票市场，但无论是债券市场还是股票市场均对企业融资有严格的要求和诸多的限制。一方面，IPO政策对企业经营和财务的高要求以及IPO政策重心的转移，使得文化企业难以通过上市发行股票融资；另一方面，我国目前发行债券、票据的程序比较复杂，对发行企业的财务状况要求较严，发行难度等同于

IPO。所以，债券市场和股票市场虽然在一定程度上可以满足部分文化企业对于资金的需求，但并不能彻底解决文化企业融资难的问题。

（四）文化企业盈利能力及质量较低

龙头企业对产业发展的带动作用十分明显，但是辽宁的文化及相关产业缺乏真正的具有聚集性和引领性的龙头企业，省域内的文化企业普遍规模不大、盈利能力及质量较低、发展模式仍比较单一，尤其国有文化相关企业的很多项目停留在规划布局阶段，实际业务发展受到国有审批流程、决策机制和自身经营观念的束缚，市场化高级管理人才缺乏，盈利能力和经济效益未能实现突破，与国内知名的文化企业相比，辽宁的文化及相关产业企业市场化运作水平提升任重道远。

以辽宁唯一一家主板上市国有文化龙头企业出版传媒为例，根据2022年财务报告，各项核心盈利指标在全国同类出版企业中均排名较低，其中总资产排第16位，营业收入排第14位，净利润排第21位，ROE排第24位，利润率排第25位，和南方发达省份相比仍有较大差距（见表7）。

表7　全国出版传媒业上市公司2022年财务报告主要指标

单位：亿元，%

证券简称	总资产	净资产	2022年营业收入	增长率	2022年净利润	增长率	ROE	利润率
凤凰传媒	297.02	172.63	135.96	8.62	20.82	-15.26	12.06	15.31
中南传媒	248.19	146.43	124.65	10.00	13.99	-7.67	9.56	11.22
浙版传媒	220.72	127.05	117.85	3.42	14.14	7.33	11.13	12.00
皖新传媒	175.05	111.96	116.87	15.57	7.08	10.65	6.32	6.06
山东出版	205.66	133.61	112.15	2.98	16.80	9.63	12.58	14.98
新华文轩	206.51	124.90	109.30	4.49	13.97	6.95	11.18	12.78
中文传媒	287.31	174.86	102.36	-4.46	19.30	-5.53	11.04	18.86
中原传媒	158.01	98.47	96.29	3.97	10.32	5.85	10.48	10.72
南方传媒	148.18	72.37	90.55	19.17	9.43	16.70	13.04	10.41
时代出版	76.87	52.57	76.46	-3.13	3.44	-4.16	6.55	4.50
长江传媒	124.72	84.39	62.95	4.52	7.29	4.57	8.64	11.58
中国出版	148.62	81.70	61.41	-2.59	6.51	-16.56	7.97	10.60
中国科传	67.89	48.29	27.09	2.88	4.69	-3.63	9.71	17.31
出版传媒	42.04	24.46	26.11	-8.98	0.75	-30.71	3.08	2.87

续表

证券简称	总资产	净资产	2022年营业收入	增长率	2022年净利润	增长率	ROE	利润率
城市传媒	40.94	29.98	25.54	5.77	3.36	20.63	11.21	13.16
华媒控股	39.54	15.65	18.07	-8.05	0.85	-27.74	5.42	4.70
龙版传媒	50.38	34.22	18.06	0.85	4.78	7.91	13.97	26.47
中信出版	31.93	20.62	18.01	-6.31	1.26	-47.81	6.12	7.00
内蒙新华	40.27	23.10	16.58	4.19	2.68	17.20	11.59	16.16
读者传媒	24.48	18.64	12.91	5.67	0.86	1.08	4.61	6.66
新华传媒	39.66	24.99	12.59	-1.93	0.09	-73.72	0.35	0.71
中文在线	18.65	11.54	11.80	-0.78	-3.62	-466.45	-31.38	-30.68
新经典	22.02	19.71	9.38	1.72	1.37	4.82	6.95	14.61
华闻集团	54.43	20.62	7.59	-24.80	-6.83	-5189.72	-33.14	-89.99
读客文化	8.09	6.56	5.14	-1.04	0.62	-7.34	9.50	12.06
博瑞传播	38.62	30.09	5.07	-27.42	0.40	-48.71	1.34	7.89
果麦文化	7.48	6.03	4.62	0.16	0.41	-28.07	6.76	8.87
世纪天鸿	10.42	7.77	4.33	5.25	0.36	2.78	4.58	8.31

资料来源：根据公开数据整理。

　　造成如此差距的主要原因是中国同行业领军企业中南传媒、凤凰传媒、中国出版及浙版传媒不断加强主业，并利用资本运作方式，设立文化投资基金，通过并购重组等方式丰富产业链，收购游戏、综艺、教育、IP内容等公司，开展多元化业务，推动转型升级与业务调整。而出版传媒在数字化转型、产业升级迭代环节进展缓慢，并且没有充分利用上市公司平台作用，只凭借日常主业经营、政府补贴带来的资金进行资本运作，导致资本运作资金不足、压力较大。并且主营业务单一，主要为传统出版业务，导致公司整体ROE和利润率在行业内不高，盈利能力较弱。在广播电视业，辽宁卫视作为全国地方卫视最早改革的单位，推出过众多经典节目，如《第一时间》《新北方》《刘老根大舞台》《说天下》等，2008年实现三年三大步跨越式发展，收视率跃居中国省级卫视前五名。但近年来由于思想、运营方式、地域经济、广告内容等方面的问题，难以推出知名节目，收视率和观众忠实度逐步下滑到全国四线卫视水平。

　　因此，辽宁省文化类企业与金融业融合发展的空间仍然巨大，没有充分利用金融工具扩大生产，且大多依靠政府补助、垄断地位仅仅局限于单一主业经营，并没有建立多元化、网格化的发展模式，距离发达省份具有追赶空间。

三 辽宁文化与金融融合发展的建议

从党的十九大报告提出"我国经济已由高速增长阶段转向高质量发展阶段"，到党的二十大报告将高质量发展的重要性提升到前所未有的高度，"高质量发展"已扩展成为经济社会方方面面的总要求。由于文化产业自身的发展规律和独特的性质，应当构建以政府为主导的多层次金融支持体系，发挥金融业调整产业结构的导向作用及对文化产业的推动作用，最终形成"金融业支持—文化产业发展—经济增长"的良性闭环。

（一）政府加大对文化产业的支持力度

1. 做好顶层设计，统筹全面推进

文化与金融融合发展具有公共性、全局性、前瞻性，需要有大格局、大手笔、大发展。辽宁省各级政府要按照《辽宁省国民经济和社会发展第十四个五年规划和二〇三五年远景目标纲要》《辽宁省"十四五"文化和旅游发展规划》《辽宁全面振兴新突破三年行动方案（2023—2025年）》有关规划和要求，明确政府及其相关部门的工作任务和职责，建立全省文化与金融发展领导小组，加强顶层设计，组织相关政府部门、科研院所以及市场上各类金融机构的文化金融复合型人才组成顾问团队，形成推动规划实施的合力，及时发现、协调解决规划实施中出现的具体问题，确保高质量实现辽宁省"十四五"文化和旅游发展各项目标任务。

2. 制定并完善相关法律法规

完善金融法规是破解文化产业融资难题的首要条件。辽宁省应当结合《辽宁省国民经济和社会发展第十四个五年规划和二〇三五年远景目标纲要》《辽宁省"十四五"文化和旅游发展规划》《辽宁全面振兴新突破三年行动方案（2023- 2025年）》的相关规划和要求，以《文化产业促进法》为依据，建立因地制宜的法规制度，涵盖文化企业、财务、融资、资产监管等多方面，保障文化与金融融合发展的制度供给，做到文化金融各细分领域政策创新，推

进文化与金融有序发展。

3. 加大政策支持力度

持续深化"辽宁文企贷"项目，进一步完善风险补偿机制，聚焦文化信贷风险补偿关键环节，以风险补偿资金池、合作银行、担保机构、管理机构多方合作的模式为基础，适时利用财政资金推出"贴息贷款"，缓解省内中小文化企业贷款难、贷款贵的问题；推动文化产业集合发债的试点工作，降低发行成本，通过财政资金给予文化企业发债补助；降低文化产业准入门槛，降低注册资金要求，简化文化企业注册审批流程。

4. 加大财政支持力度

加大辽宁省财政对文化产业的支持力度，优化财政投入结构，增加文化事业经费的投入比例，引导财政资金扶持营利性以及非营利性文化事业；通过资金配套、税收优惠等政策吸引外省各行业的企业增加对辽宁省文化事业的投资；增加对辽宁省文化和数字产业投资基金的出资份额，降低基金设立的资金难度，并出资设立省内文化产业创业基金。

5. 加大投资引导与扶持力度

建设文化投融资平台和项目库，实施动态管理。由政府牵头举办线上线下投融资推介会，吸引省内外投资集团、金融机构、文化企业聚集辽宁、落地辽宁。加大招商引资力度，并支持多种经济成分进行文化金融开发建设，与财政、商务、金融等部门协商探索在辽宁省建立文化投资企业鼓励机制。

（二）组建辽宁省文化产业投资平台

目前，全国文化产业发达省份均设立省级文化产业投资平台，如陕西文化产业投资控股（集团）有限公司、北京市文化投资发展集团有限责任公司、山东省文化产业投资集团有限公司等，发展较好的区域文投平台都是"政府主导、龙头企业引领"，普遍具有特征明显、针对性强的发展定位，通过整合地方文化产业，主要借助资本运作手段与金融深度融合，发挥产业集群优势、激发发展活力、大力助推地方文化产业发展。

建议组建辽宁省文化产业投资平台，借鉴文化金融产业发达省份优秀经验，整合全省优质文化资源，探索文化与金融融合发展之路，建立并购基金、资产管理、特色贷款、文化担保、融资租赁等业务文化金融产业链，建成全省文化产业投融资综合业务平台。

（三）完善文化金融的融资体系

1. 鼓励金融服务持续创新

持续创新金融产品与金融服务，实现金融产品的个性化与差异化，深入推动文化金融协同发展。一方面，在有效控制风险的前提下，依托相关政策，积极探寻服务文化企业信贷资金需求的路径：继续推进专利权质押、著作权质押、商标权质押等业务，创新担保体系与贷款模式，逐步扩大融资租赁贷款、应收账款融资等金融产品规模。另一方面，设立文化产业金融事业部，为影视、传统文化、文化创意、出版发行等细分行业提供专业服务。

2. 银行

以"辽宁文企贷"为抓手，通过风险补偿资金政策和贴息支持途径，鼓励银行拓宽文化企业贷款渠道，提升贷款额度。开展无形资产抵押、质押业务，鼓励银行将资金投向文化产业。同时应加大宣传力度，在省内各地市开展"辽宁文企贷"业务推介会，调动中小文化企业融资积极性。

3. 股权投资基金

持续丰富与建设文化产业股权投资基金、创业投资基金、天使投资基金等系列专项基金，形成利益共享、风险共担的投资制度，分散文化产业高风险的同时助力文化产业的发展。同时，完善基金使用与管理办法，发挥政府财政作用，引导基金扶持中小文化企业，保障中小文化企业的发展，逐渐形成文化全产业链投资布局。

4. 上市融资

加强文旅部门与地方金融监管部门等的对接沟通和信息共享，有针对性地做好上市培育服务工作，深挖细挖文化旅游产业优质上市后备资源，培育优质文化企业上市融资，保证长期稳定的资金来源与需求。

5. 债券

一方面，通过技术创新进一步巩固金融机构与融资担保公司的合作，通过加大对文化企业债权融资培训力度，提升文化企业融资的成功率。另一方面，科学构建具有文化产业特征的资信评估体系，以版权、知识产权等无形资产为信托资产，进行无形资产证券化融资。

（四）完善文化资产交易的配套体系

完善文化资产交易的配套体系，优化资源配置，避免逆向选择导致资源错配和价值误判，强化信息的公开透明和流转，促进文化企业与金融机构之间的相互了解。一方面，以北方国家版权交易中心、中销文化艺术品交易中心、辽宁沈阳文化产权交易中心、辽宁当代艺术品产权交易中心为核心，完善知识产权交易体系，将知识产权商品赋予足够的流动性，完善知识产权价值的市场发现机制，为商业银行引入知识产权质押资产变现提供坚实的基础，降低融资风险并促进文化产业的信贷扩张；另一方面，搭建连接文化企业和市场上各类金融机构的信息桥梁，建设无形资产评估机构，完善知识产权等无形资产评估体系，为金融机构提供专业可靠的文化企业财产价值评估，消除文化企业与各类金融机构间的信息阻碍。

（五）支持在各重点领域打造文化金融产业园区

文化产业园区是地域文化沉淀、文化企业孵化和成长、文化人才集聚发展、文化扶持政策集中实施的重要载体。辽宁省各地市文化产业园区已初具特色和总量规模，但相比全国仍处中等偏后水平。需要按照创新优园、名人立园、名企强园的思路，加强企业孵化器、众创空间、公共服务平台建设，支持在各重点领域打造文化金融产业园区，完善各级各类文化金融产业园区的孵化培育功能。鼓励和引导"大众创业、万众创新"，不断促进"小升规""规升巨"。

（六）以区域合作推进文化产业的集群化发展

文化企业的联结和集聚会产生正向的溢出效应，因此区域文化产业间的合作必然是未来文化产业发展的主要趋势。一方面，辽宁省政府应统筹省内区域文化产业发展，加强省内区域、城乡间文化产业的统筹协调，挖掘各地市独特的文化潜力和文化优势，鼓励发挥比较优势，逐渐形成绝对优势；另一方面，应加强省内外区域间合作，开展与国内其他优秀文化产业聚集区的合作，形成大产业竞合。区域间的交流合作可以有效扩大金融资源在文化产业内的配置范围，引领区域文化企业在更高水平上的合作与进步。

（七）创建国家文化与金融合作示范区

辽宁省各级政府需以《辽宁省国民经济和社会发展第十四个五年规划和二〇三五年远景目标纲要》《辽宁省"十四五"文化和旅游发展规划》《辽宁全面振兴新突破三年行动方案（2023—2025年）》规划要求为指引，全面深化改革的部署和安排，做好顶层设计，健全现代文化产业体系和市场体系，构建文化与金融融合发展的产业布局，支持创建国家文化与金融合作示范区，推动文化和旅游金融服务中心创建，推广文化和旅游金融服务中心模式，推进文化金融复合领域合作示范区提质扩容。

（八）加大文化金融复合型人才培养力度与产业用地支持力度

1. 文化金融复合型人才

强化文化金融复合型人才培养，因地制宜出台精准有效的复合型人才培养政策，完善人才激励和约束机制，引进高层次文化金融人才的同时降低人才的外流率。加强文化与金融智库建设，立足高校、企业、科研院所，打造辽宁文化金融智库平台和智库联合体。引进国内外文化金融领域协会、研究院等智库和社会组织在辽宁举办峰会、论坛、路演交流会等，汇集优秀金融机构和文化企业，不断提升辽宁省文化金融的智力资源水平，打造辽宁高端文化和金融智力中心。

2. 文化金融产业用地

加大产业用地支持力度，加强文化金融的国土空间规划、专项规划的衔接，为省内重点区域和重要项目提供办公用地、优惠或免费物业，配套好基础设施，做好产业嫁接，为各类金融机构及文化企业在辽宁设立分公司提供办公场地便利。

参考文献

《辽宁省文化和旅游厅关于印发〈辽宁省"十四五"文化和旅游发展规划〉的通知》，辽宁省人民政府网站，2021 年 8 月 31 日，https：//www. ln. gov. cn/web/zwgkx/lnsrmzfgb/2021n/zk/zk12/bmwj/A0BBC5608D294AE488087DAC3639B017/。

《辽宁省国民经济和社会发展第十四个五年规划和二〇三五年远景目标纲要》，辽宁省人民政府网站，2021 年 3 月 30 日，https：//www. ln. gov. cn/web/zwgkx/zfwj/szfwj/zfwj2011_ 148487/5707988A77744C8BA6A039712A1B55FB/。

《以中国式现代化辽宁实践推动全面振兴取得新突破——〈辽宁全面振兴新突破三年行动方案（2023—2025 年）〉（概览）》，辽宁省人民政府网站，2023 年 3 月 13 日，https：//www. ln. gov. cn/web/qmzx/lnsqmzxxtpsnxd/tt/20230313143009731172/。

《关于印发〈辽宁省文旅产业高质量发展行动方案（2023—2025 年）〉的通知》，辽宁省人民政府网站，2023 年 5 月 4 日，https：//www. ln. gov. cn/web/zwgkx/lnsrmzfgb/2023n/zk/zk8/bmwj/2023080116124521201/。

刘晓飞：《我国文化产业的金融支持体系研究》，博士学位论文，北京交通大学，2020。

高慧娴：《我国金融发展对文化产业发展的影响研究》，硕士学位论文，福建师范大学，2021。

李凌云：《新形势下大型商业银行集团助力我国文化产业高质量发展的路径研究》，《现代金融导刊》2022 年第 5 期。

李晓南：《供给侧改革背景下辽宁文化产业发展策略研究》，《中国商论》2018 年第 32 期。

《辽宁省金融运行报告（2023）》，中国人民银行辽宁省分行网站，2023 年 11 月 9 日，http：//shenyang. pbc. gov. cn/shenyfh/2929347/5127311/index. html。

丁亚宁：《我国文化产业金融支持体系的现状与对策》，《商业文化》2022 年第 1 期。

穆重怀：《辽宁地域文化的国际化探究》，《侨园》2022 年第 4 期。

B.17
辽宁文化与科技融合发展报告

刘雨涵 *

摘　要：　辽宁文化与科技融合已进入平稳发展阶段，省内对于文化和科技融合示范基地的建设给予了高度重视，并通过评选和培育省级文化和科技融合示范基地来引导和支持文化科技产业的发展。在健全文化科技创新体系方面，辽宁省也取得了显著进展。通过加强基础研究、共性技术研究以及系统集成应用技术研发，为文化与科技融合提供了坚实的技术支撑。同时，还积极推动云科技等现代信息技术的应用，这些技术的应用不仅便利了百姓生活，也进一步提升了文化服务的智能化水平。但在文化与科技融合过程中，辽宁省还存在文化科技发展不平衡、自主创新能力不强、缺乏知名文化科技街区等问题亟待解决。

关键词：　文化　科技　文化科技品牌　文化科技街区

党的二十大报告提出，"实施国家文化数字化战略"。科技为文化赋能，文化为科技铸魂，文化与科技深度融合具有显著优势和广阔前景。近年来，社会科学技术日新月异，科技的创新发展丰富了文化产品类型和文化服务种类，增强了中华优秀传统文化的表现力、传播力、影响力，促使文化经济呈现出繁荣景象，科技与文化之间相互渗透、融合。文化产业作为世界各国的支柱产业之一，也呈现出数字化、信息化的新型发展方式，随着数字技术的进一步普及应用，传统文化企业也在不断呈现出新的发展形态，文化新模式、新业态仍将不断演进，为传统文化企业的转型升级、更新换代奠定坚实基础，数字技术与文化产业深度融合成为文化产业发展的一种必然趋势。如今人们足不出户，就

---

* 刘雨涵，鲁迅美术学院人文学院教师，研究方向为艺术学理论、文化产业。

可以通过互联网、借助 VR 等数字技术，实现网上虚拟旅游。各地景区借助先进的数字技术和多媒体手段，生动展示当地文化的价值内涵和艺术特色，大大提升了服务质量和用户体验。实践证明，数字技术在增强历史文化遗产吸引力、提升文化消费品质等方面具有重要作用。据此，辽宁省为贯彻落实党的二十大重要部署，积极实施国家文化数字化战略，深化数字技术应用，让历史文化遗产焕发新的生机与活力，推动文化事业和文化产业的繁荣发展。

一 辽宁文化与科技宏观环境概况

随着疫情防控平稳转段，经济开始逐渐复苏，各地的文化产业也进入稳步复苏与快速增长的阶段。一度被压抑的文旅消费欲望，重新释放出巨大的产业动能，各大文化机构、旅游景区、商业综合体纷纷推出各类创意活动、艺术产品、文旅项目来吸引受众。为促进辽宁文旅产业发展，助力辽宁文化企业强势输出，辽宁省政府大力扶持了一批省内文化和科技融合示范基地、重点文化产业项目、文旅产业等发展，以"科技+""创意+""旅游+"的模式，为文化赋能，推动创意生金。

（一）辽宁省文化和科技融合示范基地发展情况

2022 年 12 月，按照《辽宁省关于促进文化和科技深度融合的实施意见》和《辽宁省文化和科技融合示范基地评选培育管理办法（试行）》的有关规定，经申报推荐、会议答辩、调研实勘等程序，辽宁省评选出第三批辽宁省文化和科技融合示范基地共 14 个，其中集聚类 1 个，为大连九蝶文创园，单体类 13 个，包括沈阳雅译网络技术有限公司、辽宁美术馆（辽宁画院）、希比科技集团有限公司、辽宁鼎籍智造传媒有限公司、阜新天火动漫文化传播有限公司等。截至 2023 年，辽宁省已有 13 个示范园区、3 个重点培育园区、58 个示范基地、15 个重点培育基地，以及新申报的 11 个园区。它们的主营业务包括省内数字文化平台建设、网络文化宣传、数字内容制作、软件开发、技术开发等，其主营业务发展较好，在行业中具有一定影响，有一定特色和优势，具有示范带动作用；在文化和科技融合领域科技成果转化业绩较好，新技术产业化推广应用成效较明显且具有带动示范性，采用新技术改造提升文化服务水平效果较明显；同时具有发展模式较新、支撑能力较强、研发投入较大、知识产权和成果转化情况较好、推进文化和科技融合工作管理较规范的优势；在发展定位、方向和思路上较清晰，规划较完整，下一步发展前景较好。

为了保障辽宁文化科技企业的发展，根据《辽宁省文化和科技融合示范基地评选培育管理办法（试行）》要求，辽宁省文化和旅游厅每两年对省级文化和科技融合示范基地进行一次绩效评价，对省内的文化科技项目进行重点调研考察，考核企业的主营业务、文化科技融合及创新能力情况等。其中沈阳广播电视台主营业务包含全媒体传播、新媒体技术开发、"5G+4K/8K+AI"创新场景开发建设等，主要产品包括"艺卡"智能移动拍摄系统、媒资大数据智能检索平台、AR/VR制播平台、自主IP"云盛京"App、杜比沉浸式影音工场等。"艺卡"智能移动拍摄系统改变了智能拍摄机器人依靠国外进口的局面，开创了广电行业自主研发智能设备的先河；5G、云计算等新技术在新闻传播领域的应用，既丰富了广电媒体传播的形态、样态，又拓展了广电在"5G+VR直播"、AR/VR融合节目制作、数字化文化展馆等领域的新模式、新业态；而杜比沉浸式影音工场布局上游音频制作，完善下游影像拍摄，目前已经形成全景音频制作的全产业链。辽宁省文化艺术研究院负责全省公共数字文化服务，重点打造数字文化平台，如辽宁文化云、辽宁文化共享频道、文化辽宁点播专区和魅力中国海外播出平台辽宁专区；建设数字文化资源库，开展全省数字文化品牌活动。

（二）辽宁省文化科技科研创新活动情况

文化科技涉及文化事业和文化产业两个方面，文化事业本质是非营利性，主要任务是为社会提供精神产品，满足社会的共同需要，目标是人人参与文化、人人享受文化、人人创造文化。文化产业是按照工业标准，进行生产、再生产、储存以及分配文化产品和服务的一系列活动，以生产和提供精神产品和服务为主要活动，以满足人们的文化需要为目标。疫情防控期间，辽宁文化事业、文化产业主要通过互联网技术丰富了群众文化生活。2022年辽宁省文化和旅游局局长会议上确立，辽宁将实施文化产业数字化战略，加快培育壮大线上演播、沉浸式体验、数字艺术等新型文化业态。为适应数字化、网络化、智能化趋势，推动5G、大数据、人工智能、VR、AR等技术在线上演播、智慧景区打造、新场景应用、新业态培育等方面广泛应用，大力发展数字文化产业、智慧旅游、公共数字文化服务，推动文化科技创新。

1. 辽宁文化事业的开放式文化场域

疫情防控期间，全省各大艺术院团以及博物馆、图书馆等公共文化服务机构充分利用网络平台开展"云"上文化艺术活动，为群众文化生活提供了丰富内容。网络技术赋能之下，"云"上文化娱乐已经不仅仅以"短"见长，长达几十分钟甚至数小时的"云"音乐会、"云"上读书节、"云"游博物馆等大型直播活动不断涌现。剧场里的舞台艺术和展览馆、图书馆的真实体验，变成了群众指尖上的文化享受。这不仅是疫情影响之下的不得已而为之，而且是为已经到来的5G时代不断拓展和探索"云"文化的全新可能性，是艺术普及方式的重置与探索，是人类文明文化共享的新生态。

沈阳广播电视台建成以自主IP门户平台"云盛京"为龙头、以分工精准的新媒体方阵为支撑、以各大门户平台和热门应用上的账号群为两翼的，互联互推、集团军作战的"新媒体矩阵"，与传统广电融合共生，形成更大传播力、更强喉舌功能、更高产业价值的全媒体传播体系。截至2023年，移动端粉丝、用户数量超过4000万人，收听、收视读者人群覆盖超过4300万人。

辽宁省文化艺术研究院旗下的辽宁文化云平台设置了直播赏精品、约活动、学艺术、享阅读、逛展览、乐旅游、志愿服务等板块，通过"PC+手机H5"双端，实现"互联网+文化"的融合，集信息宣传、公共文化服务、文化产业于一体，融入了区块链、VR、5G、一键分发等先进技术；辽宁文化共享频道和文化辽宁点播专区已覆盖全省350万名用户，开设栏目包括农业、科技、文化艺术等；辽宁数字文化资源库挖掘地方文化制作专题片50多部，拍摄的艺术演出等视频资源140TB，满足百姓不同需求。

除此之外，辽宁省还将省科学技术馆列为省重点文化建设项目，免费对公众开放，场馆由常设展览、短期展览、科普特效影院、培训实验室、科普报告等项目组成，是一座集科普教育、科技交流、休闲旅游于一体的综合性科技馆。同时也是全省科学普及的阵地、学术交流的中心、科技工作者之家。

2. 辽宁文化旅游与科技融合情况

疫情防控平稳转段后，旅游产业进入黄金发展期和大众化、产业化发展新阶段。为加强科技创新，全面提升旅游产业人员素质和服务质量，努力扩大旅游消费，推进辽宁旅游产业持续快速发展。辽宁省加强旅游电子商务建设，不断提高城市旅游信息化服务水平。利用科技手段，探索建立旅游人才信息交流平台，推动形成区域性旅游人才市场。充分利用辽宁自贸试验区平台，探索利用保税区免税店带动文创商品、旅游商品研发销售，持续扩大辽宁文化影响力。

沈阳故宫引入了九天达科技的先进解决方案，将原来的游客等候排队购票改变为电子触摸屏上点击后自动出票的智能售票方式。该方案以票务信息化为切入点，将传统的售检票方式转变为采用售票电脑、自动发卡机和条码打印机进行现场售票；而检票方式由多个搭载了"IC 卡回收加条码识别"技术的入口闸机和单向出口闸机组成自助出入口通道，从而实现了景区售检票的自动化和智能化。同时后台数据中心采用磁盘阵列搭载双服务器的方式，整套系统的应用实现了沈阳故宫售票、检票、汇总、统计、查询、报表等票务和客流监控工作全方位信息化管理，为沈阳故宫建成智慧景区添上了重要的一笔。

为助力全面振兴新突破三年行动，发力推动文化和旅游深度融合发展。辽宁省在 2023 年 2 月召开的"畅游辽宁"春季旅游发布会上亮出在打造文化和旅游新品牌、强化文化和旅游消费投资新举措、构建辽宁文化传播新载体等方面的新动作，将着力打造"万里长城东起点"文化 IP，整合辽宁境内长城沿线文化遗产资源、生态自然资源，统筹推进管控保护、主题展示、文旅融合、传统利用四类主体功能区建设，同时着力构建辽宁文化传播新载体，进一步扩大辽宁文化影响力。拓展文化服务场景，推动全省文化遗产场所、公共文化服务机构等景区化，培育"主客共享"的美好生活新空间。以"赏花观鸟　春游辽宁"为主题，向社会推出红色旅游、长城旅游、工业旅游、乡村旅游四类各具特色的旅游精品线路。

3. 辽宁数字内容制作产业发展情况

数字内容制作产业是信息技术与文化创意高度融合的产业形式，涵盖数字游戏、互动娱乐、影视动漫、立体影像、数字学习、数字出版、数字典藏、数字表演、网络服务、内容软件等，为三网融合、云计算、无线网络等新兴技术和产业提供内容支撑。为贯彻落实国家文化数字化战略，辽宁省大力促进数字内容制作产业发展，经过积极努力，辽宁省数字经济呈现良好发展态势。

辽宁向日葵数字科技股份有限公司将数字内容生产进行流程化设计，独创了"中央厨房"的生产模式，对知识生产的过程进行精细化分工，实现了多人、多地、多技术工种的在线协同；目前已经为全国诸多高等院校、数字出版社提供了在线教育全流程解决方案。通过应用新兴信息技术和多媒体技术，解决数字内容生产创造性和理论支撑难题，提供完善的课程开发和数字教育资源内容制作服务，形成了一套全流程数字课程生产体系。主要产品包括教师智能研修平台、虚拟演播厅SVS、开发服务平台、内容制作服务平台、教学内容制作质量管控平台、在线课程资源管理平台、虚拟仿真实验平台、智慧教室等。目前在数字内容生产行业，全国市场份额可达30%。

铁岭外研传媒有限公司以"非遗"为载体，融合教育、科技、文化元素，建成了在国内拥有领先地位的非遗"五个一"工程和四个辅助工程。非遗"五个一"工程为一网（外研非遗网）、一校（外研非遗培训学校）、一馆（外研非遗博物馆）、一店（外研非遗网体验店）、一园（外研非遗产业园）。四个辅助工程为非物质文化遗产活态传承高峰论坛、中国非物质文化遗产世界行活动、外研非遗艺术团、外研非遗知识产权运营中心。其中，外研非遗网可中英双语切换，收录非遗大数据8万余条，非遗地图店铺3610个，具备商城功能。网站开通了阿联酋、俄罗斯、日本、韩国等国家非遗馆15个，中英文展示了国外132个国家532个世界级非遗项目专题网页，国内外非遗文创产品3000件。几年来外研非遗网累计接待阿联酋、日本、韩国、美国、冈比亚等华人华侨社团百余次，接待国内团体和个人10余万人次。2019年外研非遗网被商务部、中宣部、财政部、文化和旅游部、国家广播电视总局评为"2019~2020国家文化出口重点项目"。2021年该公司被辽宁省科技厅、省委宣传部、省委网信办、省财政厅、省文旅厅、省广播电视局评为"辽宁省文化和科技融合示范基地"。

沈阳盘古网络技术有限公司借助百度AI技术，通过自主研发和实施一整套用于企业品牌文化宣传推广的盘古智造产品矩阵和盘古尊享服务矩阵，服务于各类对品牌文化宣传推广有需求的企事业单位。如今每年为6000余家企业提供全链智能化整合品牌文化宣传推广服务，依托百度AI大数据能力精准洞察用户属性，并预测他们的意图，用程序化创意快速形成千人千面的文化宣传创意内容，基于万物互联、万物皆媒的能力实现智能化的全时全场景覆盖分发，并提供全流程的智能监测与多维度效果评估。每年主营收入约 3 亿元，均来源于对客户品牌文化宣传的整合方案策划及实施。

大连蒂艾斯科技发展股份有限公司创造了中国第一台仿生人形机器人，是世界上唯一一家将仿生人形机器人应用落地和第一家真正面向公众的高科技、开放式的仿生人形机器人研发机构。其旗下的 EX 机器人品牌拥有 100 余项核心自主知识产权，拥有国际最领先的仿生皮肤制造技术，已分别与清华大学、北京理工大学、微软成立联合实验室。并通过 EX 未来科技馆展出仿生人形机器人、5G 云端机器人、互动科技产品等高科技成果，秉承着"5G 云端智能，创建元宇宙机器人未来世界"的理念，由机器人提供"一站式"服务，打造全亚洲首家历史名人仿生机器人馆、元宇宙空间体验科技馆和对外开放机器人研发过程的未来科技馆，把科技、研学、文娱、商旅有机融合，展示了人工智能在未来生活中的诸多应用场景。计划于 2024 年起批量生产仿生人形机器人，用于全国各地城市科技馆里，预计年产量 500 台。

综上所述，通过调研省内文化科技融合企业发展情况，可以发现辽宁省内数字内容制作产业目前呈向好态势。在政府的支持和辅助下，创造了更多文化和科技融合创新性成果。沈阳市开展加快数字经济发展专项行动，大连市启动数字大连"一枢纽三高地"建设。腾讯云启产业基地项目落地沈阳，华为首个人工智能创新中心在沈抚新区正式上线，大连高新区成为国家首批数字服务出口基地，锦州华为云计算中心投入运行。截至 2023 年，辽宁省已确定华为、浪潮、航天云网等 37 家企业为上云服务商，可为企业提供 18 个大类 600 多项云端标准化和定制化服务，全省"上云"工业企业近万家。

（三）多措并举推动辽宁文化科技蓬勃发展

在全球化深入发展、数字化加快推进的时代背景下，辽宁省也正加快文化与科技融合步伐，对省内具有代表性和示范性的文化科技集聚类基地和单体类基地企业进行重点调研考察，了解了企业的创新需求，并针对企业未来发展规划提出了意见建议。同时，辽宁省还以更大力度和更实举措持续优化营商环境，于 2024 年 2 月召开了全省优化营商环境打赢攻坚之战动员大会，向全社会释放了下好优化营商环境先手棋，坚决打好打赢攻坚之年攻坚之战的鲜明信号。要按照党中央决策部署及省委工作要求，坚持问题导向，狠抓系统整治，推动辽宁省营商环境发生持续性、根本性好转。要持续深化改革，坚持把惠企利民作为营商环境改革的根本指向，综合施策助力企业降本增效，数字赋能提升政务服务质效，闭环推动惠企政策落地落实。要促进公平竞争，主动服务和融入全国统一大市场，依法依规维护公平市场秩序，加大监管执法的力度并提升温度。要聚焦项目建设，健全完善项目储备、前期工作、开工建设、投产达效等全链条服务机制，提供全生命周期服务，强化金融、人才、土地等要素保障，开展"领导干部进园区进企业　服务振兴新突破"专项行动，抓好产业园区指导帮扶。要弘扬诚信法治，打造守信践诺的信用环境、公正透明的法治环境，保护企业家合法权益，维护来之不易的发展市场，优化政治生态，加快建设市场化、法治化、国际化一流营商环境，擦亮法治辽宁、诚信辽宁"金字招牌"，为推动实现辽宁全面振兴新突破提供有力保障。

在党和政府的引导下，辽宁文化科技在近些年得到快速提升，不但文化内容和创意的生产力和产出质量大幅提高，还以沈阳为核心，发挥省会城市的优势，推动了更多文化企业走"文化+科技"的发展路线，运用先进技术，创新文化生产方式，促进传统优势文化产业改造升级，推动文化新兴业态成为新的经济增长点，取得了明显成效。

二　辽宁文化与科技融合过程中存在的问题

（一）辽宁省文化科技管理体制不够完善

因为文化科技产业涉猎范围较广，其中文化产业包含图书、报刊、影视、音像制品等行业和以劳务形式出现的文化服务行业，如戏剧舞蹈的演出、体育、娱乐、策划、经纪业等，以及向其他商品和行业提供文化附加值的行业，如装潢、装饰、形象设计、文化旅游等；而科技产业则涉及高新技术领域，包括微电子技术、互联网技术、现代生物科技、新材料技术、激光技术等。因此文化科技产业的管理极为复杂，需要有专门部门进行有效管理和监督，在政府各部门间还需建立沟通渠道。目前辽宁省在文化科技产业管理方面实行的是多部门垂直管理，相关部门之间存在权力界限模糊、职责重叠等情况，影响政府履行职责，造成"政出多门"、效率低下等问题，这种管理体制会导致文化与科技之间的割裂，带来了政策难以有效落实等问题，因此亟须建立良好的文化科技管理体制，推动文化科技产业的持续健康发展。

（二）文化科技融合过程中的不平衡现象

辽宁省的文化科技企业如今已经逐渐由探索、培育、起步的初级阶段进入快速发展时期，总体规模不断扩大，但也在文化与科技的融合过程中出现一些不平衡的现象。因为辽宁各地文化经济发展不均衡，呈现出不同地域、不同领域以及不同利益相关者的发展不平衡现象。辽宁省内主要的新兴文化科技产业，如数字出版、创意设计和数字内容制作等都集中在沈阳、大连等经济较为发达的城市，因为这些地区具备资金、政策、人才等优势，能够率先实现科技与文化的深度融合，其他地区则相对滞后；辽宁省内传统文化资源丰富，但如今许多传统文化产业却尚未与科技融合，或存在融合流于形式，效果不太理想的情况；除此之外，在文化科技融合过程中还存在政府、企业、学术界和公众等不同利益相关者对于文化科技融合诉求和期待不同的状况，导致融合进程的不平衡。

（三）文化科技融合的自主创新能力不强

文化科技企业往往具有规模小、灵活性和创新性强等特点，但也由于规模小、资源有限，在资金筹集、市场拓展、人才引进、自主创新等方面面临诸多挑战。由于文化科技属于高新技术产业，产品需要实时更新，需要大量的资金、人才和时间投入进行产品研发，但对于文化科技小企业来说，通常存在融资难的问题，往往难以从银行等传统金融机构获得足够的融资支持，资金投入不足限制了辽宁文化科技企业创新能力发展。文化科技企业的自主创新还需科技型、创新型的高端人才，但辽宁地区薪资水平相对较低，福利待遇不如其他先进地区，因此这类人才流失严重，在一定程度上遏制了企业的自主创新能力。虽然辽宁网络文化服务增速较快，但总量规模仍然较小，反映了全省文化产业的主要组成部分仍然是相对固化、稳定的工业发展模式，因此，辽宁省在"文化+科技"创新发展模式下的技术研发、信息交流平台、成果转化等方面的自主创新能力有待增强。

（四）没有形成自身的知名文化品牌和文化 IP

文化 IP 在近些年城市发展中扮演着越来越重要的角色，它作为产业链的核心，不仅具备强大的文化影响力和市场吸引力，还能够推动文化与科技深度融合，以 IP 为核心的影视作品、游戏、动漫、衍生品等多元化产品形态，可以满足不同受众的需求，从而催生新的商业模式和经济增长点。然而辽宁虽拥有众多历史文化遗迹和乡土民俗资源，却至今没有形成知名文化品牌和文化IP。因此，亟须深入挖掘和整合文化资源，找到具有独特魅力和广泛影响力的地域特色元素，实行有针对性的营销推广策略，利用多种渠道和平台进行品牌宣传和推广，提高辽宁文化科技产业的知名度和影响力。

（五）亟须打造知名文化科技街区

知名的文化科技街区往往是城市的标志性地区，代表着城市的形象和文化底蕴。这些街区不仅能够吸引大量的游客和参观者，还能提升城市的知名度和美誉度，增强城市的吸引力和竞争力。同时，文化科技街区也是文化创意产业的重要集聚地。能够吸引艺术家、设计师等创意产业从业者入驻，为市民提供大量的就业和创业机会，为城市的创新发展提供人才保障，促进文化创意产业的快速发展。并且游客可以在这里感受到独特的文化氛围和科技魅力，体验不同的艺术和生活方式。街区的繁荣发展也能带动周边餐饮、住宿等旅游相关产业的兴旺。由此可见，知名文化科技街区在城市发展、文化创意产业发展、城市更新、社会文化交流、就业创业以及旅游业发展等多个方面都发挥着重要的作用。

对于辽宁省而言，最具有文化科技效应的地标就是沈阳市三好街。在20世纪90年代这一电脑是高科技代名词的时期，三好街的百脑汇、东软、赛博、诚大等商场作为有名的电脑城，曾经名噪一时。但是随着电子商务的快速普及，网络购物已逐步成为能够影响整个社会群体的消费习惯，消费者在电子商业环境背景下可以做出多重消费选择，直营店甚至能够让消费者与商品供应厂家直接连接，实体商家利润微薄。电子商务如今也已深入百姓生活的方方面面，尤其在近几年疫情的影响下，消费者更加依赖网络购物，足不出户便能满足生活需求，这也导致了实体销售规模的萎缩。三好街也在此过程中受到巨大的影响，IT 产品零售空间的需求量明显减少。原有的许多大型商场，部分已处于歇业状态，营业中的商场效益也呈现出滑坡状态，同行业间竞争激烈，消费者更愿意选择价格透明、维权便利的线上销售模式，也不愿线下讨价还价，甚至被以次充好的商品欺诈。这对于实体经济来说，无疑是致命打击。因此，亟须对以三好街为代表的文化科技街区进行升级改造，打造全国知名的文化科技街区。

三　辽宁文化与科技融合发展的对策建议

（一）创新文化科技管理体系，培育创意创业人员

文化科技创新体系是由知识创新主体、技术创新主体、中介服务主体、文化企业等多元主体构成的复杂系统，遍布全国各地的文化科技企业，承担着包括出版、印刷、网络、传媒、影视、游戏、动漫等领域的文化科技知识创新任务。由于构成文化科技创新体系的每一个主体都有自己的目标和利益诉求，如何协调这些主体之间的关系，形成合力，是管理体系面临的一大挑战。政府作为文化科技创新活动最重要的管理主体，其主导作用体现在围绕国家文化科技发展规划，制定和颁布一系列产业、金融、人才等相关的政策和法规，并为企业提供必要的资金和服务，保障文化科技创新能够顺利开展。除此之外，各级各类的文化科技行业协会及各类文化科技中介组织也是连接政府和知识、技术创新主体的重要桥梁，在政府管理文化科技企业过程中起到重要作用。

辽宁省文化科技创新的管理部门包括了科技、财政、文化和旅游、广播电视等政府部门和党委宣传部、网信办等，这些部门根据各自的职责制定政策、建立制度，对文化科技企业的注册、经营、纳税、创新等方面进行管理并提供服务。科技部门负责推动文化科技企业的技术创新和成果转化，文化和旅游部门负责引导文化科技企业发展符合社会主义核心价值观的文化产品和服务。辽宁省的政府部门主要通过制度创新来促进文化科技创新，在文化科技创新的产学研合作机制中不但起着政策的激励作用，还为校企搭建沟通平台，并在近些年重点扶持一些文化科技企业，定期对相关企业进行考核评估，最大限度地发挥政府的激励和引导作用，取得了一定成效。但目前辽宁省文化科技创新的政府管理部门之间还存在职能交叉问题，没有设立专门的文化科技管理机构或委

员会，以更加专业、系统地推动文化科技企业发展。在政策制定方面尚未形成更加具体、具有针对性的政策措施和管理办法，也没有设立文化科技发展专项资金或制定税收优惠政策，因此政府在政策制定及实施方面还有很大发挥空间。第一，需要理顺政府与文化企事业单位的关系，实现政企分开、政资分开、政事分开，政府由直接管理转向间接管理，从根本上做到职能分开、机构分设、财务分离。如可以成立文化科技产业的专门管理部门"文化科技产业管理局"或"文化科技企业促进中心"等，用以直接管理文化科技产业和企业，制定和实施文化科技产业发展规划、政策和措施，整合文化、科技、财政、税务、金融等资源，同时加强文化科技市场监管，维护市场秩序和公平竞争，保护知识产权，开展文化科技企业培训、人才引进和培养等工作，加强与国际文化科技界的交流与合作，推动文化科技企业"走出去"，拓展国际市场。第二，政府可以通过搭建文化产业科技创新平台，促进各方之间的信息共享、资源整合和协同创新，助力文化科技企业与文化科研机构、高等院校、文化科技中介组织的连接；通过出台一系列鼓励各创新主体合作的政策措施，包括财政补贴、税收优惠、设立文化科技发展专项资金，推动金融机构加大对文化科技企业的信贷支持力度等，对符合条件的文化科技企业给予资金扶持，降低合作成本，提高合作效益。第三，政府可以通过设立成果转化基金、建立成果转化平台等方式，推动优秀文化科技成果的商业化应用和产业化发展。第四，文化科技企业的典型特征是企业体量小、人员少、创新性强，发展需要大量的资金和人员支持，因此，政府可以通过设立专项资金，实行税收优惠政策、搭建融资平台等方式为企业解决资金短缺问题。在人才培养方面，加大对文化产业科技创新人才的培养力度，以工业设计类、信息服务类、广告设计类、现代传媒类、文化休闲旅游类、文化会展类、动漫游戏类、教育培训类、建筑设计类、演艺和工艺美术类等十大领域为重点，支持高等院校开设相关专业和课程，培养既懂文化又懂科技的复合型人才。同时通过加强创意创业人才引进、强化创意创业专项培训、建设一批高水平的创意创业园区及孵化基地、开展创意创业人才选拔活动、建立创意创业项目库等措施，加快培育创意创业人员。在此过程中可以重点培养文化科技产业领军人物和专家，培养优秀创意人才，并通过实习实训吸纳大学生后备力量作为创意储备军。

（二）深入挖掘各地文化科技特色，促进文化科技产业发展

辽宁省文化科技产业发展呈现了诸多不平衡现象，如传统文化科技产业与新兴文化科技产业发展不平衡。动漫、网络游戏等新兴文化科技产业主要分布在沈阳、大连，而文化艺术等与传统文化产业相关的文化科技产业在融合发展过程中存在融合程度不高、融合效果不理想等问题。

针对这种情况，需深入挖掘各地文化科技特色以推动文化与科技融合，促进地方文化科技产业发展。第一，可以对各地的文化科技资源进行全面的调研和梳理，包括历史文化、民俗风情、科技遗产、传统工艺等，通过调研了解各地优势资源，为之后的开发利用奠定基础。第二，在深入调研的基础上，对一些重点的文化科技特色进行符号化提炼，以历史人物、文化地标、民俗活动、传统技艺、科技发明等为地域特色符号，形成地域文化科技品牌，提升地方的知名度和影响力。如将清前文化发祥地的沈阳、抚顺和辽阳等地的历史文化遗迹进行数字化保护，通过梳理历史，将不同时间段、不同地域发生的历史情节串联起来，构建一个或多个连贯的故事线。通过 VR、AR、3D 投影等技术，对历史场景进行复原和再现，制作多媒体互动剧目，通过声光电等手段再现历史情节，打造引人入胜的互动体验项目。在项目的基础上，还可以规划一个如博物馆、展览馆或主题公园之类的实体空间，将线下旅游与线上体验结合起来，使观众既可以在相应的历史场景之中进行互动体验，也可以通过虚拟技术对整个历史脉络有全面的把握。为了方便游客线上游览，还可以开发 AR 导览应用，通过手机等设备展示历史建筑、文物等的虚拟信息。第三，可以通过各种渠道加强对各地文化科技特色的宣传推广。利用传统媒体和新媒体手段，如电视、报纸、网络等，进行广泛的宣传报道，提高产品的知名度和美誉度。同时，可以建立官方网站或社交媒体账号，寻找与地域特色文化科技相关的网红或专家进行合作。如邀请当地知名人士、文化领域专家或拥有大量粉丝的社交媒体红人参观体验地域特色文化科技项目，并在其社交媒体上分享体验过程和感受，通过网红的影响力吸引更多人关注与参与。第四，利用传统的电视、报纸和新兴的社交媒体、短视频平台等对文化科技项目进行广泛宣传推广，展示地域特色文化科技的魅力。也可以通过举办各种文化科技活动，如展览、演出、论坛、节庆活动等，让更多的人了解和认识当地的特色文化科技。同时，

可以考虑与其他知名品牌或学校、教育机构合作，将地域特色文化科技纳入教育体系，开展文化科技教育活动，共同推广历史文化和文创产品。第五，对于地域特产可以进行科技化深加工和包装，以提升其附加值和市场竞争力。对于农产品，可以通过脱水、冻干、真空、低温、油炸等工艺保留其营养成分和风味，同时延长保质期；对于手工艺品，可以探索使用新型材料（如高分子材料、纳米材料等）与传统手工艺品相结合，创造出具有新性能、质感的产品，或加入电子元件使其变为互动性强的智能产品。在产品的包装设计方面，可以结合地域特色文化科技，运用现代设计理念和技术手段，设计出具有独特风格的包装，同时，在包装上集成 RFID 标签、二维码等智能元素，方便消费者追溯产品来源、了解产品信息和辨查真伪。第六，重视民间艺术品牌的建设和管理，通过注册商标、申请地理标志等方式保护知识产权；鼓励民间艺术产业集聚发展，通过建设民间艺术产业园区或基地，吸引相关企业和人才集聚，形成规模效应和协同效应。进而围绕民间艺术品牌推动产业化发展，开发具有地域特色的旅游产品和线路，构建完整的产业链条，涵盖衣食住行各方面，提升游客的旅游体验。

综上所述，通过以上措施，地方文化科技产业可以得到显著发展。通过深入挖掘整合地方文化资源，将其与现代产业相结合，推动品牌建设与产业化发展，不但可以对地方文化进行有效保护，还能满足社会的多元化需求。

（三）打造文化科技地标，塑造文化科技新 IP

文化是一座城市的灵魂，地标建筑则是这个灵魂的可视符号。地标建筑不仅是城市内涵的"文化名片"，更是城市旅游的"形象代言"，深深存在于人们的脑海里，散发出城市的独特魅力。地标建筑作为各自城市重要的文化标志和符号，不仅能够提升城市人文内涵和知名度，还能带动城市旅游业的发展，推动打造旅游城市名片和形象。据此，打造文化科技的地标建筑，也会起到同样的效果，它不仅是城市文化的象征和科技实力的体现，更是城市品位和独特魅力的展示窗口。

提及辽宁省的文化科技地标，三好街无疑是一个不可或缺的存在。这条始建于 1988 年的街道，原是沈阳高新技术产业开发区的重要部分。虽然后来行政区划有所变动，但其始终保持着在科技领域的领先地位。2005 年，三好街更是凭借其独特的魅力和影响力，汇聚了众多的电脑与 IT 产品经销商，形成了庞大的产业链和产业集群，成功入选首批十大"中国特色商业街"，成为辽宁省乃至全国知名的文化科技地标。但近年来，由于市场环境的变化、科技发展的冲击以及自身发展的局限性等，三好街的传统实体店铺面临着客流量减少、销售额下滑的困境，亟须对其进行转型升级，借助其曾经的知名度，将其打造成为辽宁省的文化科技新地标，并以此为典型案例，在省内进行推广。

三好街 IT 卖场由于多于 20 世纪 90 年代创建，在建筑外观上较为陈旧（见图 1），缺乏科技特色和设计感，不符合三好街高科技产业集聚区的定位。三好街的建筑类型根据产业业态可以分为：综合卖场、商业办公楼、中小企业孵化器、服务建筑（包括餐饮、银行、酒店等）、居住建筑。综合卖场以电子产品批发、零售为主，包括专业市场、专卖店、购物中心、便利店等，经营业态包括 3C 类（电脑、家用电器、数码产品）所有产品，IT 产品及图书音像等。还保留了过去"小、散、乱"的以批发零售为主的档口经营模式，许多店铺经营内容相似，且卖店之间相距并不是很远，导致了店铺之间的激烈竞争（见图 2）。除此之外，建筑外观陈旧，内部设施老化，以及街道狭窄、交通拥堵、人车混行、配套落后、停车困难等诸多因素也制约了三好街的发展。

图 1　三好街 IT 卖场外观

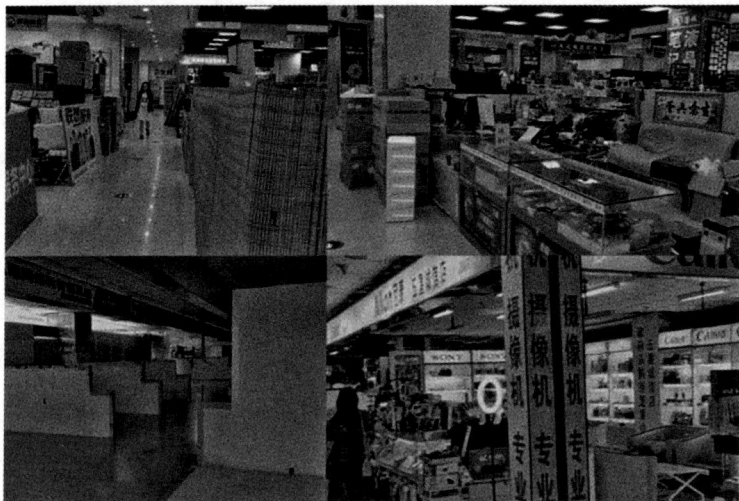

图 2　三好街 IT 卖场档口柜台

　　针对上述情况，如要对三好街进行转型升级，将其打造为辽宁省文化科技新地标，可以从以下几个方面进行。

　　一是在政策制定方面，首先，政府可以通过出台产业政策，有针对性地结合三好街的街区定位和产业优势，确立指导思想、组织结构、运行机制。其次，政府还需营造一个促进市场平稳健康发展的法律政策环境，如规范市场行为，严格执行明码标价，加强知识产权保护，打击违背市场经济秩序的行为等。再次，政府还可为企业商家搭建合作平台，有意识地引导各类符合产业导向的企业落户、集聚，促进产业的集聚和升级，如在三好街地区建设专业化产业园区，积极引导细分专业市场，在区域内形成专业品牌效应，如建设科技服务商厦、笔记本商厦、手机大厦、耗材园区等。最后，在招商引资方面，围绕打造文化科技街区的目标，政府可制定发展规划，同时推进数字娱乐产业园区的建设。

　　二是在科技时尚的人文氛围的营造方面，不但要满足市民文化科技娱乐需求，更要力争成为沈阳市文旅产业的风向标，这样才能吸引人流、活跃街区。早在 20 世纪 90 年代时，三好街就确立了以科技消费为主题的街区功能。但随着实体经济的萎缩，传统以批发、零售为主的商业模式已不符合文化科技街区发展规律。如要打破如今的局面，就需打造"工作—生活—休闲—学习"一体化的创新街区，服务于民众的生活、居住、商务、教育、娱乐等。如可打造艺术、商业以及技术领域的技术城；打造数字媒体领域，以及支持媒体产品、金融以及传播技术的媒体城；打造容纳科技公司与商业支持区域的商业城；打造以研发为主，吸引知名企业、高端科技人才入驻的人力资源城；鼓励打造创意产业、生活、餐饮、工作一体化的生活城，通过提供顶级的生活便利设施，如酒吧、俱乐部、咖啡馆等，或定期举办各色科技活动，如"国际数字生活展""国际电脑节""数字嘉年华""IT产品展示拍卖""CS大赛"等，提供多样性的文化环境和高质量的生活方式，吸引更多的年轻人前来打卡，改善三好街晚间冷清萧条的情况。同时借助三好街周边丰富的人文资源，与高校互动发展，形成有力的产学研结合的模式，最大化地利用周边的创新创业人才，着力打造地区型"创客平台"并营造有利的创新创业环境，为地区的双创吸引更多的助力和资源。还可以与高校联合，定期举办音乐、美术、科技、非遗展示、教学和体验活动，赋予消费者购物之外更多的休闲体验，以文化科技吸引消费者回归线下体验。

三是在街区的特色定位方面，还应坚持以已打出旗号的IT商业街为发展定位，并且进一步强化三好街的品牌效应和优势，就三好街发展现状来看，单一的功能和业态已经不能满足网络时代消费者的需求，需有效升级零售空间发展模式，由原始的柜台式线下销售模式朝"新零售"方向转变，使IT产品的展示、体验、销售和交流继续成为三好街独有特色。面对实体零售空间大规模萎缩的情况，政府需要转变大部分闲置零售空间的功能和布局，对三好街IT卖场内部零售空间进行重新规划和设计。在此过程中，政府可以协助商家：通过现有商品及服务，让导购、网红、创客等建立强关系顾客圈，精准绘制顾客画像，挖掘潜在需求；使商家销售能够实现全渠道化，同时对接线上网店、微店，线下实体店、合作店、加盟店等，线上线下融合，如同城30分钟配送、次日达、定期送、快递送等方式，方便想买东西的顾客，刺激即将消费的顾客；利用技术手段构建多种零售场景，打通各类零售渠道终端，实现数据深度融合，包括商品、会员、营销、订单、库存、仓储、财务、服务等大数据融合；利用顾客社交喜好传播分享，提升品牌知名度及复购率。同时，铺设智能店中智能货架、电子价签、智能收银系统、人脸识别、客流统计、VR、直播等物联设备，增强卖场体验感，提升购物便捷性；实现货物供应链的社会化，实现货权转移（自己或他人卖自己、他人或公共货物）、制造升级（卖现货、定制货、预售货、众筹货等）、结构升级（卖实物商品、优质服务、知识技能等）。

四是在招商引资方面，围绕打造文化科技街区的目标，政府可制定发展规划，同时推进数字娱乐产业园区的建设。通过招商引资，引进一批国内外知名科技企业。通过培育中介服务业，引进投资策划、人才培训、信息咨询、法律保护、公证评估、金融财会、会展交流等一系列中介服务机构，形成现代服务支撑体系。培育街区企业对注册商标的创牌、扬牌、护牌意识；创建数字娱乐产业园区，丰富街区产业链，举办商业特色街区风采展示活动，引进内资外资，吸收风险投资。

五是在街区立面改造方面，要根据街区定位设计街区发展蓝图，统一规划街区的建筑形态，为保证街区形成动态的延续性，对一些沿街小商铺的墙面、门窗、店招的风格、色彩、灯光的比例、位置、形式都应有明确要求。对于三好街外立面过于陈旧、墙体有明显损坏的大型IT卖场，应进行较为全面的整修，甚至可以拆除一部分外立面进行重新设计改建；对于一些质量较好、门窗墙面未破损的IT卖场建筑予以保留，进行简单的外墙面粉刷或细部装饰，如将大面积的钢化玻璃改造成LED裸眼3D显示屏、3D全息建筑墙体投影等。通过图像融合系统优化将大量主题素材融为一体，结合声光电技术，为消费者打造一个极具创意、视觉、互动感受的沉浸式空间。对于一些重要地段位置和IT卖场不同的功能分区，还可配合一些自然景观、公共雕塑、电子指示牌等作为过渡衔接和特色展示标识，既可以丰富街景，又可以明确IT卖场经营内容。

综上所述，通过对沈阳三好街的升级改造，有望将其打造成为一个全新的文化科技地标。这一转型不仅是对三好街历史地位的重新定位，更是对其未来发展的深度规划和期待。三好街文化科技新地标打造成功后，将以科技创新为引领，以产业升级为支撑，以商业繁荣和文化丰富为特色，吸引更多的人才集聚于此，可以在整个辽宁省内推广，进一步推动全省的文化科技产业发展。

参考文献

李凤亮主编《文化科技蓝皮书：文化科技创新发展报告（2023）》，社会科学文献出版社，2023。

陈思：《科技与文化融合下的沈阳文化科技创新》，《科技成果纵横》2012 年第6 期。

黄昌勇等：《文化科技导论》，上海人民出版社，2017。

高雁鹏、迟遥：《电子商业对 IT 产品零售空间的影响与发展策略分析——以沈阳市三好街 IT 商业区为例》，《住宅与房地产》2017 年第 33 期。

向勇：《文化与科技融合发展的历史演进、关键问题和人才要求》，《现代传播（中国传媒大学学报）》2013 年第 1 期。

社会科学文献出版社

皮 书

智库成果出版与传播平台

❋ 皮书定义 ❋

皮书是对中国与世界发展状况和热点问题进行年度监测，以专业的角度、专家的视野和实证研究方法，针对某一领域或区域现状与发展态势展开分析和预测，具备前沿性、原创性、实证性、连续性、时效性等特点的公开出版物，由一系列权威研究报告组成。

❋ 皮书作者 ❋

皮书系列报告作者以国内外一流研究机构、知名高校等重点智库的研究人员为主，多为相关领域一流专家学者，他们的观点代表了当下学界对中国与世界的现实和未来最高水平的解读与分析。

❋ 皮书荣誉 ❋

皮书作为中国社会科学院基础理论研究与应用对策研究融合发展的代表性成果，不仅是哲学社会科学工作者服务中国特色社会主义现代化建设的重要成果，更是助力中国特色新型智库建设、构建中国特色哲学社会科学"三大体系"的重要平台。皮书系列先后被列入"十二五""十三五""十四五"时期国家重点出版物出版专项规划项目；自2013年起，重点皮书被列入中国社会科学院国家哲学社会科学创新工程项目。

权威报告·连续出版·独家资源

皮书数据库
ANNUAL REPORT(YEARBOOK)
DATABASE

分析解读当下中国发展变迁的高端智库平台

所获荣誉

- 2022年，入选技术赋能"新闻+"推荐案例
- 2020年，入选全国新闻出版深度融合发展创新案例
- 2019年，入选国家新闻出版署数字出版精品遴选推荐计划
- 2016年，入选"十三五"国家重点电子出版物出版规划骨干工程
- 2013年，荣获"中国出版政府奖·网络出版物奖"提名奖

皮书数据库　　"社科数托邦"
　　　　　　　　微信公众号

成为用户

登录网址www.pishu.com.cn访问皮书数据库网站或下载皮书数据库APP，通过手机号码验证或邮箱验证即可成为皮书数据库用户。

用户福利

- 已注册用户购书后可免费获赠100元皮书数据库充值卡。刮开充值卡涂层获取充值密码，登录并进入"会员中心"—"在线充值"—"充值卡充值"，充值成功即可购买和查看数据库内容。
- 用户福利最终解释权归社会科学文献出版社所有。

数据库服务热线：010-59367265
数据库服务QQ：2475522410
数据库服务邮箱：database@ssap.cn
图书销售热线：010-59367070/7028
图书服务QQ：1265056568
图书服务邮箱：duzhe@ssap.cn

社会科学文献出版社　皮书系列
SOCIAL SCIENCES ACADEMIC PRESS (CHINA)
卡号：559853388811
密码：

中国社会发展数据库（下设 12 个专题子库）

紧扣人口、政治、外交、法律、教育、医疗卫生、资源环境等 12 个社会发展领域的前沿和热点，全面整合专业著作、智库报告、学术资讯、调研数据等类型资源，帮助用户追踪中国社会发展动态、研究社会发展战略与政策、了解社会热点问题、分析社会发展趋势。

中国经济发展数据库（下设 12 专题子库）

内容涵盖宏观经济、产业经济、工业经济、农业经济、财政金融、房地产经济、城市经济、商业贸易等 12 个重点经济领域，为把握经济运行态势、洞察经济发展规律、研判经济发展趋势、进行经济调控决策提供参考和依据。

中国行业发展数据库（下设 17 个专题子库）

以中国国民经济行业分类为依据，覆盖金融业、旅游业、交通运输业、能源矿产业、制造业等 100 多个行业，跟踪分析国民经济相关行业市场运行状况和政策导向，汇集行业发展前沿资讯，为投资、从业及各种经济决策提供理论支撑和实践指导。

中国区域发展数据库（下设 4 个专题子库）

对中国特定区域内的经济、社会、文化等领域现状与发展情况进行深度分析和预测，涉及省级行政区、城市群、城市、农村等不同维度，研究层级至县及县以下行政区，为学者研究地方经济社会宏观态势、经验模式、发展案例提供支撑，为地方政府决策提供参考。

中国文化传媒数据库（下设 18 个专题子库）

内容覆盖文化产业、新闻传播、电影娱乐、文学艺术、群众文化、图书情报等 18 个重点研究领域，聚焦文化传媒领域发展前沿、热点话题、行业实践，服务用户的教学科研、文化投资、企业规划等需要。

世界经济与国际关系数据库（下设 6 个专题子库）

整合世界经济、国际政治、世界文化与科技、全球性问题、国际组织与国际法、区域研究 6 大领域研究成果，对世界经济形势、国际形势进行连续性深度分析，对年度热点问题进行专题解读，为研判全球发展趋势提供事实和数据支持。

法律声明

"皮书系列"（含蓝皮书、绿皮书、黄皮书）之品牌由社会科学文献出版社最早使用并持续至今，现已被中国图书行业所熟知。"皮书系列"的相关商标已在国家商标管理部门商标局注册，包括但不限于LOGO（⬛）、皮书、Pishu、经济蓝皮书、社会蓝皮书等。"皮书系列"图书的注册商标专用权及封面设计、版式设计的著作权均为社会科学文献出版社所有。未经社会科学文献出版社书面授权许可，任何使用与"皮书系列"图书注册商标、封面设计、版式设计相同或者近似的文字、图形或其组合的行为均系侵权行为。

经作者授权，本书的专有出版权及信息网络传播权等为社会科学文献出版社享有。未经社会科学文献出版社书面授权许可，任何就本书内容的复制、发行或以数字形式进行网络传播的行为均系侵权行为。

社会科学文献出版社将通过法律途径追究上述侵权行为的法律责任，维护自身合法权益。

欢迎社会各界人士对侵犯社会科学文献出版社上述权利的侵权行为进行举报。电话：010-59367121，电子邮箱：fawubu@ssap.cn。

社会科学文献出版社